河南省"十四五"普通高等教育规划教材
普通高等教育新工科机器人工程系列教材
河南省本科高校新工科新形态教材

工业机器人编程技术及应用

主　编　刘新玉　谢　行
副主编　平燕娜　齐小敏
参　编　武倩倩　彭缓缓　代响林

机械工业出版社

本书针对工业机器人编程技术，以 ABB 工业机器人 RobotStudio 软件为依托，既有通俗易懂的基础知识讲解，又有完整的项目实例，旨在使学生能够快速掌握工业机器人的基本编程操作，对其知识体系具有全面的认识。本书图文并茂，通俗易懂，具有很强的实用性和可操作性。本书共九章，内容包括工业机器人概述、工业机器人基本操作、工业机器人应用程序、工业机器人程序数据、工业机器人信号通信、工业机器人 Smart 组件、工业机器人激光切割编程实例、工业机器人搬运编程实例、工业机器人码垛编程实例，并在附录中提供了工业机器人相关术语和概念。

本书为新形态教材，以二维码的形式链接了重要章节的虚拟仿真操作演示视频。此外，本书配套了大量的虚拟仿真素材，便于学生下载后进行练习。

本书既可作为本科院校机器人工程、智能制造工程、机械工程等专业的"工业机器人编程技术及应用""工业机器人技术及应用""工业机器人技术"等课程的教材，也可作为高职高专等院校相关专业课程的教材，还可供从事相关行业的工程技术人员参考。

图书在版编目（CIP）数据

工业机器人编程技术及应用 / 刘新玉，谢行主编.
北京：机械工业出版社，2025.7. --（河南省"十四五"普通高等教育规划教材）（普通高等教育新工科机器人工程系列教材）. -- ISBN 978-7-111-78926-0

Ⅰ. TP242.2

中国国家版本馆 CIP 数据核字第 2025WJ8861 号

机械工业出版社（北京市百万庄大街 22 号　邮政编码 100037）
策划编辑：徐鲁融　　　　　　责任编辑：徐鲁融
责任校对：韩佳欣　王　延　　封面设计：张　静
责任印制：单爱军
保定市中画美凯印刷有限公司印刷
2025 年 9 月第 1 版第 1 次印刷
184mm×260mm・15.25 印张・376 千字
标准书号：ISBN 978-7-111-78926-0
定价：48.80 元

电话服务　　　　　　　　　网络服务
客服电话：010-88361066　　机　工　官　网：www.cmpbook.com
　　　　　010-88379833　　机　工　官　博：weibo.com/cmp1952
　　　　　010-68326294　　金　书　网：www.golden-book.com
封底无防伪标均为盗版　　　机工教育服务网：www.cmpedu.com

前 言

工业机器人是综合机械、电子、控制、计算机、传感器、人工智能、控制技术等多种学科的先进技术于一体的复杂智能机器，其研发、制造、应用是衡量一个国家科技创新和高端制造业水平的重要标志。自20世纪60年代以来，工业机器人技术历经几十年的发展，在不同工业领域得到了广泛应用。相对于欧美国家，我国的工业机器人起步较晚，自主创新能力不足，产品服务同质化严重，高端应用型人才结构型矛盾突出，掌握工业机器人应用技术的应用型人才已经出现较大缺口。而且自2015年东南大学率先设立机器人工程专业开始，十年间已有近400所高校设立了机器人工程专业，相对于专业数量的激增，课程建设相对滞后，培养出的毕业生难以符合岗位的能力需求。本书正是在上述背景下编写而成的。

本书共九章，第1章为工业机器人概述，给出了工业机器人的概念、组成、特点和参数，介绍了工业机器人的发展历程以及工业机器人的仿真系统搭建；第2章介绍了工业机器人的基本操作，包括示教器的使用、工业机器人手动操作及工业机器人数据存储等；第3章讨论了工业机器人应用程序，讲解了工业机器人程序结构、程序指令、程序编写等知识，并给出了通过简单的程序设计实现工业机器人运动控制的实例；第4章讲解了工业机器人程序数据，介绍了机器人编程中的程序数据，以及工具数据、工件坐标、载荷数据这三种关键程序数据的设定方法；第5章为工业机器人信号通信，对工业机器人的标准I/O板及其信号配置方法进行了详细讲解；第6章讲解了工业机器人Smart组件的相关知识，Smart组件提供图形化编程接口，子对象组件的组合使用可以实现具有复杂逻辑功能的仿真操作；第7~9章是编程实例，以实际的例子为载体，以任务驱动教学环节的开展。在编写本书时，编者尽力做到既不破坏工业机器人编程的知识体系结构，又将知识分散融入到实例应用中，知识讲解部分以够用为准而不追求过全、过深，学生在进行每个任务时用到的知识是零散的，但是进行全书系统性学习时又能看到完整的知识体系。

本书由黄淮学院刘新玉、谢行任主编，平燕娜、齐小敏任副主编，武倩倩、彭缓缓、代响林参与编写。其中，第1~3章由刘新玉编写，第4章由谢行编写，第5~7章由齐小敏编写，第8章和第9章由平燕娜编写，武倩倩、彭缓缓、代响林共同负责全书习题、附录、参考文献的编写。由刘新玉负责本书的审阅、统稿和定稿。

本书的编写得到了河南省本科高校新工科新形态教材项目、河南省高等学校青年骨干教师培养计划（2023GGJS156）、河南省高校科技创新人才项目（24HASTIT041）的经费资助。此外，本书部分内容也包含了河南省本科高校研究性教学改革研究与实践项目（2022SYJXLX109）、河南省虚拟仿真实验项目（工业机器人产品包装自动化生产虚拟仿真项目）和河南省专创融合特色示范课程（机器人仿真与编程）的研究成果。

由于编者水平有限，书中难免存在疏漏之处，欢迎广大读者们提出宝贵的意见和建议。

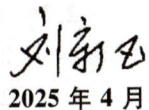

2025年4月

目 录

前言

第 1 章　工业机器人概述 ... 1
1.1　工业机器人简介 ... 1
　　1.1.1　工业机器人概念 ... 1
　　1.1.2　工业机器人组成 ... 2
　　1.1.3　工业机器人特点 ... 2
　　1.1.4　工业机器人参数 ... 2
1.2　工业机器人发展历程 ... 3
　　1.2.1　工业机器人发展阶段 ... 3
　　1.2.2　国内工业机器人发展 ... 4
1.3　工业机器人仿真系统搭建 ... 4
　　1.3.1　RobotStudio 软件概述 ... 4
　　1.3.2　RobotStudio 软件安装 ... 4
　　1.3.3　软件界面及功能分区 ... 5
　　1.3.4　虚拟仿真工作站构建 ... 6
练习题 ... 10

第 2 章　工业机器人基本操作 ... 11
2.1　示教器的使用 ... 11
　　2.1.1　示教器模式切换 ... 11
　　2.1.2　示教器语言设置 ... 13
　　2.1.3　机器人上电 ... 14
2.2　工业机器人手动操作 ... 16
　　2.2.1　单轴运动 ... 16
　　2.2.2　线性运动 ... 17
　　2.2.3　重定位运动 ... 18
2.3　工业机器人数据存储 ... 19
　　2.3.1　数据备份与恢复 ... 19
　　2.3.2　工作站打包/解包 ... 20

目　录

2.4　工业机器人事件日志 …………………………………………………………… 22
　　2.4.1　软件界面查看事件日志 ………………………………………………… 22
　　2.4.2　虚拟示教器查看日志 …………………………………………………… 23
2.5　工业机器人操作实例 …………………………………………………………… 24
　　2.5.1　任务描述及坐标系 ……………………………………………………… 24
　　2.5.2　仿真工作站构建 ………………………………………………………… 25
　　2.5.3　机器人坐标系创建 ……………………………………………………… 28
　　2.5.4　运动轨迹程序编辑 ……………………………………………………… 29
　　2.5.5　工作站仿真运行 ………………………………………………………… 35
　　2.5.6　工作站仿真录制 ………………………………………………………… 36
练习题 …………………………………………………………………………………… 38

第3章　工业机器人应用程序 ……………………………………………………… 39

3.1　工业机器人程序结构 …………………………………………………………… 39
　　3.1.1　RAPID 特点 ……………………………………………………………… 39
　　3.1.2　RAPID 架构 ……………………………………………………………… 40
3.2　工业机器人程序指令 …………………………………………………………… 41
　　3.2.1　运动控制指令 …………………………………………………………… 41
　　3.2.2　线性运动指令 …………………………………………………………… 41
　　3.2.3　关节运动指令 …………………………………………………………… 43
　　3.2.4　圆弧运动指令 …………………………………………………………… 44
　　3.2.5　绝对位置运动指令 ……………………………………………………… 46
　　3.2.6　其他相关指令 …………………………………………………………… 47
3.3　工业机器人编程实例 …………………………………………………………… 49
　　3.3.1　编程环境搭建 …………………………………………………………… 50
　　3.3.2　RAPID 程序的编写 ……………………………………………………… 53
　　3.3.3　RAPID 程序的调试 ……………………………………………………… 59
练习题 …………………………………………………………………………………… 61

第4章　工业机器人程序数据 ……………………………………………………… 62

4.1　程序数据概述 …………………………………………………………………… 62
　　4.1.1　程序数据定义 …………………………………………………………… 62
　　4.1.2　程序数据存储类型 ……………………………………………………… 63
　　4.1.3　程序数据创建 …………………………………………………………… 64
4.2　关键程序数据设定 ……………………………………………………………… 65
　　4.2.1　工具数据设定 …………………………………………………………… 65
　　4.2.2　工件坐标设定 …………………………………………………………… 70
　　4.2.3　载荷数据设定 …………………………………………………………… 73
4.3　程序数据相关指令 ……………………………………………………………… 75

4.3.1　赋值指令 …………………………………………………………… 75
　　4.3.2　运算指令 …………………………………………………………… 76
　　4.3.3　逻辑控制指令 ………………………………………………………… 77
　　4.3.4　其他相关指令 ………………………………………………………… 85
4.4　程序数据应用实例 ………………………………………………………………… 87
　　4.4.1　应用实例任务概述 …………………………………………………… 87
　　4.4.2　编程环境搭建 ………………………………………………………… 88
　　4.4.3　任务程序编写 ………………………………………………………… 89
　　4.4.4　程序调试与运行 ……………………………………………………… 90
练习题 …………………………………………………………………………………… 90

第5章　工业机器人信号通信 …………………………………………………………… 91

5.1　信号通信种类 ……………………………………………………………………… 91
5.2　标准 I/O 板及其定义 ……………………………………………………………… 92
　　5.2.1　标准 I/O 板概述 ……………………………………………………… 92
　　5.2.2　DSQC 651 板接口说明 ……………………………………………… 93
　　5.2.3　定义 DSQC 651 板 …………………………………………………… 94
5.3　I/O 信号配置 ……………………………………………………………………… 97
　　5.3.1　数字输入信号的配置 ………………………………………………… 98
　　5.3.2　数字输出信号的配置 ………………………………………………… 99
　　5.3.3　组输入信号的配置 …………………………………………………… 99
　　5.3.4　组输出信号的配置 …………………………………………………… 100
　　5.3.5　模拟输出信号的配置 ………………………………………………… 101
5.4　I/O 信号相关控制指令 …………………………………………………………… 102
　　5.4.1　I/O 信号设置指令 …………………………………………………… 103
　　5.4.2　I/O 信号判断指令 …………………………………………………… 105
　　5.4.3　I/O 信号触发中断指令 ……………………………………………… 107
5.5　I/O 信号功能关联 ………………………………………………………………… 108
　　5.5.1　与系统 I/O 功能关联 ………………………………………………… 108
　　5.5.2　与虚拟示教器可编程按键关联 ……………………………………… 110
5.6　I/O 信号应用实例 ………………………………………………………………… 111
　　5.6.1　应用实例任务描述 …………………………………………………… 111
　　5.6.2　编程环境搭建及信号配置 …………………………………………… 112
　　5.6.3　任务程序编写 ………………………………………………………… 113
　　5.6.4　程序调试与运行 ……………………………………………………… 115
练习题 …………………………………………………………………………………… 115

第6章　工业机器人 Smart 组件 ………………………………………………………… 116

6.1　Smart 组件概述 …………………………………………………………………… 116

6.2 "信号和属性"子对象组件 …… 118
6.2.1 LogicGate 子对象组件 …… 119
6.2.2 LogicExpression 子对象组件 …… 119
6.2.3 LogicMux 子对象组件 …… 120
6.2.4 LogicSplit 子对象组件 …… 121
6.2.5 LogicSRLatch 子对象组件 …… 121
6.2.6 Converter 子对象组件 …… 122
6.2.7 VectorConverter 子对象组件 …… 122
6.2.8 Expression 子对象组件 …… 123
6.2.9 Comparer 子对象组件 …… 123
6.2.10 Counter 子对象组件 …… 124
6.2.11 Repeater 子对象组件 …… 125
6.2.12 Timer 子对象组件 …… 125
6.2.13 StopWatch 子对象组件 …… 126

6.3 "参数建模"子对象组件 …… 127
6.3.1 ParametricBox 子对象组件 …… 127
6.3.2 LinearExtrusion 子对象组件 …… 127
6.3.3 LinearRepeater 子对象组件 …… 128
6.3.4 MatrixRepeater 子对象组件 …… 129
6.3.5 CircularRepeater 子对象组件 …… 129

6.4 "传感器"子对象组件 …… 130
6.4.1 CollisionSensor 子对象组件 …… 130
6.4.2 LineSensor 子对象组件 …… 131
6.4.3 PlaneSensor 子对象组件 …… 132
6.4.4 VolumeSensor 子对象组件 …… 132
6.4.5 PositionSensor 子对象组件 …… 133
6.4.6 ClosestObject 子对象组件 …… 134
6.4.7 JointSensor 子对象组件 …… 134
6.4.8 GetParent 子对象组件 …… 134

6.5 "动作"子对象组件 …… 135
6.5.1 Attacher 子对象组件 …… 136
6.5.2 Detacher 子对象组件 …… 136
6.5.3 Source 子对象组件 …… 137
6.5.4 Sink 子对象组件 …… 138
6.5.5 SetParent 子对象组件 …… 138

6.6 "本体"子对象组件 …… 139
6.6.1 LinearMover 子对象组件 …… 139
6.6.2 LinearMover2 子对象组件 …… 140
6.6.3 Rotator 子对象组件 …… 141

6.6.4　Rotator2 子对象组件 ……………………………………………… 141
　　　6.6.5　PoseMover 子对象组件 …………………………………………… 142
　　　6.6.6　JointMover 子对象组件 ………………………………………… 143
　　　6.6.7　Positioner 子对象组件 …………………………………………… 143
　　　6.6.8　MoveAlongCurve 子对象组件 …………………………………… 144
　6.7　"其它"子对象组件 …………………………………………………… 145
　　　6.7.1　Queue 子对象组件 ……………………………………………… 145
　　　6.7.2　ObjectComparer 子对象组件 …………………………………… 146
　　　6.7.3　GraphicSwitch 子对象组件 ……………………………………… 146
　　　6.7.4　Highlighter 子对象组件 ………………………………………… 146
　　　6.7.5　MoveToViewpoint 子对象组件 ………………………………… 147
　6.8　Smart 组件应用实例 ………………………………………………… 148
　　　6.8.1　应用实例任务描述 ……………………………………………… 148
　　　6.8.2　仿真环境搭建及信号配置 ……………………………………… 148
　　　6.8.3　添加搬运路径和控制信号 ……………………………………… 155
　　　6.8.4　仿真设定和仿真 ………………………………………………… 159
　练习题 ……………………………………………………………………… 160

第 7 章　工业机器人激光切割编程实例 ……………………………… 161
　7.1　激光切割任务描述 …………………………………………………… 161
　7.2　编程环境搭建 ………………………………………………………… 162
　7.3　平台和工件建模 ……………………………………………………… 162
　7.4　路径设置和机器人配置 ……………………………………………… 166
　7.5　设置灯光效果 ………………………………………………………… 170
　7.6　新建 Smart 组件 ……………………………………………………… 171
　7.7　工作站 I/O 配置 ……………………………………………………… 175
　7.8　程序编写和仿真运行 ………………………………………………… 177
　练习题 ……………………………………………………………………… 183

第 8 章　工业机器人搬运编程实例 …………………………………… 184
　8.1　搬运任务描述 ………………………………………………………… 184
　8.2　编程环境搭建 ………………………………………………………… 185
　8.3　吸盘建模和安装 ……………………………………………………… 190
　8.4　添加和配置信号 ……………………………………………………… 192
　8.5　程序编写 ……………………………………………………………… 195
　8.6　目标位置示教 ………………………………………………………… 198
　8.7　仿真运行 ……………………………………………………………… 204
　练习题 ……………………………………………………………………… 205

第9章 工业机器人码垛编程实例 ······ **206**

9.1 码垛任务描述 ······ 206
9.2 编程环境搭建 ······ 207
9.3 吸盘工具建模和安装 ······ 207
    9.3.1 吸盘建模和创建工具 ······ 207
    9.3.2 安装吸盘工具到机器人 ······ 211
9.4 创建组件 ······ 212
    9.4.1 创建吸盘组件 ······ 212
    9.4.2 创建传送带组件 ······ 215
9.5 机器人位置示教 ······ 219
9.6 程序编写 ······ 222
9.7 仿真运行 ······ 227
练习题 ······ 228

附录 工业机器人相关术语和概念 ······ **229**

参考文献 ······ **232**

第1章　工业机器人概述

教学目标：
➢ 学生能够利用指令模板及其参数构建虚拟仿真工作站。
➢ 培养学生科学探索精神和对科技的敬畏。

1.1　工业机器人简介

"Robot（机器人）"一词来源于捷克作家卡尔·恰佩克（Karel Capek）1920年的剧本《罗素姆万能机器人》，在该剧本中，作者将捷克语单词"Robota（奴隶）"改写成了Robot作为主人公的名字，该剧本描写了主人公Robot从只会劳动而没有思维的奴隶发展到消灭人类而又进化成为人类的一出社会悲剧。为防止机器人伤害人类，科幻作家阿西莫夫（Asimov）在1940年发表的作品《Runaround》中提出了机器人的伦理性纲领——"机器人三大法则"：①机器人不得伤害人类，或者坐视人类受到伤害；②机器人必须服从人类命令，除非这些命令与第一法则相冲突；③机器人在不违反第一、第二法则的情况下，要尽可能保护自己。此后，美国数学家诺伯特·维纳（Norbert Wiener）在1948年发表了《Cybernetics：Or Control and Communication in the Animal and the Machine》一书，奠定了机器人的理论基础。

1.1.1　工业机器人概念

工业机器人是融合了机构学、控制论、电子技术及计算机等多门现代学科并实现了综合应用的产物，目前仍在发展，因此，关于工业机器人的一些概念或定义仍处于不断充实和演变之中。美国机器人协会（RIA）定义工业机器人为"一种用于移动各种材料、零部件、工具或专用装置，通过程序化的动作来执行各种任务，并具有编程能力的多功能操作机"；国际标准化组织（ISO）对工业机器人的定义为"工业机器人是一种自动的、位置可控的、具有编程能力的多功能机械手，这种机械手具有多个轴，能够借助可编程序操作来处理各种材料、零件、工具和专用装置，以执行种种任务"；我国国家标准将工业机器人定义为"一种能够自动定位控制、可重复编程的、多功能的、多自由度的操作机，能够搬运材料、零件或操持工具，用于完成各种作业"。

概括起来，工业机器人被认为是具有以下特点的机电一体化自动装置。

（1）具有高度灵活性的多功能机电装置　为满足不同任务要求，可以通过编写程序来使工业机器人获得灵活性，继而简单地更换端部工具来实现多种功能。

（2）具有移动自身和操作对象行为的机构　工业机器人能够实现一些类似人类手臂或腿部的功能。

（3）具有类似人类的某些智能行为　工业机器人有一定感知能力，能识别环境及操作对象，具有理解指令、适应环境、规划作业操作过程的能力。

1.1.2　工业机器人组成

工业机器人由机械本体、伺服系统、控制系统、传感系统和输入/输出接口等部分组成。

1）机械本体即机器人的主体机构，包括操作型本体机构和移动型本体结构两种类型。操作型本体机构类似人的手臂和手腕，移动型本体结构主要用于实现移动功能。

2）伺服系统的作用是使驱动单元驱动关节并带动负载按照预定的轨迹运动，主要有液压伺服驱动、电动机伺服驱动和气动伺服驱动三种方式。

3）控制系统用来发出和执行指令，相当于人类的大脑。

4）传感系统用来感知外部环境和待加工对象等信息，除了关节伺服驱动系统位置传感器（称为内部传感器）外，还配备视觉、力觉、触觉、接近觉等多种类型传感器（称为外部传感器）。

5）I/O（输入/输出）接口的功能是与周边系统及相应操作进行联系与应答，包括通信接口和人机通信装置。

1.1.3　工业机器人特点

工业机器人具有如下四个最显著的特点。

（1）可编程　生产自动化进一步发展是柔性自动化，工业机器人可随其工作环境变化的需要而再编程，因此它在小批量、多品种且要求均衡、高效、柔性制造的生产过程中能发挥很好功效，是柔性制造系统中的一个重要组成部分。

（2）拟人化　工业机器人在机械结构上有类人的腿部、腰部、大臂、小臂、手腕、手爪等部分，在控制上有计算机。除此之外，智能化工业机器人还有许多类似于人类感官的"生物传感器"，如皮肤型接触传感器、力传感器、负载传感器、视觉传感器、声觉传感器和语言功能模块等，传感器的使用提高了工业机器人对周围环境的自适应能力。

（3）通用性　除了专门设计的专用工业机器人外，一般工业机器人在执行不同作业任务时具有较好的通用性，例如，工业机器人更换手部末端操作器（手爪、工具等）便可执行不同作业任务。

（4）技术多样性　工业机器人所涉及的学科非常广泛，有机械学和微电子学相结合的机电一体化技术，智能机器人不仅具有获取外部环境信息的各种传感器，而且还具有记忆、语言理解、图像识别和推理判断等人工智能化能力，这些都与微电子技术的应用，特别是计算机技术的应用密切相关。

1.1.4　工业机器人参数

工业机器人参数也称为技术参数，主要包括自由度、精度、工作空间、最大工作速度和承载能力五个方面，具体描述如下。

（1）自由度　自由度指机器人所具有的独立运动坐标轴数，有时还包括夹爪（末端操作器）开合自由度。在三维空间中描述一个物体的位姿（位置和姿态）需要六个自由度。工业机器人自由度是根据其用途而设计的，可能小于六个自由度，也可能大于六个自由度。

（2）精度　精度包括定位精度和重复定位精度。定位精度是指机器人手部实际到达位置与目标位置之间的差异。重复定位精度是指机器人手部重复定位于同一目标位置的能力（用标准偏差表示）。

（3）工作空间　工作空间是指机器人手臂末端或手腕中心所能达到的所有点集合（包括形状和大小）。

（4）最大工作速度　最大工作速度指机器人在主要自由度上的最大稳定速度或手臂末端的最大合成速度。

（5）承载能力　承载能力指机器人在工作范围内任何位姿上所能承受的最大质量。承载能力不仅决定于负载质量，还与机器人运行的速度和加速度有关。

1.2　工业机器人发展历程

1954年，美国人乔治·德沃尔（George Devol）申请了第一个工业机器人专利并于1961年获得授权，因此，1954年也被称为工业机器人元年。该专利描述了如何借助伺服技术来控制机器人关节并人为对其进行动作示教，使工业机器人能够实现动作的记录和再现。1956年，乔治·德沃尔和约瑟夫·英格伯格（Joseph F·Engelberger）创立了世界上第一家机器人公司——尤尼梅申（Unimation）。1959年，该公司研制出了第一台工业机器人——尤尼梅特（Unimate），并在1961年将其应用到汽车生产线上，用于将铸型中的零件取出。德沃尔和英格伯格也被称为工业机器人之父。在此之后，随着越来越多研究人员和企业在工业机器人领域投入的增加，工业机器人产业开始繁荣和兴盛。

1.2.1　工业机器人发展阶段

总体上，工业机器人的发展经过了特点鲜明的三个阶段。

（1）第一代工业机器人　20世纪50、60年代，随着机构理论和伺服理论的发展，工业机器人进入了实用阶段，正式进入生产一线；到20世纪70年代，随着计算机技术、现代控制技术的发展，工业机器人也得到了迅速发展，这一时期的工业机器人属于"示教再现"（Teach-in/Playback）型机器人，只具有记忆和存储能力，并按照相应程序重复作业，对周围环境基本没有感知与反馈控制的能力。

（2）第二代工业机器人　进入20世纪80年代，随着传感技术，包括视觉传感器、非视觉传感器（力觉、触觉、接近觉等）以及信息处理技术的发展，出现了第二代工业机器人——有感知的机器人。此类工业机器人能够获得工作环境和工作对象的部分相关信息，从而进行实时处理，在工业生产中已经得到了广泛的应用。

（3）第三代工业机器人　第三代机器人即目前正处于研究阶段的"智能机器人"，不仅具有比第二代工业机器人更加完善的环境感知能力，而且还具有逻辑思维、判断和决策能力，可根据作业要求与环境信息自主地进行工作。

1.2.2 国内工业机器人发展

我国的工业机器人发展起步相对较晚，可分为理论研究、样机研发、示范应用和初步产业化四个阶段，具体如下。

（1）理论研究阶段　20世纪70年代到80年代初，由于当时国家经济条件等因素的制约，我国主要从事工业机器人基础理论的研究，在机器人机构学等方面取得了一定的进展，为后续工业机器人的研究奠定了理论基础。

（2）样机研发阶段　20世纪80年代中后期，随着工业发达国家开始大量应用和普及工业机器人，我国的工业机器人研究得到政府的重视和支持，国家组织了对工业机器人行业需求的调研，投入大量的资金开展工业机器人的研究，进入了样机开发阶段。

（3）示范应用阶段　20世纪90年代，我国研制出了平面关节型统配机器人、直角坐标机器人、弧焊机器人和点焊机器人等七种工业机器人系列产品，以及102种特种机器人，实施了100余项机器人应用工程。为了促进国产工业机器人的产业化，我国在20世纪90年代末建立了九个机器人产业化基地和七个科研基地。

（4）初步产业化阶段　21世纪以来，《国家中长期科学和技术发展规划纲要（2006—2020年）》突出强调自主创新能力这条主线，着力营造有利于自主创新的政策环境，加快促进企业成为创新主体，大力倡导企业为主体、产学研紧密结合的发展思路，国内一大批企业或自主研制或与科研院所合作，加入工业机器人研制和生产行列，我国工业机器人进入初步产业化阶段。

1.3　工业机器人仿真系统搭建

对于工业机器人编程而言，不同公司生产的工业机器人使用的编程语言不同，因此需要针对不同的工业机器人来根据具体的编程语言进行编程，但是编程的逻辑思维和技巧基本一致。本书以瑞士ABB公司RobotStudio软件为例，着重介绍工业机器人的编程技术和应用技巧。

1.3.1　RobotStudio软件概述

RobotStudio软件是一款由ABB公司开发的工业机器人计算机仿真软件，可以在构建机器人系统之前对系统进行先行设计和试运行，包括模型导入、在线虚拟作业、自动路径规划、模拟仿真、程序编辑、碰撞检测、路径优化、应用功能包、可达性分析和二次开发。配合PowerPacs（功能包）可以实现线下离线轨迹抓取、打磨路径生成、喷涂轨迹生成和节拍计算，以及多工业机器人协同工作。配合Smart组件可以完成很多机械动作模拟、制作动画方案，在方案前期计算工作节拍。

1.3.2　RobotStudio软件安装

下面以RobotStudio 6.05版本为例讲解软件的安装流程。首先将下载好的安装包解压，如图1-1所示，双击"setup.exe"文件进入安装程序，在弹出的对话框中根据提示依次单击"下一步"按钮，直到单击"完成"按钮，完成安装。

第 1 章　工业机器人概述

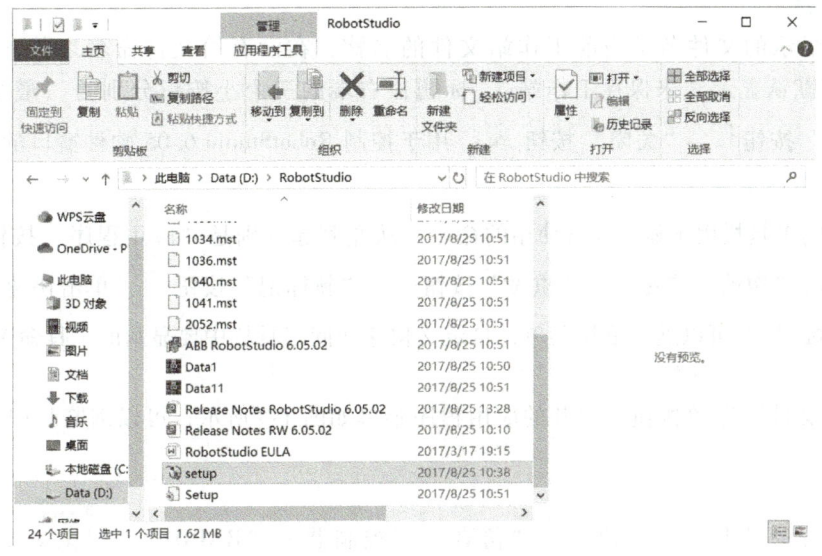

图 1-1　安装文件界面

1.3.3　软件界面及功能分区

安装完成后双击 RobotStudio 图标进入软件主界面，如图 1-2 所示。主界面由标题栏、快速访问工具栏、"文件"菜单按钮、功能区、操作面板区、视图窗口、文档管理区、输出窗口和状态栏等部分组成。

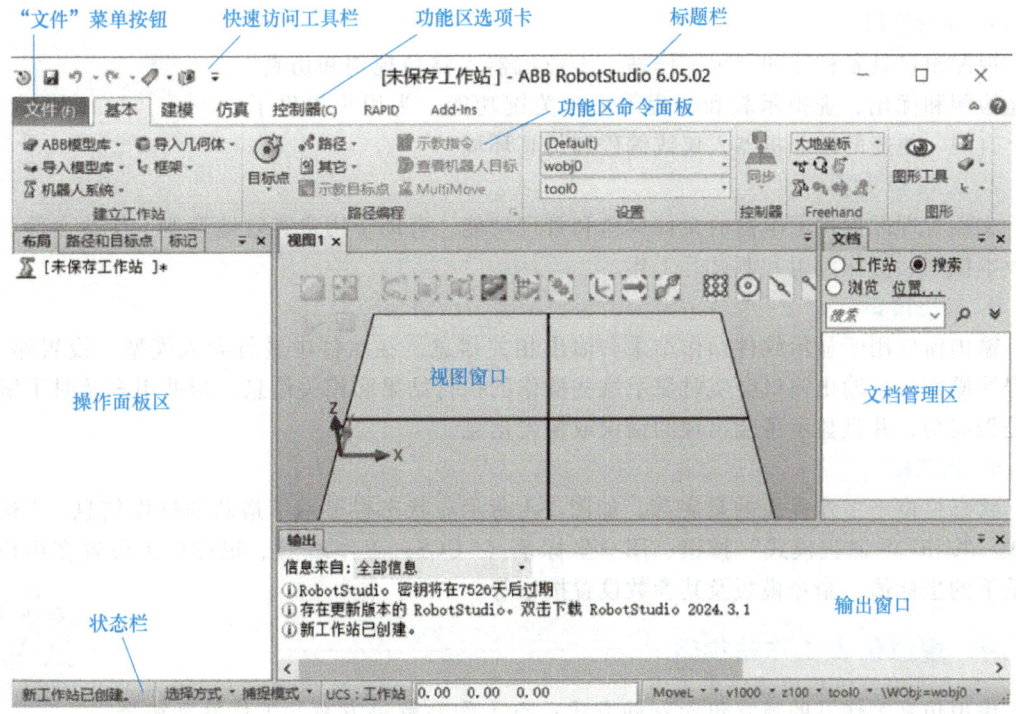

图 1-2　RobotStudio 软件主界面

1. 标题栏

标题栏显示的文件名是当前工作站文件的名称，在没有给文件命名之前，RobotStudio 6.05 标题栏默认显示"未保存工作站"。标题栏右端的三个小按钮分别是"最小化"按钮 ▬、"恢复"按钮 □、"关闭"按钮 ✕，用于控制 RobotStudio 6.05 软件窗口的显示状态。

2. 快速访问工具栏

快速访问工具栏用于显示经常使用的命令，从左侧起分别是"应用程序"按钮 ◉、"保存"按钮 🖫、"撤销"按钮 ↶、"重做"按钮 ↷、"新标记"按钮 ⬚。单击快速访问工具栏右端的下拉按钮 ▼ 可以展开下拉菜单，自定义快速访问工具栏中要显示的工具命令按钮。

3. "文件"菜单按钮

单击"文件"菜单按钮，展开的应用程序菜单如图 1-3 所示，可以浏览和调用常用的文件操作命令。

4. 功能区

功能区分为"基本""建模""仿真""控制器""RAPID" "Add-Ins"六个选项卡，每个选项卡由许多命令面板组成，每个面板都集成了功能相近的一组命令按钮。

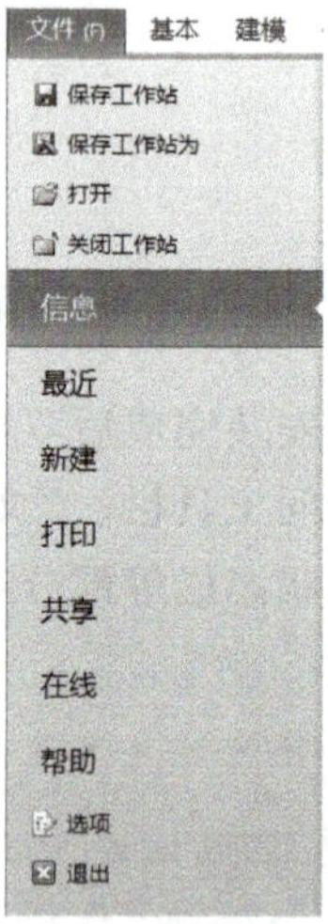

5. 操作面板区

操作面板区是一个上下文互动的面板区，展开不同的功能区选项卡时，该区会显示不同的选项卡和内容。例如，当选择"基本"功能区选项卡时，操作面板区包含"布局""路径和目标点""标记"三个选项卡，每个选项卡对应其相应内容。

6. 视图窗口

视图窗口具备构建和展示工作站、工业机器人路径规划和仿真、碰撞检测和优化、虚拟示教和编程等多项关键功能，为用户提供了一个直观、便捷的工业机器人离线编程和仿真环境。

图 1-3 "文件"菜单

7. 文档管理区

文档管理区提供了丰富的文件操作和管理功能，有助于用户高效地管理工作站文件、进行版本控制、协作编辑和测试等工作。

8. 输出窗口

输出窗口用于显示软件操作结果和输出相关信息。在软件中进行导入模型、设置路径、编程等操作时，输出窗口会实时显示这些操作的执行结果和相关信息，帮助用户及时了解操作是否成功，并且显示可能出现的错误或警告信息。

9. 状态栏

状态栏位于工作界面的最底部，如图 1-4 所示。状态栏显示了最新的操作信息、"选择方式"按钮、"捕捉模式"按钮、用户坐标系（"UCS：工作站"）、鼠标单击位置在用户坐标系下的坐标值、指令模板及其参数设置按钮等。

1.3.4 虚拟仿真工作站构建

虚拟仿真工作站的建立包含三种方式：空工作站解决方案、工作站和机器人控制器解决方案、空工作站。空工作站解决方案用来创建一个包含空工作站的文件结构，

第1章 工业机器人概述

| 操作信息 | "选择方式"按钮 | "捕捉模式"按钮 | 用户坐标系 | 坐标值 | 指令模板及其参数设置按钮 |

图1-4 状态栏

工作站和机器人控制器解决方案用来创建一个包含工作站和机器人控制器的虚拟仿真工作站，空工作站即创建一个空工作站。三种方式都可以用来建立虚拟仿真工作站，在实际操作中可以根据需要灵活使用。下面以空工作站的方式为例创建一个虚拟仿真工作站，具体步骤如下。

1. 机器人模型加载

1) 双击打开 RobotStudio 6.05 软件，在"文件"菜单下依次选择"新建"→"空工作站"选项，显示界面，单击"创建"按钮创建一个空工作站，如图1-5所示。

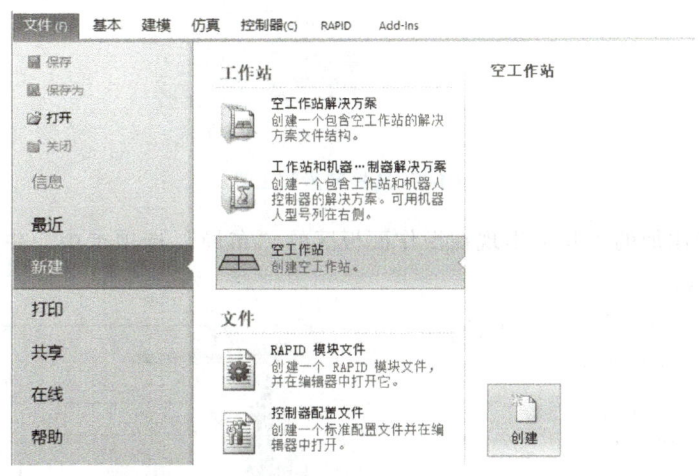

图1-5 创建空工作站

2) 创建完成后进入主界面。在主界面中选择"基本"选项卡，单击"ABB模型库"按钮，"机器人"窗口会显示ABB公司出品的绝大部分机器人产品型号，可在其中选择需要的机器人型号，如图1-6所示。

3) 在弹出的对话框中根据实际要求选择"容量"和"到达"参数指标，单击"确定"按钮加载机器人模型，如图1-7所示。

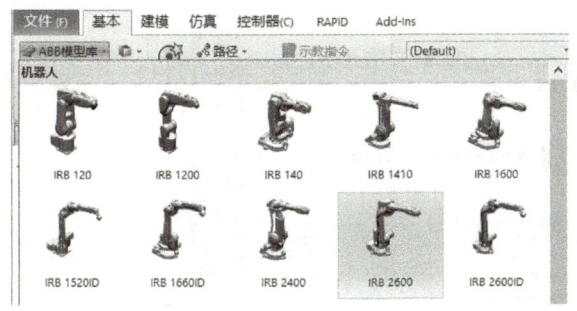

图1-6 选择机器人型号

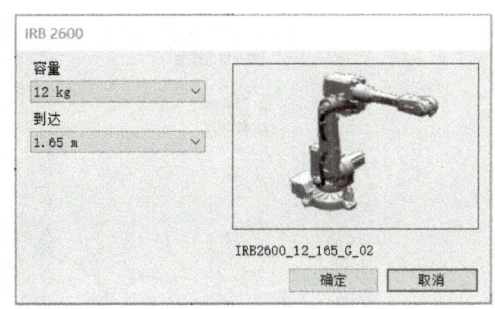

图1-7 选择机器人参数指标

2. 工具添加

1）在功能区"基本"选项卡中单击"导入模型库"按钮，在下拉列表中依次选择"设备"→"myTool"选项即可完成工具选择和添加，如图1-8所示。

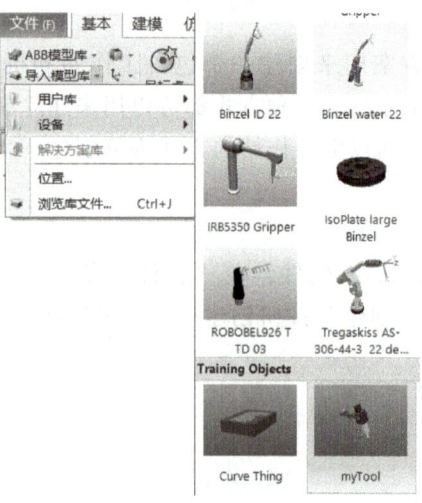

图1-8　选择和添加工具

2）所选择和添加的工具会出现在操作面板区的"布局"选项卡中，并显示在视图窗口中，如图1-9所示。

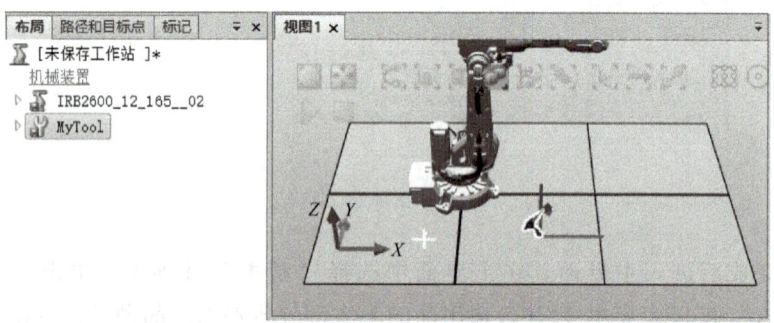

图1-9　添加的工具显示

3）在"布局"选项卡中，用鼠标将工具"MyTool"拖拽到机器人"IRB2600_12_165_ _02"上松开，系统弹出"更新位置"对话框，单击"是"按钮，如图1-10所示。

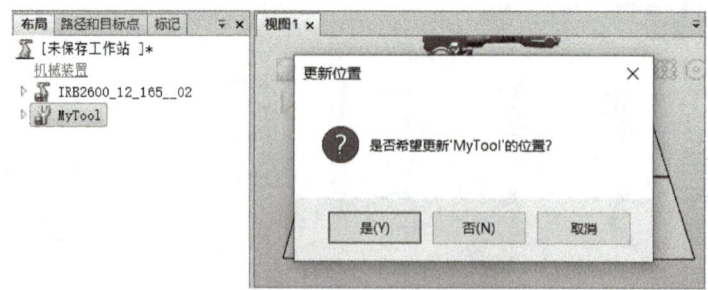

图1-10　更新工具位置

4）工具"MyTool"会自动安装到机器人模型上，如图 1-11 所示。

5）如果想将工具从机器人模型的法兰上拆下，则可在操作面板区"布局"选项卡的"MyTool"位置单击鼠标右键，在弹出的快捷菜单中选择"拆除"选项进行拆除，如图 1-12 所示。

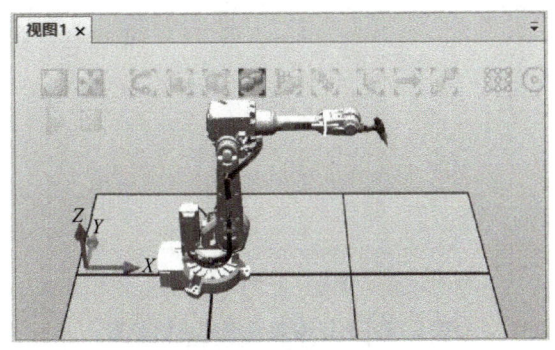

图 1-11　工具安装到机器人模型上

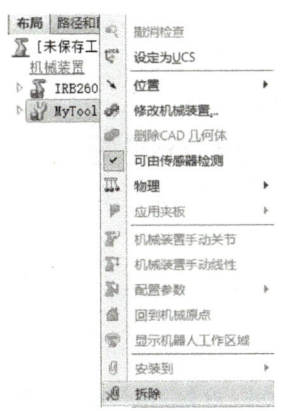

图 1-12　从机器人模型法兰上拆除工具

3. 机器人系统加载

1）加载机器人系统即加载机器人控制器，只有在加载机器人系统后才能对机器人进行操作。在功能区"基本"选项卡单击"机器人系统"按钮，选择"从布局"选项来加载系统，如图 1-13 所示。

2）系统弹出如图 1-14 所示"从布局创建系统"对话框，设置系统名称和保存位置，并选择 RobotWare 版本，此处建议不要更改系统路径，即让"位置"文本框显示的内容保持默认状态，根据需要选择 RobotWare 版本为"6.05.02.00"，单击"下一个"按钮。

3）在系统显示的图 1-15 所示对话框中选择搭载系统的机械装置。由于该工作站只添加了一个机器人，因此这里只有一个选项，勾选"IRB2600_12_165_ _02"机器人的复选框，单击"下一个"按钮。

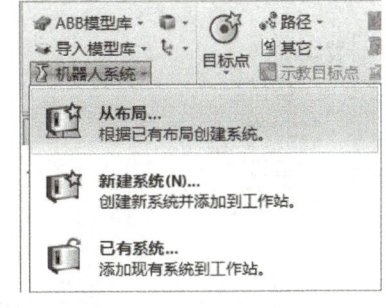

图 1-13　选择系统加载方式

4）在系统显示的图 1-16 所示对话框中单击"完成"按钮完成系统加载。

4. RobotStudio 快捷操作

使用 RobotStudio 时，有一些快捷键可以使操作更加便捷。例如，按住〈Ctrl〉键转动鼠标滚轮可以使视图窗口放大和缩小，按住〈Ctrl〉键和鼠标左键并拖动鼠标可以对视图窗口进行平移；按住〈Ctrl+Shift〉键和鼠标左键并拖动鼠标可以对视图窗口进行旋转。在视图窗口中单击鼠标右键打开如图 1-17 所示快捷菜单，在快捷菜单中选择"查看全部"选项可以将工作站全部显示在视图窗口中；选择"查看中心"选项可以将鼠标选中位置显示在视图窗口中心；选择"方向"的子选项可以从不同视角查看工作站布局，图 1-17 所示为选择"左视图"选项效果；还有"设置""创建视角""创建标记"的选项。

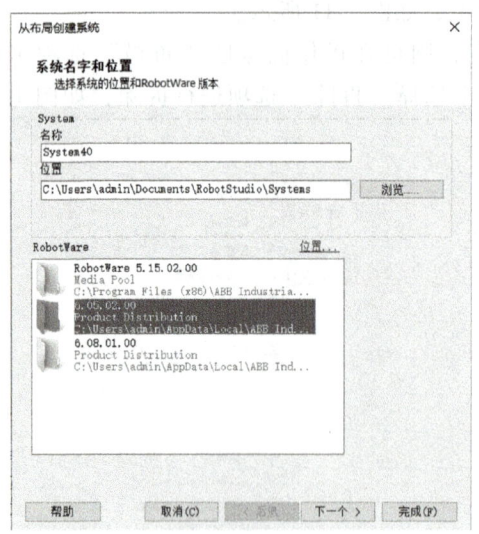

图 1-14 设置系统名称和保存位置

图 1-15 选择搭载系统的机械装置

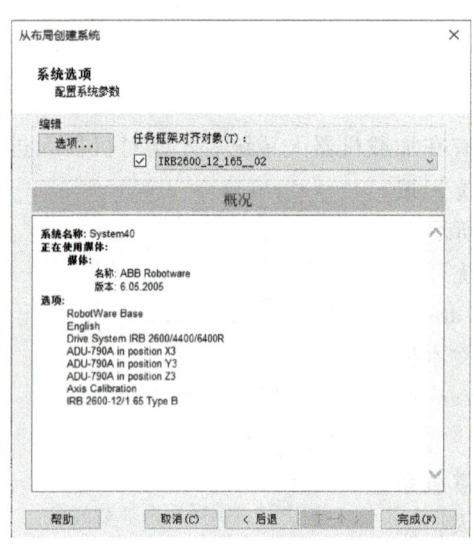

图 1-16 完成系统加载

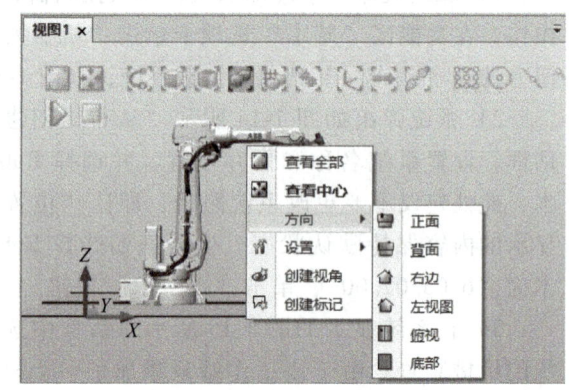

图 1-17 设置查看角度

练 习 题

1-1 概述工业机器人的特点和技术参数。

1-2 利用"空工作站解决方案"创建一个机器人虚拟仿真工作站,添加 IRB2600 机器人模型,为模型加载工具和控制器。

1-3 描述你生活中见过的工业机器人,思考一下未来哪些行业会因为机器人的出现而消失,并介绍消失的原因。

1-4 畅想一下未来进入机器人时代后,除了阿西莫夫提出的"机器人三原则"外,你认为还需要哪些伦理限制。

第 2 章　工业机器人基本操作

> **教学目标：**
> ➤ 学生能够使用示教器实现对工业机器人的基本控制。
> ➤ 学生可以独立完成示教器相关功能设置并熟练操纵示教器。
> ➤ 培养学生对新技术和新知识的吸收能力。

2.1　示教器的使用

示教器是工业机器人系统中的重要组成部分，是操作人员与机器人进行"对话"交流的一个手持式输入/输出设备。通过示教器，操作人员可以手动操作机器人，也可以编写程序、调试程序和修改机器人系统参数等。

2.1.1　示教器模式切换

1. 示教器

ABB 工业机器人示教器由图 2-1 所示各部分组成。

1）连接线：用于连接示教器和机器人本体。

2）显示屏：采用触控显示技术，便于操作人员监控机器人的状态和进行各种设置。

3）急停按钮：是机器人系统配备的安全保护装置，在紧急情况下，按下此按钮可以立即停止机器人的运动。

4）使能按键：为保证操作人员的人身安全而设置，分为两档，用于控制机器人的开启和防护装置的停止。

5）控制摇杆：用于手动控制机器人的移动，其操作幅度与机器人的运动速度相关。

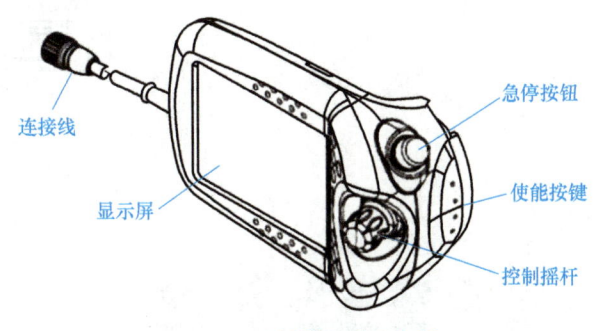

图 2-1　示教器组成示意图

2. 虚拟示教器

虚拟示教器是在 RobotStudio 软件中使用的示教器，其界面如图 2-2 所示。

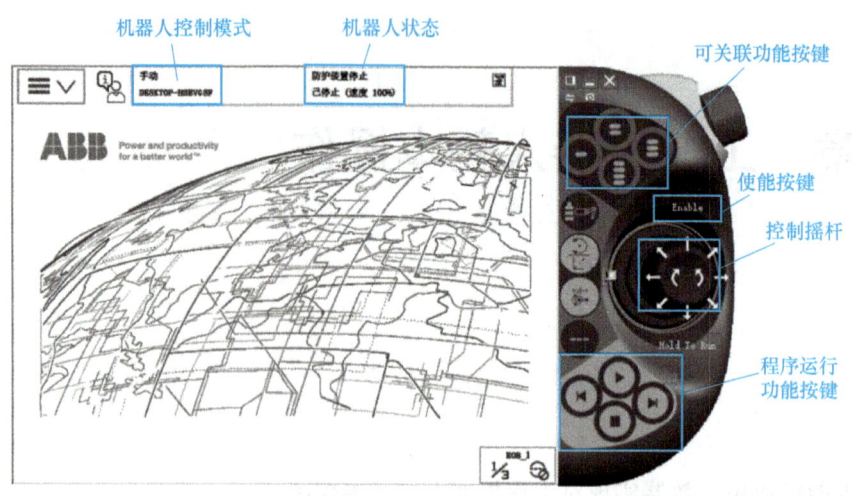

图 2-2 虚拟示教器界面

3. 虚拟示教器模式切换

机器人控制模式有自动、手动和全速手动三种，三种控制模式具有如下区别。

1）自动模式：该模式下无法进行程序编写及其他设置更改。

2）手动模式：该模式下可以手动操作机器人，进行程序编写及其他设置更改。

3）全速手动模式：该模式下可以手动操作机器人，进行程序编写及其他设置更改。但在调试时，机器人将以最快的速度运行。

在编程和调试时要使用手动模式，因此需要对机器人的控制模式进行切换。机器人系统加载完成后，在 RobotStudio 软件功能区"控制器"选项卡单击"示教器"按钮打开虚拟示教器，如图 2-3 所示。

虚拟示教器界面顶部信息栏会显示示教器的默认控制模式为自动模式，电动机处于关闭状态，如图 2-4 所示。

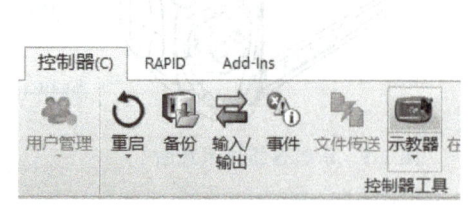

图 2-3 打开虚拟示教器

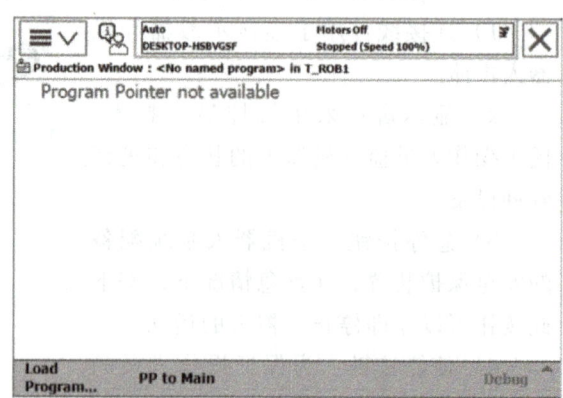

图 2-4 虚拟示教器初始界面

单击虚拟示教器"Control panel"按钮，如图 2-5 所示，打开模式切换面板。

在模式切换面板中单击切换按钮即可完成控制模式切换，如图 2-6 所示。控制模式已切换为手动模式，顶部信息栏显示相应模式的状态信息。

图 2-5 单击"Control panel"按钮

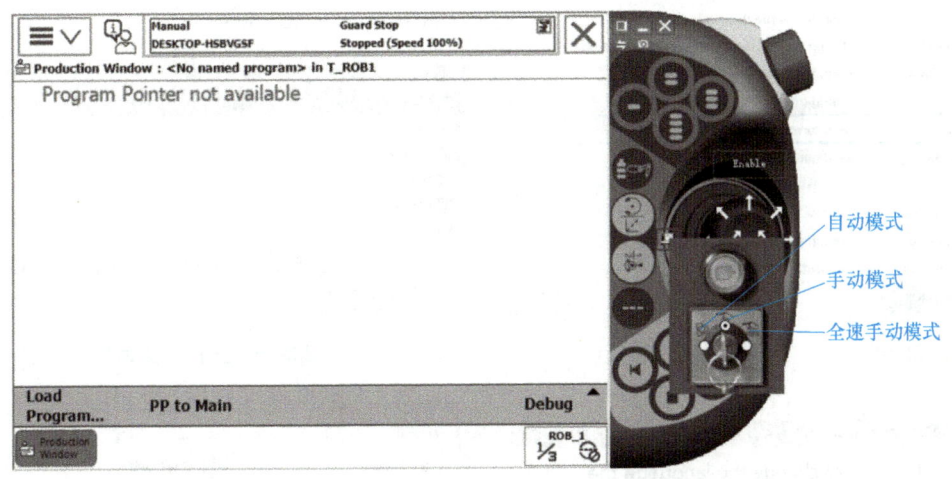

图 2-6 切换控制模式为手动模式

2.1.2 示教器语言设置

ABB RobotStudio 软件提供了丰富的语言库,默认语言为英语,在使用过程中可以根据需要将语言设置为中文,具体步骤如下。

1)在手动模式下,单击虚拟示教器左上角下拉按钮 ∨ ,如图 2-7 所示。

2)在弹出的下拉列表中选择"Control Panel"选项,如图 2-8 所示。

3)在"Control Panel"设置界面中选择"Language"选项,如图 2-9 所示。

4)在"Installed Languages"列表中选择"Chinese"选项后单击"OK"按钮,如图 2-10 所示。

5)在弹出的重启提示对话框中单击"Yes"按钮,重启虚拟示教器完成语言设置,如图 2-11 所示。

6)重新打开虚拟示教器,语言设置完成,如图 2-12 所示。

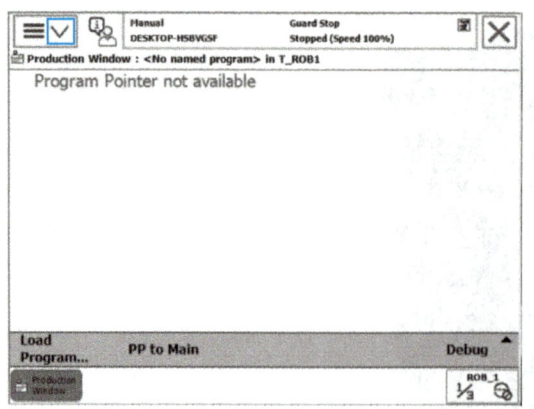

图 2-7　打开主界面下拉列表

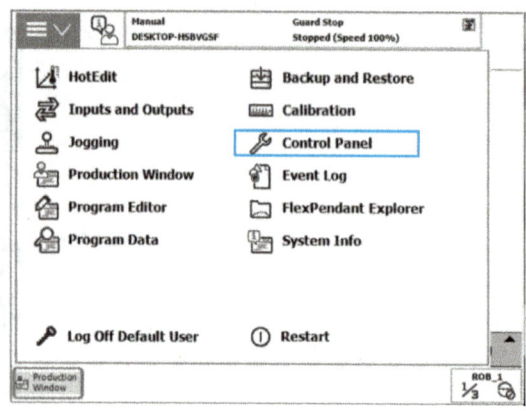

图 2-8　选择"Control Panel"选项

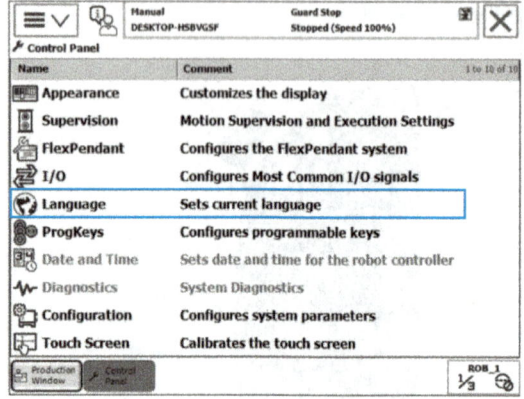

图 2-9　选择"Language"选项

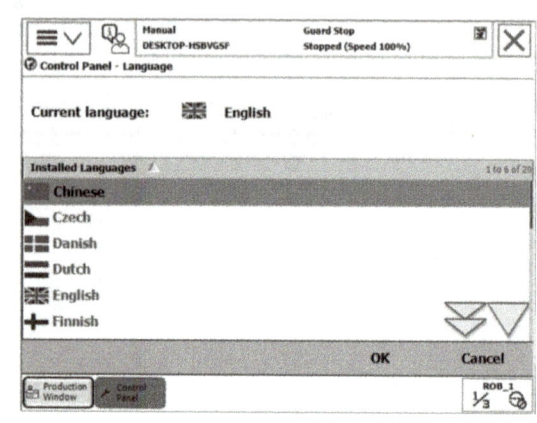

图 2-10　选择中文语言

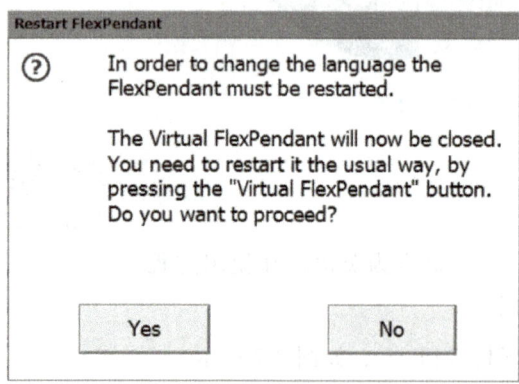

图 2-11　重启提示对话框

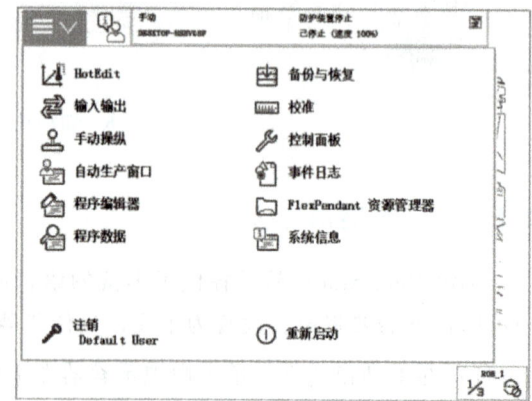

图 2-12　显示为中文的虚拟示教器

除了语言设置之外，还可以对虚拟示教器进行其他设置，如日期和时间等，设置方式类似，不再赘述。

2.1.3　机器人上电

利用示教器操控机器人之前需要对机器人进行上电操作，本小节分别对真实示教器和虚拟示教器的上电操作进行介绍。

1. 真实示教器上电操作

示教器的上电按键是位于其右侧的使能按键，默认为关闭状态，即防护装置停止状态。为了保证操作人员的人身安全，使能按键只有在中间位置时机器人才处于电动机开启状态，在操作人员松开和紧握使能按键时机器人都处于防护装置停止状态。这样设置是因为在发生危险时，人的自然反应会握紧拳头，从而停止机器人运行。示教器正确手持方式如图2-13所示。

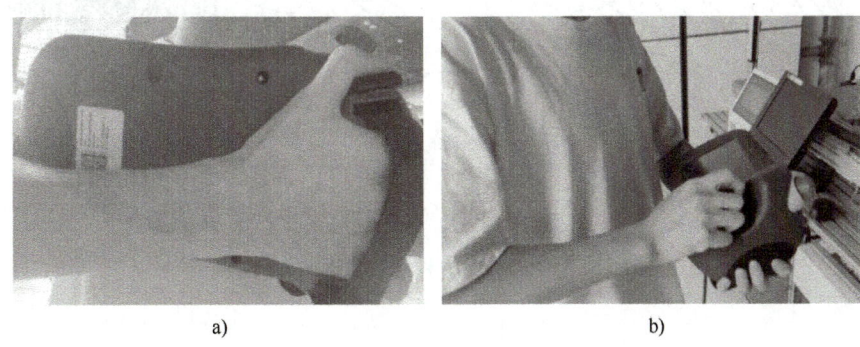

图2-13 示教器的正确手持方式

2. 虚拟示教器上电操作

虚拟示教器使能按键"Enable"位于示教器控制摇杆的上方，单击该按键时其颜色会在白色和绿色之间切换，当该按键为绿色时电动机处于开启状态，同时信息栏会显示"电机开启"，如图2-14所示。

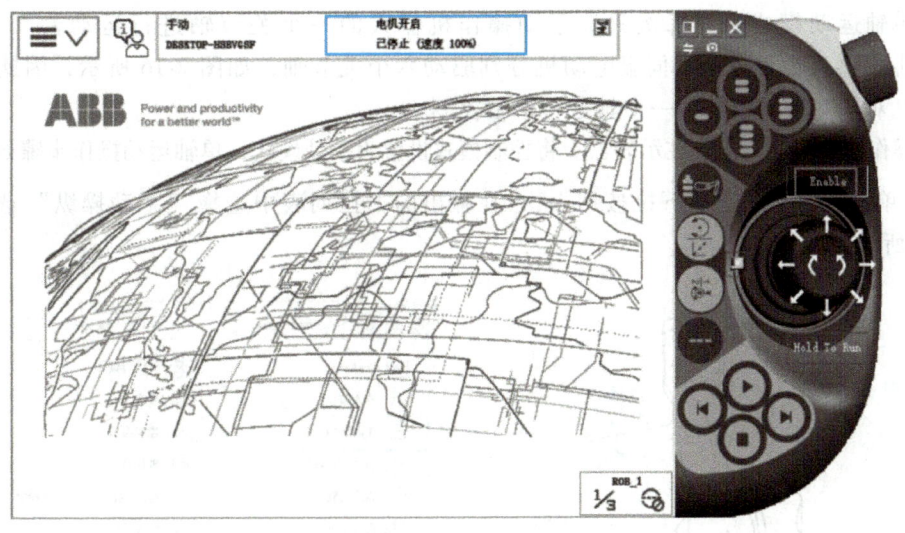

图2-14 虚拟示教器信息栏显示"电机开启"

当虚拟示教器信息栏显示"电机开启"时，再次单击"Enable"按键，其颜色会从绿色变成白色，同时信息栏显示"防护装置停止"，即切换到电动机关闭状态，如图2-15所示。

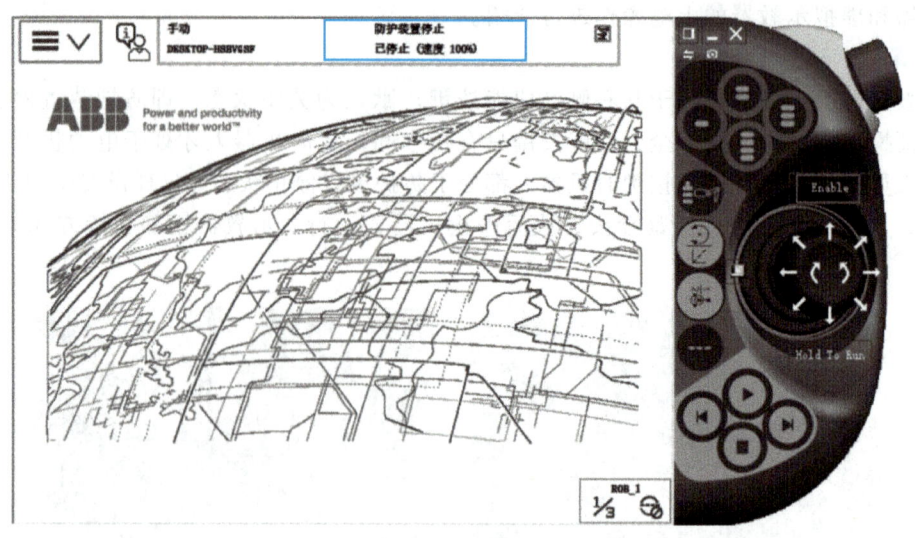

图 2-15 虚拟示教器电动机关闭

2.2 工业机器人手动操作

为了便于调试,手动操作 ABB 工业机器人有单轴、线性和重定位三种运动模式。本节分别介绍如何手动操作机器人实现三种模式的运动。

2.2.1 单轴运动

在单轴运动模式下,每次只能手动操作机器人的一个关节轴进行运动。ABB 工业机器人通常由六个伺服电动机分别驱动六个关节轴,如图 2-16 所示,因此单轴运动就是针对这六个轴中的某一个轴进行单独控制。

在操作机器人之前需要在示教器上将控制模式设置为手动模式,单轴运动操作步骤如下。

1)单击示教器左上角下拉按钮 ∨,在弹出的下拉列表中选择"手动操纵"选项,如图 2-17 所示。

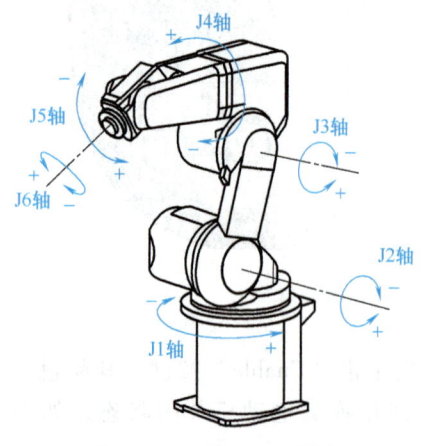

图 2-16 六轴工业机器人

图 2-17 选择"手动操纵"选项

2）在"手动操纵"设置界面中选择"动作模式"选项，如图 2-18 所示。

3）在"手动操纵-动作模式"设置界面中，"轴 1-3"选项表示对轴 1、轴 2 和轴 3 的单轴控制，"轴 4-6"选项表示对轴 4、轴 5 和轴 6 的单轴控制。选择"轴 1-3"选项，如图 2-19 所示，此时操纵示教器控制摇杆实现对 1~3 轴的运动控制。

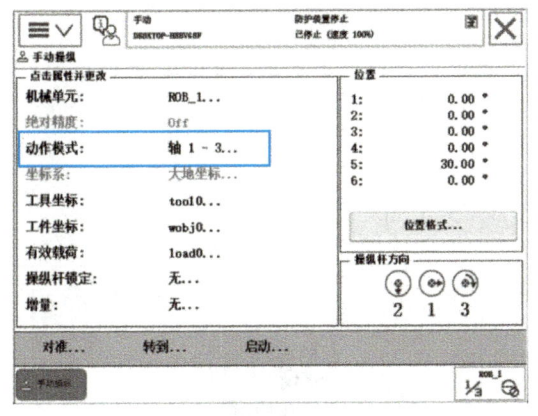

图 2-18 选择"动作模式"选项

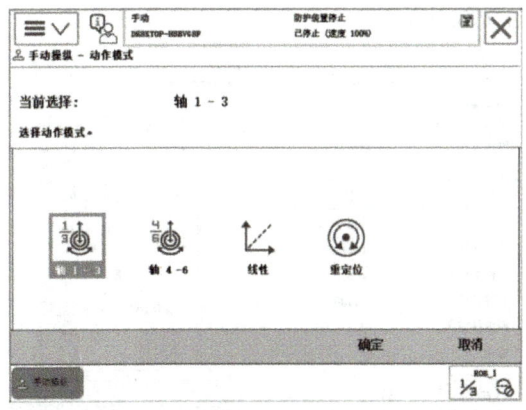

图 2-19 选择"轴 1-3"选项

动作模式选择完成后，按下使能按键"Enable"，操纵摇杆就可以改变机器人的位姿，如图 2-20 所示。操纵摇杆向右可使轴 1 正向运动，操纵摇杆向下可使轴 2 正向运动，沿顺时针方向旋转摇杆可使轴 3 正向运动，反之则使 1~3 轴反向运动。

除了使用虚拟示教器之外，利用"基本"选项卡下的按钮也可以操纵机器人做单轴运动。如图 2-21 所示，单击"手动关节"按钮，在视图窗口选中机器人某一关节轴，即可移动鼠标控制机器人实现单轴运动。

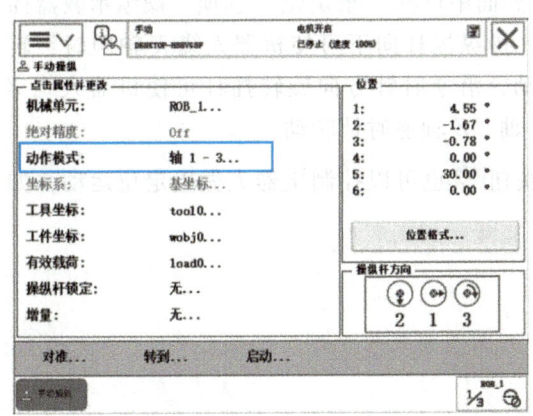

图 2-20 单轴操纵方式和方向

图 2-21 在"基本"选项卡下操纵机器人做单轴运动

2.2.2 线性运动

线性运动模式的设置步骤与单轴运动基本一致，在图 2-19 所示"手动操纵-动作模式"设置界面中选择"线性"选项，此时操纵示教器摇杆可控制机器人末端 TCP（Tool Center Point，工具中心点）在空间中做线性运动。如图 2-22 所示，操纵摇杆向下可使

TCP 沿 X 轴正向运动，操纵摇杆向右可使 TCP 沿 Y 轴正向运动，沿逆时针方向旋转摇杆可使 TCP 沿 Z 轴正向运动，反之则使 TCP 分别沿 X 轴、Y 轴、Z 轴反向运动。

利用"基本"选项卡下的按钮也可以操纵机器人做线性运动。如图 2-23 所示，单击"手动线性"按钮，在视图窗口选中机器人，即可用鼠标拖拽机器人沿着坐标轴各个方向做线性运动。

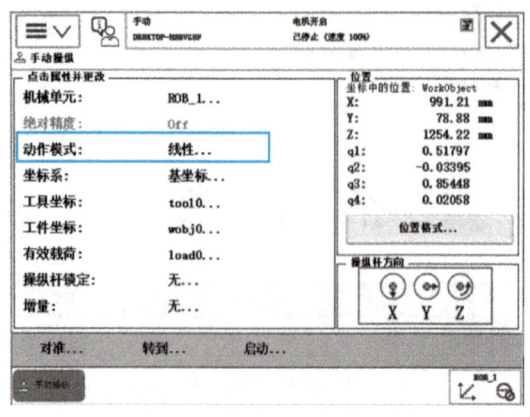

图 2-22 线性操纵方式和方向　　图 2-23 在"基本"选项卡下操纵机器人做线性运动

2.2.3 重定位运动

重定位运动是指机器人在保持 TCP 位置不变的情况下，通过旋转或偏移工具坐标系的 X 轴、Y 轴、Z 轴方向来改变工具姿态和运动，其设置步骤与单轴运动基本一致。在图 2-19 所示"手动操纵-动作模式"设置界面中选择"重定位"选项，操纵示教器摇杆可控制机器人做重定位运动。如图 2-24 所示，操纵摇杆向下可使机器人绕 X 轴顺时针转动，操纵摇杆向右可使机器人绕 Y 轴顺时针转动，沿逆时针方向旋转摇杆可使机器人绕 Z 轴顺时针转动，反之则使机器人分别绕 X 轴、Y 轴、Z 轴逆时针转动。

利用"基本"选项卡下的"手动重定位"按钮也可以控制机器人做重定位运动，如图 2-25 所示。

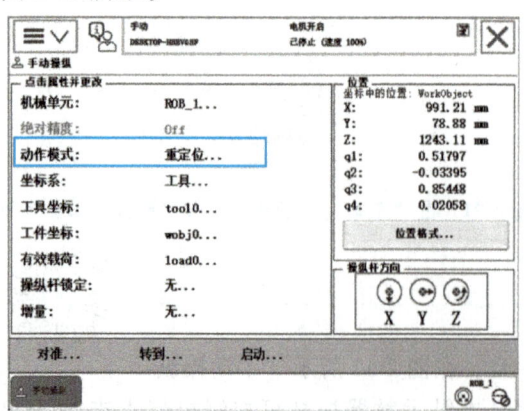

图 2-24 重定位操纵方式和方向　　图 2-25 在"基本"选项卡下操纵机器人做重定位运动

2.3 工业机器人数据存储

工业机器人在生产过程中会不断收集各种数据，包括传感器数据、设备状态数据、生产参数等。这些数据对于机器人的正常运行、性能优化及故障排查都至关重要。通过数据存储，企业可以实现对机器人行为的记录和分析，从而改进机器人的性能和功能，提高生产效率。

2.3.1 数据备份与恢复

在机器人的日常调试生产过程中，备份和恢复是常用的功能之一，可以在机器人系统出现故障时快速地将机器人系统恢复到之前备份的状态。

1. 数据备份

备份是指为了应付机器人系统文件、数据丢失或损坏等可能出现的意外情况，将机器人系统中的数据复制到磁盘等大容量存储设备中。具体步骤如下。

1）单击虚拟示教器左上角的下拉按钮 ∨ ，在下拉列表中选择"备份与恢复"选项，如图2-26所示。

2）在"备份与恢复"界面中，选择"备份当前系统"选项，如图2-27所示。

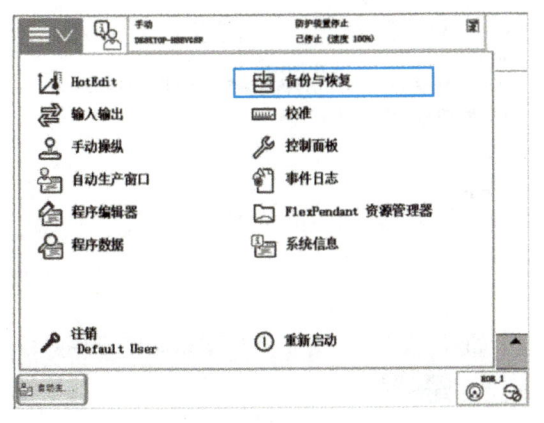

图2-26 选择"备份与恢复"选项

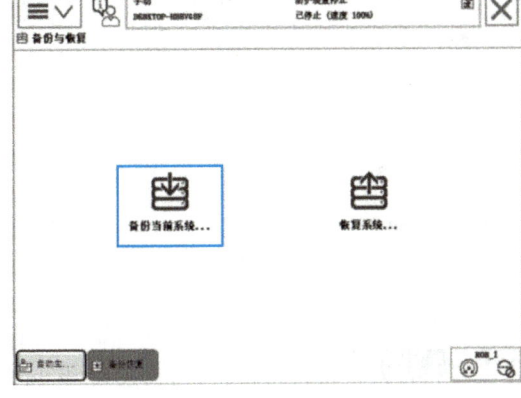

图2-27 选择"备份当前系统"选项

3）在"备份当前系统"界面中，单击"ABC"按钮设置备份文件夹名称，单击"…"按钮设置数据备份路径，注意备份路径不能有中文。然后单击"备份"按钮备份系统，如图2-28所示。

4）备份完成，可以查看备份文件内容，如图2-29所示。

备份完成后，在备份文件所在文件夹中会出现如图2-29所示的文件内容，各个文件的内容和具体作用如下。

BACKINFO：包含从RobotWare中重新创建系统软件和选项所需的信息。

HOME：包含从系统主目录中复制的内容。

RAPID：为机器人系统中的每个任务分别创建了一个文件夹，每个任务文件夹包含单独的程序模块文件夹和系统模块文件夹。

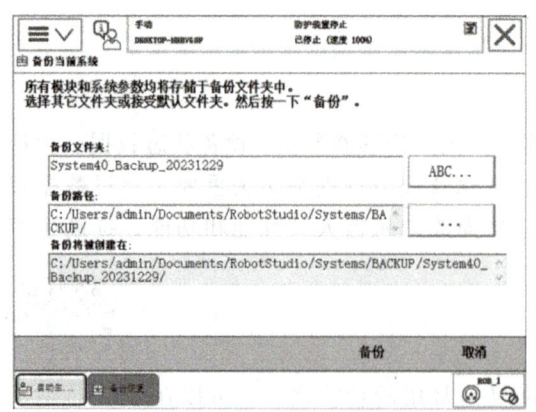

图 2-28　设置备份文件夹名称和路径　　　　图 2-29　备份文件内容

SYSPAR：包含系统配置文件。

2. 数据恢复

数据恢复是指将存储设备中已备份的系统数据恢复到机器人系统中，具体步骤如下。

1）在"备份与恢复"界面中选择"恢复系统"选项，如图 2-30 所示。

2）在"恢复系统"界面中选择备份文件所在路径，然后单击"恢复"按钮恢复系统，如图 2-31 所示。

 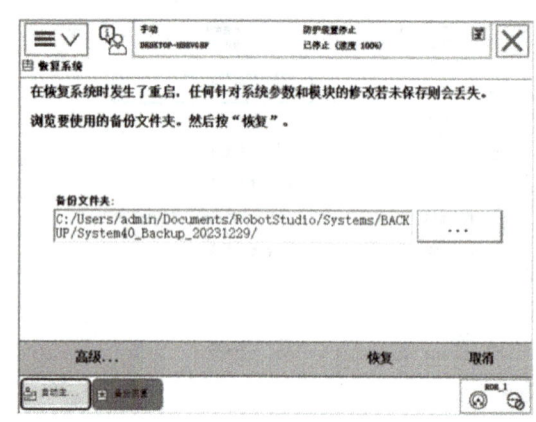

图 2-30　选择"恢复系统"选项　　　　　图 2-31　选择恢复备份文件的路径

3）在弹出对话框中单击"是"按钮，如图 2-32 所示，开始备份恢复，直至备份恢复完成。

2.3.2　工作站打包/解包

在 RobotStudio 中，工作站打包和解包是机器人仿真和编程过程中的重要环节，能实现机器人程序的快速迁移和部署，大大提高了机器人程序的开发效率和质量。

1. 工作站打包

工作站打包是指将 RobotStudio 中模拟好的机器人任务及其相关文件封装成一个安装包，以便将其迁移到其他计算机或实际的机器人控制系统中，具体步骤如下。

1）在"文件"菜单下，依次选择"共享"→"打包"选项，如图 2-33 所示。

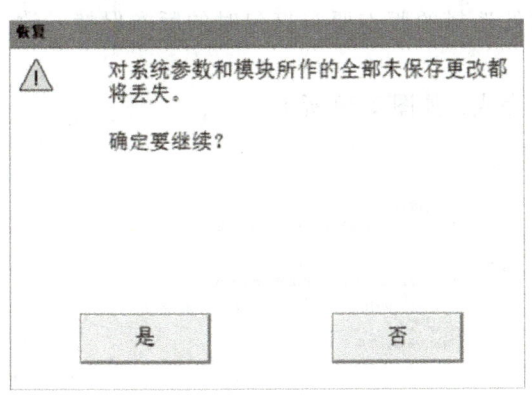
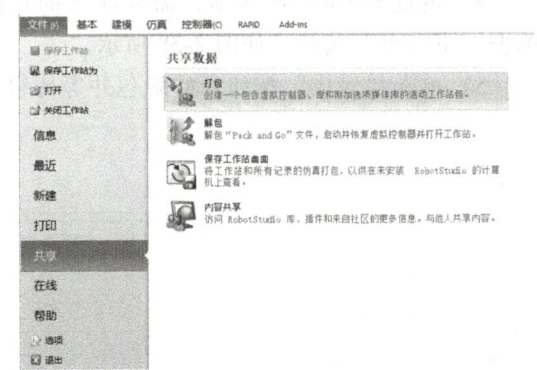

图 2-32 备份恢复　　　　　　　　　图 2-33 选择"打包"选项

2）在弹出的"打包"对话框中设置打包的名称和路径，如图 2-34 所示。单击"确定"按钮进行打包。

2. 工作站解包

工作站解包是指将之前打包好的安装文件在目标计算机或机器人控制系统中进行安装和还原，具体步骤如下。

1）在"文件"菜单下，依次选择"共享"→"解包"选项，如图 2-35 所示。

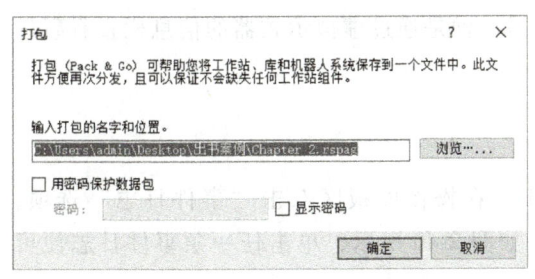
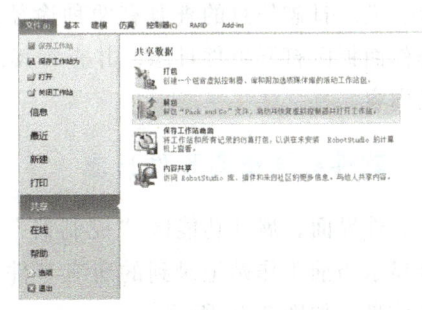

图 2-34 设置打包文件的名称和路径　　　图 2-35 选择"解包"选项

2）在弹出的"解包"对话框中，单击"下一个"按钮，如图 2-36 所示。

3）选择要解包的 Pack&Go 文件和目标文件夹，单击"下一个"按钮，如图 2-37 所示。

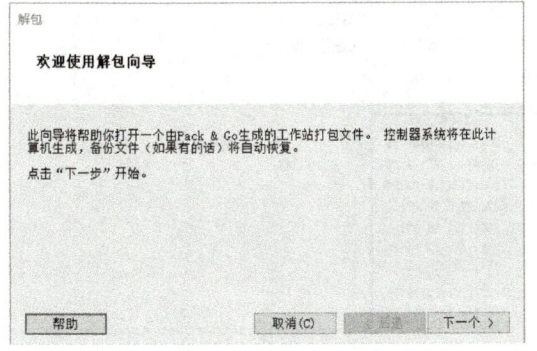
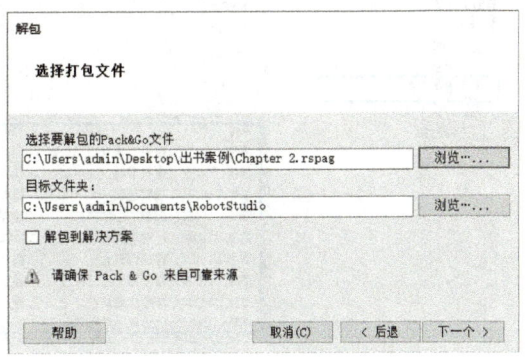

图 2-36 "解包"对话框　　　　　　图 2-37 选择要解包的文件并设置目标文件夹

4）设置 RobotWare 版本，需要注意的是此处选择的版本要与打包时的版本保持一致。单击"下一个"按钮，如图 2-38 所示。

5）单击"完成"按钮开始解包并等待解包完成，如图 2-39 所示。

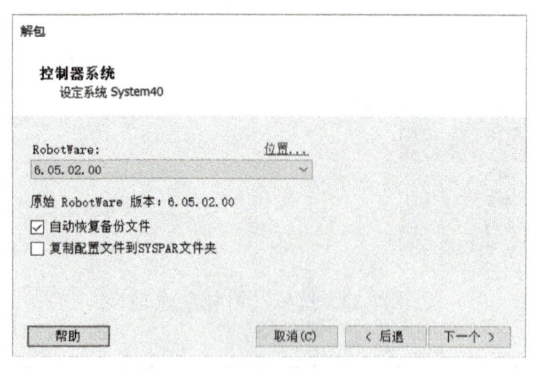

图 2-38　设置 RobotWare 版本　　　　　图 2-39　开始解包

2.4　工业机器人事件日志

ABB 工业机器人事件日志对于了解机器人的运行状态、进行故障诊断及优化性能等具有重要意义。日志信息的查看有两种途径：一种是在软件界面功能区"控制器"选项卡对应的操作面板区打开事件日志，并查看其内容；另一种是通过虚拟示教器的信息栏查看事件日志的内容。

2.4.1　软件界面查看事件日志

在软件界面，展开功能区"控制器"选项卡，在操作面板区双击"事件日志"选项，系统会显示当前工作站记录到的所有事件日志，如图 2-40 所示，单击任一条事件日志便可查看其信息，如图 2-41 所示。

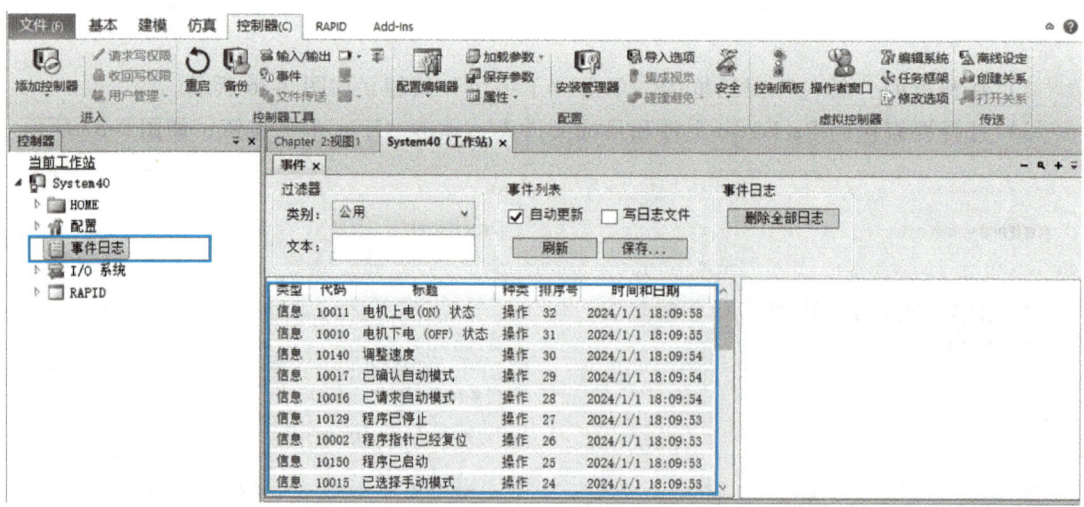

图 2-40　打开事件日志

第 2 章　工业机器人基本操作

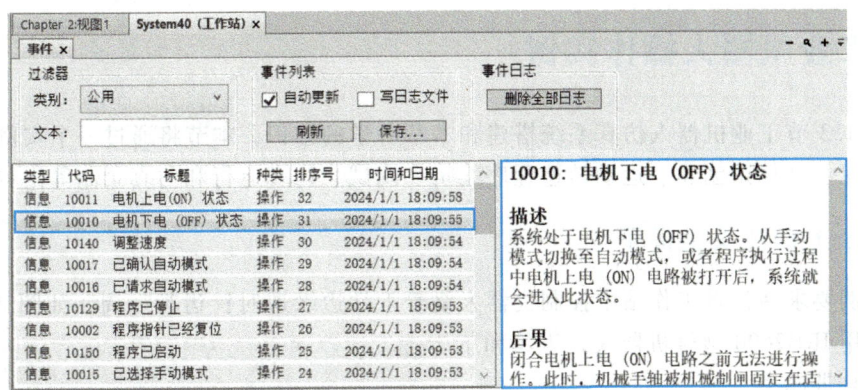

图 2-41　查看相应事件日志信息

2.4.2　虚拟示教器查看日志

1）单击虚拟示教器上方信息栏，如图 2-42 所示。

2）虚拟示教器显示出事件日志列表，如图 2-43 所示。

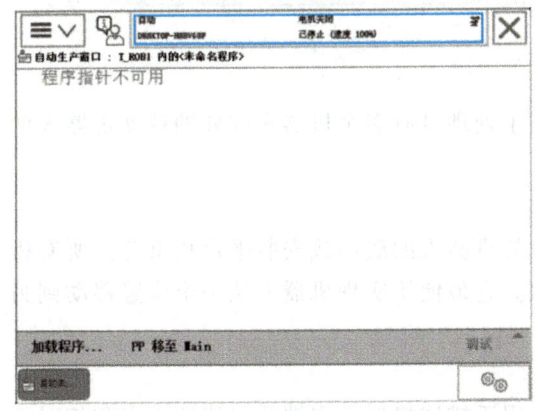

图 2-42　单击虚拟示教器信息栏

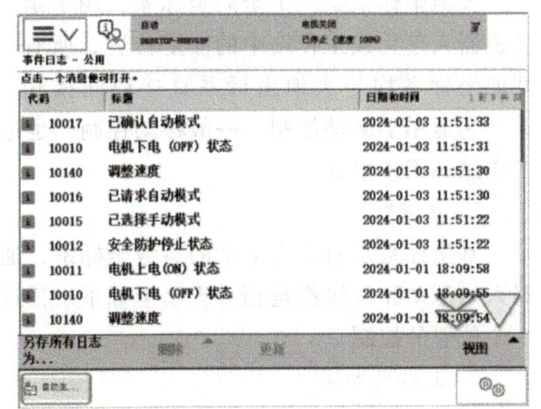

图 2-43　事件日志列表

3）单击选择相应事件日志便可查看其信息，如图 2-44 所示。

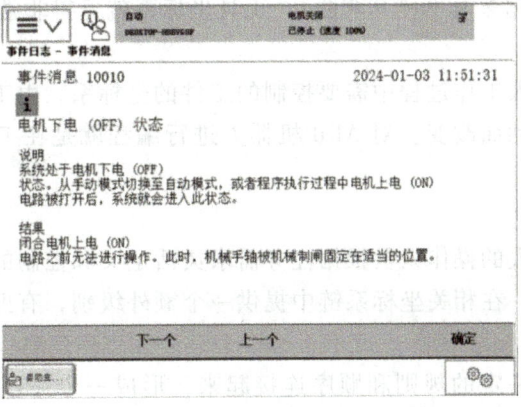

图 2-44　相应事件日志信息

2.5 工业机器人操作实例

结合 1.3 节工业机器人仿真系统搭建和本章所学的知识,本节将通过一个实例练习仿真工作站构建、坐标系创建、运动轨迹程序编辑和调试、仿真运行和仿真录制等内容。

2.5.1 任务描述及坐标系

本实例要求在仿真工作站中控制机器人绕着工件边缘逆时针运行一周,如图 2-45 所示。该任务使用 IRB2600 型号机器人,工具和工件为系统自带模型。

ABB 工业机器人坐标系是机器人运动控制的基础,它定义了机器人的运动参考系,支持机器人的精确定位和轨迹规划。ABB 工业机器人主要使用以下五种坐标系。

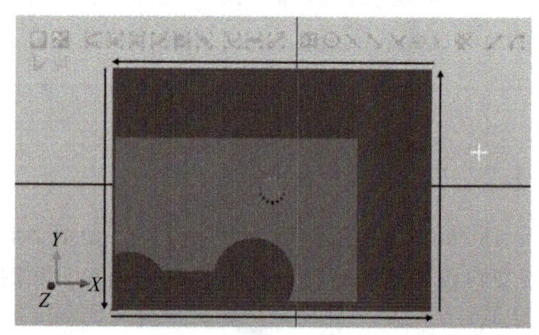

图 2-45 工作站任务示例

1. 大地坐标系

大地坐标系是一个全局坐标系,用于定义机器人单元或工作站中的固定位置,所有其他坐标系均与大地坐标系直接或间接相关。它适用于微动控制、一般移动控制,也适用于处理具有多个机器人或外轴移动机器人的工作站和工作单元。

2. 基坐标系

基坐标系是机器人运动的参考坐标系,通常与机器人的底座或安装平台相重合。所有机器人的运动和位置都是相对于基坐标系来描述的。它最便于实现机器人从一个位置移动到另一个位置的控制。

3. 工具坐标系

工具坐标系是机器人末端执行器的坐标系,用于描述机器人末端执行器的姿态和相对位置。工具坐标系的原点通常位于末端执行器的中心位置,坐标轴与末端执行器的运动方向一致,便于调试人员调整机器人位姿。例如,在微动控制机器人时,如果不想在机器人移动时改变工具方向(如移动锯条时不使其弯曲),工具坐标系就显得非常有用。

4. 工件坐标系

工件坐标系是机器人工作过程中需要控制的工件的坐标系,由工件表面的一个特定点确定,并且随着工件的移动而改变。对 ABB 机器人进行编程就是在工件坐标系中创建目标点和轨迹路径。

5. 用户坐标系

用户坐标系是机器人的操作人员根据任务需求灵活定义和控制的坐标系,可用于表示固定装置、工作台等设备,在相关坐标系链中提供一个额外级别,有助于处理持有工件或附加其他坐标系的设备。

不同的坐标系按照一定的规则和顺序连接起来,形成一个完整的坐标系统,如图 2-46 所示,用于描述机器人在三维空间中的位置和姿态。不同的坐标系之间可以通过坐标转换来实现相互之间的关联和转换。例如，可以将工具坐标系转换为基坐标系，或者将工件坐标系转换为大地坐标系等。

ABB 工业机器人的坐标系在机器人的操作、编程、任务执行、协作、碰撞检测、校准与调试及可视化与监控等方面都发挥着重要作用。正确地使用和管理坐标系是确保机器人高效、准确地完成任务的关键。

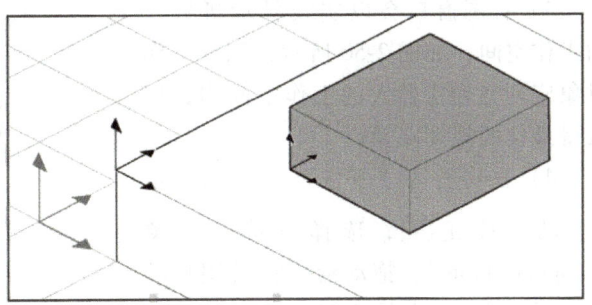

图 2-46　坐标系统示意图

2.5.2　仿真工作站构建

工作站布局即根据任务描述对工业机器人、工具和工件进行导入和设置。机器人型号为 IRB2600，工具选择"myTool"。导入机器人和加载工具的具体步骤在 1.3.4 小节中已做过介绍，此处不再赘述。工具加载完成后的机器人状态如图 2-47 所示。

摆放工件，即加载图 2-45 所示的模型，包含承载工件的模型"propeller table"和工件模型"Curve Thing"，具体操作步骤如下。

1）在功能区"基本"选项卡依次选择"导入模型库"→"设备"→"propeller table"选项导入"propellertable"模型，如图 2-48 所示。

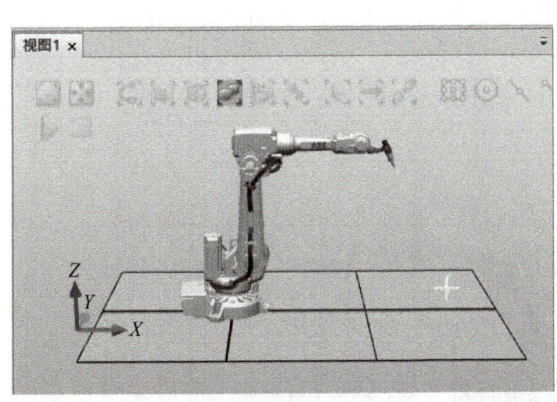

图 2-47　工具加载完成后的机器人状态　　　图 2-48　导入"propeller table"模型

2）在操作面板区"布局"选项卡中右键单击机器人"IRB2600_12_165_ _02"，在弹出的快捷菜单中选择"显示机器人工作区域"选项，如图 2-49 所示。

3)视图窗口会以实线显示机器人的工作空间,如图 2-50 所示,因此工作对象应调整到机器人的工作空间内,以获得最佳的规划路径。

4)在功能区"基本"选项卡单击"移动"按钮 ,选择被移动对象"propeller table",拖动箭头将模型移动到合适的位置,如图 2-51 所示。

5)在功能区"基本"选项卡依次选择"导入模型库"→"设备"→"Curve Thing"选项导入工件模型,如图 2-52 所示。

图 2-49 选择"显示机器人工作区域"选项

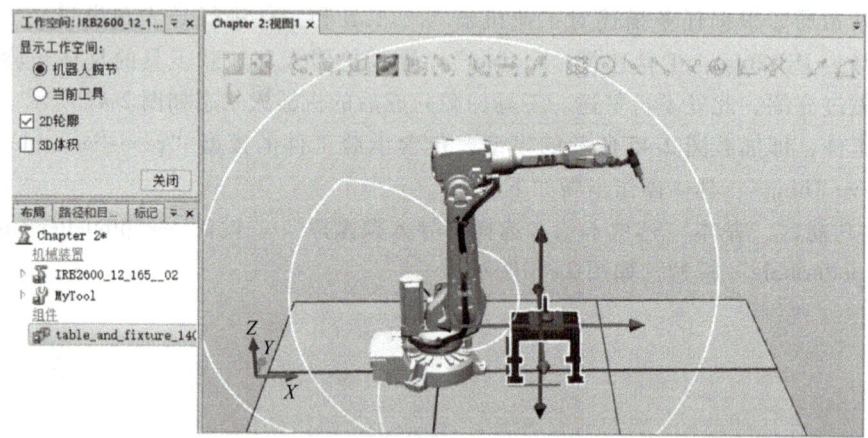

图 2-50 机器人工作空间

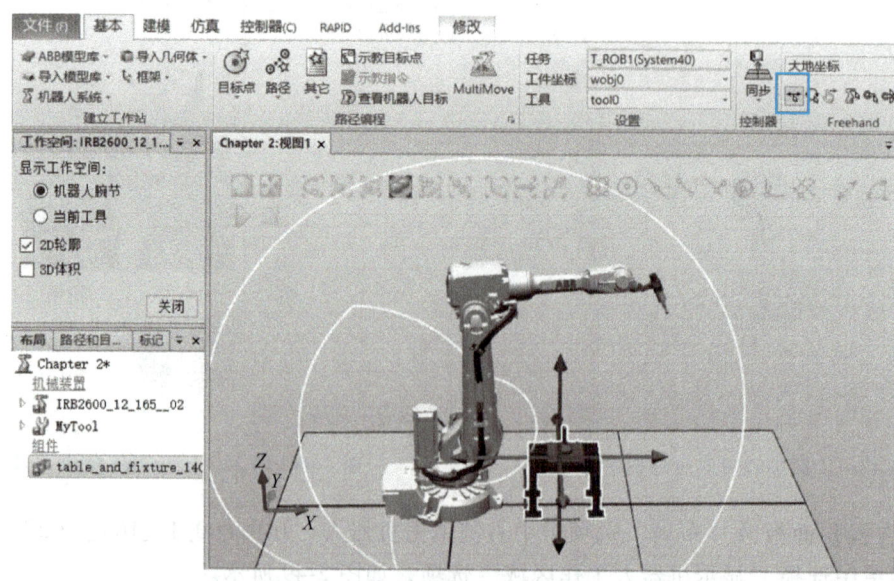

图 2-51 移动"propeller table"模型到合适位置

6) 在操作面板区右键单击"布局"选项卡中的"Curve_thing"模型,在弹出的快捷菜单中依次选择"位置"→"放置"→"两点"选项,如图 2-53 所示。

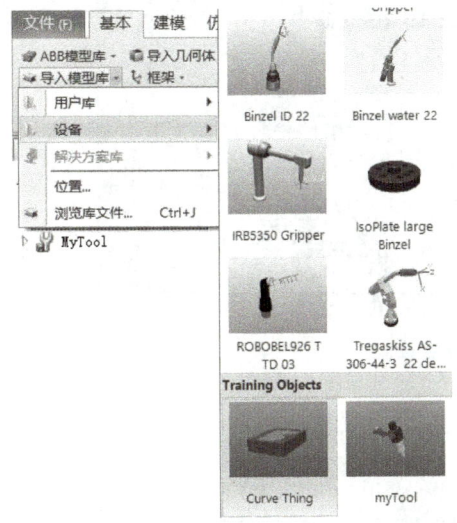

图 2-52 导入"Curve Thing"工件模型　　　　图 2-53 选择放置方式

7) 在视图窗中单击 按钮设置捕捉模式为"捕捉末端",选中"主点-从"选项组的第一个坐标文本框,如图 2-54 所示。

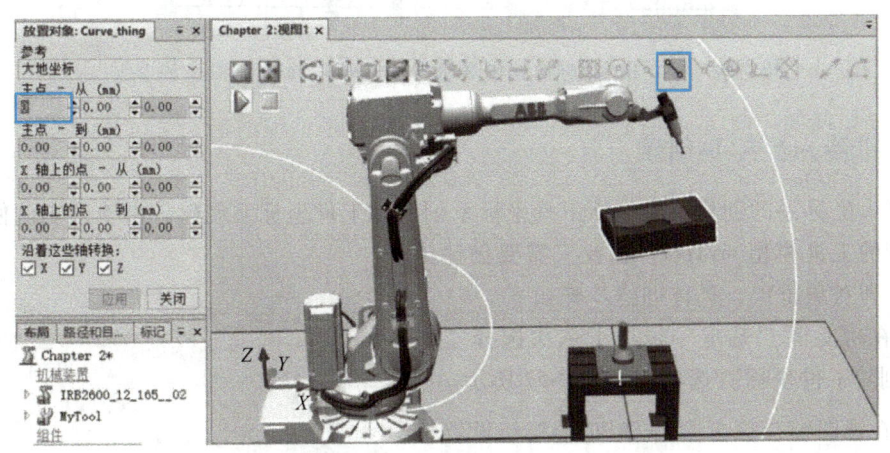

图 2-54 选择对齐方式

8) 按照图 2-55 所示顺序依次单击两个模型对齐的基准线:第①点和第②点对齐,第③点和第④点对齐。四个点位的坐标值会自动添加在坐标文本框内,单击"应用"按钮放置 Curve Thing 模型。

9) 将 Curve Thing 模型放置到 propeller table 模型上的效果如图 2-56 所示。

工作站布局完成后加载机器人系统,即为机器人加载虚拟控制器,具体步骤在 1.3.4 小节中已做过介绍,此处不再赘述。

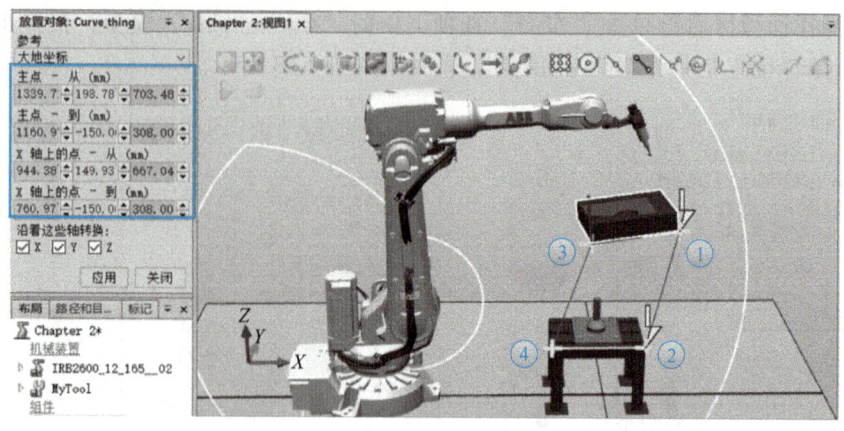

图 2-55 设置对齐点位

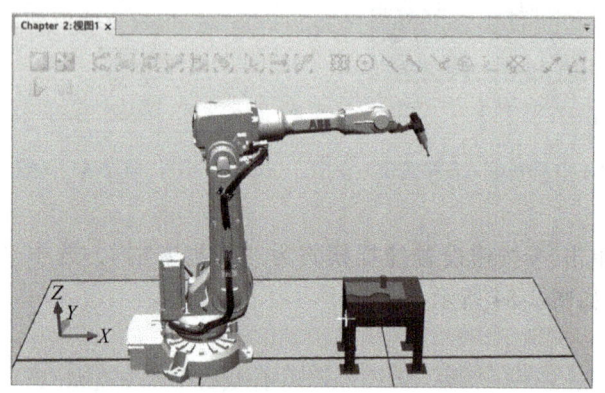

图 2-56 将 Curve Thing 模型放置到 propeller table 模型上的效果

2.5.3 机器人坐标系创建

机器人坐标系的创建一般包括工具坐标系创建和工件坐标系创建。由于该实例使用的是软件自带的工具模型 myTool,因此只需要创建工件坐标,即对象框架,具体创建步骤如下。

1)在功能区"基本"选项卡依次选择"其它"→"创建工件坐标"选项,如图 2-57 所示。

2)在视图窗口单击 按钮和 按钮设置捕捉模式为"选择表面"和"捕捉末端",设置工件坐标名称为"Wobj1",单击"用户坐标框架"目录下"取点创建"选项的下拉按钮 ,如图 2-58 所示。

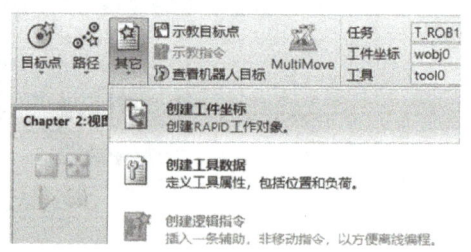

图 2-57 选择"创建工件坐标"选项

3)选择"三点"选项,选中"X 轴上的第一个点"的第一个坐标文本框,在视图窗口依次单击①②③三个角点位置,如图 2-59 所示。

4)确认三个角点的坐标数据添加完成后,单击"Accept"按钮,如图 2-60 所示。

5)单击"创建"按钮创建工件坐标系,如图 2-61 所示。

第 2 章 工业机器人基本操作

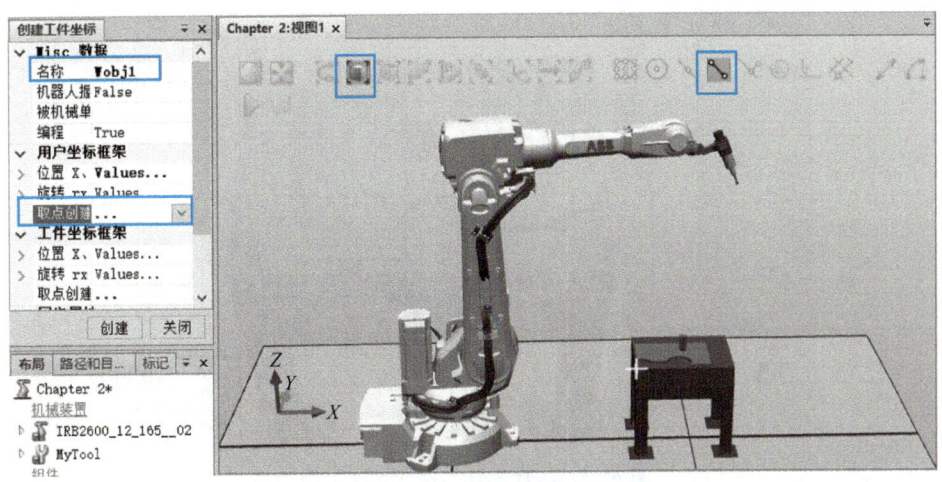

图 2-58 选择对齐方式和修改名称

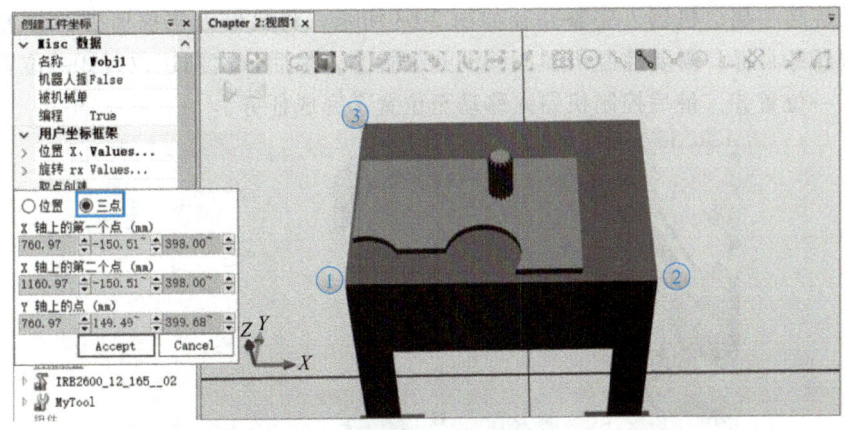

图 2-59 选择三个角点位置

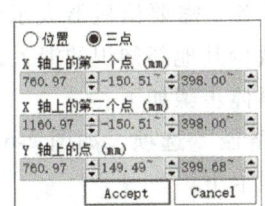

图 2-60 设置三个角点坐标

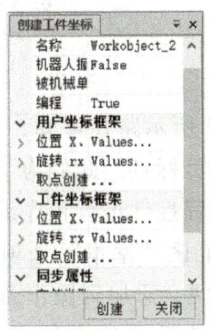

图 2-61 创建工件坐标系

6) 如图 2-62 所示,工件坐标系 "Wobj1" 已创建完成。

2.5.4 运动轨迹程序编辑

创建完成工件坐标系后,就可以对机器人运动轨迹进行编程了,即编写程

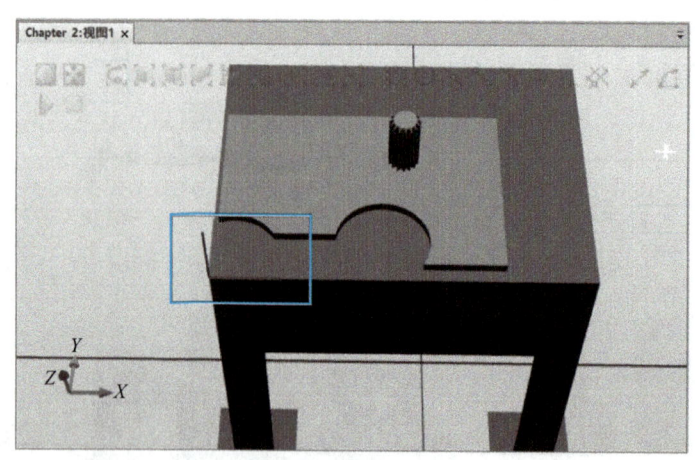

图 2-62　工件坐标系创建完成示例

序控制机器人执行相应任务。由 2.5.1 小节可知，该实例任务为控制机器人绕 Curve Thing 模型逆时针旋转一周。机器人完整路径如图 2-63 所示，将机器人当前所处的位置作为位置①，为实现任务目标，需要控制机器人移动到位置②，然后依次到达位置③→位置④→位置⑤→位置⑥→位置③，最后控制机器人移动至位置⑦完成任务。

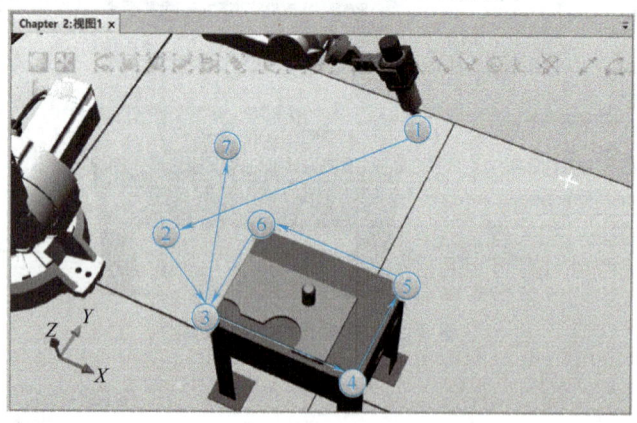

图 2-63　机器人完整路径

由图 2-63 所示路径可知，为了控制机器人完成上述任务，需要给机器人示教位置②~位置⑦共六个目标点。此处为了能够练习本章所学知识并减少其他新知识的混入，仅使用软件主界面中编程控件进行程序编写，运动轨迹程序创建的具体步骤如下。

1）在功能区"基本"选项卡依次选择"路径"→"空路径"选项，如图 2-64 所示。空路径 Path_10 便会添加到操作面板区"路径和目标点"选项卡下。

2）在功能区"基本"选项卡将"工件坐标"和"工具"分别设置为"Wobj1"和"MyTool"，状态栏"指令模板及其参数"分别设置为"MoveJ""v150""fine"，如图 2-65 所示，"MoveJ"是关节运动控制指令。

3）在功能区单击"手动线性"按钮，将机器人拖拽到图 2-63 所示位置②目标点，单击"示教指令"按

图 2-64　选择"空路径"选项

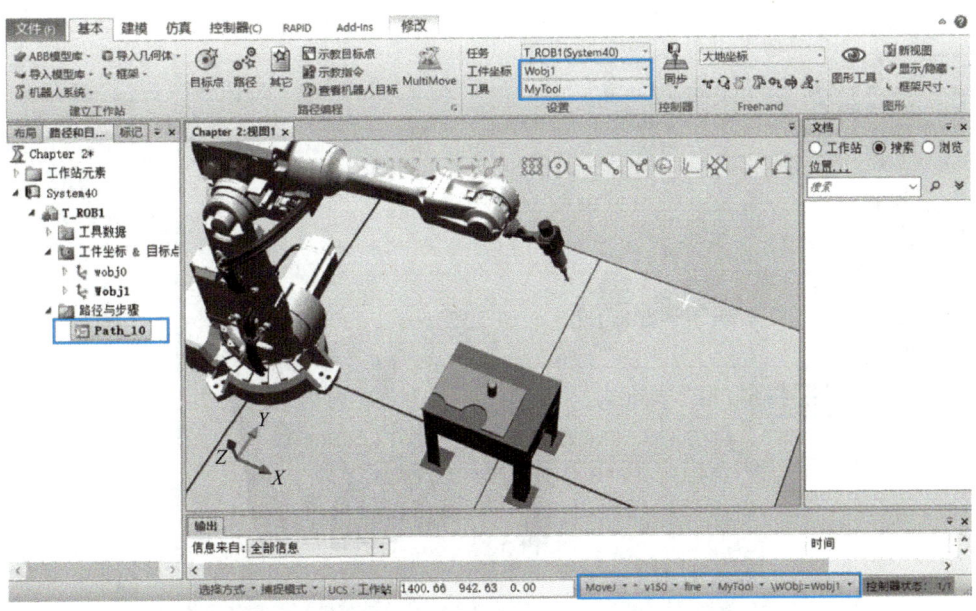

图 2-65　指令及其参数设置

钮，在路径"Path_10"中创建运动控制语句"MoveJ Target_10"，如图 2-66 所示。"Target_10"为运动目标点，即位置②。

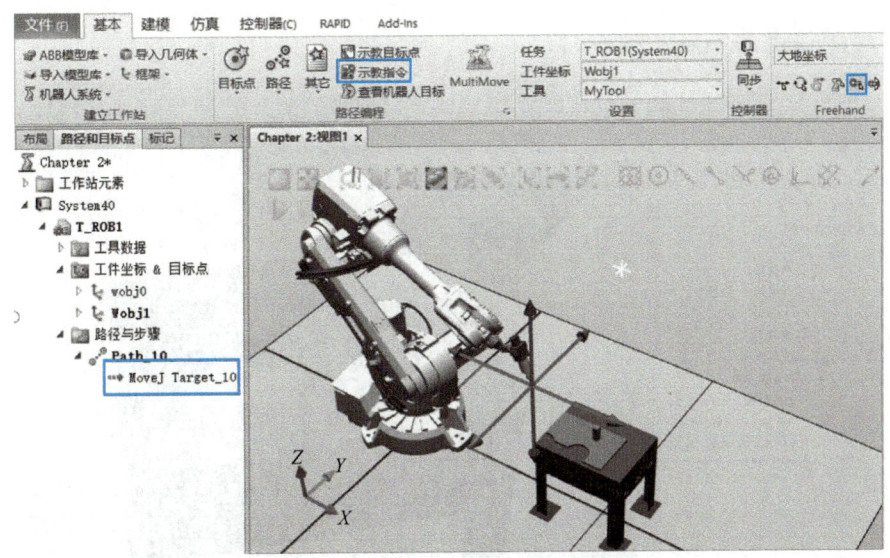

图 2-66　创建到位置②的运动控制语句

4）将机器人拖拽到图 2-63 所示位置③目标点，将"指令模板及其参数"分别设置为"MoveL""v150""fine"，单击"示教指令"按钮，在路径"Path_10"中增加运动控制语句"MoveL Target_20"，如图 2-67 所示。

5）将机器人拖拽到图 2-63 所示位置④目标点，单击"示教指令"按钮，在路径"Path_10"新增加运动控制语句"MoveL Target_30"，如图 2-68 所示。

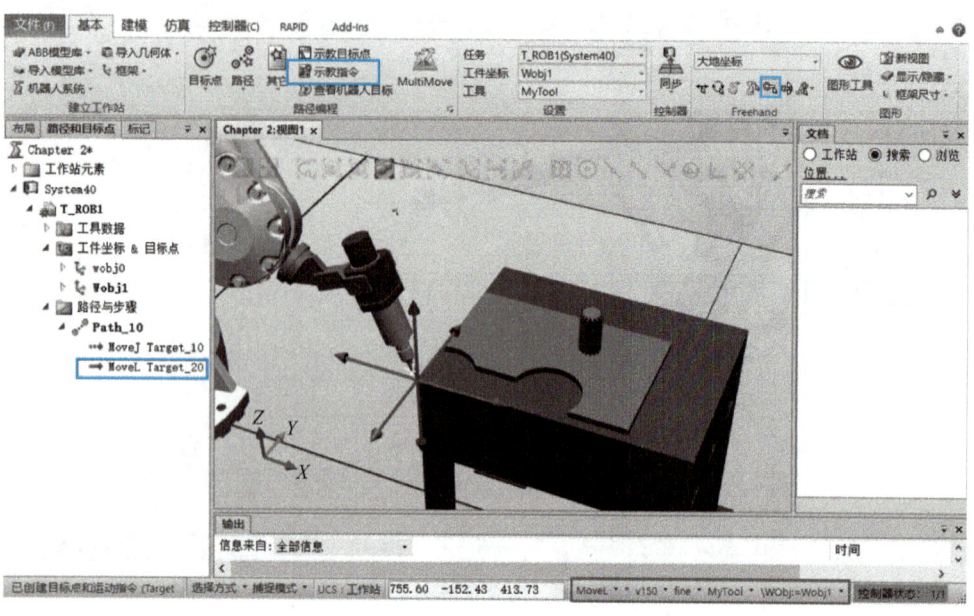

图 2-67　创建到位置③的运动控制语句

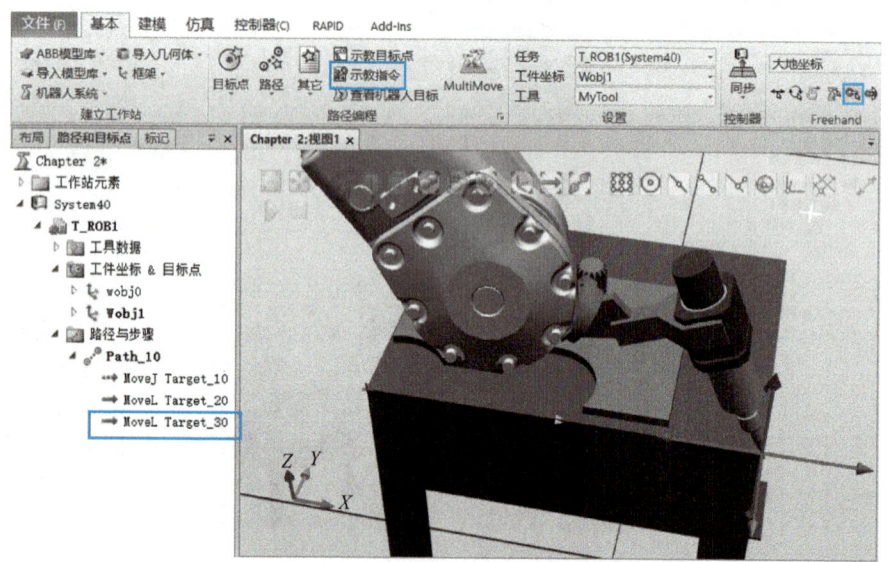

图 2-68　创建到位置④的运动控制语句

6）将机器人拖拽到图 2-63 所示位置⑤目标点，单击"示教指令"按钮，在路径"Path_10"中增加运动控制语句"MoveL Target_40"，如图 2-69 所示。

7）将机器人拖拽到图 2-63 所示位置⑥目标点，单击"示教指令"按钮，在路径"Path_10"中增加运动控制语句"MoveL Target_50"，如图 2-70 所示。

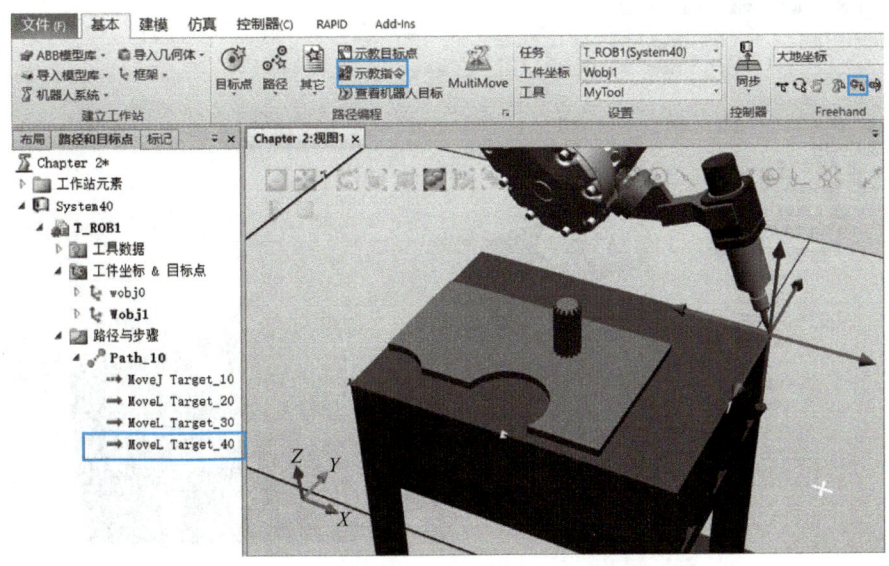

图 2-69 创建到位置⑤的运动控制语句

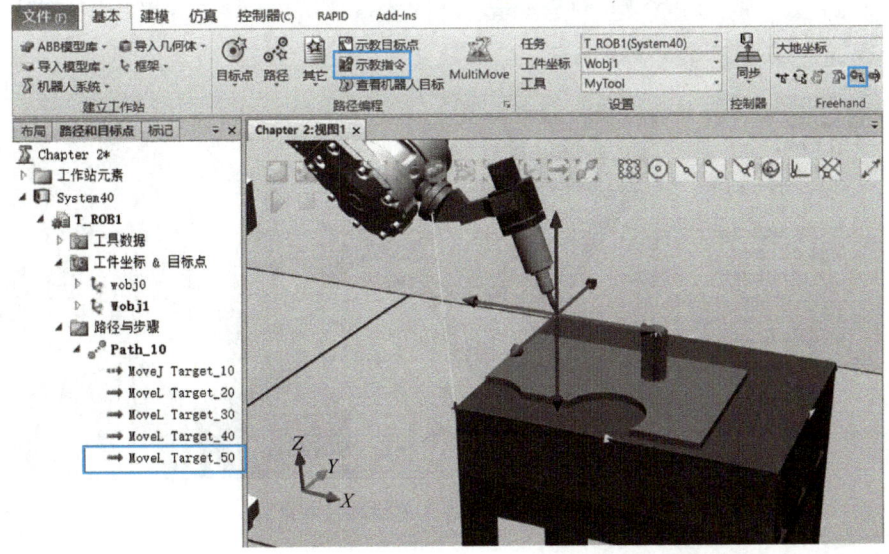

图 2-70 创建到位置⑥的运动控制语句

8）将机器人拖拽到图 2-63 所示位置③目标点，单击"示教指令"按钮，在路径"Path_10"中增加运动控制语句"MoveL Target_60"，如图 2-71 所示。

9）将机器人拖拽到图 2-63 所示位置⑦目标点，单击"示教指令"按钮，在路径"Path_10"中新增运动控制语句"MoveL Target_70"，如图 2-72 所示。

10）右键单击路径"Path_10"，在弹出的快捷菜单中选择"到达能力"选项，验证机器人目标点和移动指令的可达性，如图 2-73 所示。

11）如图 2-74 所示，绿色对勾说明所有目标点都可到达，单击"关闭"按钮。

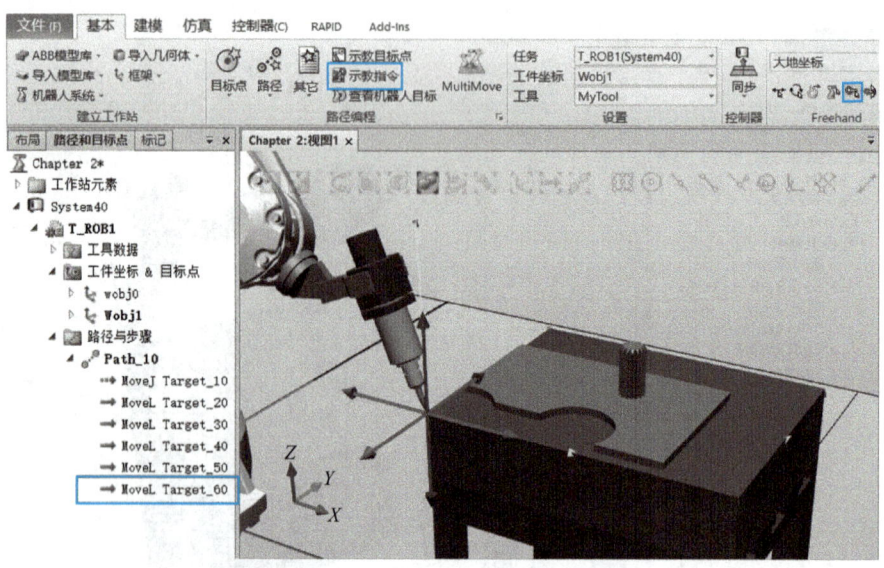

图 2-71　创建由位置⑥到位置③的运动控制语句

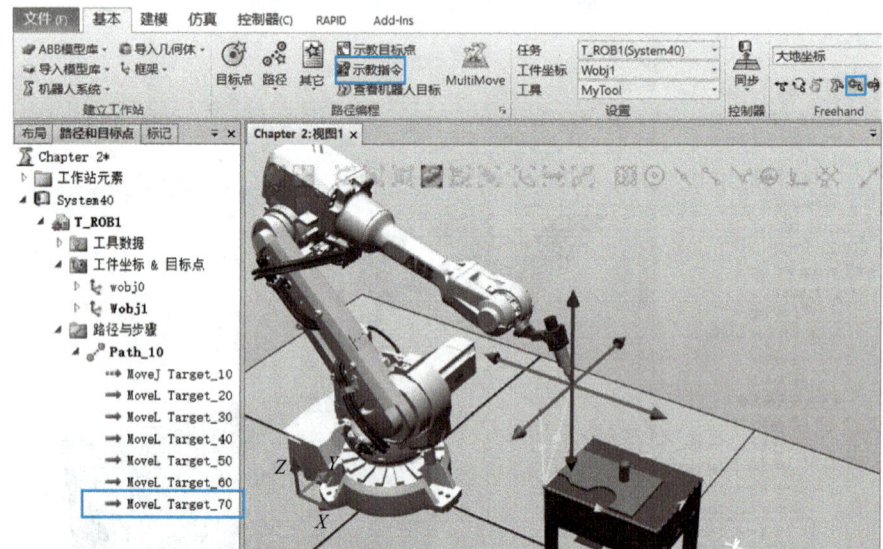

图 2-72　创建到位置⑦的运动控制语句

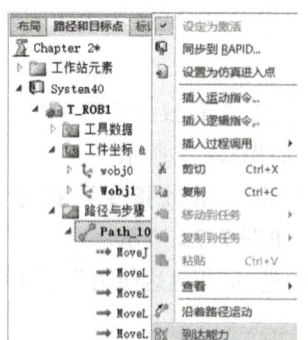

图 2-73　选择"到达能力"选项验证功能

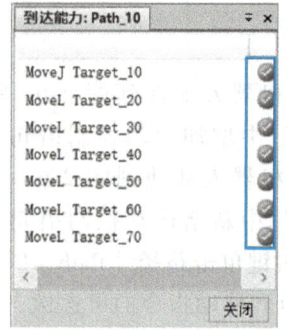

图 2-74　到达能力验证结果

12）右键单击路径"Path_10"，在弹出的快捷菜单中依次选择"配置参数"→"自动配置"选项，进行关节轴参数的自动配置，如图 2-75 所示。

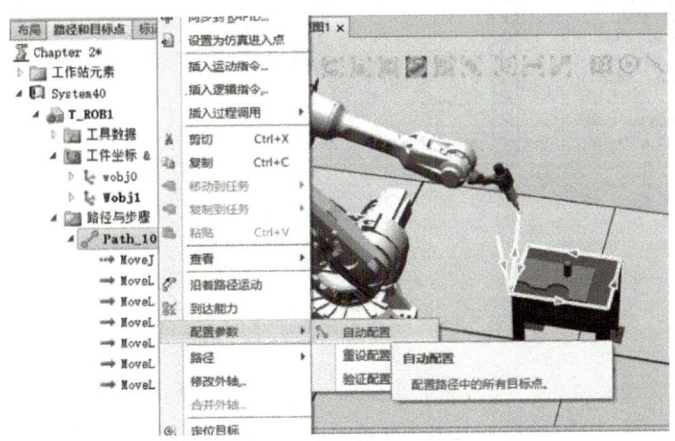

图 2-75　配置关节轴参数

13）右键单击路径"Path_10"，在弹出的快捷菜单中选择"沿着路径运动"选项，观察机器人能否沿着所设置的位置①→位置②→位置③→位置④→位置⑤→位置⑥→位置③→位置⑦路径运动，如图 2-76 所示。

2.5.5　工作站仿真运行

编辑完运动控制语句并测试完成后，可以对工作站进行仿真运行，具体步骤如下。

1）在功能区"基本"选项卡下依次选择"同步"→"同步到 RAPID"选项，如图 2-77 所示。

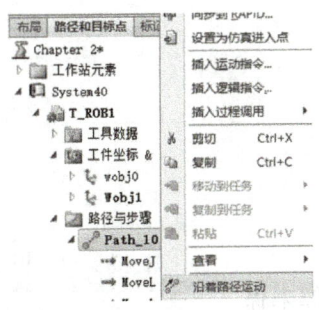
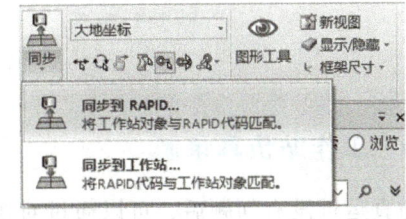

图 2-76　测试机器人能否沿着所设置路径运动　　图 2-77　选择"同步到 RAPID"选项

2）在弹出的"同步到 RAPID"对话框中勾选需要同步的项目，单击"确定"按钮，如图 2-78 所示。

3）在功能区"仿真"选项卡单击"仿真设定"按钮，在打开的"仿真设定"窗口中将仿真对象选择为"T_ROB1"，将"进入点"选择为路径"Path_10"，然后单击"关闭"按钮，如图 2-79 所示。

4）仿真设定完成后在功能区"仿真"选项卡单击"播放"按钮使工作站仿真运行，如图 2-80 所示。

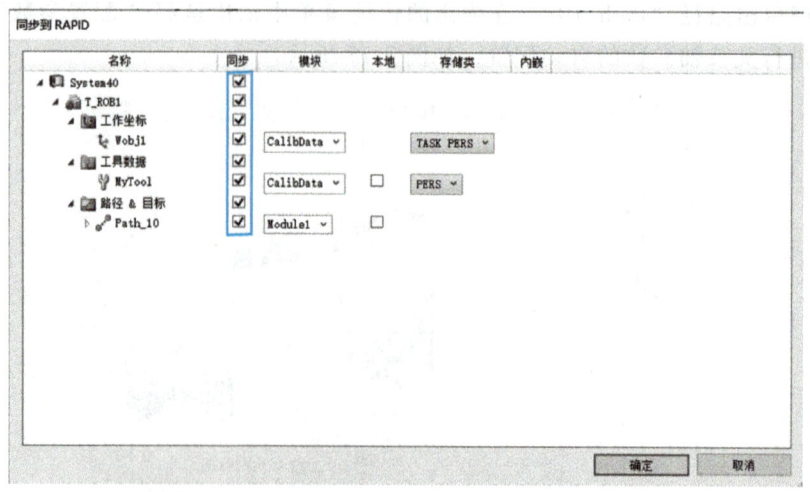

图 2-78 勾选需要同步的项目

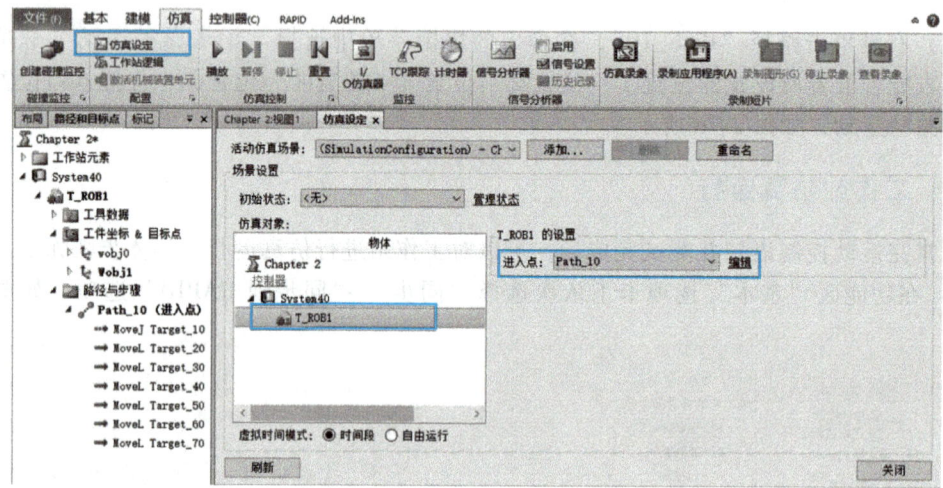

图 2-79 仿真设定

2.5.6 工作站仿真录制

仿真运行没有问题后，可以通过对仿真运行进行录像来保存工作站的运行效果，以便在不同的计算机上进行展示或播放。具体步骤如下。

1）在"文件"菜单下选择"选项"选项打开"选项"对话框，选择"屏幕录像机"选项进行参数设置，完成后单击"确定"按钮，如图 2-81 所示。

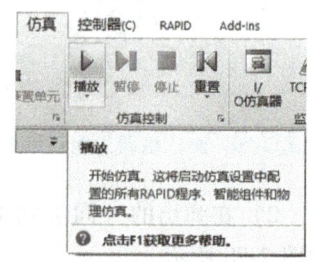

图 2-80 工作站仿真运行

2）在功能区"仿真"选项卡单击"仿真录像"按钮，然后单击"播放"按钮，如图 2-82 所示，对仿真过程录屏并将视频保存在相应路径下。

3）录制完成仿真运行过程后，可通过在功能区"仿真"选项卡单击"查看录像"按钮查看录制的仿真运行过程视频，如图 2-83 所示。

第 2 章　工业机器人基本操作

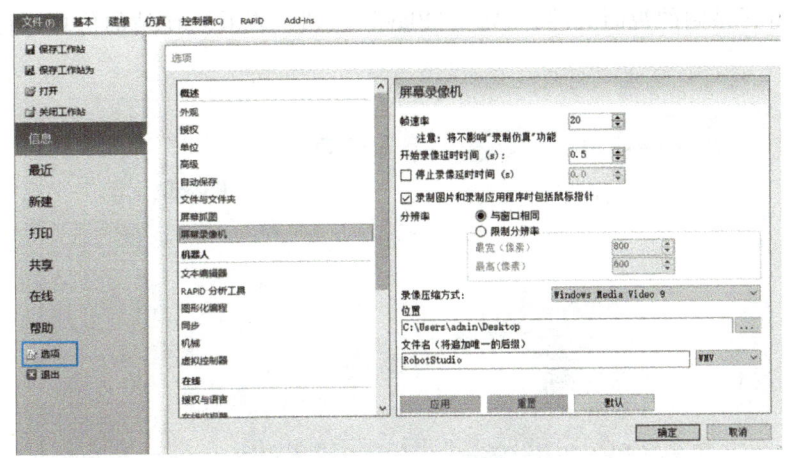

图 2-81　设置屏幕录像机参数

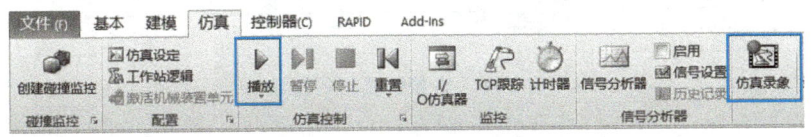

图 2-82　录制仿真视频

4）此外，可以在功能区"仿真"选项卡单击"播放"按钮处的下拉按钮，然后选择"录制视图"选项，如图 2-84 所示。

图 2-83　查看录制的视频

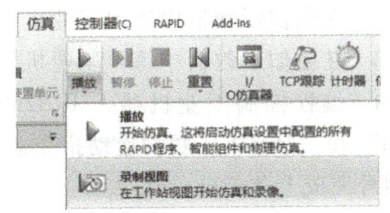

图 2-84　录制视图

5）完成录制后，在弹出的"另存为"对话框中设置录制文件的保存位置，然后单击"保存"按钮，如图 2-85 所示。

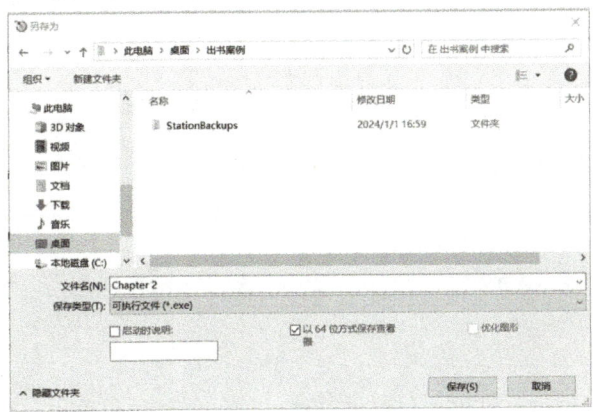

图 2-85　设置录制文件的保存位置

6）双击打开录制的视图文件，单击"Play"按钮，查看工作站的仿真运行过程，如图 2-86 所示。

图 2-86　查看仿真运行过程

练 习 题

2-1　在虚拟示教器中练习语言的设置。

2-2　在虚拟示教器中练习工业机器人数据的备份与恢复操作。

2-3　在虚似示教器中练习工业机器人单轴、线性和重定位三种运动模式。

2-4　编程控制工业机器人 IRB2600 沿"Curve Thing"模型顺时针运动一周，再观察"MoveJ"和"MoveL"两种运动指令运行方式的区别，并思考是否可以将工业机器人更换为其他型号完成上述任务。

第3章 工业机器人应用程序

教学目标：

- 学生能够描述 RAPID 的程序结构。
- 学生能够熟练使用运动控制指令完成对工业机器人的运动控制。
- 学生能够根据具体的任务独立完成控制程序的编写、调试和运行。
- 培养学生的规范化意识和技术自信。

3.1 工业机器人程序结构

RAPID 语言是 ABB 工业机器人编程的重要工具，具有易学易用、功能强大、灵活性高等特点，广泛应用于工业自动化领域，为机器人编程提供了强大的支持。

3.1.1 RAPID 特点

RAPID 语言具有简洁明了的语法，易于学习和掌握。同时，ABB 公司提供了丰富的编程教程和在线资源，以帮助用户快速掌握 RAPID 语言的编程技巧。RAPID 语言支持多种数据类型、运算符、控制结构等，可以方便地实现复杂的逻辑控制和数据处理。此外，它还支持模块化编程，可以将复杂的任务拆分为更小的、可管理的模块，提高代码的可读性和可维护性。RAPID 语言具有很高的灵活性，可以根据不同的应用场景进行定制化开发。用户可以使用 RAPID 语言构造完整的机器人程序，包括主程序框架、逻辑控制部分、运动执行部分、I/O 控制部分和通信传输部分等。

以向屏幕输出"ABB Robot"语句为例对 RAPID 和 C 语言进行比较，详见表 3-1。可以看到 RAPID 语言更加简洁明了。

表 3-1 RAPID 和 C 语言比较

RAPID 代码	C 语言代码

PROC main( )
  TPWrite "ABB Robot";
ENDPROC
	int main(int argc, char * argv[ ])
	{
	  int i;
	  for(i=0; i<argc; i++)
	    printf("Argument %d is %s.\n",i,argv[i]);
	  return 0;
	}

3.1.2 RAPID 架构

RAPID 架构由任务、模块、例行程序三级结构组成，如图 3-1 所示。一个 RAPID 程序称为一个任务或程序空间，任务由一系列模块组成。模块又分为程序模块与系统模块两部分，程序模块用于构建机器人的程序，而系统模块多用于系统方面的控制。

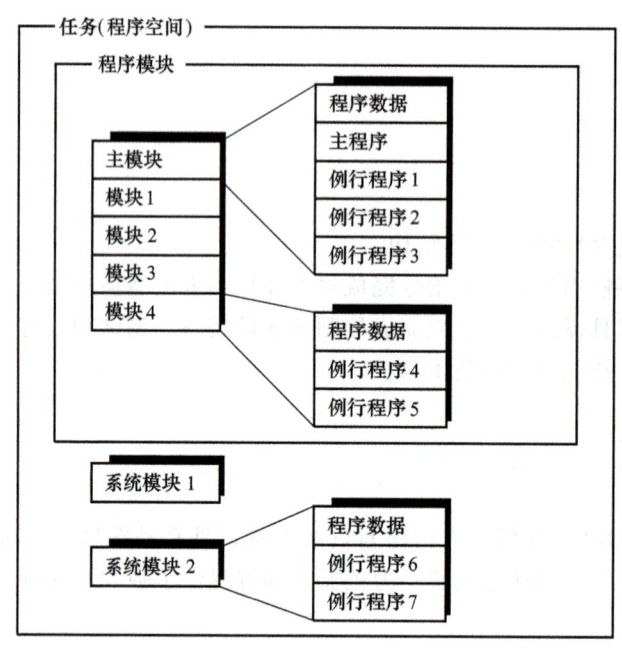

图 3-1　RAPID 架构

程序模块一般包含程序数据、例行程序、中断程序和功能四种对象。这些对象可以互相调用，实现复杂的任务。在 RAPID 程序中，只有一个主程序 main()，主程序 main() 可以存在于任意一个程序模块中，并且是整个 RAPID 程序执行的起点。

图 3-2 所示为虚拟示教器中一个简单的 RAPID 程序，程序界面显示了 RAPID 程序的三级架构，即任务与程序、模块和例行程序，鼠标单击相应位置可查看其中包含的任务、模块或应用程序。该 RAPID 程序包含一个 MainModule 模块，MainModule 模块中包含一个主程序 main() 和一个程序数据 p10。模块是以"MODULE"开始，以"ENDMODULE"结束；程序是以"PROC"开始，以"ENDPROC"结束。

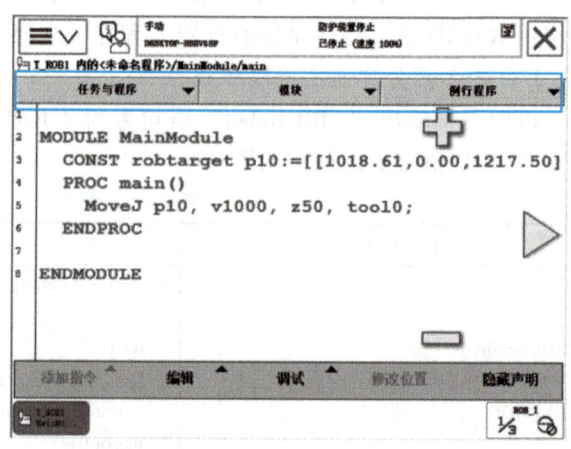

图 3-2　一个简单的 RAPID 程序

3.2 工业机器人程序指令

RAPID 语言提供了丰富的指令集,包括数据类型定义、数学运算、变量指令、控制结构(如循环、条件语句)、运动控制指令、I/O 控制指令等。这些指令可以满足不同应用场景下的需求,使程序编写人员能够灵活地控制机器人的各种动作和行为,从而实现自动化生产线的高效运行。

3.2.1 运动控制指令

在工业机器人编程控制中,运动控制指令是最核心也是出现频率最高的指令。图 3-2 所示的 main() 程序中包含了一条应用程序,即:

```
MoveJ p10,v1000,z50,tool0;
```

其中,MoveJ 为运动控制指令;p10 为目标点位置;v1000 为运行速度;z50 为转角半径;tool0 为工具坐标。这条语句的作用是控制机器人 TCP 移动到 p10 点,MoveJ 指令后的内容为程序数据,规定了机器人移动的目标位置、速度和工具坐标等参数。

ABB 工业机器人基本运动控制指令包含线性运动指令(MoveL)、关节运动指令(MoveJ)、圆弧运动指令(MoveC)和绝对位置运动指令(MoveAbsJ)四种,下面分别对这四种指令进行介绍。

3.2.2 线性运动指令

线性运动指令为 MoveL,其作用为控制机器人 TCP 从当前点以线性运动方式运动到目标点,如图 3-3 所示。由于当前点与目标点两点决定一条直线,因此应用 MoveL 指令时,机器人运动状态可控,运动路径唯一。

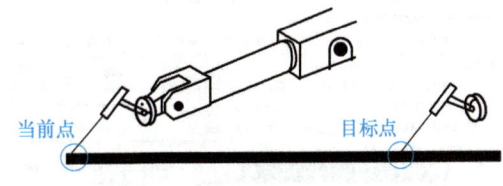

图 3-3 线性运动指令示例

1. 指令组成

MoveL 指令的组成为:

```
MoveL p20,v100,fine,Mytool\WObj:=Toolwobj;
```

其中,各个参数的含义说明见表 3-2。

表 3-2 线性运动指令 MoveL 参数含义说明

参数	说明
p20	目标点位置:定义工业机器人 TCP 在工件坐标系中的位置
v100	运行速度:定义了 TCP 运行速度、工具重定位和外部轴的运行速度
fine	转弯半径:描述了所生成拐角路径的大小
Mytool	工具坐标:移动机械臂时正在使用的工具,TCP 是指移动至指定目标位置的点
Toolwobj	工件坐标:指令中与机器人位置关联的工件坐标系,省略该参数,则位置坐标以大地坐标系为准

2. 指令添加

在虚拟示教器中添加 MoveL 指令步骤如下。

1）打开虚拟示教器，进入程序编辑器，如图 3-4 所示。

2）选择要添加指令的程序位置，所选语句会在程序编辑器中高亮显示为蓝色，如图 3-5 所示，单击"添加指令"按钮，打开指令列表。

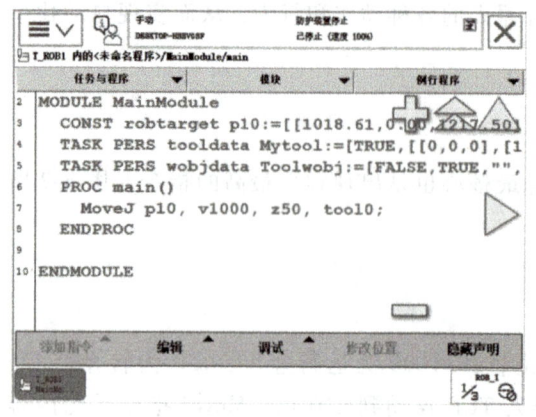

图 3-4　进入程序编辑器　　　　　　　图 3-5　选择添加指令位置

3）在指令列表中选择"MoveL"选项来添加该指令，如图 3-6 所示。

4）添加的指令语句如图 3-7 所示，双击"p20"字符，可以修改目标位置参数。

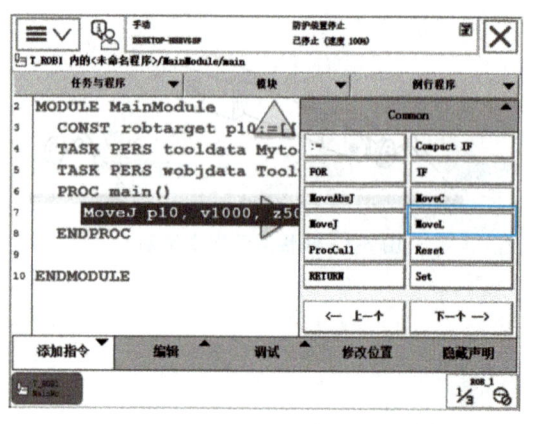
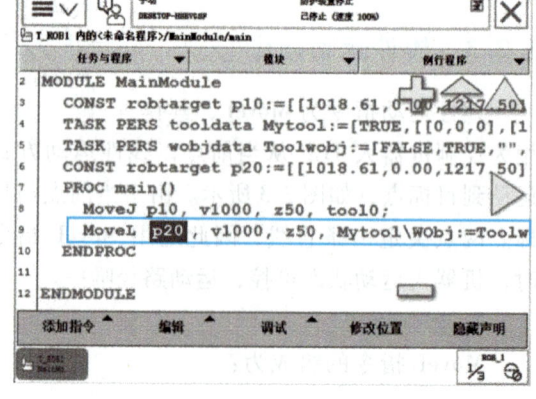

图 3-6　选择"MoveL"选项　　　　　　图 3-7　选择指令语句中的参数

5）在"更改选择"界面可以选择已有目标位置，也可以单击"新建"按钮新建目标位置，如图 3-8 所示。

6）修改目标位置的"名称""范围""存储类型""任务""模块"等内容，如图 3-9 所示，单击"确定"按钮完成目标位置创建。

7）选中"v1000"字符，可以修改速度参数，如图 3-10 所示。

8）选中"z50"字符，可以修改转弯半径参数，如图 3-11 所示。修改完成后单击"确定"按钮完成 MoveL 指令语句的参数设置。

9）添加完成的 MoveL 指令语句如图 3-12 所示。

第 3 章 工业机器人应用程序

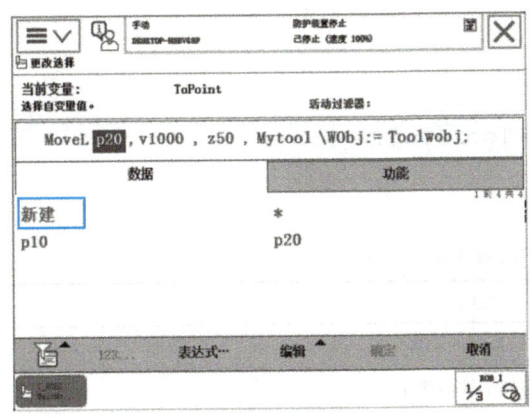

图 3-8 修改目标位置参数

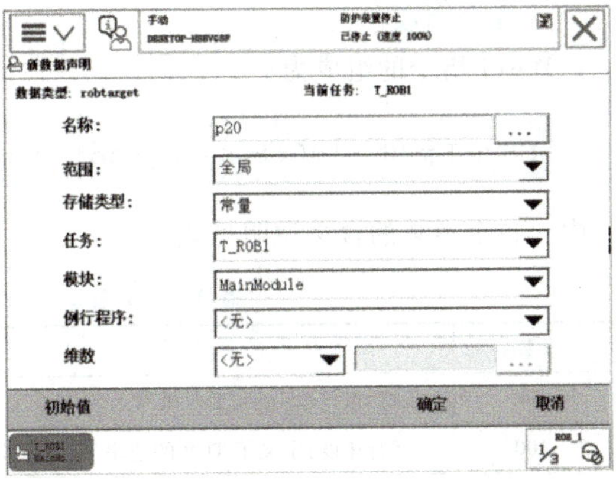

图 3-9 创建目标位置

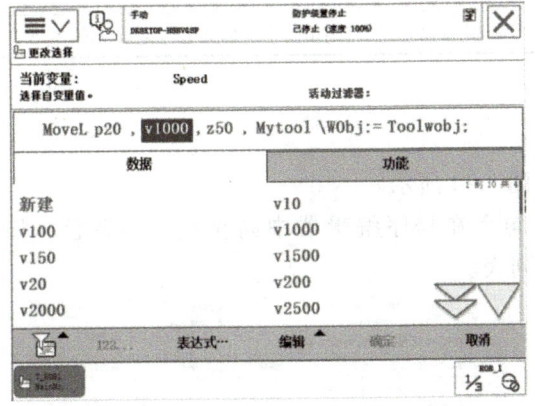

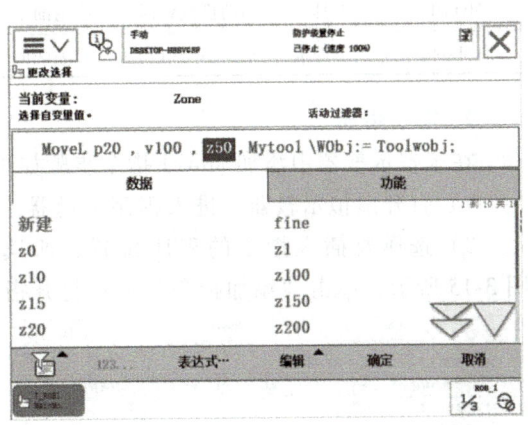

图 3-10 修改速度参数

图 3-11 修改转弯半径参数

3.2.3 关节运动指令

关节运动指令为 MoveJ,其作用为控制工业机器人 TCP 从当前点以关节最快捷的运行方式运动至目标点,如图 3-13 所示。应用 MoveJ 指令时,机器人运动状态不完全可控,但运动路径保持唯一。

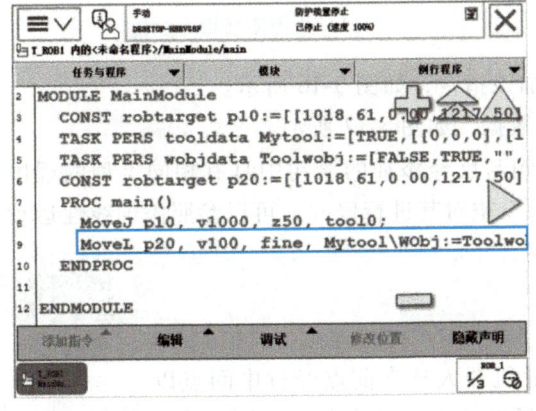

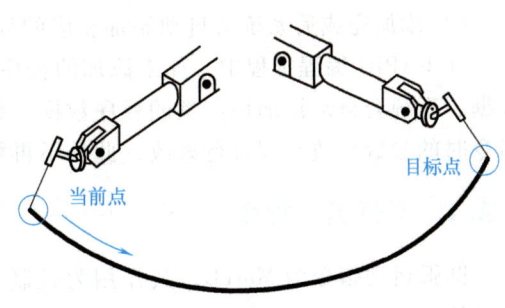

图 3-12 添加完成的 MoveL 指令语句

图 3-13 关节运动指令示例

1. 指令组成

MoveJ 指令的组成为：

```
MoveJ p30,v100,fine,Mytool\WObj:=Toolwobj;
```

其中，各个参数的含义说明见表 3-3。

表 3-3 关节运动指令 MoveJ 参数含义说明

参数	说明
p30	目标点位置：定义工业机器人 TCP 在工件坐标系中的位置
v100	运行速度：定义了 TCP 的速率、工具重定位和外部轴的速率
fine	转弯半径：描述了所生成拐角路径的大小
Mytool	工具坐标：移动机械臂时正在使用的工具，TCP 是指移动至指定目标位置的点
Toolwobj	工件坐标：指令中与机器人位置关联的工件坐标系，省略该参数，则位置坐标以大地坐标系为准

2. 指令添加

在虚拟示教器中添加 MoveJ 指令步骤如下。

1）打开虚拟示教器，进入程序编辑器，如图 3-14 所示。

2）选择要插入指令的程序位置，所选语句会在程序编辑器中高亮显示为蓝色，如图 3-15 所示，单击"添加指令"按钮打开指令列表。

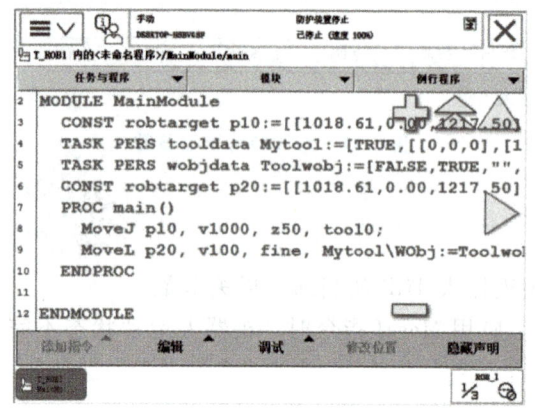

图 3-14 进入程序编辑器　　　　图 3-15 选择添加指令位置

3）在指令列表中选择"MoveJ"选项来添加该指令，如图 3-16 所示。

4）添加完成后系统会自动添加相应的程序数据，如图 3-17 所示。

在 RAPID 编程过程中，如果添加的程序语句与已经添加的语句中具有相同类型的程序数据，系统会自动添加该类型的程序数据。如果希望对其进行修改，可以参照添加线性运动指令时的参数修改步骤进行修改，此处不再赘述。

3.2.4　圆弧运动指令

圆弧运动指令为 MoveC，其作用为控制工业机器人从当前点经过中间点以圆弧轨迹运动至目标点，如图 3-18 所示。在圆弧运动中，当前点和目标点决定了圆弧的起点和终点，中间点决定了圆弧的曲率，三个点决定了圆弧的长度和半径，因此使用 MoveC 指令时，机器人运动状态完全可控，运动路径保持唯一。

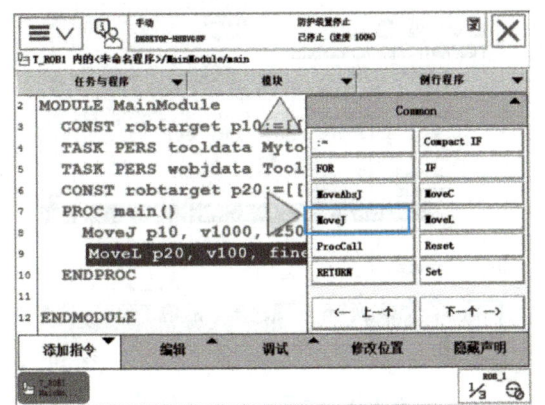

图 3-16　选择"MoveJ"选项

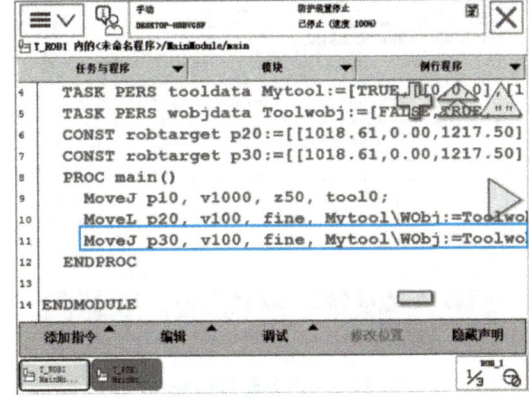

图 3-17　添加完成的 MoveJ 指令语句

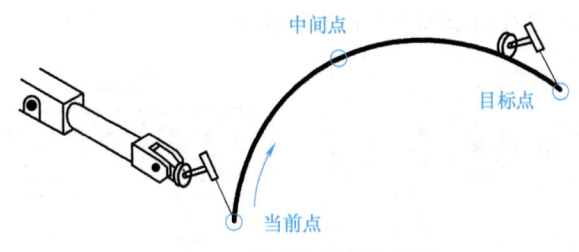

图 3-18　圆弧运动指令示例

1. 指令组成

MoveC 指令的组成为：

```
MoveC p40,p50,v100,z10,Mytool\WObj:=Toolwobj;
```

其中，各个参数的含义说明见表 3-4。

表 3-4　圆弧运动指令 MoveC 参数含义说明

参数	说明
p40	中间点位置：定义圆弧的曲率
p50	目标点位置：定义工业机器人 TCP 在工件坐标系中的位置
v100	运行速度：定义了 TCP 的速率、工具重定位和外部轴的速率
z10	转弯半径：描述了所生成圆弧路径的大小
Mytool	工具坐标：移动机械臂时正在使用的工具，TCP 是指移动至指定目标位置的点
Toolwobj	工件坐标：指令中与机器人位置关联的工件坐标系，省略该参数，则位置坐标以大地坐标系为准

2. 指令添加

在虚拟示教器中添加 MoveC 指令步骤如下。

1) 打开虚拟示教器，进入程序编辑器，如图 3-19 所示。

2）选择要插入指令的程序位置，所选语句会在程序编辑器中高亮显示为蓝色，如图 3-20 所示，单击"添加指令"按钮打开指令列表。

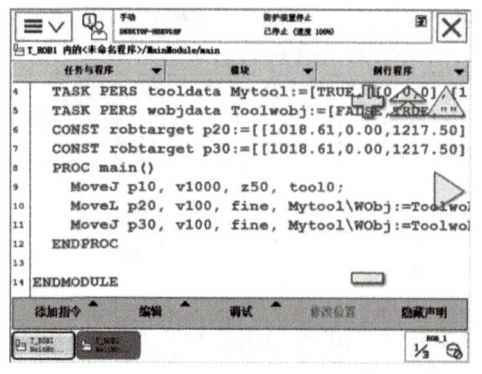

图 3-19　进入程序编辑器　　　　　　图 3-20　选择添加指令位置

3）在指令列表中选择"MoveC"选项来添加该指令，如图 3-21 所示。
4）添加完成后系统会自动添加相应的程序数据，如图 3-22 所示。

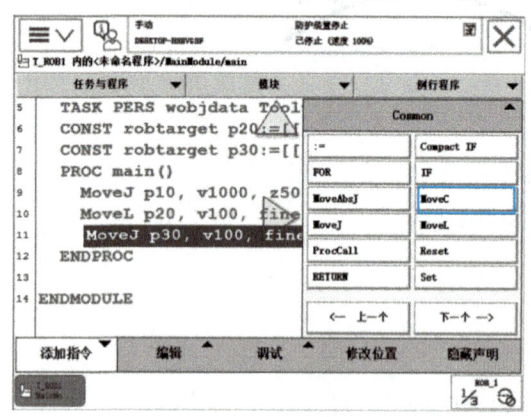

图 3-21　选择"MoveC"选项　　　　图 3-22　添加完成的 MoveC 指令语句

需要注意的是，MoveC 指令控制机器人进行圆弧运动时，圆弧的角度大小不能超过 240°，因此当需要控制机器人走一个圆周时，至少要使用两次 MoveC 指令才能完成。

3.2.5　绝对位置运动指令

绝对位置运动指令为 MoveAbsJ，其作用为将机械臂和外轴移动至轴位置中指定的绝对位置，这里的绝对位置是指轴的绝对角度位置。该指令可以控制机器人关节轴按照预设的关节坐标值进行运动，运动状态完全不可控，因此要避免在正常生产中使用该命令。

1. 指令组成

MoveAbsJ 指令的组成为：

```
MoveAbsJ JPos10\NoEOffs,v100,fine,Mytool\WObj:=Toolwobj;
```

其中，各个参数的意义见表 3-5。

表 3-5　绝对位置运动指令 MoveAbsJ 参数说明

参数	说明
JPos10	目标点位置：机器人和外部轴目标点
NoEOffs	外部轴偏移：如果参数"\NoEOffs"得以设置，则关于 MoveAbsJ 指令的运动将不受外轴有效偏移量的影响
v100	运行速度：定义了 TCP 的速率、工具重定位和外部轴的速率
fine	转弯半径：规定指令中机械臂 TCP 的位置精度
Mytool	工具坐标：移动机械臂时正在使用的工具，在工具数据中确定 TCP 的位置和工具上的负载
Toolwobj	工件坐标：移动机械臂时正在使用的工件坐标系，省略该参数，则位置坐标以大地坐标系为准

2. 指令添加

在虚拟示教器中添加 MoveAbsJ 指令步骤如下。

1）打开虚拟示教器，进入程序编辑器。选择要插入指令的程序位置，所选语句会在程序编辑器中高亮显示为蓝色，如图 3-23 所示，单击"添加指令"按钮打开指令列表。

2）在指令列表中选择"MoveAbsJ"选项来添加该指令，如图 3-24 所示。

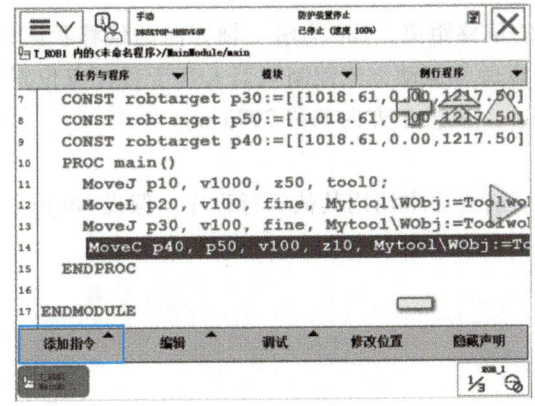

图 3-23　选择添加指令位置

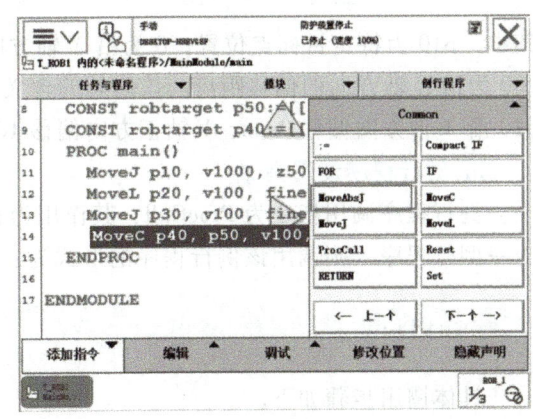

图 3-24　选择"MoveAbsJ"选项

3）添加完成后如图 3-25 所示，双击"*"字符新建位置数据，创建过程可参考线性运动指令的位置数据新建和参数修改步骤，此处不再赘述。

工业机器人运动控制指令是实现机器人精确控制的关键，运用不同的运动控制指令并合理设置控制参数，可以满足各种应用场景和需求。

3.2.6　其他相关指令

除以上运动控制指令外，机器人运动控制还需要其他指令的辅助来提

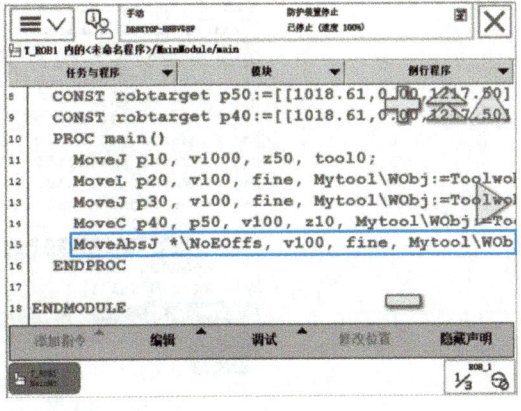

图 3-25　添加完成的 MoveAbsJ 指令语句

高程序的可编写性和可执行性，下面以一些密切相关的指令作为代表进行介绍，其他指令在使用时可以参考 RobotStudio 软件的帮助文档。

1. 等待指令

等待指令为 WaitTime，其作用为控制机器人等待一个指定的时间，程序再往下执行。指令语句中，"WaitTime"后面的数字就是要等待的时间长度，单位为秒（s），指令语句示例如：

```
WaitTime 1;
```

2. 功能指令

功能指令有很多，可以使用系统自带的功能指令，也可以自己新建功能指令。在机器人运动控制中最常用的功能指令为 Offs()，即偏离（Offset），其作用为控制工业机器人以特定目标点位置为基准沿着选定工件坐标系的 X 轴、Y 轴和 Z 轴方向进行偏移，偏移距离的单位均为毫米（mm）。指令语句示例如：

```
MoveJ Offs(p10,0,100,200),v100,fine,Mytool\WObj:=Toolwobj;
```

其中，p10 为特定目标点位置；0 为沿 X 轴方向的偏移距离，100 为沿 Y 轴方向的偏移距离，200 为沿 Z 轴方向的偏移距离。该语句的含义为以关节运动方式控制机器人基于目标点位置 p10 沿 X 轴方向偏移 0mm，Y 轴正方向偏移 100mm，Z 轴正方向偏移 200mm。

3. 例行程序调用指令

例行程序调用指令为 ProcCall，其作用为在当前程序中调用其他例行程序。假设 Guiji() 为一例行程序，则调用该例行程序的形式为：

```
Guiji;
```

具体调用步骤如下。

1）打开虚拟示教器，进入程序编辑器。选择要插入指令的程序位置，所选语句会在程序编辑器中高亮显示为蓝色，如图 3-26 所示，单击"添加指令"按钮打开指令列表。

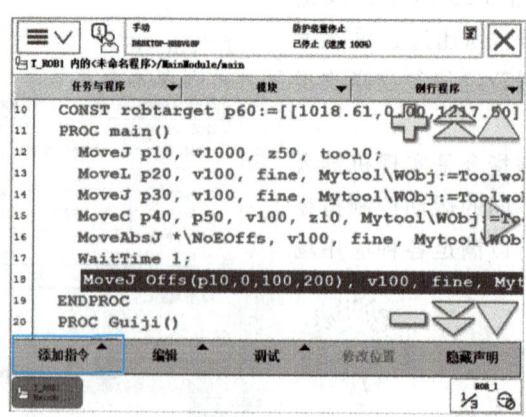

图 3-26　选择添加指令位置

2）在指令列表中选择"ProcCall"选项来添加该指令，如图 3-27 所示。

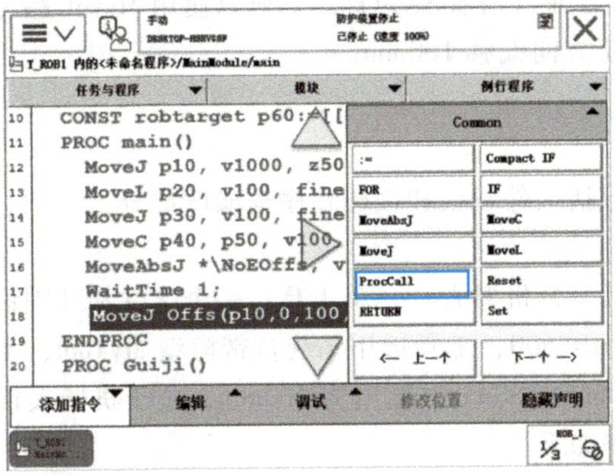

图 3-27　选择"ProcCall"选项

3）选择要调用的例行程序 Guiji，单击"确定"按钮，如图 3-28 所示。
4）添加完成后如图 3-29 所示。

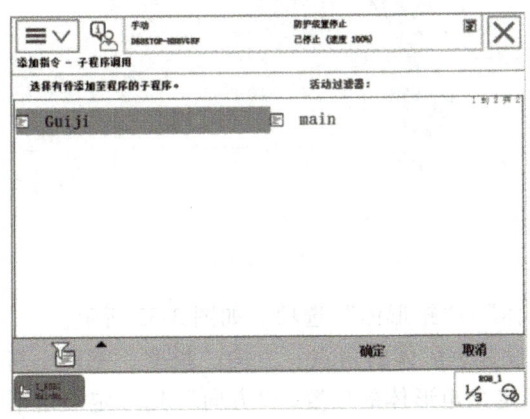

图 3-28　选择要调用的例行程序 Guiji

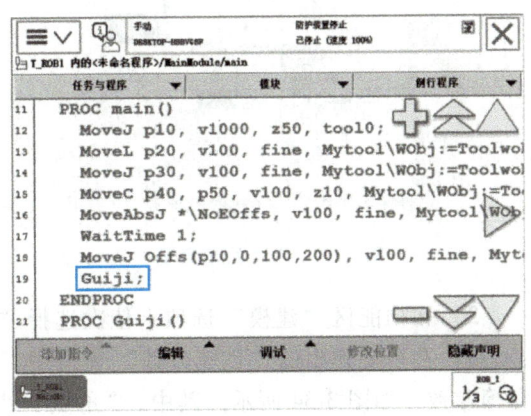

图 3-29　添加完成的程序

3.3　工业机器人编程实例

利用前面几节所学知识，本节从程序的编写、调试和运行三个方面讲解如何创建一个完整的 RAPID 程序。编程实例的任务是控制机器人 TCP 从位置①移动到位置②，然后沿工件模型边缘直线运行到位置③，最后回到位置④，其运行轨迹如图 3-30 所示。

由图 3-30 所示运行轨迹可知，在该编程任务中，控制机器人 TCP 从位置②运行到位置③的路径为工作路径，从位置①运行到位置②和从

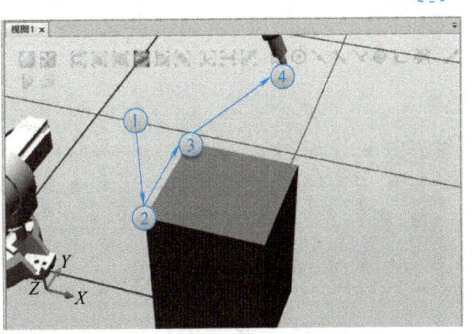

图 3-30　机器人 TCP 运行轨迹

位置③运行到位置④这两段路径为非工作路径。非工作路径需要控制机器人进行大范围转移，因此使用 MoveJ 指令，而工作路径为直线，所以使用 MoveL 指令。编写程序前，定义位置①位于位置②沿 Z 轴正方向偏移 100mm。

3.3.1 编程环境搭建

编程环境搭建主要包括工件建模和创建程序框架两部分。

1. 工件建模

本实例需要建立包括一台机器人、一个工具、一个工件和外围设备的工作站，如图 3-31 所示。机器人型号选用 IRB2600，工具选用系统自带模型 MyTool，工件为自主创建的矩形体工件，其底面尺寸为 400mm×400mm，高度为 600mm，位于机器人正前方 800mm 处。

工件模型的创建步骤如下。

1）加载机器人和工具，如图 3-32 所示。

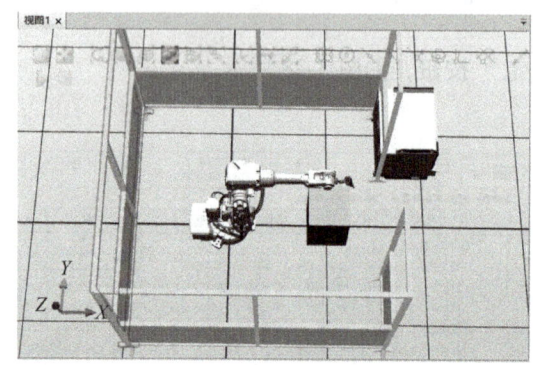

图 3-31 工作站示意图

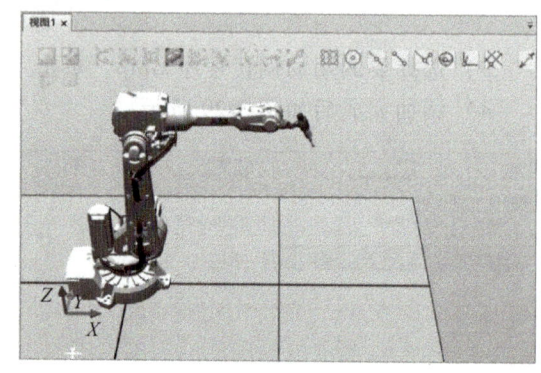

图 3-32 加载机器人和工具

2）在功能区"建模"选项卡依次选择"固体"→"矩形体"选项，如图 3-33 所示。

3）在系统弹出的"创建方体"窗口中，可设置矩形体的角点、方向、长度、宽度、高度等参数，如图 3-34 所示。其中，"角点"用于定义矩形体的位置，"方向"用于定义矩形体的姿态，"长度""宽度""高度"用于定义矩形体的形状。"角点"和"方向"参数都包含三个值，对于"角点"参数的三个值分别定义了矩形体在参考坐标系下在 X 轴、Y 轴和 Z 轴方向上偏离原点的距离，单位为 mm；"方向"参数的三个值分别定义了矩形体在参考坐

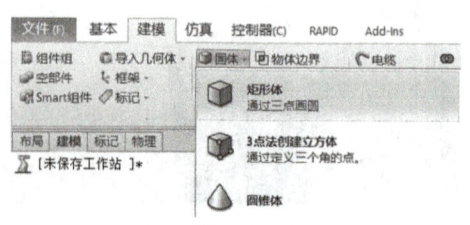

图 3-33 选择创建矩形体工件

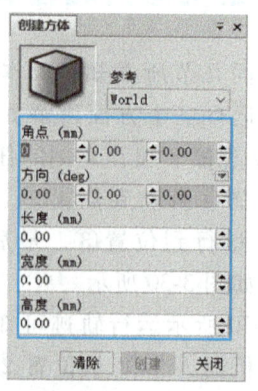

图 3-34 "创建方体"窗口

标系下相对 X 轴、Y 轴和 Z 轴偏离的角度，单位为 deg，即度（°）；"长度""宽度""高度"则定义了矩形体沿 X 轴、Y 轴和 Z 轴方向的尺寸，单位为 mm。

4）根据任务描述设置矩形体参数，如图 3-35 所示，设置完成后，视图窗口会出现一个半透明的矩形体。

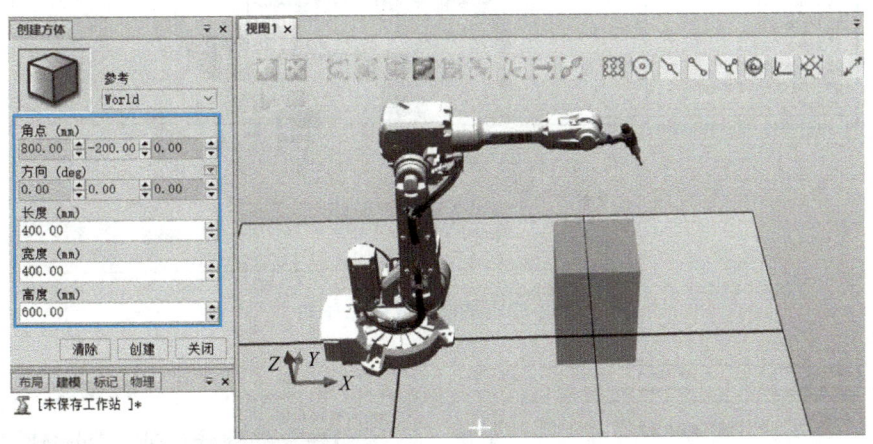

图 3-35 设置矩形体参数

5）单击"创建"按钮，创建完成的矩形体工件便会在视图窗口显示，如图 3-36 所示。

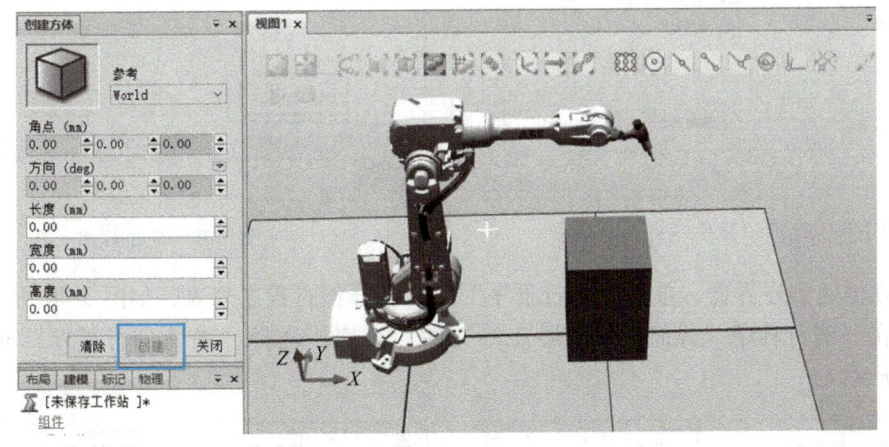

图 3-36 创建完成的矩形体工件

6）加载机器人系统和外围设备，完成工作站搭建，如图 3-37 所示。

2. 程序框架创建

创建程序框架就是根据任务目标，设计程序的结构和组织方式。在本实例的编程任务中，将程序分成主程序和子程序两部分，在主程序中调用子程序和辅助程序，子程序用于控制机器人完成相应的任务，程序框架创建步骤如下。

1）打开虚拟示教器，将控制模式切换为"手动"，在主界面下拉菜单中选择"程序编辑器"选项，如图 3-38 所示。

2）当程序编辑器中不存在程序时，系统会弹出"无程序"对话框，需要新建程序或加载现有程序。如图 3-39 所示，单击"新建"按钮创建程序模块。

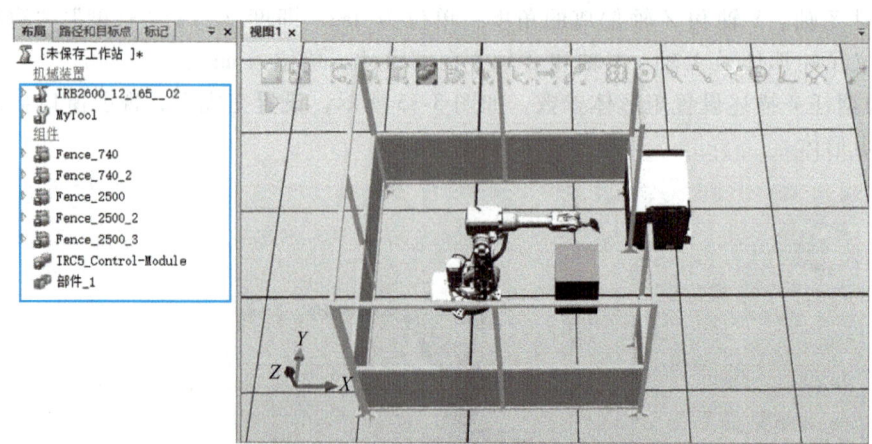

图 3-37 搭建完成的工作站

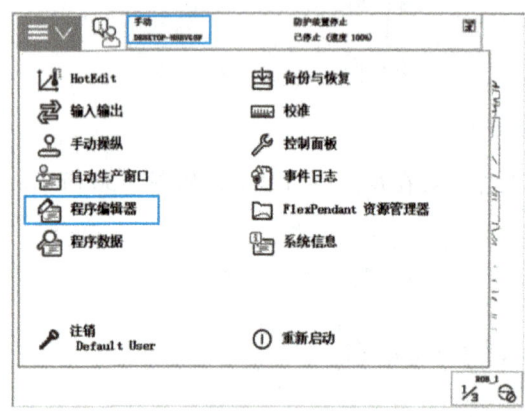

图 3-38 选择"程序编辑器"选项

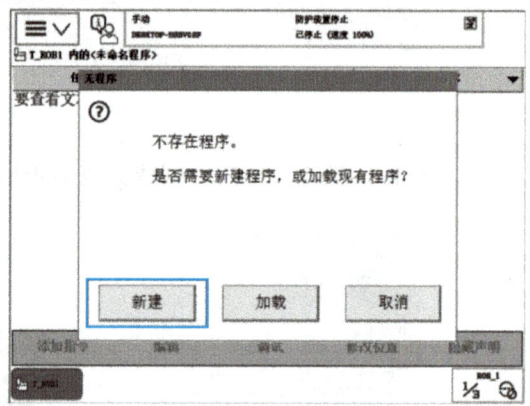

图 3-39 新建程序

3）在创建程序界面，单击"例行程序"按钮打开例行程序列表，如图 3-40 所示。

4）在"例行程序"界面，单击展开"文件"列表，选择"新建例行程序"选项，如图 3-41 所示。

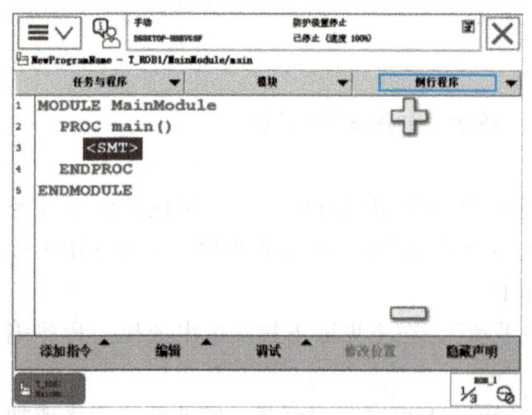

图 3-40 单击"例行程序"按钮

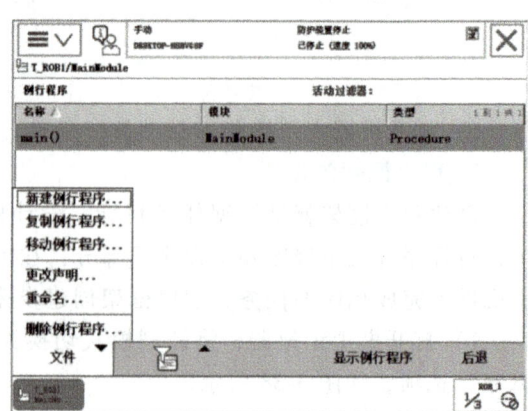

图 3-41 选择"新建例行程序"选项

第 3 章　工业机器人应用程序

5）在"例行程序声明"界面，将"名称"更改为"Zhixian"，"类型"设置为"程序"，如图 3-42 所示。其他参数使用默认设置，单击"确定"按钮完成例行程序创建。

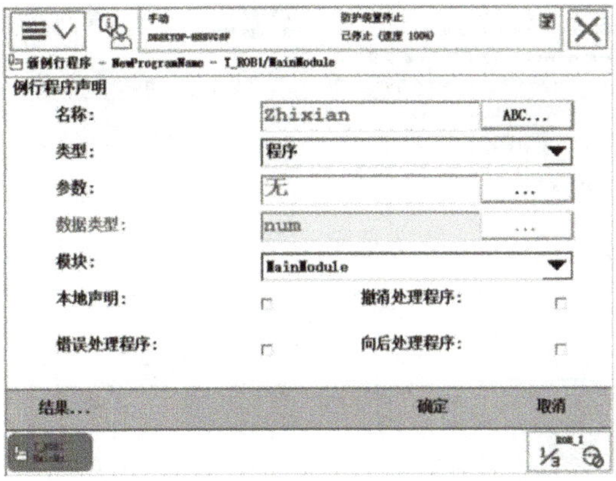

6）创建完成的例行程序如图 3-43 所示，选择例行程序"Zhixian()"，单击"显示例行程序"按钮进入例行程序编辑界面，如图 3-44 所示。界面右侧 ➕ 图标表示放大程序字体，▭ 图标表示缩小程序字体，△ 图标表示向上翻页，△ 图标表示程序向上滚动，相对应的向下翻页图标 ▽ 和程序向下滚动图标 ▽ 因程序过短没显示出来。

图 3-42　设置例行程序"名称"和"类型"

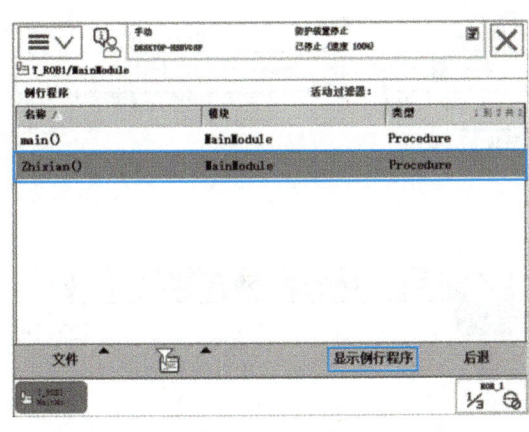

图 3-43　创建完成的例行程序

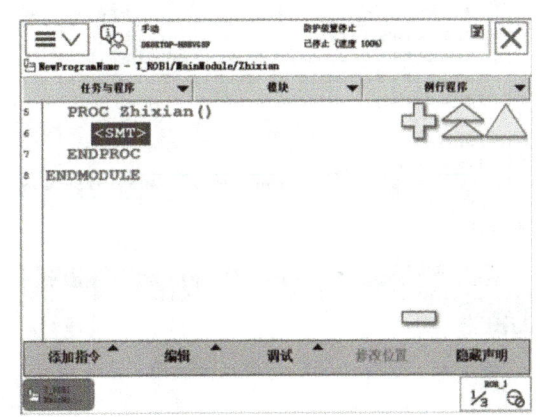

图 3-44　例行程序编辑界面

3.3.2　RAPID 程序的编写

1. 子程序编写

子程序 Zhixian() 的功能为控制机器人按照位置①→位置②→位置③→位置④轨迹运动，具体编写步骤如下。

1）在例行程序 Zhixian() 编辑界面，单击"添加指令"按钮，如图 3-45 所示。

2）选择"MoveL"选项来添加该指令，如图 3-46 所示。

3）添加的 MoveL 指令语句如图 3-47 所示，双击"*"符号修改目标点位置。

4）在"更改选择"界面，单击"新建"按钮以新建目标点位置数据，如图 3-48 所示。

5）根据需求设置"名称""范围""存储类型""任务""模块"等内容，完成数据参数设置后单击"确定"按钮，如图 3-49 所示。

6）设置机器人运行速度为"v100"，转弯半径为"fine"，如图 3-50 所示，单击"确定"按钮完成设置。

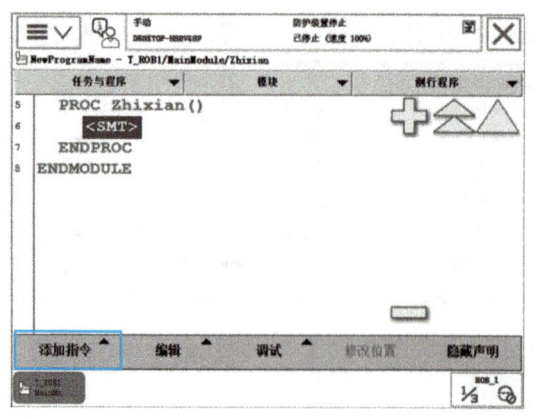

图 3-45　单击"添加指令"按钮

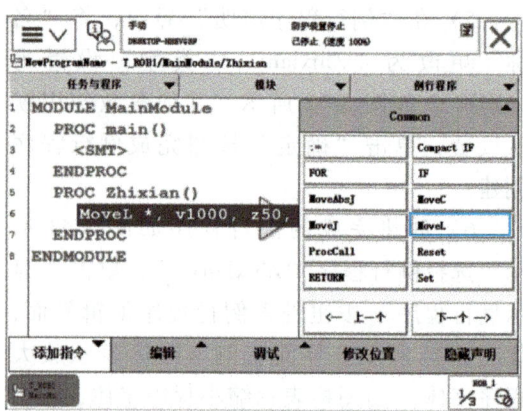

图 3-46　选择"MoveL"选项

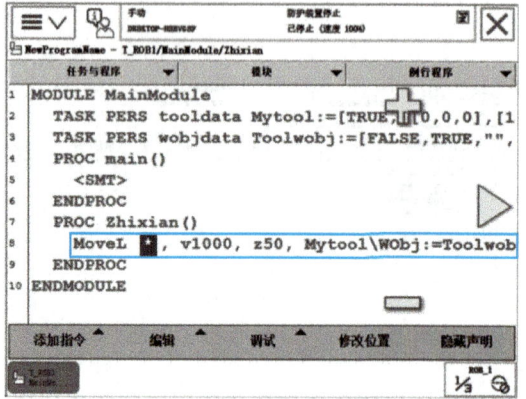

图 3-47　双击"*"符号以修改目标点位置

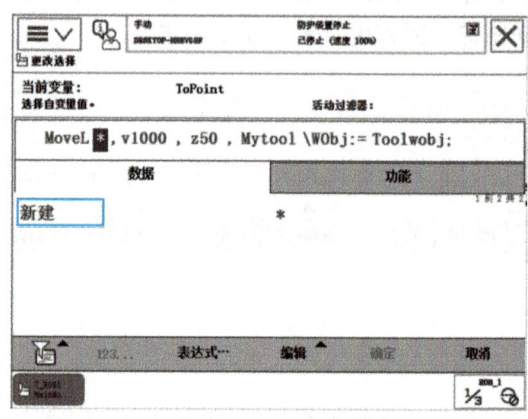

图 3-48　新建目标点位置数据

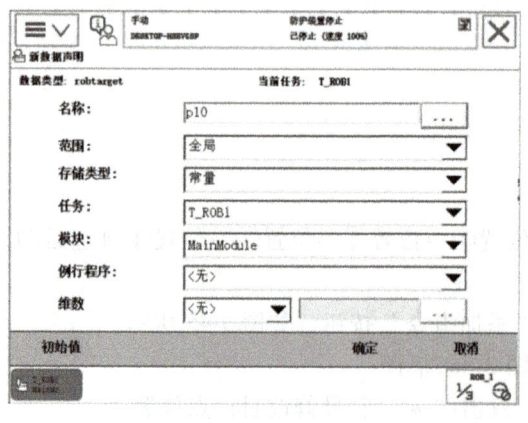

图 3-49　设置目标点参数

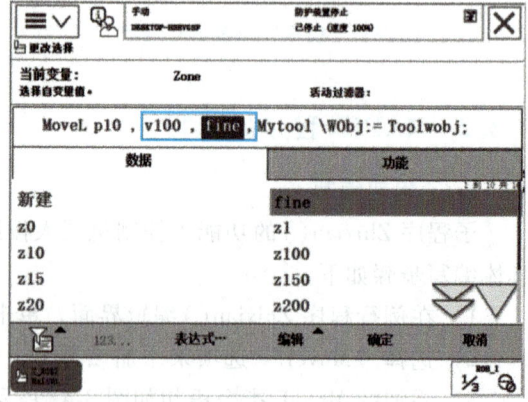

图 3-50　设置机器人运行速度和转弯半径

7）选中 MoveL 指令语句，单击"添加指令"按钮，选择"MoveJ"选项来添加该指令，如图 3-51 所示。

8）在系统弹出的"添加指令"对话框中，单击"上方"按钮，选择在 MoveL 指令语句上方添加 MoveJ 指令语句，如图 3-52 所示。

第 3 章 工业机器人应用程序

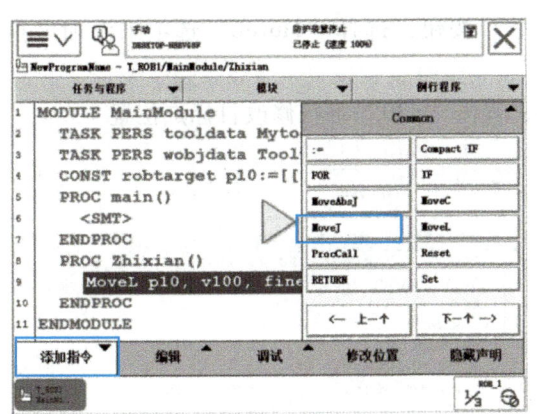

图 3-51 添加 MoveJ 指令

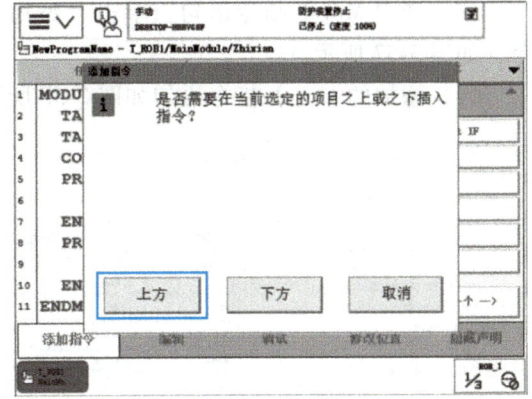

图 3-52 选择添加位置

9）添加完成的 MoveJ 指令语句如图 3-53 所示，双击"p20"字符修改目标点位置。

10）在"更改选择"界面单击展开"功能"选项卡，选择"Offs"选项添加偏移功能，如图 3-54 所示。

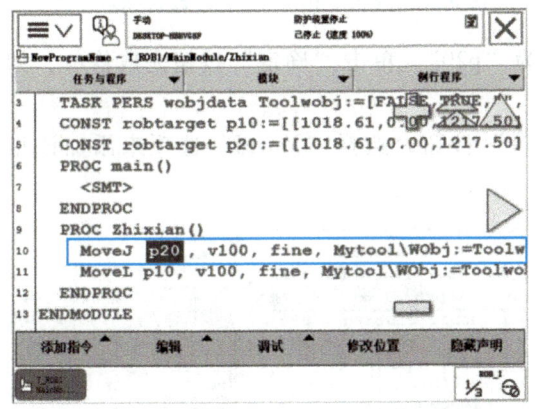

图 3-53 双击"p20"字符修改目标点位置

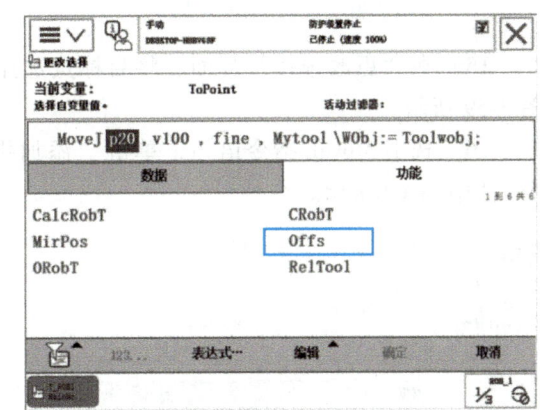

图 3-54 在"功能"选项卡选择"Offs"选项

11）依据任务要求设置 Offs 功能参数，如图 3-55 所示，将目标点设置在 p10 点沿 Z 轴正方向偏移 100mm 所确定的位置。

12）单击"确定"按钮，完成 MoveJ 指令语句添加，如图 3-56 所示。

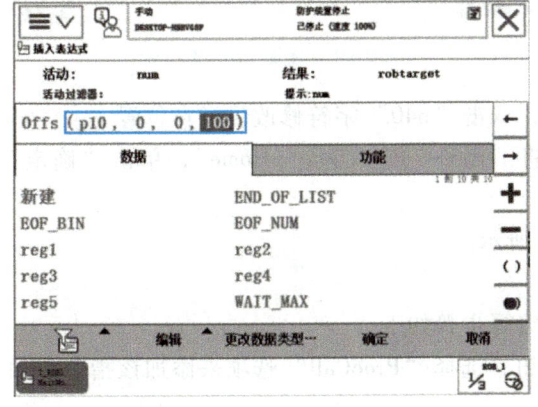

图 3-55 设置 Offs 功能参数

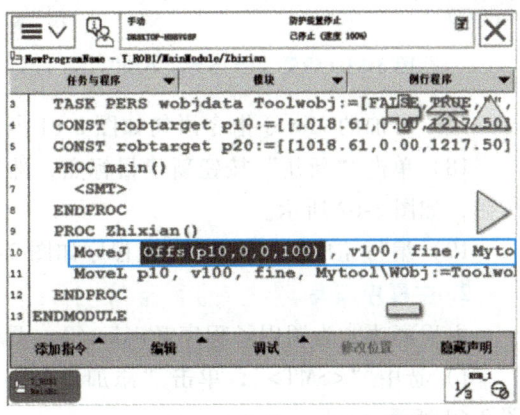

图 3-56 添加完成的 MoveJ 指令语句

13）选中 MoveL 指令语句，单击"添加指令"按钮，选择"MoveL"选项来添加该指令，如图 3-57 所示。

14）添加的 MoveL 指令语句如图 3-58 所示，双击"p30"字符修改目标点位置。

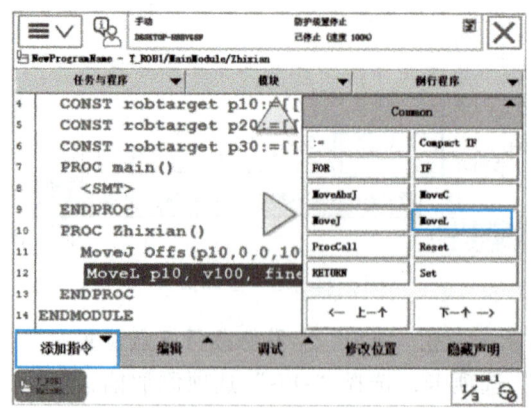

图 3-57 添加 MoveL 指令

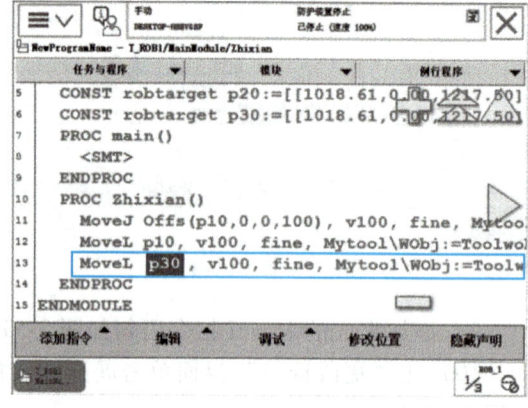

图 3-58 双击"p30"字符修改目标点位置

15）在"更改选择"界面，将目标点选择为"p20"，单击"确定"按钮完成修改，如图 3-59 所示。

16）选中 MoveL 指令语句，单击"添加指令"按钮，选择"MoveJ"选项来添加该指令，如图 3-60 所示。

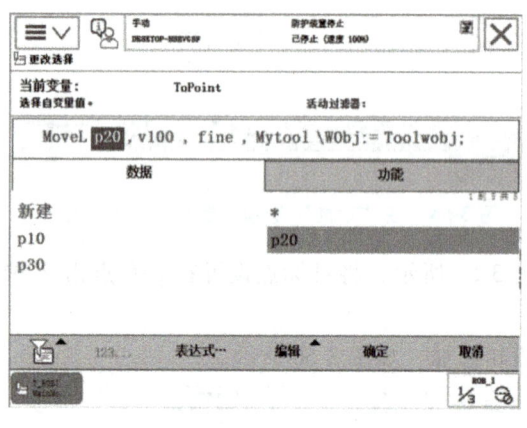

图 3-59 设置目标点为"p20"

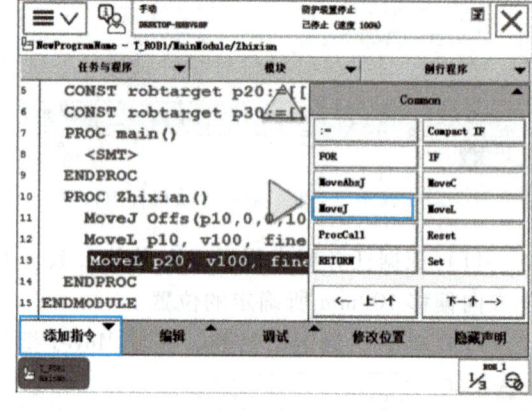

图 3-60 添加 MoveJ 指令

17）添加的 MoveJ 指令语句如图 3-61 所示，双击"p40"字符修改目标点位置。

18）单击"新建"按钮新建目标点，然后将"名称"修改为"pHome"，单击"确定"按钮，如图 3-62 所示。

19）编写完成的 Zhixian( )子程序如图 3-63 所示。

2. 主程序编写

主程序功能为调用子程序 Zhixian( )，具体编写步骤如下。

1）选中"<SMT>"，单击"添加指令"按钮，选择"ProcCall"选项来添加该指令，如图 3-64 所示。

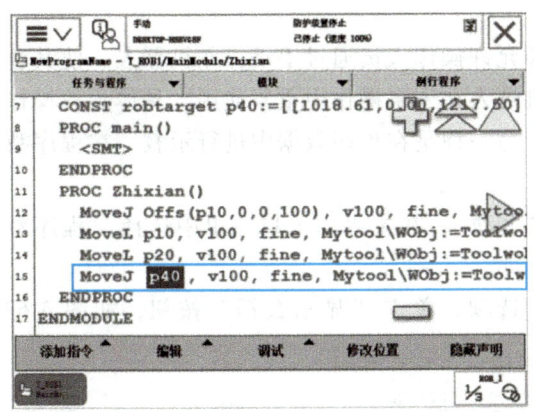

图 3-61 双击"p40"字符修改目标点位置

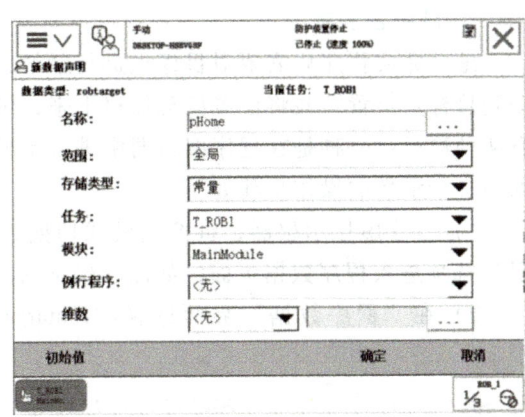

图 3-62 新建目标点

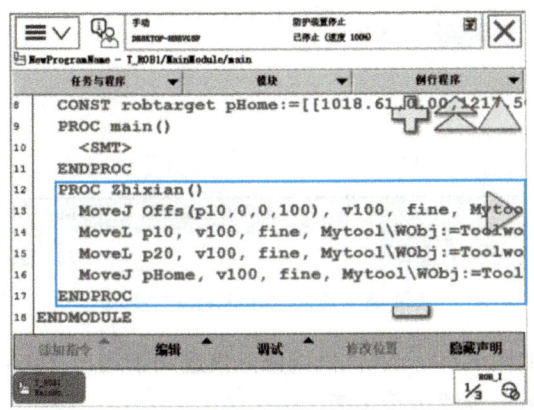

图 3-63 编写完成的 Zhixian( ) 子程序

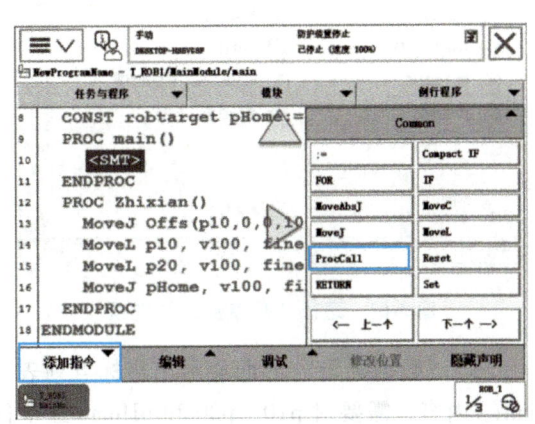

图 3-64 在主程序中添加 ProcCall 指令

2）选择需要调用的子程序"Zhixian( )"，单击"确定"按钮，如图 3-65 所示。

3）编写完成的主程序 main( ) 如图 3-66 所示。

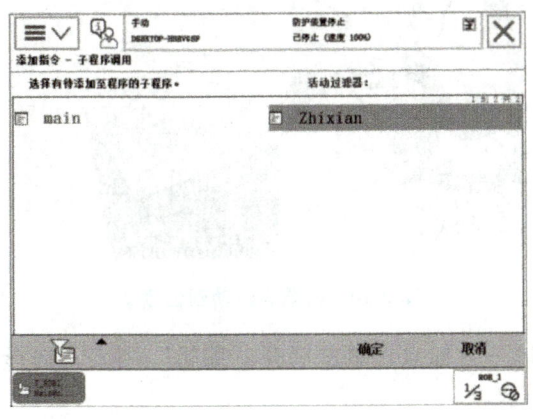

图 3-65 选择调用子程序

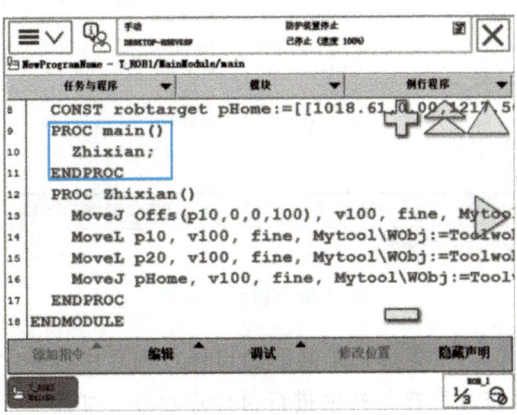

图 3-66 编写完成的主程序

3. 目标点示教

编写完成程序后需要对目标点进行示教，即允许操作人员通过手动操作机器人，使其移动到目标点位置，并将位置信息保存下来，供机器人在未来操作中重复使用。具体示教操作有两种途径：一种是在程序编辑器中进行示教，另一种是在程序数据中进行示教。在程序数据中进行示教的操作步骤如下。

1）打开虚拟示教器，将控制模式切换为"手动"，在主界面下拉菜单中选择"程序数据"选项进入程序数据页面，如图 3-67 所示。

2）在"程序数据"界面选择"robtarget"选项，单击"显示数据"按钮，如图 3-68 所示。

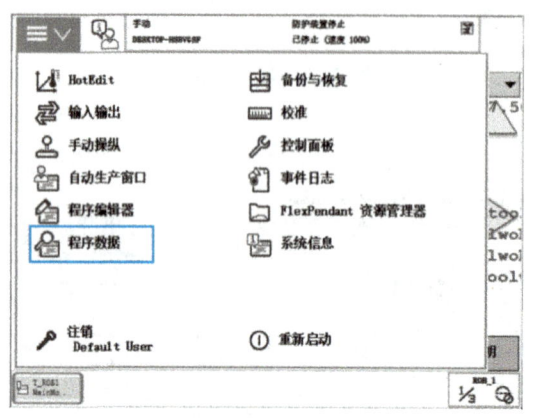

图 3-67 选择"程序数据"选项　　　　图 3-68 选择"robtarget"选项

3）"数据类型"界面显示出目标点列表，如图 3-69 所示，根据任务描述和子程序 Zhixian()内容，需要对 p10、p20 和 pHome 三个目标点位置进行示教。

4）利用手动模式使机器人运动到图 3-30 所示位置②，如图 3-70 所示。

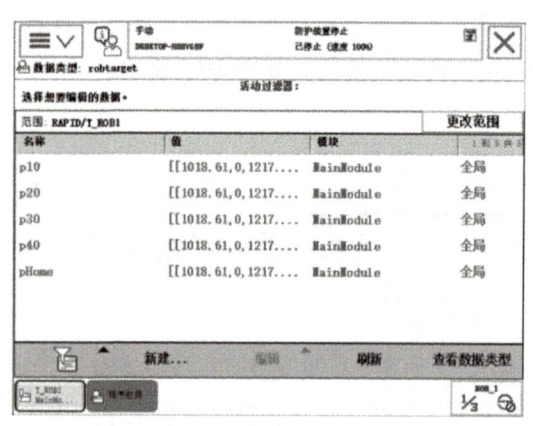
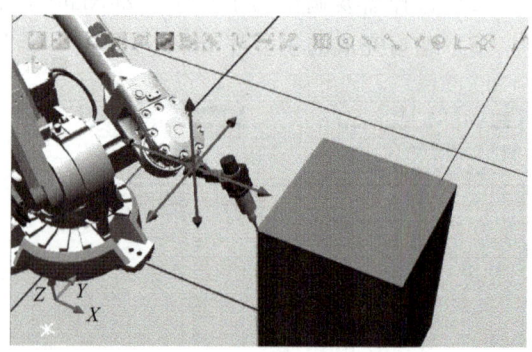

图 3-69 目标点列表　　　　图 3-70 机器人运动到位置②

5）在虚拟示教器的目标点列表中选中"p10"目标点，单击展开"编辑"列表，选择"修改位置"选项进行目标点示教，如图 3-71 所示。

6）在弹出的"确认修改位置"对话框中单击"修改"按钮，完成位置修改，如图 3-72 所示。

第 3 章 工业机器人应用程序

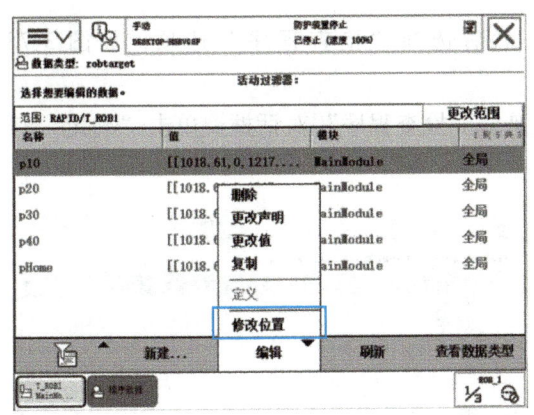

图 3-71 选中"p10"目标点以修改其位置

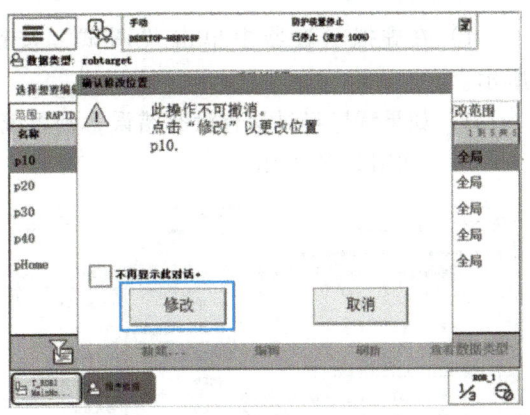

图 3-72 完成目标点 p10 位置修改

7）利用手动模式使机器人运动到图 3-30 所示位置③，如图 3-73 所示。按照上述方法对目标点 p20 进行示教。

在操作面板区"布局"选项卡右键单击机器人，在弹出的快捷菜单中选择"回到机械原点"选项，使机器人运动到机械原点，如图 3-74 所示。按照上述方法对目标点 pHome 进行示教。

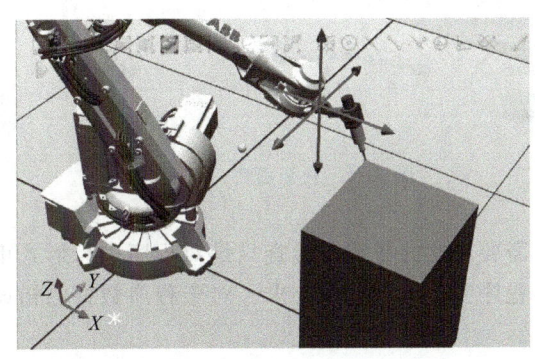

图 3-73 机器人运动到位置③

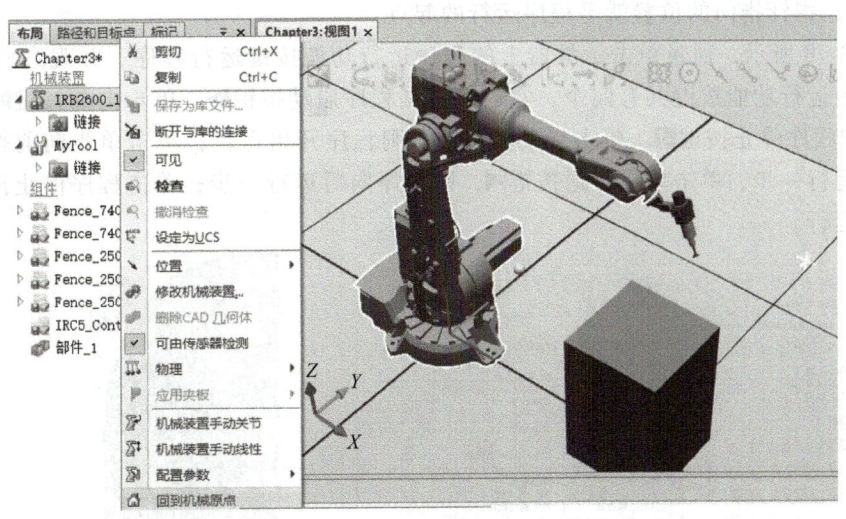

图 3-74 机器人运动到机械原点

3.3.3 RAPID 程序的调试

完成程序编写后需要对程序进行检查调试，以测试程序能否正常运行。

1. 程序检查

1）在虚拟示教器中单击"调试"按钮，然后选择"检查程序"选项，如图 3-75 所示。

2）如果程序经过检查没有错误，则系统会弹出"检查程序"对话框，单击"确定"按钮即可，如图 3-76 所示。

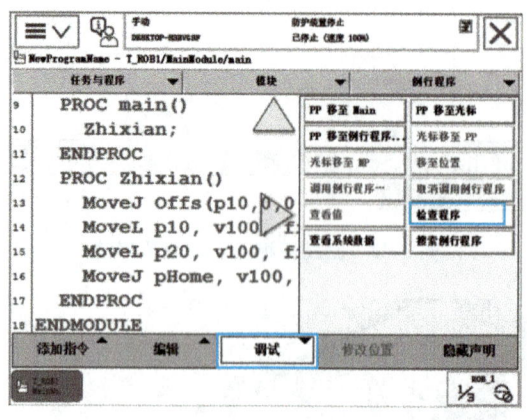

图 3-75　检查程序

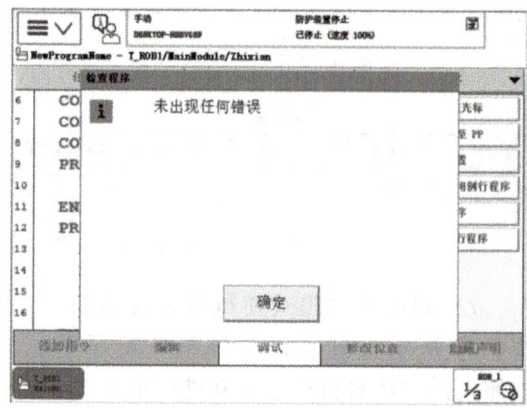

图 3-76　程序无错误提示

需要注意的是程序检查只是对程序进行形式审查，检查基本的语法错误，检查通过并不代表程序完全符合任务要求，对于程序数据的错误，还需要进一步调试才能发现。

2. 程序调试

在虚拟示教器中单击"调试"按钮，然后选择"PP 移至 Main"选项，如图 3-77 所示。PP 即指针，指针指向的位置就是程序运行的起点。

如图 3-78 所示，通过单击示教器上的程序运行功能按键运行程序，并观察机器人运行状态。程序运行功能按键共有四个，它们分别是程序启动按键▶、单步向前按键▶|、单步后退按键|◀和程序停止按键■。单击启动按键▶，则程序开始运行；单击单步向前按键▶|，则程序向前运行一步；单击单步后退按键|◀，则程序向后运行一步；单击程序停止按键■，则程序停止运行。

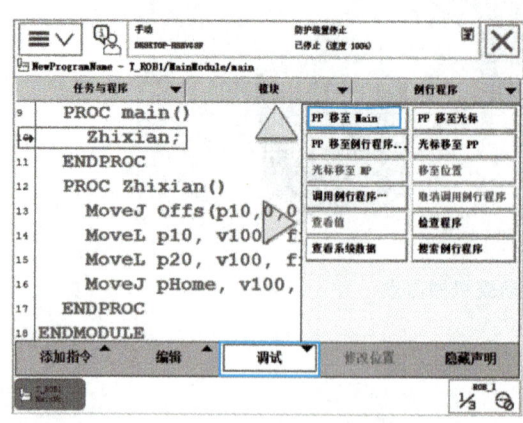

图 3-77　选择"PP 移至 Main"使指针移至主程序

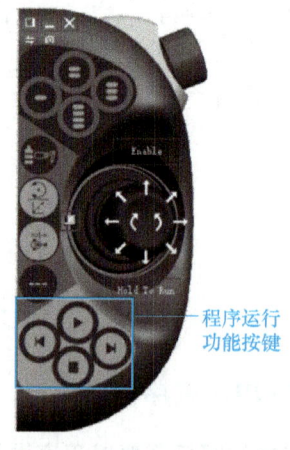

图 3-78　程序运行功能按键

练 习 题

3-1 简述 RAPID 程序的架构及组成。

3-2 简述线性运动、关节运动、圆弧运动和绝对位置运动的控制指令、运动特点及作用。

3-3 在仿真软件中构建机器人编程环境,并创建包含一个机器人主体和一个矩形体工件的工作站。机器人选用 IRB2600 型号,工件底面尺寸为 300mm×300mm,高为 500mm,位于机器人正前方 800mm 处。

3-4 利用练习题 3-3 中构建的编程环境,编写程序控制机器人从起始位置出发沿着工件上表面运动一周后回到起始位置,工件进入点自行选定,起始位置定义为相对工件进入点沿 X 轴负方向偏移 200mm、沿 Z 轴正方向偏移 200mm 处。

第4章　工业机器人程序数据

教学目标：

➢ 学生能够描述工业机器人程序数据的概念和存储类型。
➢ 学生能够创建工业机器人的程序数据并能利用相关指令对其进行操作。
➢ 学生能够对工业机器人工具坐标、工件坐标和有效载荷数据进行设定，并根据任务要求完成程序的编写、调试和运行。
➢ 培养学生的系统观和独立思考的能力。

4.1　程序数据概述

在 RAPID 程序中，程序数据由两种类型参数进行修饰，分别为数据类型和存储类型，例如，声明一个名为 length 的 num 型变量：

```
VAR num length:=0;
```

其中，VAR 为存储类型；num 为数据类型。这不同于其他编程语言的变量声明。

4.1.1　程序数据定义

ABB 工业机器人程序数据是指在 ABB 机器人编程过程中所使用的各种参数和设定值，用于控制机器人的姿态、速度和其他相关行为。

ABB 工业机器人的程序数据种类繁多，根据实际应用场景的不同，可以创建和引用不同的程序数据以满足特定的需求，RAPID 编程中常用的程序数据类型见表 4-1。

表 4-1　常用的程序数据类型

数据类型	说明	数据类型	说明
bool	布尔型	num	数值数据
string	字符串型	tooldata	工具数据
wobjdata	工件数据	speeddata	机器人与外部轴的速度数据
byte	整数数据	jointtarget	关节位置数据
zonedata	TCP 转弯半径数据	pose	坐标转换
clock	计时数据	loaddata	载荷数据
dionum	数字输入/输出信号数据	robtarget	机器人与外部轴的位置数据

在示教器的"程序数据"界面可以查看所有的程序数据类型,如图4-1所示。

4.1.2 程序数据存储类型

ABB工业机器人程序数据的存储类型有变量(VAR)、可变量(PERS)和常量(CONST)三种。

1. 变量

变量的符号为VAR,用于在程序执行期间存储临时数据。这些数据可以在程序的不同部分之间传递,但它们的值只在程序执行期间被保持,一旦程序停止或程序指针移

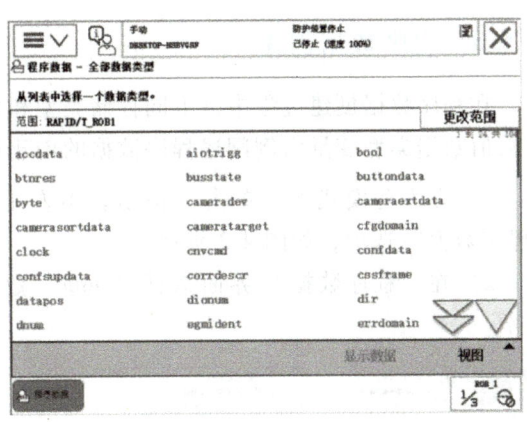

图4-1 程序数据类型

动,变量的值可能会丢失。因此,在使用变量时,需要注意其作用域和生命周期。两个变量型数据声明及其说明见表4-2。

表4-2 变量型数据声明及其说明

变量声明	说明
VAR num aa : = 0;	名称为"aa"的变量型数值数据
VAR bool Finished : = FALSE;	名称为"Finished"的变量型布尔数据

2. 可变量

可变量的符号为PERS,其值在程序执行期间会保持不变。即使程序指针移动到其他位置或程序暂时停止执行,可变量的值仍然会被保留下来。这使得可变量在需要跨程序部分或跨程序执行周期保持数据一致性的场景中非常有用。两个可变量型数据声明及其说明见表4-3。

表4-3 可变量型数据声明及其说明

变量声明	说明
PERS num bb : = 0;	名称为"bb"的可变量型数值数据
PERS string City : = "Beijing";	名称为"City"的可变量型字符数据

3. 常量

常量的符号为CONST,其特点是在定义时被赋予数值,并且不能在程序中进行修改(除非手动修改)。常量通常用于定义一些固定的参数或阈值。两个常量型数据声明及其说明见表4-4。

表4-4 常量型数据声明及其说明

变量声明	说明
CONST num cc : = 0;	名称为"cc"且值为0的常量型数值数据
CONST string Country : = "China";	名称为"Country"且值为China的常量型字符数据

4.1.3 程序数据创建

在程序数据创建过程中，不同存储类型和数据类型的创建方法基本是一致的，下面以创建数值数据类型变量为例阐述程序数据的创建过程。具体步骤如下。

1）在手动模式下，单击虚拟示教器左上角下拉按钮 ∨，在主界面下拉菜单中选择"程序数据"选项，如图4-2所示。

2）在"程序数据"界面选择"num"数据类型，单击"显示数据"按钮，如图4-3所示。

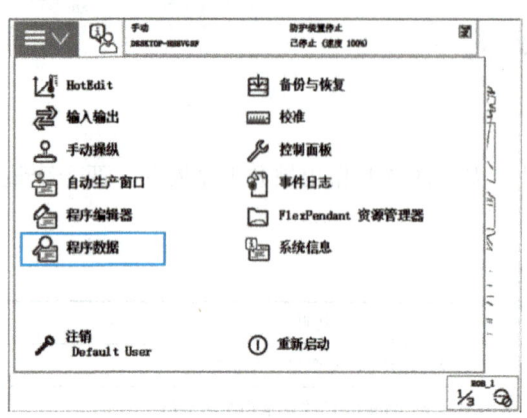

图4-2 选择"程序数据"选项

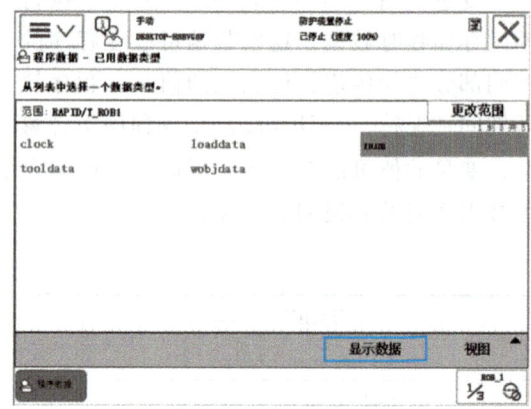

图4-3 选择"num"数据类型

3）在"数据类型"界面，单击"新建"按钮创建程序数据，如图4-4所示。

4）在"新数据声明"界面，将"名称"修改为"aa"，"存储类型"选择为"变量"，单击"确定"按钮，如图4-5所示。

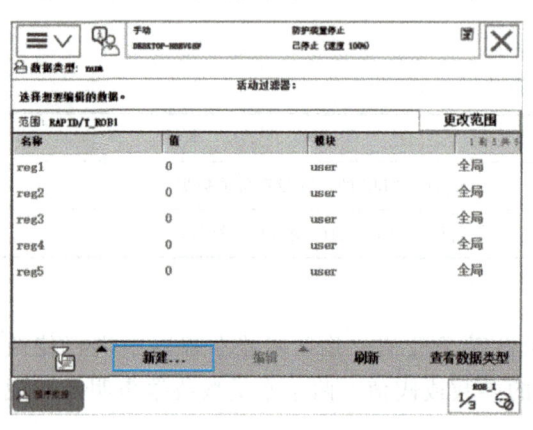

图4-4 单击"新建"按钮

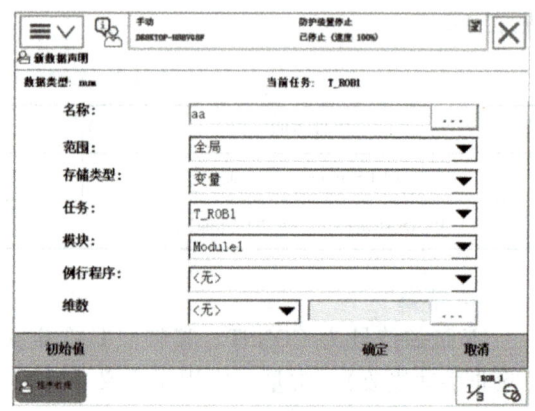

图4-5 对新建的程序数据设置变量参数

5）创建完成的变量型数值数据"aa"显示在"数据类型"界面的数据列表中，如图4-6所示，双击数据"aa"可对其进行赋值操作。

6）在"编辑"界面，可以看到"aa"数据的初始值默认为0，可通过输入数值进行赋值，如图4-7所示。

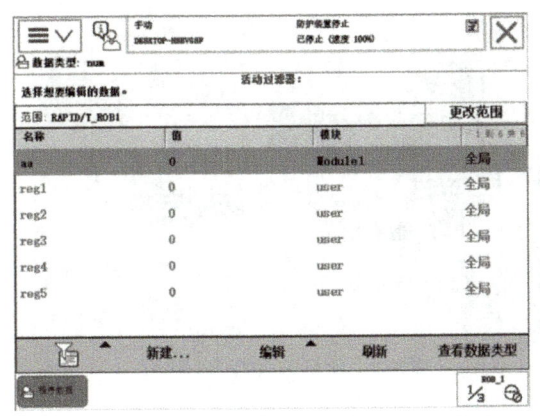
图 4-6 变量型数值数据"aa"显示在数据列表中

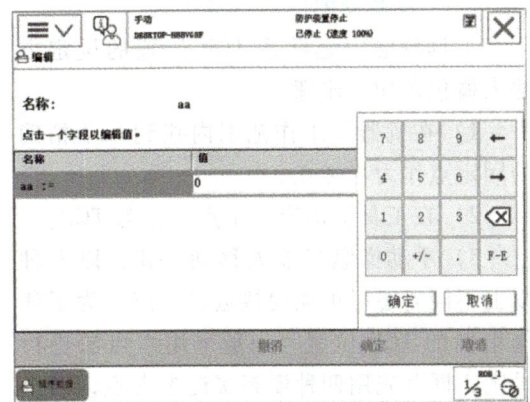
图 4-7 对程序数据赋值

7) 可以在程序编辑器中查看创建好的变量型程序数据"aa",如图 4-8 所示。

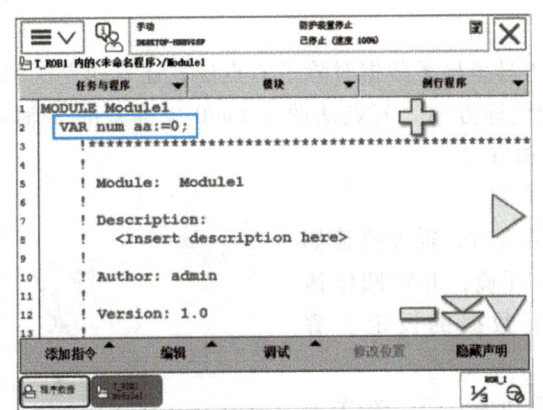
图 4-8 创建好的变量型程序数据

4.2 关键程序数据设定

在编程环境构建中,有三个关键程序数据需要在编程前进行定义,它们是工具数据、工件坐标和负载数据。前面章节的编程过程尽管没有对这三个程序数据进行定义,但也没有出现错误提示,这是因为使用了系统自带的默认数据。在实际编程过程中,通常应根据实际情况需求进行自定义。

4.2.1 工具数据设定

工具数据(tooldata)用于定义机器人末端执行器的位置和姿态。在编程过程中,程序设计人员需要根据实际使用的工具(焊枪、抓手等)来设定工具数据。

在机器人的机械臂末端有一个默认的工具数据,即 tool0。默认工具数据的中心点位于机械臂末端法兰的中心,即原始的 TCP 位置,如图 4-9 所示。

当机械臂上安装新的工具后,需要为该工具设定一个新的 TCP 位置,也就是将工具坐标系迁移到新的 TCP 位置,这个新的工具坐标系一般定义为默认工具坐标系的偏移值。

1. 工具数据的设定方法

工具数据中坐标系 TCP 位置的设定方法大概包含如下步骤。

1）在机器人工作范围内找到一个精确的固定点作为参考点。

2）在工具上确定一个点，作为 TCP。

3）手动操纵机器人移动 TCP，以四种以上不同姿态尽可能地接近参考点。为了获得精确的 TCP 位置，一般采用六点法进行设定，即首先用四种姿态接近参考点，四个姿态相差尽量大（以提高 TCP 的精度），第五点是参考点沿参考坐标系 X 轴正方向偏移一定距离确定的点，第六点是参考点沿参考坐标系 Z 轴正方向偏移一定距离确定的点。

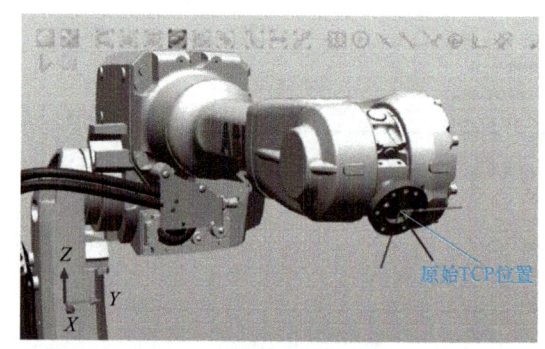

图 4-9　默认工具数据 tool0

4）机器人利用上述六个点的位置数据计算得出工具数据，并保存在 tooldata 类型程序数据中，以便后续被程序调用。

需要注意的是设定工具坐标系数据时除了六点法，还有四点法和五点法，区别为：四点法不改变 tool0 坐标系的坐标方向，五点法改变 tool0 坐标系的 X 轴方向，六点法改变 tool0 坐标系的 X 轴方向和 Z 轴方向。

2. 工具数据的设定步骤

在设定工具坐标系数据时，需要搭建如图 4-10 所示的虚拟仿真环境，并将圆锥体顶点作为参考点。工具数据的设定步骤如下。

1）在虚拟示教器手动模式下，在主界面下拉菜单中选择"手动操纵"选项，如图 4-11 所示。

2）在"手动操纵"界面，选择"工具坐标"选项，如图 4-12 所示。

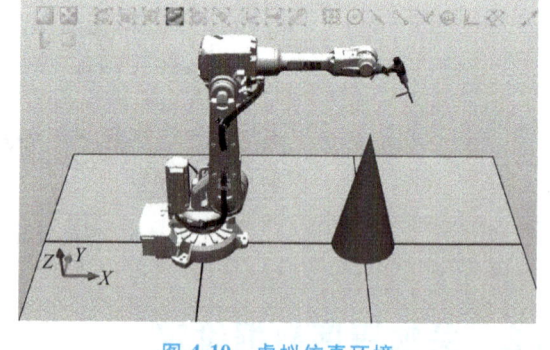

图 4-10　虚拟仿真环境

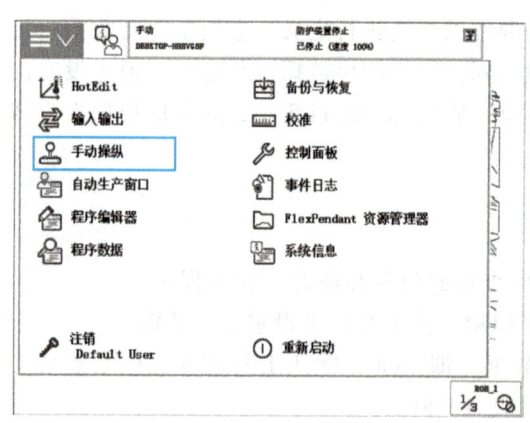

图 4-11　选择"手动操纵"选项

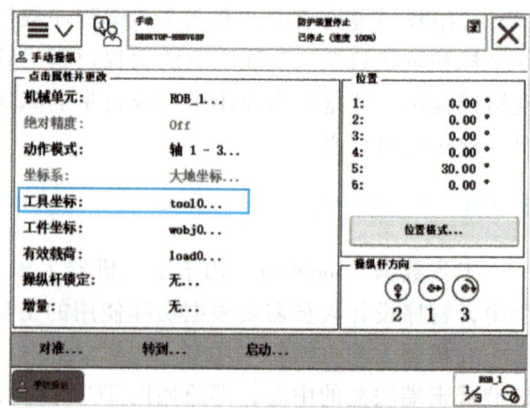

图 4-12　选择"工具坐标"选项

3）通过单击"新建"按钮创建工具坐标数据，如图 4-13 所示。

4）在"新数据声明"界面，设置工具坐标的"名称""范围""存储类型"等参数，此处将"名称"设置为"Mytool"，其他参数保持默认即可，如图 4-14 所示。

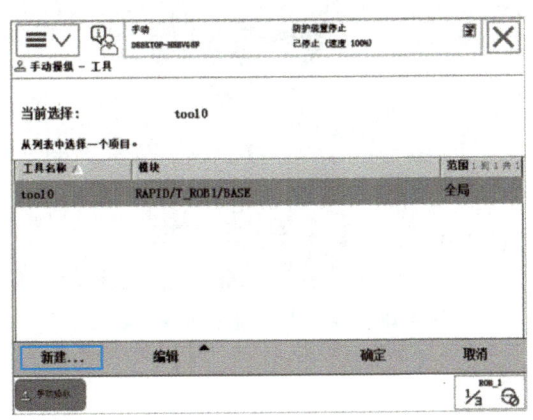

图 4-13　单击"新建"按钮

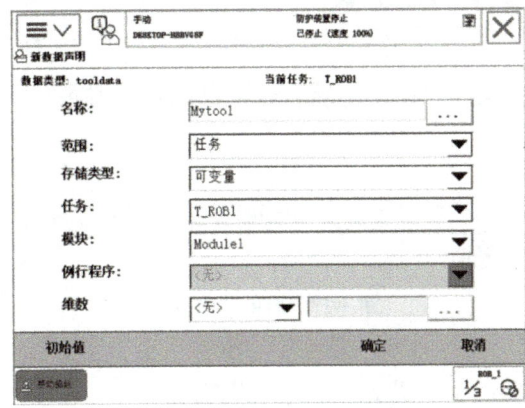

图 4-14　设置工具坐标名称

5）选中新建的工具坐标数据"Mytool"，单击展开"编辑"列表，选择"定义"选项，如图 4-15 所示。

6）将"方法"选择为"TCP 和 Z，X"，"点数"选择为"4"，如图 4-16 所示。

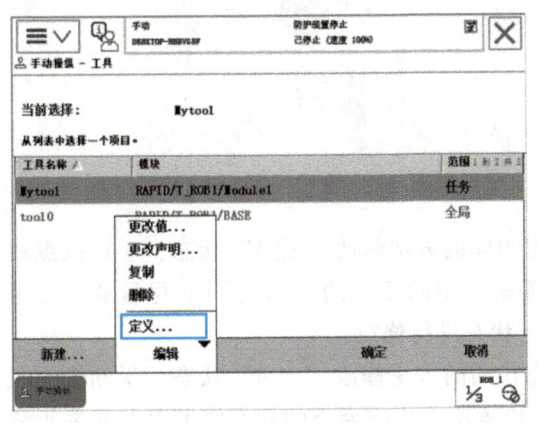

图 4-15　选择"定义"选项以编辑工具坐标数据"Mytool"

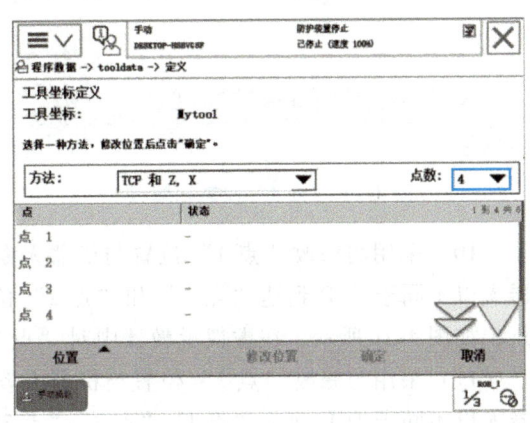

图 4-16　设置"方法"和"点数"

7）选中"点 1"，如图 4-17 所示，进行"点 1"状态修改。手动操纵机器人以一定的姿态使 TCP 尽量靠近参考点，如图 4-18 所示。对于机器人 TCP 靠近参考点的姿态要求并不严格，可以根据自己的习惯进行调整。

8）"点 1"位置与机器人姿态调整完成后，在虚拟示教器中单击"修改位置"按钮，如图 4-19 所示，保存"点 1"的位置修改。

9）采用与修改"点 1"位置与机器人姿态相同的方法修改"点 2"状态，手动操纵机器人采用以不同于 TCP 到达"点 1"位置所采用的姿态的姿态使 TCP 尽量靠近参考点，如图 4-20 所示，在虚拟示教器中对"点 2"状态进行修改。

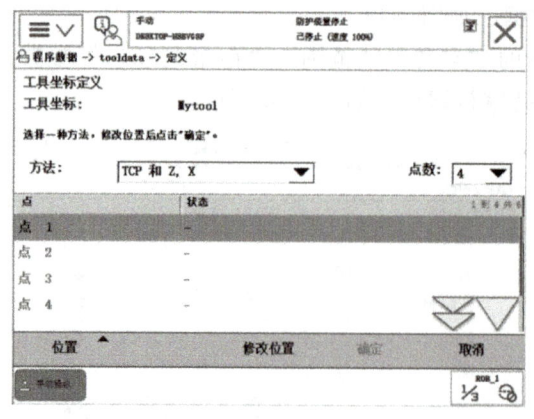

图 4-17 选中 "点 1"

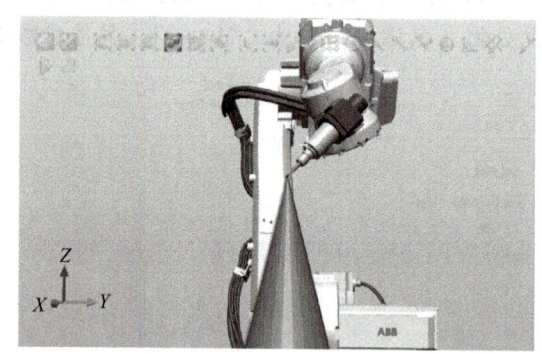

图 4-18 "点 1" 位置与机器人姿态

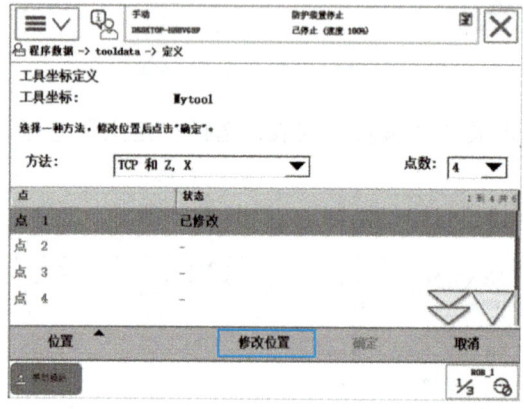

图 4-19 "点 1" 状态已修改

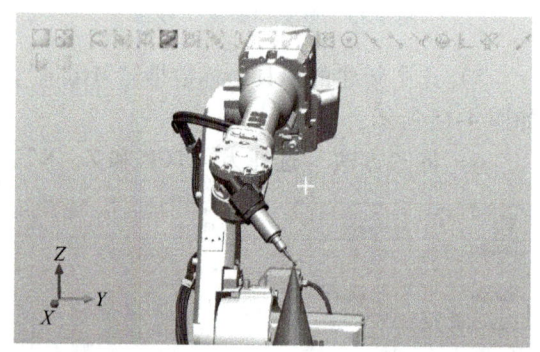

图 4-20 "点 2" 位置与机器人姿态

10) 采用与修改 "点 1" 位置与机器人姿态相同的方法修改 "点 3" 状态, 手动操纵机器人以不同于 TCP 到达 "点 1" 和 "点 2" 位置所采用的姿态的姿态使 TCP 尽量靠近参考点, 如图 4-21 所示, 在虚拟示教器中对 "点 3" 状态进行修改。

11) 采用与修改 "点 1" 位置与机器人姿态相同的方法修改 "点 4" 状态, 手动操纵机器人以不同于 TCP 到达 "点 1" "点 2" "点 3" 位置所采用的姿态的姿态使 TCP 尽量靠近参考点, 如图 4-22 所示, 在虚拟示教器中对 "点 4" 状态进行修改。

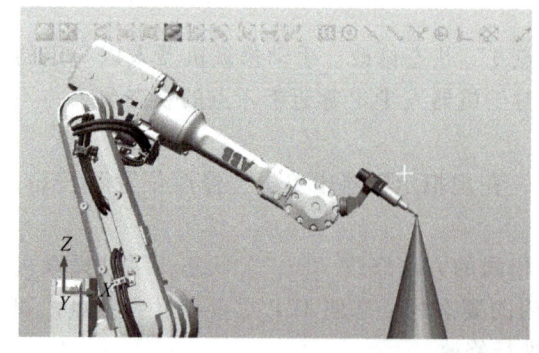

图 4-21 "点 3" 位置与机器人姿态

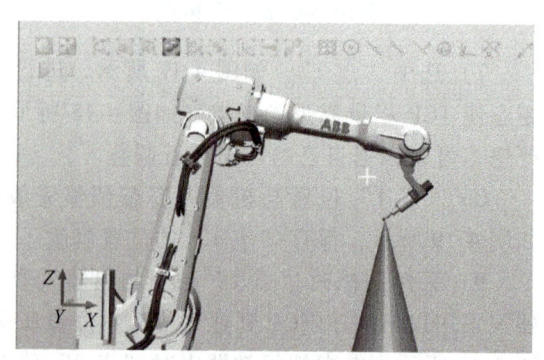

图 4-22 "点 4" 位置与机器人姿态

12）采用与修改"点1"位置与机器人姿态相同的方法修改"延伸器点X"状态，手动操纵机器人以一定姿态使TCP到达参考点沿X轴正方向偏移一定距离的位置上来确定"延伸器点X"位置，如图4-23所示，在虚拟示教器中对"延伸器点X"状态进行修改。

13）采用与修改"点1"位置与机器人姿态相同的方法修改"延伸器点Z"状态，手动操纵机器人以一定姿态使TCP到达参考点沿Z轴正方向偏移一定距离的位置上来确定"延伸器点Z"位置，如图4-24所示，在虚拟示教器中对"延伸器点Z"状态进行修改。

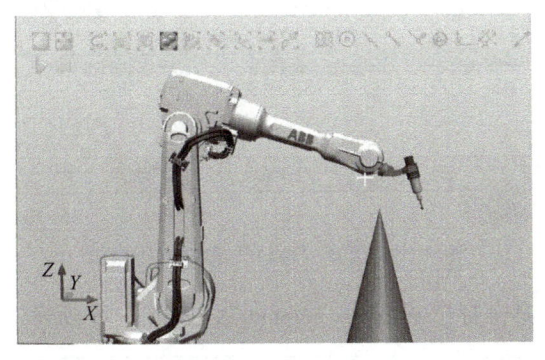

图4-23 "延伸器点X"位置与机器人姿态

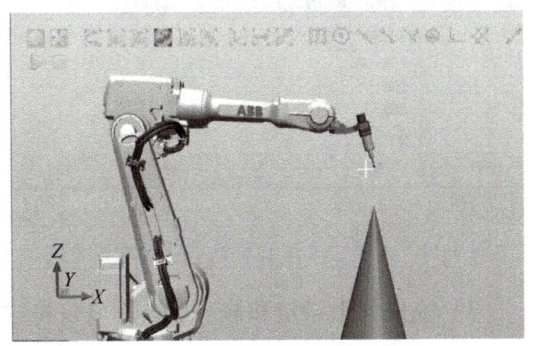

图4-24 "延伸器点Z"位置与机器人姿态

14）六个点状态修改完成后，单击"确定"按钮，完成设定，如图4-25所示。

15）完成六点设定后，虚拟示教器会出现图4-26所示误差确认界面，如果误差在可接受范围内，则单击"确定"按钮，否则单击"取消"按钮重新进行设定。

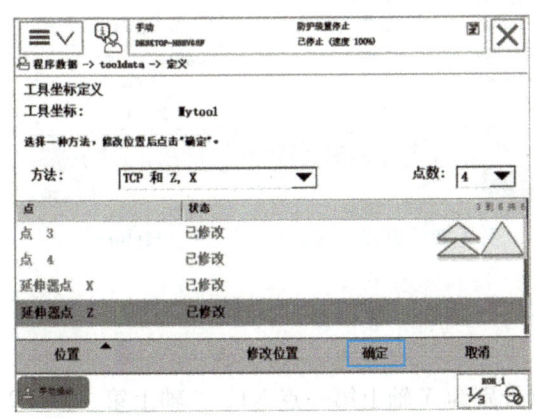

图4-25 完成工具坐标数据设定

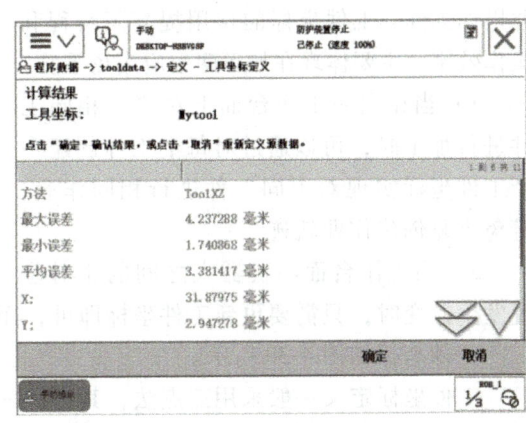

图4-26 误差确认界面

需要注意的是，图4-26所示界面显示的定位误差是由机器人以不同姿态使TCP接近参考点引起的重复定位误差，TCP每次接近参考点的重复定位精度越高，误差越小。此外，完成工具坐标设定后，还需要对工具数据的质量参数进行修改，否则在使用过程中会报错。

3. 工具数据的质量参数修改步骤

工具数据的质量参数修改步骤具体如下。

1）在"手动操纵-工具"界面，选中新建的工具数据"Mytool"，单击展开"编辑"列表，选择"更改值"选项，如图4-27所示。

2）在"编辑"界面，选中"mass"参数，其默认值为"-1"，暂时将其修改为"1"

（单位为 kg），如图 4-28 所示。mass 参数表示工具的质量，在实际编程中需要根据工具的实际质量进行设置。

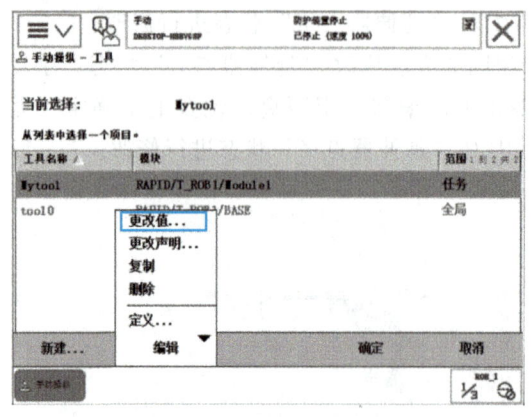

图 4-27　选择"更改值"选项以修改其参数

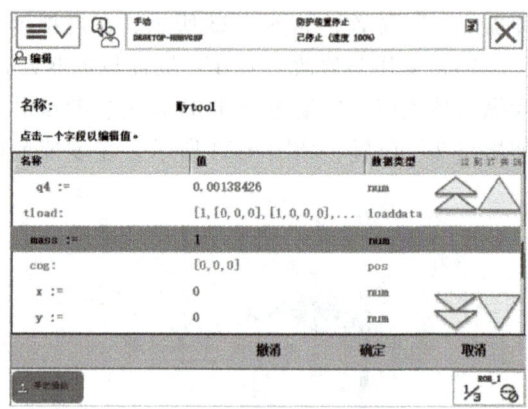

图 4-28　选择"mass"参数进行修改

3）完成如上设定和修改后，就可以将"工具坐标"设置为"Mytool"，如图 4-29 所示。

4.2.2　工件坐标设定

工件坐标（wobjdata）用于确定工件在机器人工作空间中的位置和方向。通过设定工件坐标，机器人可以准确地找到并操作工件。工件坐标的使用提高了编程和操作效率，主要体现在如下两个应用场景。

1）当在同一工作台面上对多个相同工件进行加工时，可以通过对每个工件创建一个工件坐标实现对不同工件进行相同作业，避免重复创建作业轨迹。

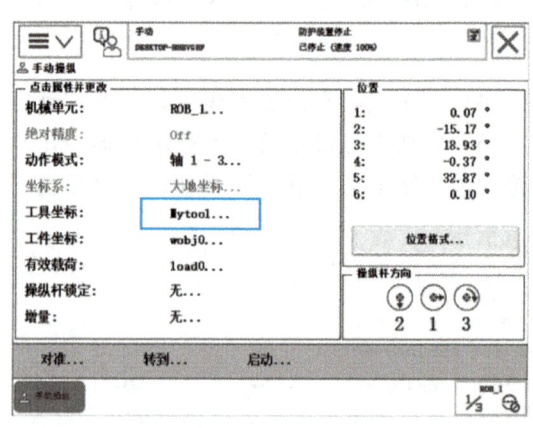

图 4-29　设置"工具坐标"为"Mytool"

2）当工作台面与机器人之间的相对位置发生改变时，只需要更新工件坐标即可，而不需要重新示教机器人轨迹。

工件坐标如图 4-30 所示。

工件坐标定义一般采用三点法，其中的三点分别为 X 轴上第一点 X1、X 轴上第二点 X2 和 Y 轴上第一点 Y1。工件坐标原点定义为点 Y1 在点 X1 和点 X2 所确定直线上的投影，点 X1 和点 X2 确定工件坐标 X 轴正方向，点 Y1 与所确定的原点确定工件坐标 Y 轴正方向，具体设定步骤如下。

1）在图 4-10 所示虚拟仿真环境基础上新建一个矩形体模型，如图 4-31 所示。

2）在虚拟示教器手动模式下，在主界面下拉菜单中选择"手动操纵"选项，如图 4-32 所示。

3）在"手动操纵"界面，选择"工件坐标"选项，如图 4-33 所示。

4）通过单击"新建"按钮创建工件坐标数据，如图 4-34 所示。

5）在"数据声明"界面，设置工件坐标的"名称""范围""存储类型"等参数，此处将"名称"设置为"Toolwobj1"，其他保持参数默认即可，如图 4-35 所示。

第 4 章 工业机器人程序数据

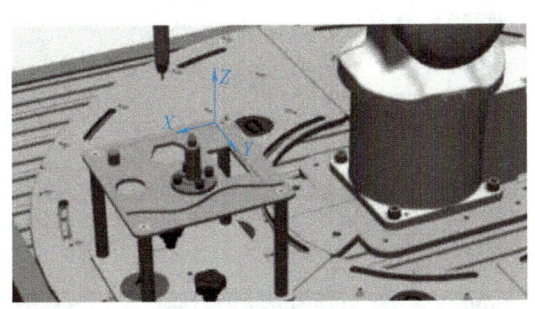

图 4-30 工件坐标示意图

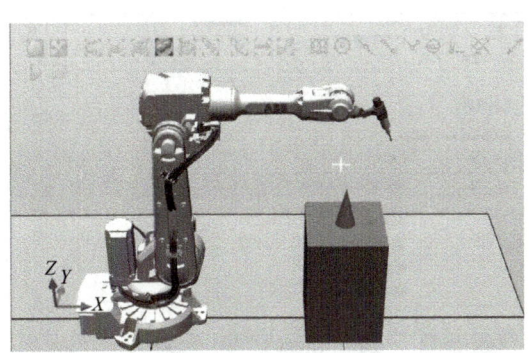

图 4-31 新建矩形体模型

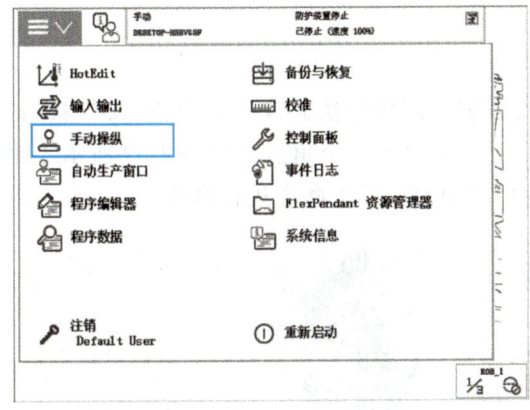

图 4-32 选择"手动操纵"选项

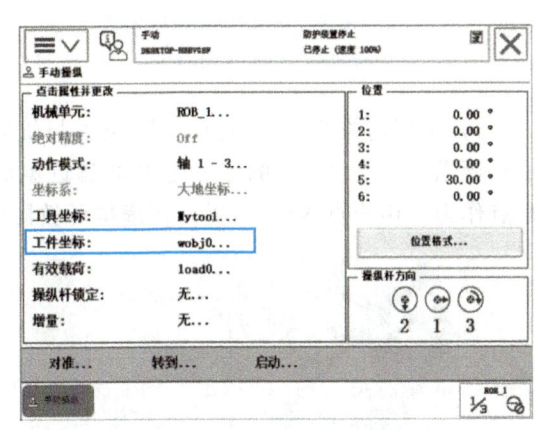

图 4-33 选择"工件坐标"选项

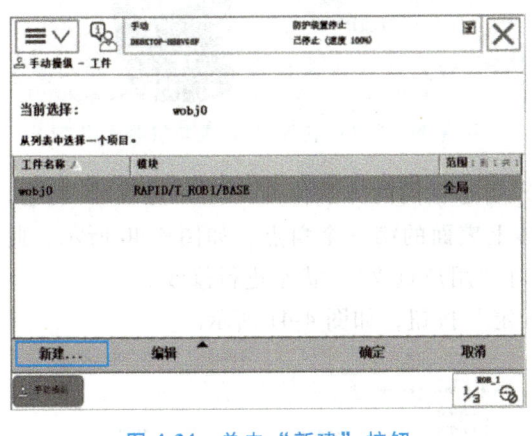

图 4-34 单击"新建"按钮

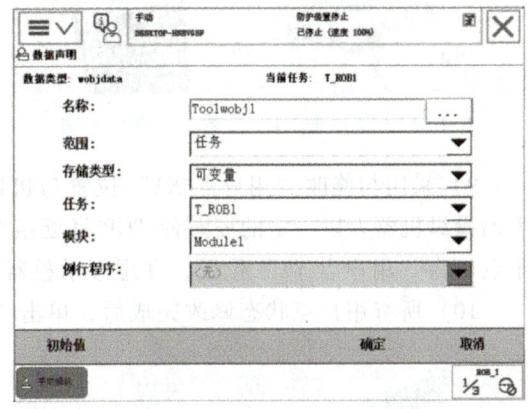

图 4-35 修改工件坐标名称

6）选中新建的工件坐标"Toolwobj1"，单击展开"编辑"列表，选择"定义"选项，如图 4-36 所示。

7）将"用户方法"选择为"3 点"，选中"用户点 X1"以修改其状态，如图 4-37 所示。手动操纵机器人以一定的姿态使 TCP 靠近矩形体上表面的一个角点，如图 4-38 所示，此角点作为"用户点 X1"位置。机器人姿态调整完成后在虚拟示教器中单击"修改位置"按钮，"用户点 X1"的"状态"会显示"已修改"。

工业机器人编程技术及应用

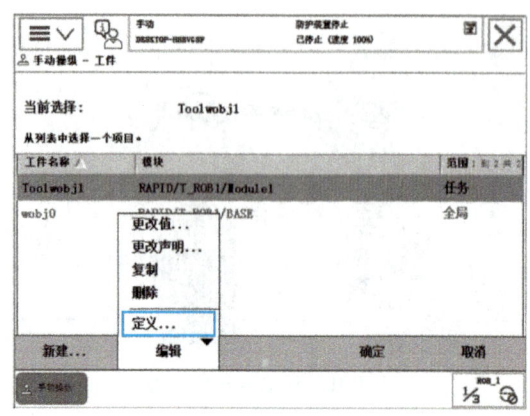

图 4-36　选择"定义"选项以编辑
工件坐标"Toolwobj1"

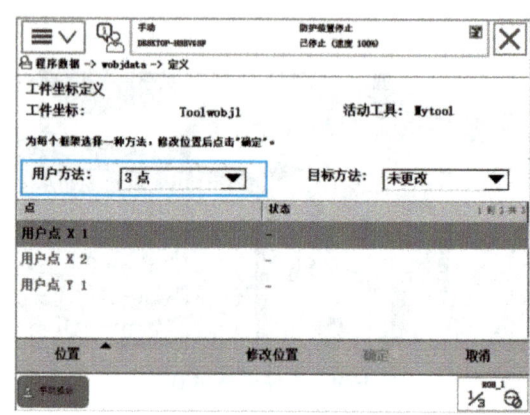

图 4-37　设置"用户方法"
并选中"用户点 X1"

8）采用与修改"用户点 X1"位置与机器人姿态相同的方法修改"用户点 X2"状态，手动操纵机器人以一定的姿态使 TCP 靠近矩形体上表面的第二个角点，如图 4-39 所示，此角点作为"用户点 X2"位置，在虚拟示教器中对"用户点 X2"状态进行修改。

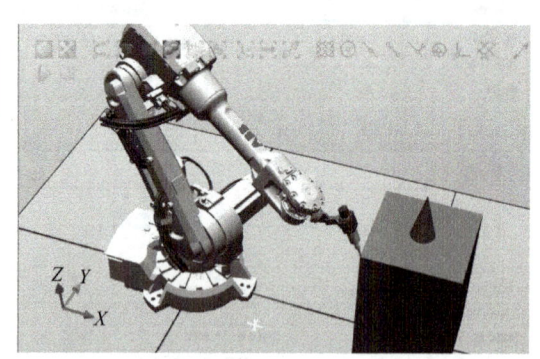

图 4-38　"用户点 X1"位置与机器人姿态

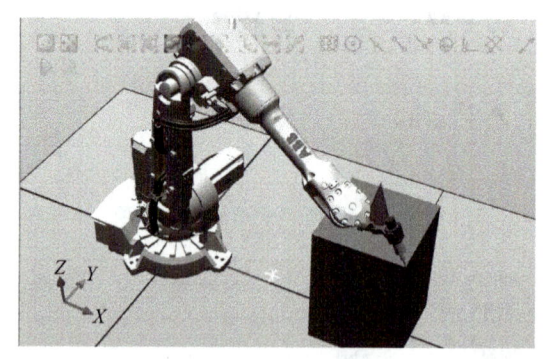

图 4-39　"用户点 X2"位置与机器人姿态

9）采用与修改"用户点 X1"位置与机器人姿态相同的方法修改"用户点 Y1"状态，手动操纵机器人以一定的姿态使 TCP 靠近矩形体上表面的第三个角点，如图 4-40 所示，此角点作为"用户点 Y1"位置，在虚拟示教器中对"用户点 Y1"状态进行修改。

10）所有用户点状态修改完成后，单击"确定"按钮，如图 4-41 所示。

图 4-40　"用户点 Y1"位置与机器人姿态

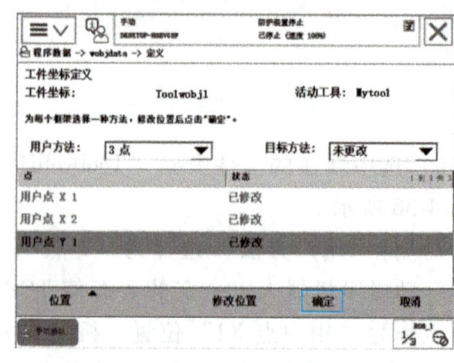

图 4-41　完成用户点状态修改

11）在图 4-42 所示误差确认界面确认结果，单击"确定"按钮完成创建。若误差范围无法接受，则单击"取消"按钮重新定义。

12）完成如上创建步骤后，就可以将"工件坐标"设置为"Toolwobj1"，如图 4-43 所示。

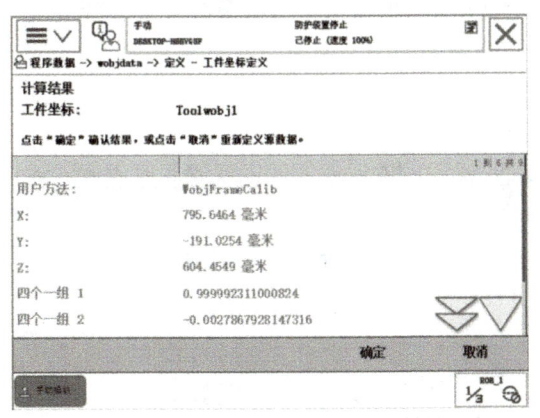

图 4-42　误差确认界面

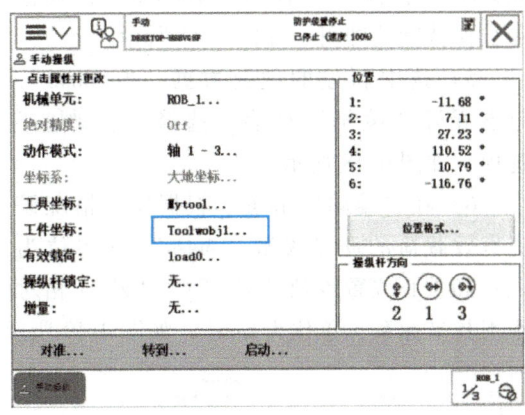

图 4-43　设置"工件坐标"为"Toolwobj1"

4.2.3　载荷数据设定

载荷数据（loaddata）用于描述机器人所承受的负载信息，对于机器人的运动控制和安全性至关重要。机器人的有效载荷是指机器人在工作范围内的任何位姿上所能承受的最大质量，这一数据不仅取决于负载的质量，还与机器人的运行速度和加速度的大小和方向有关。在实际应用中，有效载荷是评估机器人性能的重要指标之一，它决定了机器人能够处理的物料质量、执行任务的范围和复杂性。

载荷数据的设定步骤如下。

1）在虚拟示教器手动模式下，在主界面的下拉菜单中选择"手动操纵"选项，如图 4-44 所示。

2）在"手动操纵"界面，选择"有效载荷"选项，如图 4-45 所示。

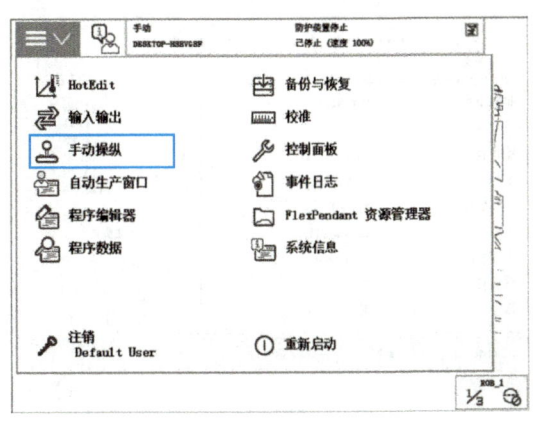

图 4-44　选择"手动操纵"选项

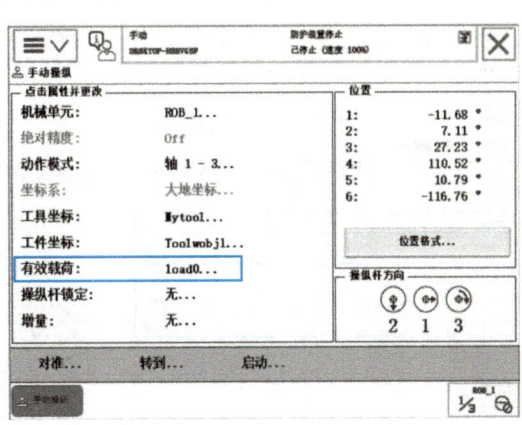

图 4-45　选择"有效载荷"选项

3）通过单击"新建"按钮创建载荷数据，如图4-46所示。

4）在"数据声明"界面，设置载荷数据的"名称""范围""存储类型"等参数，此处将"名称"设置为"Toolload"，其他参数保持默认即可，如图4-47所示。

5）选中新建的载荷数据"Toolload"，单击展开"编辑"列表，选择"更改值"选项，如图4-48所示。

6）在"编辑"界面，根据实际情况设定有效载荷的质量参数"mass"（单位为kg）和重心位置参数"x""y""z"（相对于工具坐标系，单位为mm），如图4-49所示。

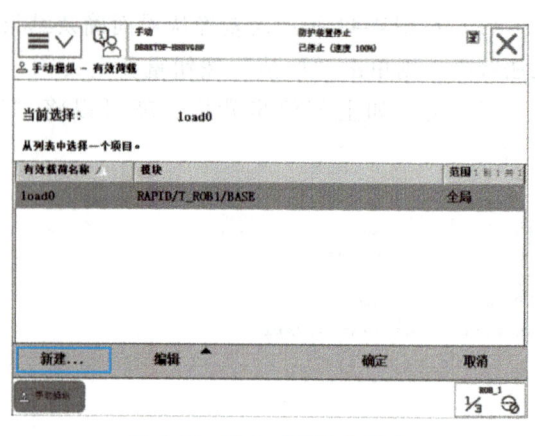

图4-46 单击"新建"按钮

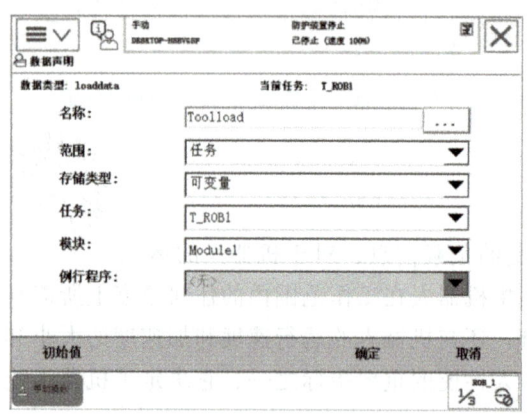

图4-47 修改载荷数据名称

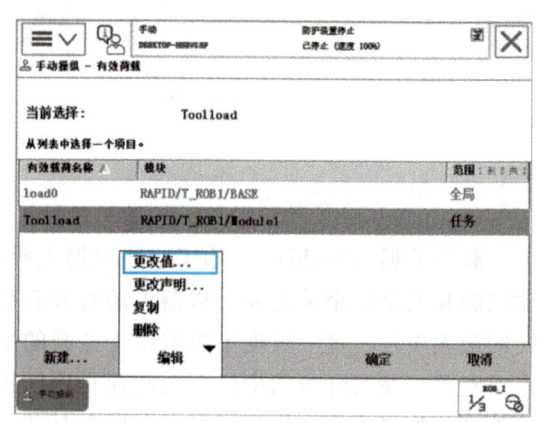

图4-48 选择"更改值"选项以编辑载荷数据"Toolload"

7）完成如上新建和修改后就可以将"有效载荷"设置为"Toolload"，如图4-50所示。

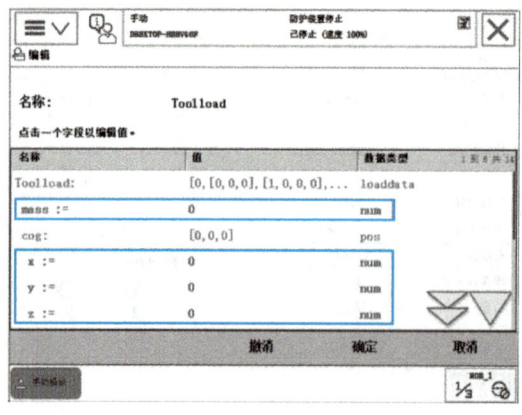

图4-49 设置载荷数据参数

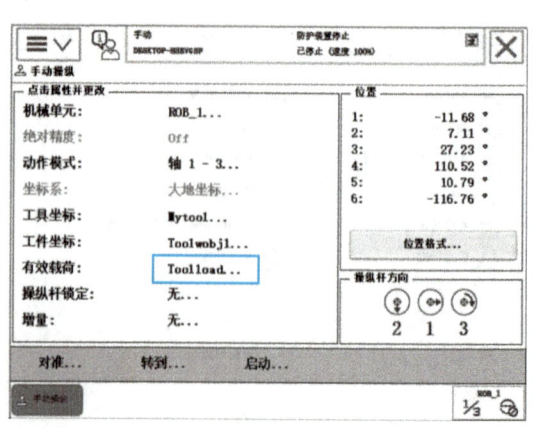

图4-50 设置"有效载荷"为"Toolload"

第4章 工业机器人程序数据

4.3 程序数据相关指令

第3章介绍了运动控制方式及相关指令，本节将重点介绍一部分与程序数据密切相关的指令，包括赋值指令、运算指令、逻辑控制指令等。

4.3.1 赋值指令

赋值指令符号为"：＝"，其作用是对程序数据进行赋值。需要注意的是与其他语言不同，RAPID语言中的赋值指令为"冒号+等号"，具体创建步骤如下。

1) 打开虚拟示教器，进入程序编辑器，新建例行程序 Data( )，如图 4-51 所示。

2) 在新建例行程序 Data( )编辑界面，单击展开"添加指令"列表，选择"：＝"选项添加赋值指令，如图 4-52 所示。

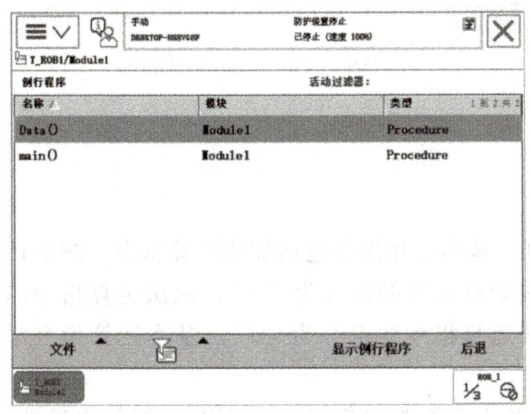

图 4-51 新建例行程序

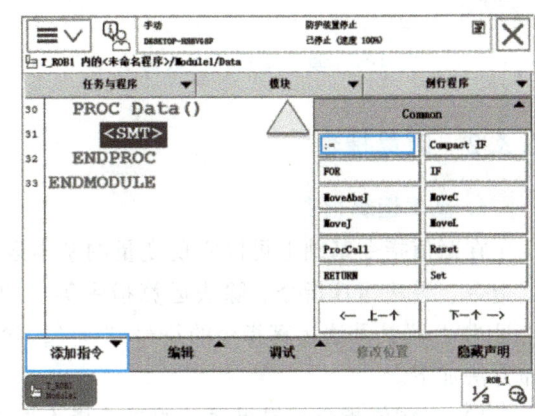

图 4-52 选择"：＝"选项添加赋值指令

3) 选择变量"aa"作为赋值对象，如图 4-53 所示。

4) 选中赋值指令"：＝"后的"<EXP>"，单击展开"编辑"列表，选择"仅限选定内容"选项，如图 4-54 所示。

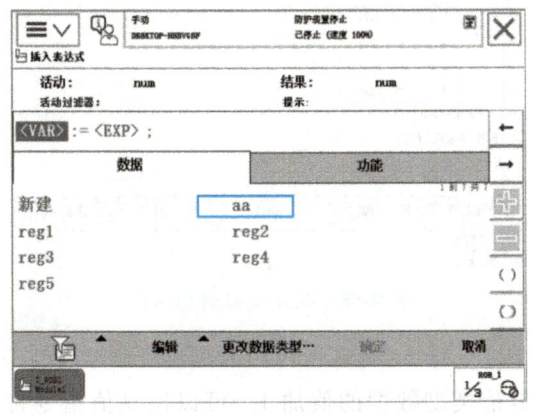

图 4-53 选择变量"aa"作为赋值对象

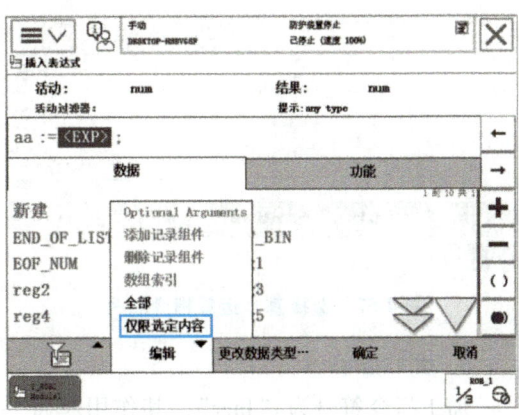

图 4-54 选中赋值语句中要编辑的对象

5）在文本框中输入数值"2"，即给变量 aa 赋值为"2"，如图 4-55 所示。单击"确定"按钮返回程序编辑界面。

6）创建完成的赋值语句如图 4-56 所示。

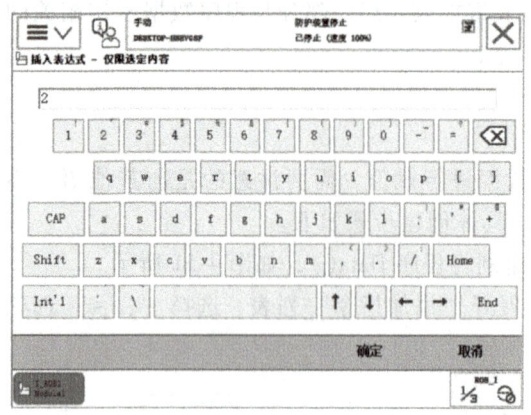

图 4-55　输入变量赋值数值

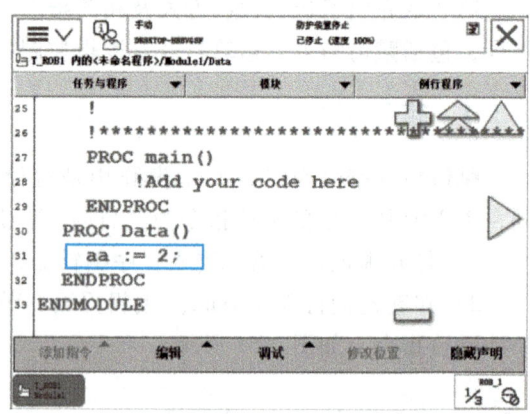

图 4-56　创建完成的赋值语句

4.3.2　运算指令

1. 基本运算指令

在赋值指令基础上可以实现变量的基本运算，基本运算指令包括加法运算指令、减法运算指令、乘法运算指令、除法运算指令等。加法运算指令的符号为"+"，减法运算指令的符号为"-"，乘法运算指令的符号"*"，除法运算指令的符号为"/"。基本运算指令添加方法如下。

1）在赋值指令编辑界面，通过选择不同的基本运算指令符号来实现对应的基本运算，如图 4-57 所示。

2）创建完成的基本运算语句如图 4-58 所示。

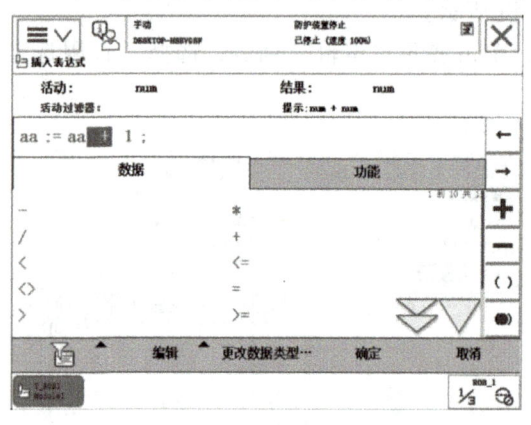

图 4-57　选择基本运算指令符号

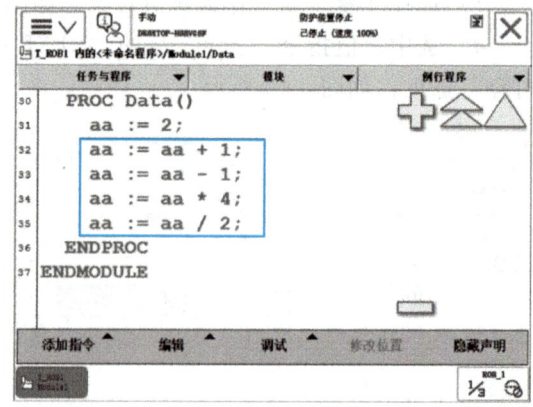

图 4-58　基本运算语句示例

2. 加 1 指令

加 1 指令符号为"Incr"，其作用是将一个数值类型数据的值加 1，可以用赋值指令替代，一般用于产量计数。加 1 指令的添加方法如下。

1）在程序编辑器界面选择添加指令位置，单击"添加指令"按钮，将指令集类别更改为"Mathematics"，如图 4-59 所示。

2）选择加 1 指令"Incr"，如图 4-60 所示。

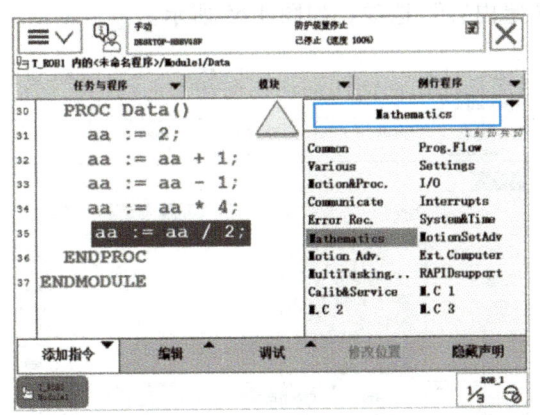

图 4-59　"Mathematics"指令集　　　　　图 4-60　选择"Incr"指令

3）将加 1 指令的变量设置为数值数据"aa"，单击"确定"按钮，如图 4-61 所示。

4）创建完成的加 1 指令语句如图 4-62 所示。

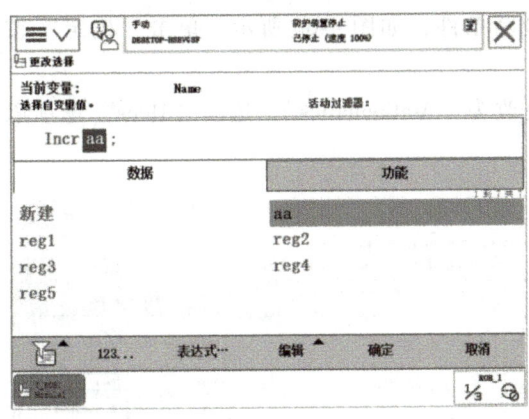 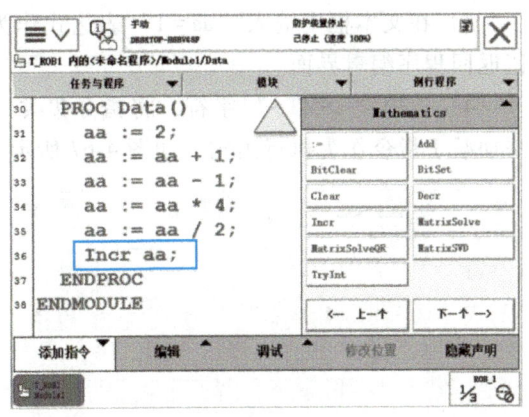

图 4-61　设置加 1 指令的变量　　　　　图 4-62　加 1 指令语句

3. 减 1 指令

减 1 指令符号为"Decr"，其作用是将一个数值类型数据的值减 1，可以用赋值指令替代，一般用于产量计数。减 1 指令的创建与加 1 指令基本相同，此处不再赘述。创建完成的减 1 指令语句如图 4-63 所示。

4.3.3　逻辑控制指令

1. 紧凑型条件判断指令

紧凑型条件判断指令符号为"Compact IF"，用于判断条件是否满足，满足则执行

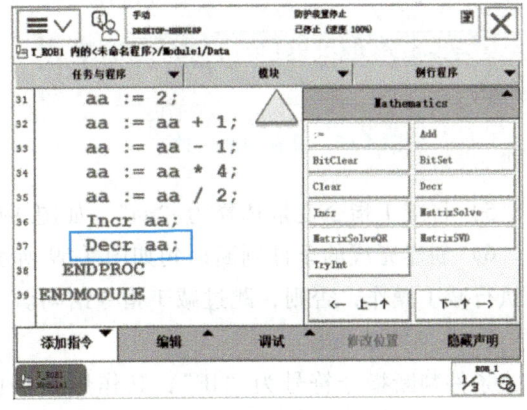

图 4-63　减 1 指令语句

相应语句，创建步骤如下。

1）在程序编辑器界面选择添加指令位置，单击"添加指令"按钮，将指令集类别更改为"Common"，选择"Compact IF"选项，如图4-64所示。

2）单击展开"编辑"列表，选择"仅限选定内容"选项，如图4-65所示。

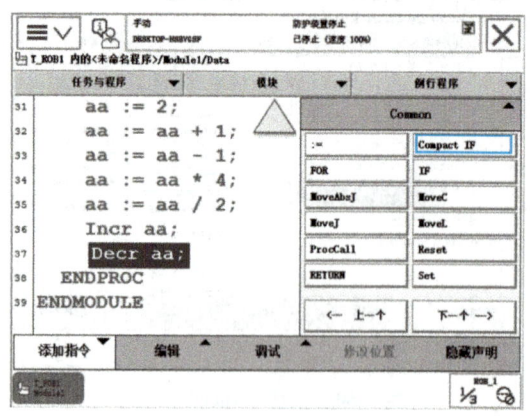

图4-64 选择"Compact IF"选项以添加 Compact IF 指令

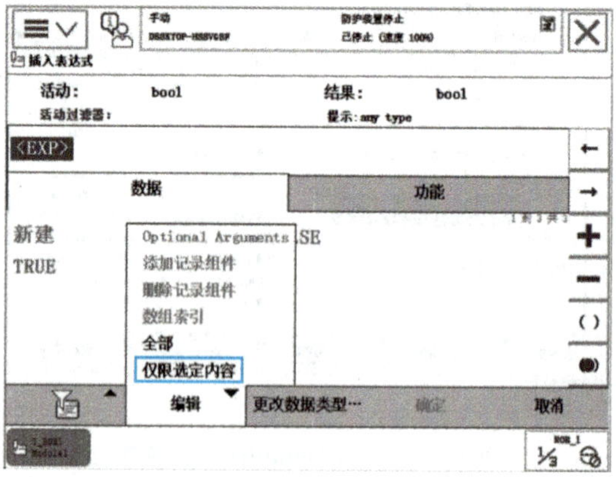

图4-65 选择"仅限选定内容"选项以编辑判断条件

3）在文本框中输入"aa=1"表达式作为判断条件，如图4-66所示。单击"确定"按钮返回程序编辑界面。

4）选中"<SMT>"字符，将指令集类别更改为"Mathematics"，选择"Decr"选项以添加减1指令作为执行语句，如图4-67所示。

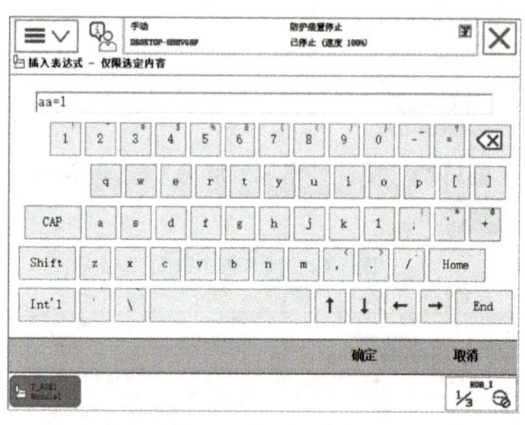
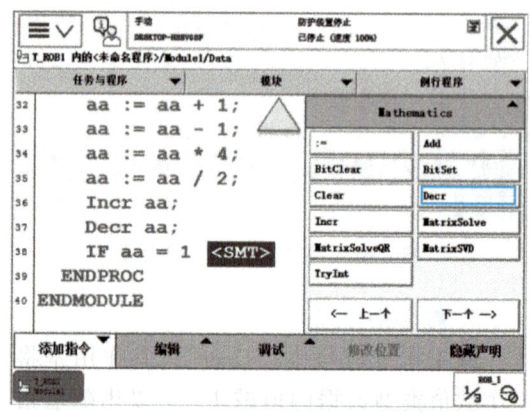

图4-66 设置判断条件

图4-67 添加执行语句

5）将减1指令变量选择为"aa"，如图4-68所示。

6）创建完成的条件判断语句如图4-69所示。该语句首先判断变量aa是否为1，若为1则执行减1操作，否则，跳过减1指令语句。

2. 条件判断指令

条件判断指令符号为"IF"，其作用是根据不同的条件去执行相应的语句，创建步骤如下。

1）在程序编辑界面选择添加指令位置，单击"添加指令"按钮，将指令集类别设置为"Common"，然后选择"IF"选项以添加该指令，如图 4-70 所示。

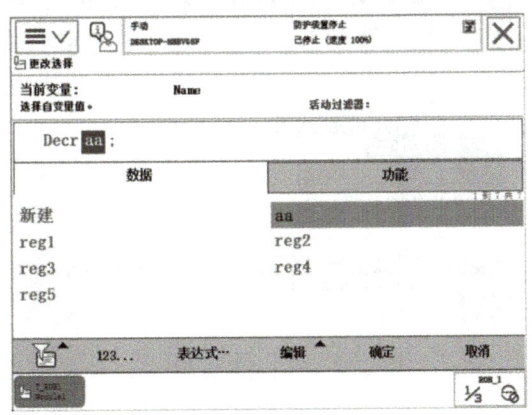

图 4-68　设置减 1 指令变量

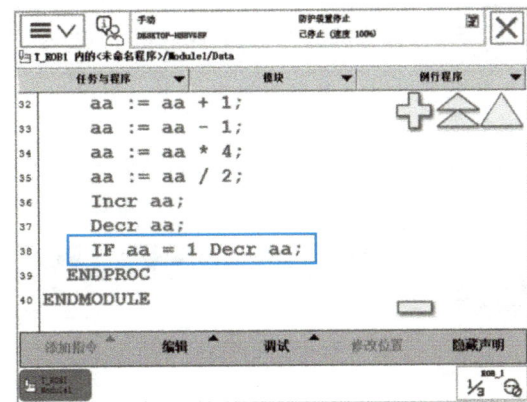

图 4-69　创建完成的紧凑型条件判断语句

2）单击展开"编辑"列表，选择"仅限选定内容"选项以编辑判断条件，如图 4-71 所示。

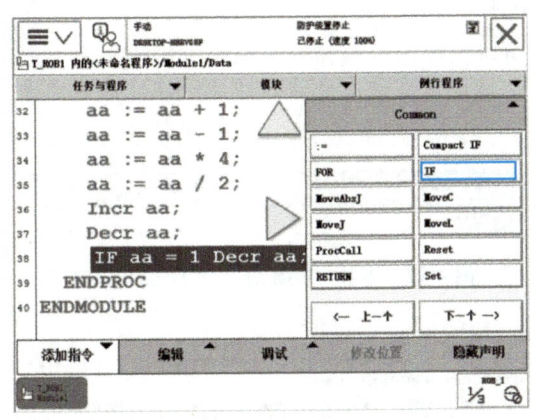

图 4-70　选择"IF"选项添加指令

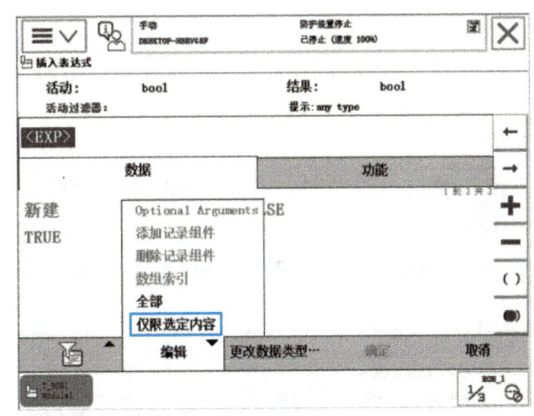

图 4-71　选择"仅限选定内容"选项以编辑判断条件

3）在文本框中输入表达式"aa=1"作为判断条件，如图 4-72 所示。单击"确定"按钮返回程序编辑界面。

4）在程序编辑界面，选中完整的 IF 结构语句并单击该语句，以进行结构调整，如图 4-73 所示。

5）在"更改选择"界面单击"添加 ELSE"按钮以添加 ELSE 分支，如图 4-74 所示。

6）添加 ELSE 分支的 IF 结构语句如图 4-75 所示，单击"确定"按钮。如果需要添加更多分支，则再单击"添加 ELSEIF"按钮即可。

7）如图 4-76 所示，在程序编辑界面，选择 IF 分支语句编辑位置，选择"Incr"选项添加该指令，使用同样的方法编辑 ELSE 分支语句。

8）创建完成的 IF ELSE 结构语句如图 4-77 所示。该语句含义为：首先判断变量 aa 是否为 1，如果为 1，则执行 IF 分支语句，进行加 1 操作；否则执行 ELSE 分支语句，进行减 1 操作。

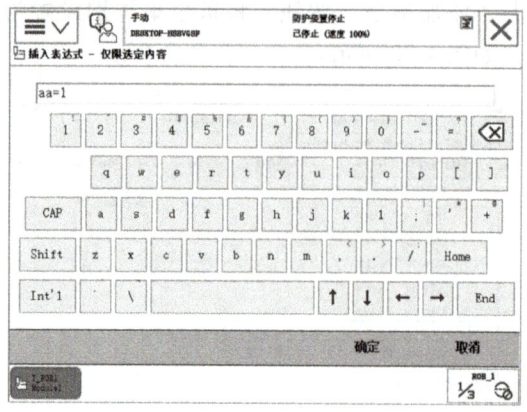

图 4-72 设置判断条件

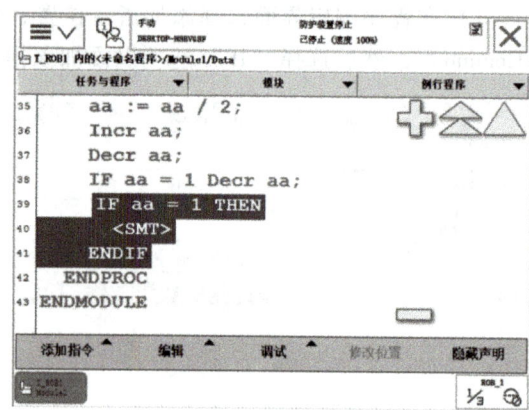

图 4-73 选中 IF 结构语句

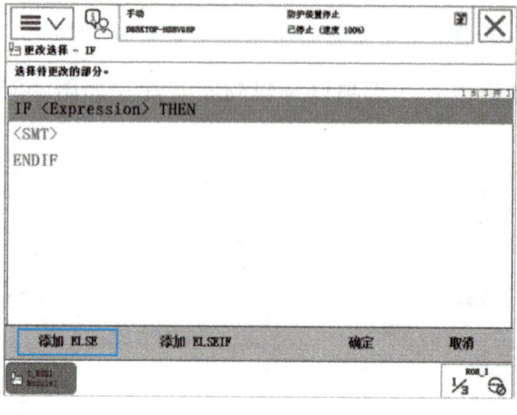

图 4-74 单击"添加 ELSE"按钮以添加 ELSE 分支

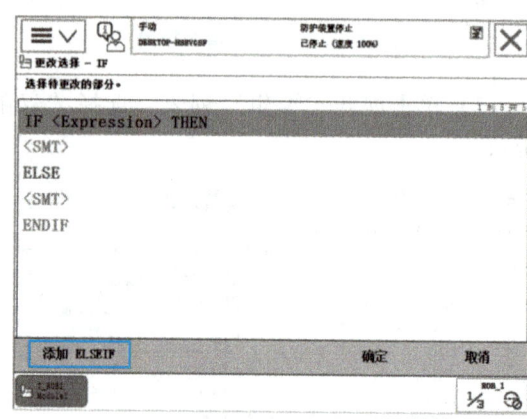

图 4-75 添加 ELSE 分支的 IF 结构语句

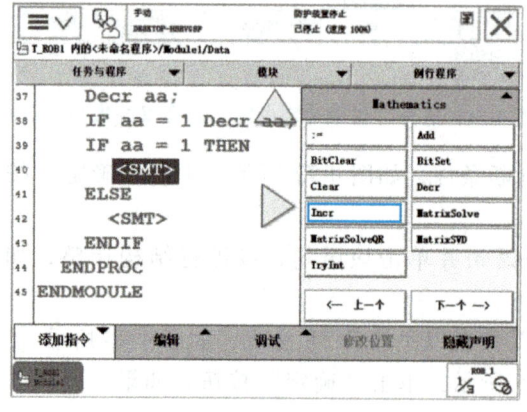

图 4-76 编辑 IF 分支语句

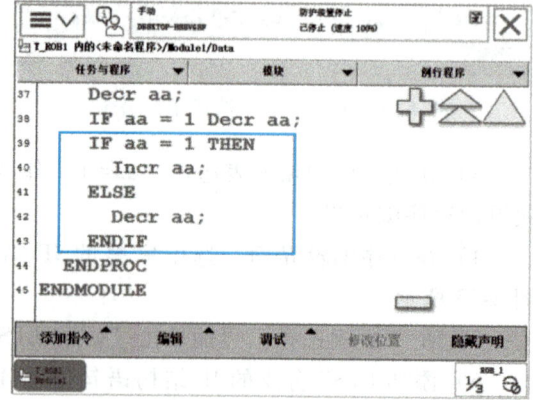

图 4-77 创建完成的 IF ELSE 结构语句

3. FOR 循环指令

FOR 循环指令用于一个或多个指令需要重复执行指定次数的情况,创建步骤如下。

1)在程序编辑界面选择添加指令位置,单击"添加指令"按钮,选择"FOR"选项以添加该指令,如图 4-78 所示。

2）添加的 FOR 循环语句如图 4-79 所示，双击"<ID>"字符以设置循环变量。

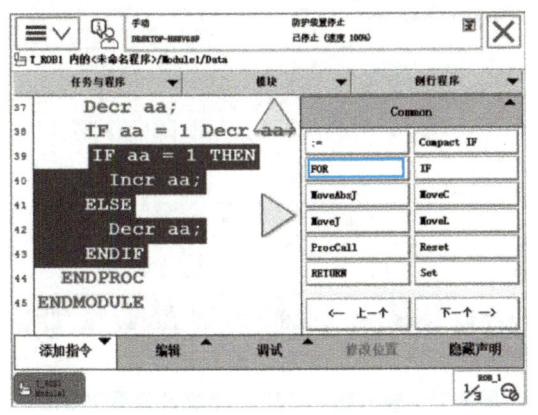
图 4-78 选择"FOR"选项以添加 FOR 指令

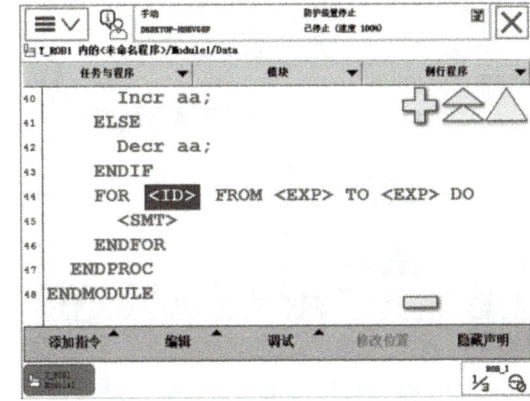
图 4-79 双击"<ID>"字符以设置循环变量

3）在文本框中输入字符"i"作为循环变量，如图 4-80 所示。单击"确定"按钮返回程序编辑界面。

4）继续编辑 FOR 循环语句，如图 4-81 所示，双击"<EXP>"字符以设置循环初始值。

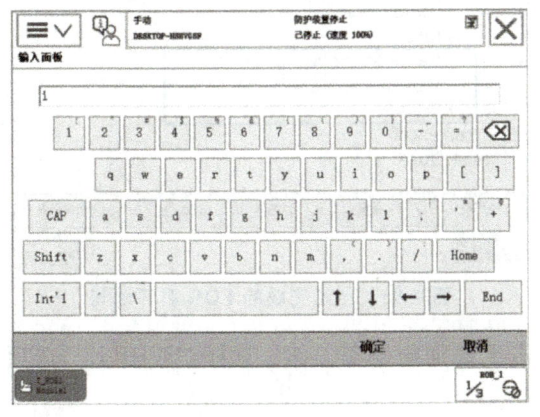
图 4-80 输入字符"i"作为循环变量

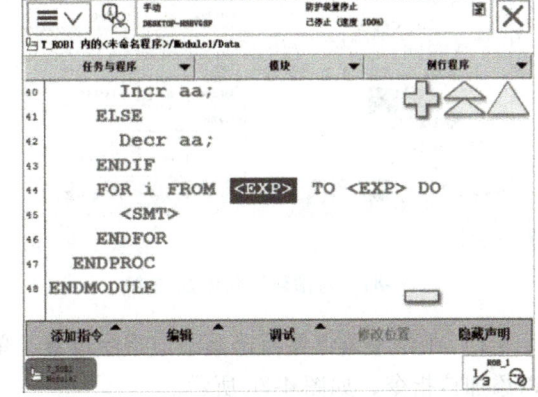
图 4-81 双击"<EXP>"字符以设置循环初始值

5）单击展开"编辑"列表，选择"仅限选定内容"选项以编辑循环初始值，如图 4-82 所示。

6）在文本框输入数值"1"作为循环变量初始值，单击"确定"按钮，如图 4-83 所示。采用同样的方法，双击 FOR 循环语句中"TO"字符后的"<EXP>"，将循环变量的结束值设置为"10"。

7）选择 FOR 循环语句中的"<SMT>"字符，单击"添加指令"按钮，选择"Incr"选项以添加该指令，如图 4-84 所示。

8）创建完成的 FOR 循环语句如图 4-85 所示。该语句含义为：循环变量 i 从 1 开始，到 10 结束，重复执行对变量 aa 加 1 操作十次。

4. WHILE 循环指令

WHILE 循环指令用于在给定条件被满足的情况下，重复执行相应的指令，创建步骤如下。

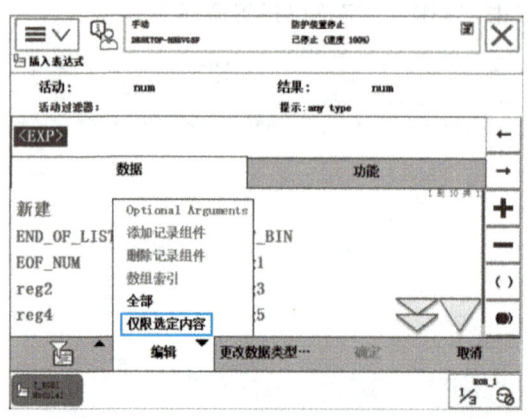

图 4-82 选择"仅限选定内容"选项以编辑循环初始值

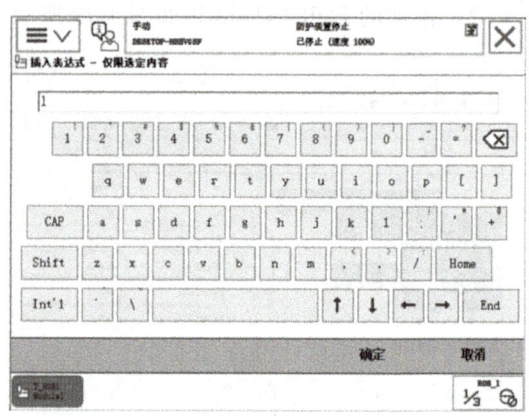

图 4-83 输入数值"1"作为循环变量初始值

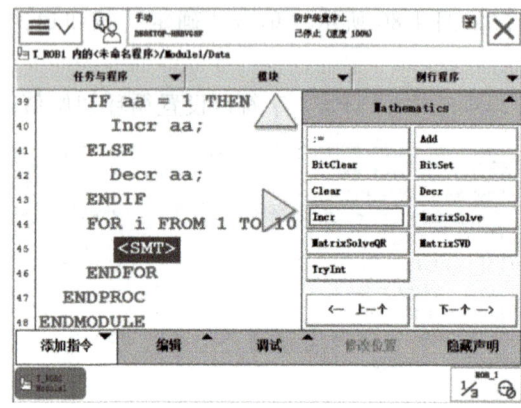

图 4-84 对循环语句添加指令

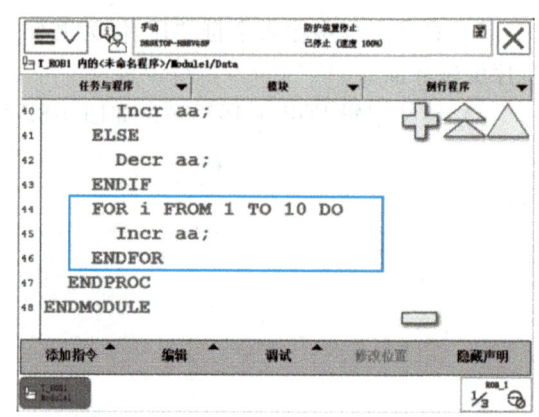

图 4-85 创建完成的 FOR 循环语句

1）在程序编辑界面选择添加指令位置，单击"添加指令"按钮，选择"WHILE"选项以添加该指令，如图 4-86 所示。

2）添加的 WHILE 循环语句，如图 4-87 所示，双击"<EXP>"字符以设置循环判断条件。

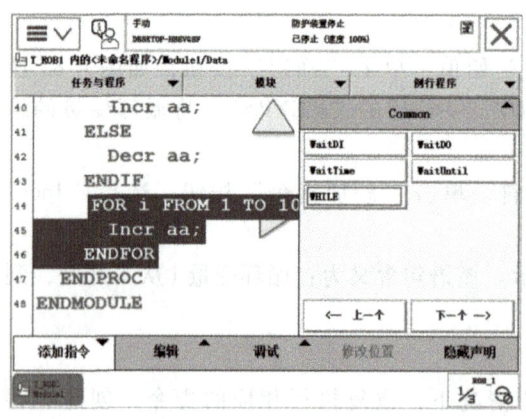

图 4-86 选择"WHILE"选项以添加 WHILE 指令

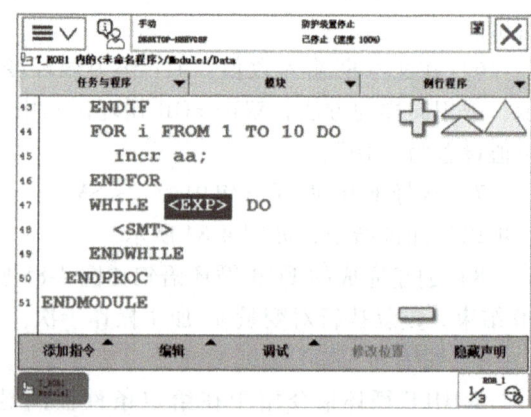

图 4-87 双击"<EXP>"字符以设置循环判断条件

3)单击展开"编辑"列表,选择"仅限选定内容"选项以编辑循环判断条件,如图 4-88 所示。

4)在文本框输入表达式"aa>1"作为循环判断条件,如图 4-89 所示。单击"确定"按钮返回程序编辑界面。

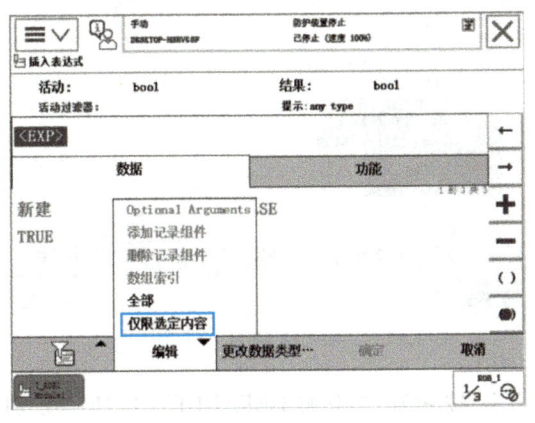

图 4-88 编辑循环判断条件　　　　　图 4-89 输入表达式"aa>1"作为循环判断条件

5)选择 WHILE 循环语句中的"<SMT>"字符,单击"添加指令"按钮,选择"Decr"选项以添加该指令,如图 4-90 所示。

6)创建完成的 WHILE 循环语句如图 4-91 所示。该语句含义为:判断是否满足变量 aa>1,如果是,则对其执行减 1 操作;如此循环直到 aa≤1。

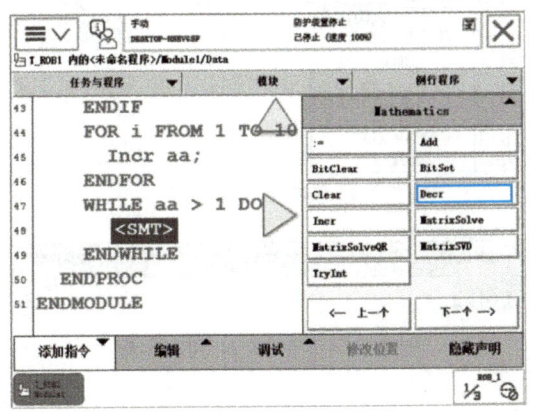
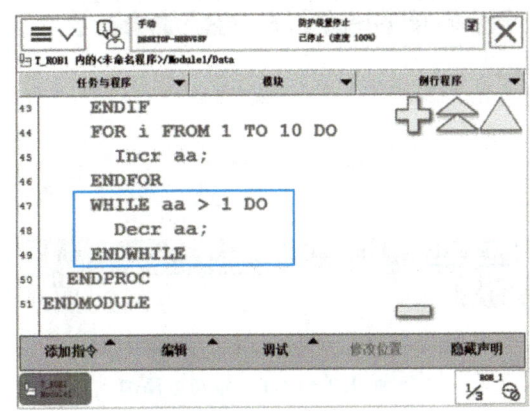

图 4-90 对循环语句添加指令　　　　　图 4-91 创建完成的 WHILE 循环语句

WHILE 和 FOR 指令的选择原则是当重复次数确定时优先使用 FOR 指令,否则优先使用 WHILE 指令。

5. TEST 变量判断执行指令

TEST 变量判断执行指令的作用是通过对一个变量进行判断,根据不同结果执行相应的语句。TEST 指令判断的对象可以是数值也可以是表达式,TEST 指令一般在选择分支较多时使用,如果选择分支不多,则可以使用 IF 语句。TEST 语句创建步骤如下:

1)在程序编辑界面选择添加指令位置,单击"添加指令"按钮,将指令集类别更改为"Prog. Flow",选择"TEST"选项以添加该指令,如图 4-92 所示。

2）添加的 TEST 变量判断语句如图 4-93 所示，选中完整的 TEST 结构语句并单击该语句，以进行结构调整。

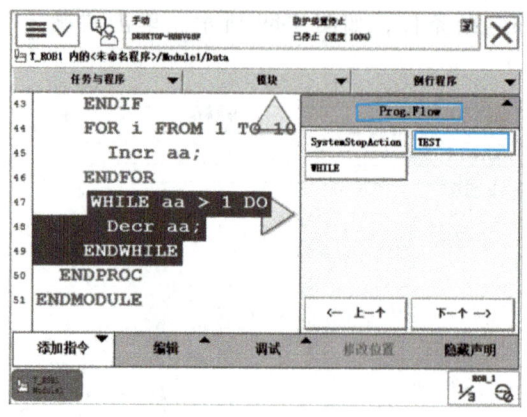

图 4-92 选择"TEST"选项以添加 TEST 指令

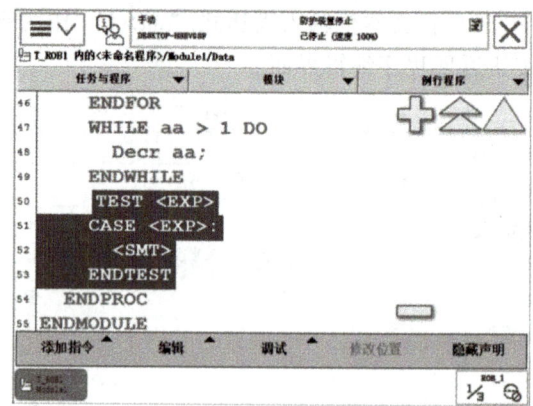

图 4-93 选中完整的 TEST 结构语句

3）在"更改选择"界面，单击"添加 CASE"按钮和"添加 DEFAULT"按钮，分别添加 CASE 分支和 DEFAULT 分支，如图 4-94 所示，单击"确定"按钮。

4）添加的 CASE 分支和 DEFAULT 分支如图 4-95 所示，双击"TEST"字符后的"<EXP>"字符单击"编辑"按钮，根据提示设置判断变量为 aa。

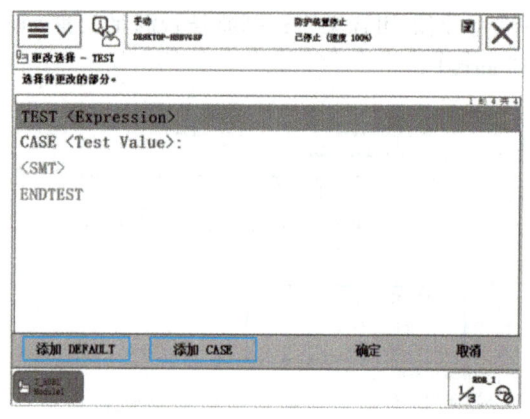

图 4-94 单击"添加 CASE"按钮和
"添加 DEFAULT"按钮以添加
CASE 分支和 DEFAULT 分支

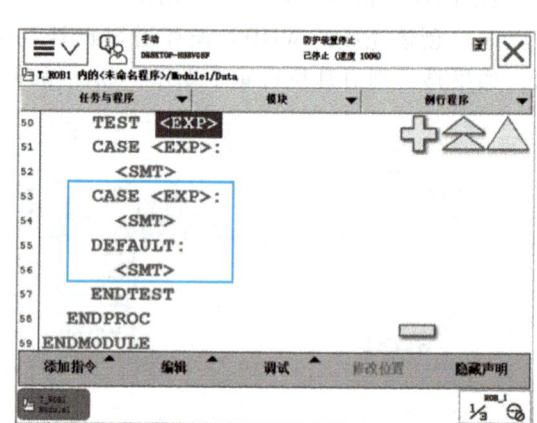

图 4-95 设置 TEST 判断变量

5）根据前面讲解的添加指令方法设置 CASE 1 分支的执行语句为加 1 指令，如图 4-96 所示。

6）根据前面讲解的添加指令方法设置 CASE 2 分支的执行语句为减 1 指令，如图 4-97 所示。

7）根据前面讲解的添加指令方法设置 DEFAULT 分支的执行语句为赋值指令，如图 4-98 所示。

8）创建完成的 TEST 语句如图 4-99 所示。该语句含义为：首先判断变量 aa 的值，如果是 1 则执行加 1 操作，如果是 2 则执行减 1 操作，否则将其赋值为 0。

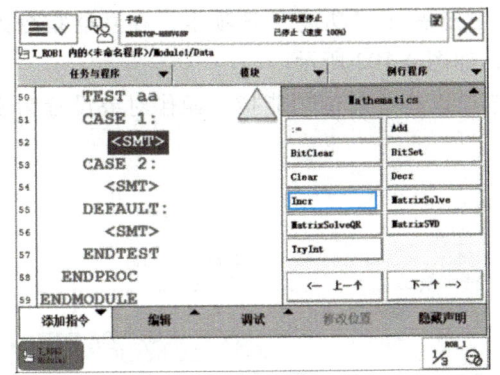
图 4-96　设置 CASE 1 分支的执行语句为加 1 指令

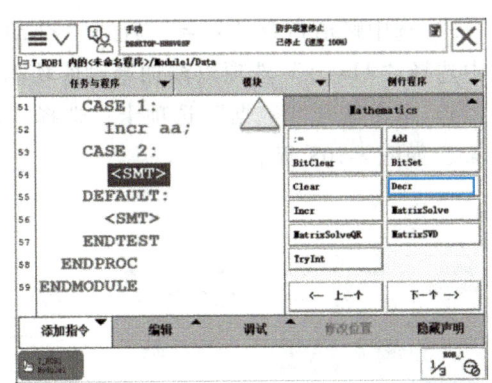
图 4-97　设置 CASE 2 分支的执行语句为减 1 指令

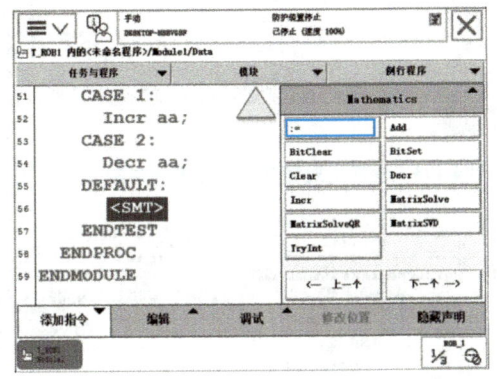
图 4-98　设置 DEFAULT 分支的执行语句为赋值指令

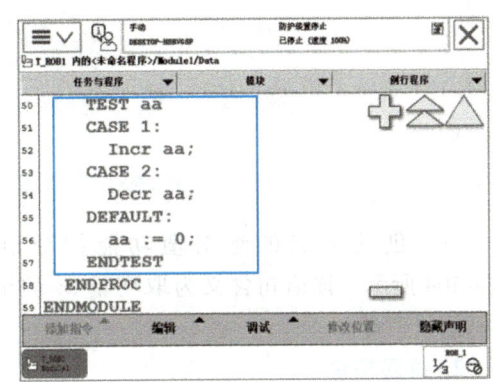
图 4-99　创建完成的 TEST 语句

4.3.4　其他相关指令

1. 绝对值功能指令

绝对值功能指令符号是"Abs( )"，其作用为对操作对象取绝对值，创建步骤如下。

1）在程序编辑界面选择添加指令位置，单击"添加指令"按钮，在指令列表中选择":="选项以添加赋值指令，如图 4-100 所示。

2）选择变量"aa"作为被赋值对象，如图 4-101 所示。

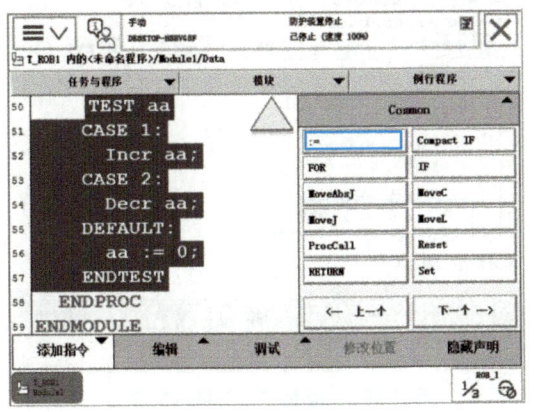
图 4-100　选择":="选项以添加赋值指令

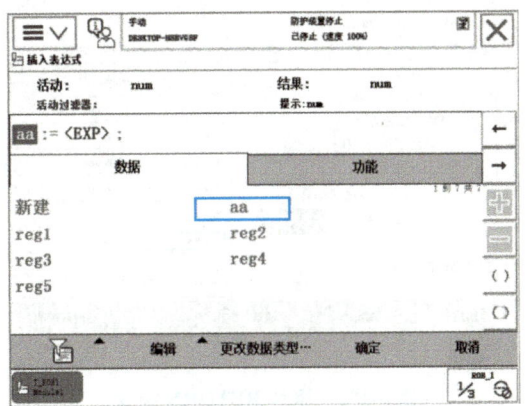
图 4-101　选择变量"aa"作为被赋值对象

3）选中赋值指令"：="后的"<EXP>"，单击展开"功能"选项卡，在功能指令列表中选择"Abs( )"选项以添加绝对值功能指令，如图 4-102 所示。

4）单击展开"数据"选项卡，选择"aa"选项以将绝对值功能指令操作对象设置为变量 aa，如图 4-103 所示。

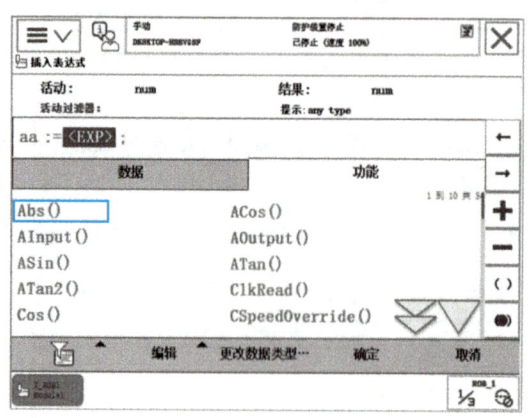

图 4-102　选择"Abs( )"选项以添加绝对值功能指令

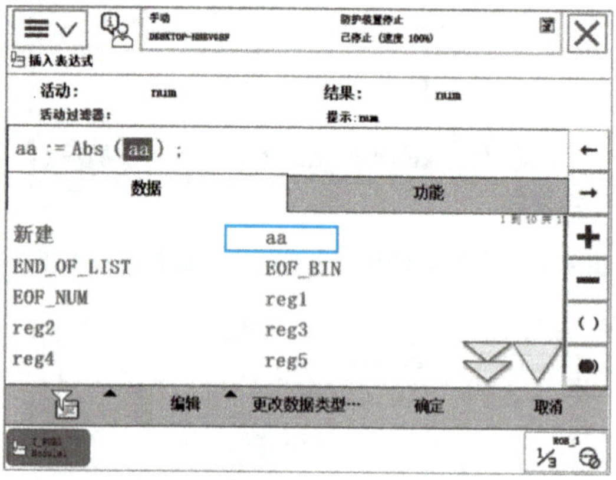

图 4-103　设置绝对值功能指令操作对象为变量 aa

5）创建完成的绝对值功能指令语句如图 4-104 所示。该语句含义为取变量 aa 的绝对值再赋值给变量 aa。

2. 返回指令

返回指令符号为"RETURN"，其作用为完成例行程序的运行并返回，如果例行程序是一个函数，则同时返回函数值，创建步骤如下。

1）创建 Compact IF 指令语句，根据前面讲解的添加指令方法将其执行语句设置为 RETURN 指令，如图 4-105 所示。

2）添加了 RETURN 指令的 Compact IF 指令语句如图 4-106 所示。该语句含义为判断变量 aa 是否为 0，若为 0 则执行 RETURN 语句并返回。

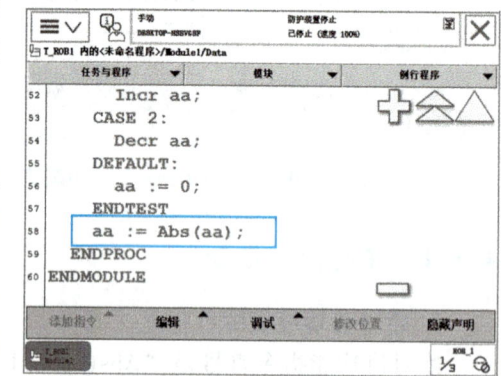

图 4-104　绝对值功能指令语句

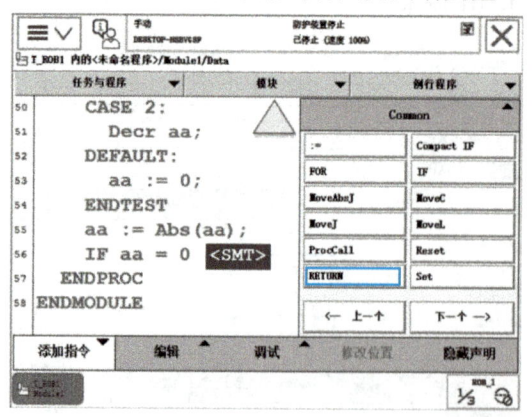

图 4-105　添加 RETURN 指令

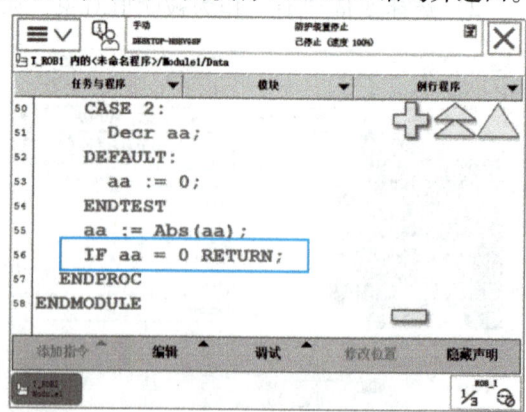

图 4-106　添加了 RETURN 指令的 Compact IF 指令语句

3. 停止指令

停止指令符号为"Stop",其作用为停止程序执行,创建步骤如下。

1)在程序编辑界面选择添加指令位置,单击"添加指令"按钮,在指令列表中选择"Stop"选项以添加 Stop 指令,如图 4-107 所示。

2)创建完成的 Stop 语句如图 4-108 所示。该语句含义为程序运行到此便停止运行。

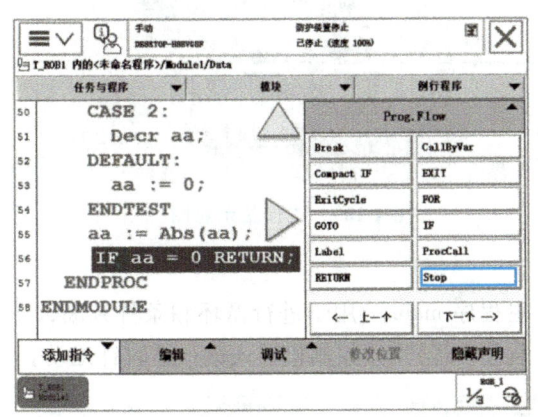
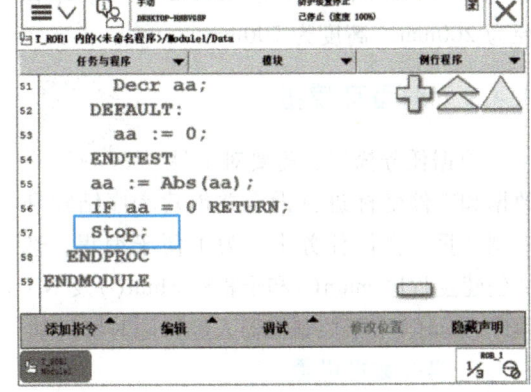

图 4-107 选择"Stop"选项以添加 Stop 指令　　图 4-108 创建完成的 Stop 语句

4. 关系符号

RAPID 程序中的关系符号主要包括大于号、小于号、大于等于号、小于等于号、不等于号、等于号和逻辑关系符号等,常用的关系符号及说明见表 4-5。

表 4-5 常用的关系符号及说明

关系符号	说明	关系符号	说明
>	大于号	>=	大于等于号
<	小于号	<=	小于等于号
<>	不等于号	=	等于号
OR	或运算	AND	与运算
XOR	异或运算	NOT	非运算

4.4 程序数据应用实例

在学习了程序数据的定义、存储类型和创建,以及三种关键程序数据的设定及相关的指令后,本节将通过一个实例对上述内容进行练习。

4.4.1 应用实例任务概述

声明一个名称为"Num1"的数值型变量并随机赋值,判断该变量值的大小,如果变量值>0,则控制机器人顺时针沿矩形体上表面运动一周,运行结束后对变量值取反并加 1;再次判断该变量值的大小,如果变量值<0,则控制机器人逆时针沿矩形体上表面运动一周,运行结束后对该值取反并减 1;如此循环直至变量 Num1 值为 0。

本实例需要建立包含一台机器人、一个矩形体和一个圆锥体的工作站如图 4-109 所示。矩形体位于机器人正前方，圆锥体和矩形体中心线重合，圆锥体顶点比矩形体上表面高 100mm，便于进行工具数据设定。机器人建议使用 IRB2600 型号；矩形体底面尺寸为 200mm×200mm，高度为 600mm；圆锥体直径为 200mm，高度为 700mm。

4.4.2 编程环境搭建

根据任务描述，需要对工具数据和工件坐标进行设定并创建程序结构和控制变量。在该任务中，为了便于编程，选择创建主程序 main() 和子程序 Shun() 及 Ni()。主程序 main() 用于进行循环和条件判断，子程序 Shun() 用于控制机器人进行顺时针运动，子程序 Ni() 用于控制机器人进行逆时针运动。

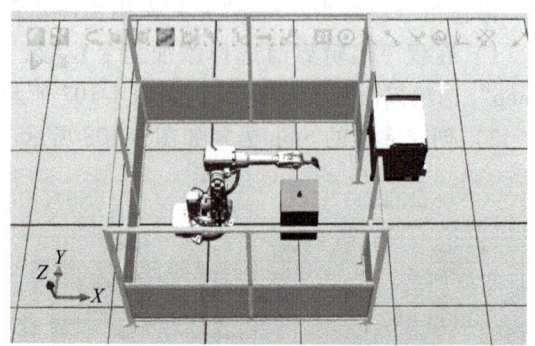

图 4-109 工作站示意图

1. 坐标数据设置

参考本章 4.2 节内容新建工具坐标 Tool1 和工件坐标 Wobj1，设置完成后如图 4-110 所示。

2. 程序框架创建

除了主程序 main() 外，还需要创建 Shun() 和 Ni() 两个子程序，创建完成后如图 4-111 所示。

3. 程序数据创建

该任务用到的程序数据包含数值型数据 Num1 和目标点位置数据。数值型数据利用虚拟示教器的"程序数据"界面进行创建，目标点位置数据在指令添加时自行创建。数值型数据 Num1 创建完成后如图 4-112 所示。

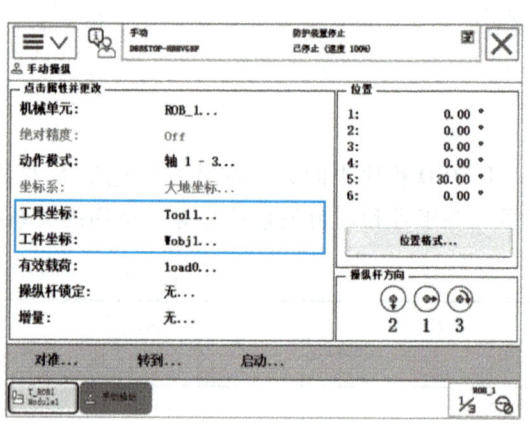

图 4-110 设置工具坐标 Tool1 和工件坐标 Wobj1

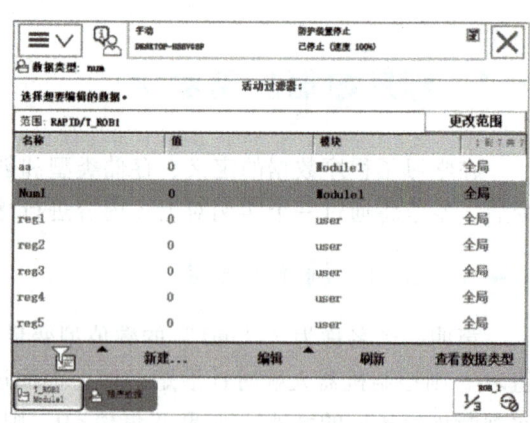

图 4-111 创建子程序　　　　图 4-112 创建程序数据

4.4.3 任务程序编写

编写程序前,需要确定目标位置点,即起始点和矩形体的四个角点,如图 4-113 所示。起始点(位置①)定义为 p10,矩形体的四个角点,即位置②、位置③、位置④、位置⑤分别定义为 p20、p30、p40 和 p50。

1. 编辑子程序 Ni( )

子程序 Ni( )作用为控制机器人沿矩形体上表面逆时针运动一周,即从 p20 开始,经过 p30→p40→p50 路径,再次回到 p20,编写完成的子程序 Ni( )如图 4-114 所示。

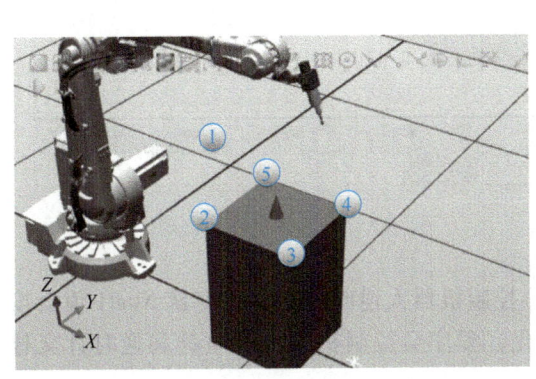

图 4-113 确定目标位置点

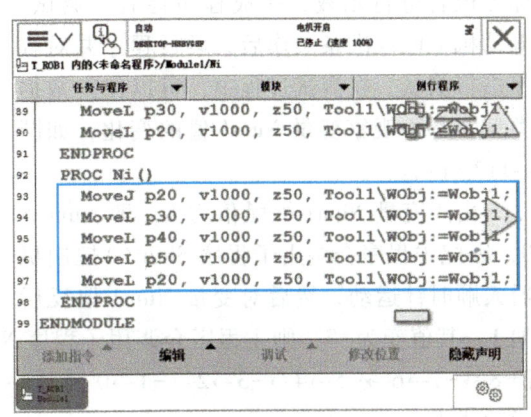

图 4-114 编写完成的子程序 Ni( )

2. 编辑子程序 Shun( )

子程序 Shun( )作用为控制机器人沿矩形体上表面顺时针运动一周,即从 p20 开始,经过 p50→p40→p30 路径,再次回到 p20,编写完成的子程序 Shun( )如图 4-115 所示。

3. 编辑主程序 main( )

主程序 main( )作用为体现核心架构并容纳辅助程序,编写完成的主程序 main( )如图 4-116 所示。

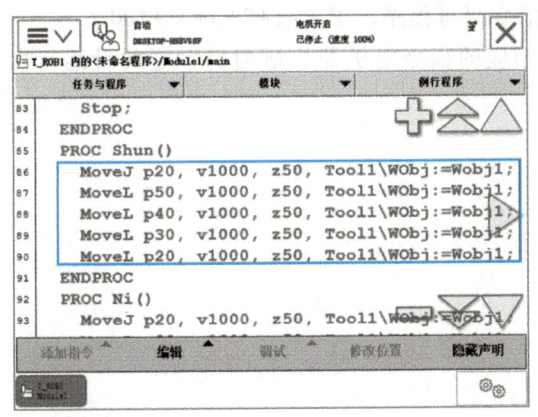

图 4-115 编写完成的子程序 Shun( )

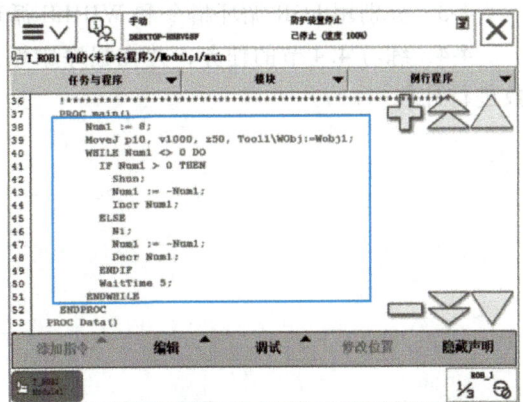

图 4-116 编写完成的主程序 main( )

主程序 main( )中,首先对变量 Num1 进行赋值,此处赋值为 8,然后控制机器人运行至起始点 p10。使用 WHILE 循环语句并将循环条件设置为变量 Num1≠0，即 Num1≠0 时循环执行顺时针或逆时针运动子程序。使用 IF 分支语句，如果变量 Num1>0 则调用顺时针运动子程序 Shun（），否则调用逆时针运动子程序 Ni（），与此同时分别对变量 Num1 进行取反后减 1 或取反后加 1 操作。此外，每一次 WHILE 循环结束都增加 WaitTime 等待指令是为了防止机器人电动机过载。

4.4.4　程序调试与运行

程序编写完成后需要对目标点位置进行示教，完成程序检查、调试、电动机上电等准备工作后，运行程序并对程序进行测试。在测试过程中，可以在"数据类型"界面观察变量 Num1 值的变化，如图 4-117 所示。

由于变量 Num1 被赋值为 8，即 Num1>0，因此主程序会调用子程序 Shun（）控制机器人顺时针运动，然后对变量 Num1 取反后

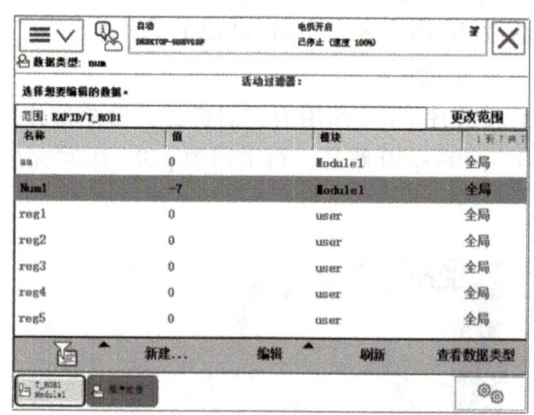

图 4-117　变量 Num1 的值

加 1，其值变为 -7，则主程序会调用子程序 Ni（）控制机器人逆时针运动。变量 Num1 值会按照 8→-7→6→-5→4→-3→2→-1→0 的顺序变化，程序会控制机器人顺时针和逆时针交替运动 4 周。

练　习　题

4-1　什么是程序数据？请写出尽可能多的程序数据类型。

4-2　分别创建变量型数值数据 Num、可变量型字符 Name、常量型布尔数据 Finished，并将它们的初始值分别设置为 10、Tom 及 FALSE。编写程序，在程序中更改 Num 的值为 Num-1，Name 的值为 John，观察在程序运行后及指针复位后各变量值的变化。

4-3　分别用 FOR 循环指令和 WHILE 循环指令编写程序，求 $s = 1+2+3+\cdots+100$。

4-4　练习 4.4 节的任务，并在程序中增加相应的指令对机器人顺时针和逆时针运行次数进行计数。

第 5 章　工业机器人信号通信

教学目标：
➢ 学生能够描述工业机器人信号通信的概念和种类。
➢ 学生能够根据标准 I/O 板接口特点完成 DSQC 651 等基本 I/O 板的定义，完成不同 I/O 信号类型的配置和功能关联。
➢ 学生能够利用控制指令实现对不同 I/O 信号的控制，并根据任务要求完成程序的编写、调试和运行。
➢ 培养学生的规范化意识、动手能力和工匠精神。

5.1　信号通信种类

ABB 工业机器人可以通过 I/O 接口与外部设备进行交互，常见的通信方式分为三类，即与 PC 机的数据通信、与 PLC 的现场总线通信、ABB 标准通信，不同的通信方式均同时支持多种通信协议，以满足不同应用场景的需求，如图 5-1 所示。

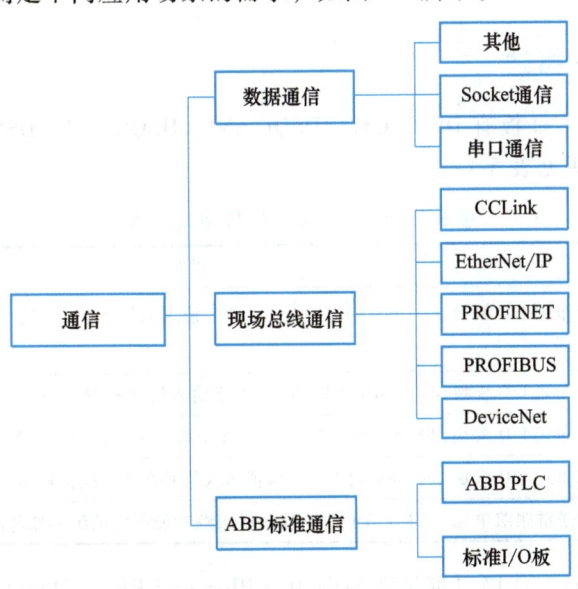

图 5-1　ABB 工业机器人通信方式

ABB 工业机器人信号通信种类多样，常用的 I/O 信号（输入/输出信号）有数字 I/O 信号、组 I/O 信号和模拟 I/O 信号三种。常见的数字 I/O 信号应用如下。

1）数字输入信号：各种开关的反馈信号，如按钮开关、转换开关、接近开关等的反馈信号；传感器反馈信号，如光电传感器、光纤传感器的反馈信号；接触器、继电器触点反馈信号；触摸屏的开关反馈信号等。

2）数字输出信号：控制各类继电器线圈的信号，如控制接触器、继电器、电磁阀的信号；控制各种指示类器件的信号，如控制指示灯、蜂鸣器等的信号。

5.2 标准 I/O 板及其定义

本节以 ABB 标准通信中的标准 I/O 板为例讲解工业机器人的信号通信。ABB 标准 I/O 板都是挂在 DeviceNet 现场总线下的设备，通过 DeviceNet 端口与现场总线进行通信。ABB 标准 I/O 板一般安装位置如图 5-2 所示。

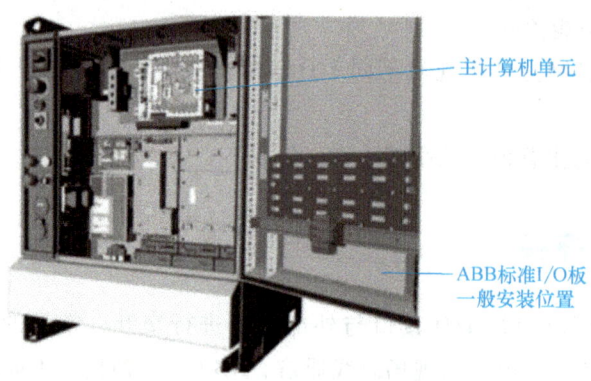

图 5-2　标准 I/O 板一般安装位置示意图

5.2.1 标准 I/O 板概述

常用的 ABB 标准 I/O 板有 DSQC 651、DSQC 652、DSQC 653、DSQC 355A、DSQC 377A 等，它们的型号及说明见表 5-1。

表 5-1　ABB 标准 I/O 板型号及说明

型号	说明
DSQC 651	分布式 I/O 模块，di8/do8/ao2，用于 8 个数字输入信号、8 个数字输出信号和 2 个模拟输出信号的处理
DSQC 652	分布式 I/O 模块，di16/do16，用于 16 个数字输入信号和 16 个数字输出信号的处理
DSQC 653	分布式 I/O 模块，di8/do8 带继电器，用于 8 个数字输入信号和 8 个数字继电器输出信号的处理
DSQC 355A	分布式 I/O 模块，ai4/ao4，用于 4 个模拟输入信号和 4 个模拟输出信号的处理
DSQC 377A	输送链跟踪单元，用于工业机器人输送链跟踪功能所需的编码器与同步开关信号的处理

ABB 标准 I/O 板的 I/O 接口都是即插即用（Plug and Play，PNP）类型，下面以 DSQC 651 板为例对标准 I/O 板进行详细介绍。

5.2.2 DSQC 651 板接口说明

ABB 标准 DSQC 651 板是最为常用的模块,可以用于数字 I/O 信号、组 I/O 信号和模拟输出信号处理,其接口如图 5-3 所示。

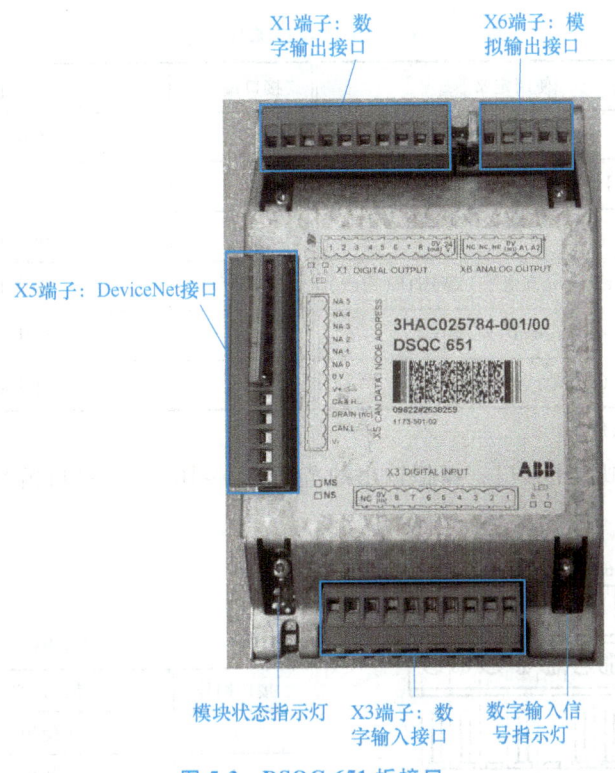

图 5-3 DSQC 651 板接口

DSQC 651 板中,X1 端子提供数字输出接口,其接口编号、使用定义及地址分配见表 5-2。X3 端子提供数字输入接口,其接口编号、使用定义及地址分配见表 5-3。

表 5-2 X1 端子的接口编号、使用定义及地址分配

端口编号	使用定义	地址分配
1	OUTPUT CH1	32
2	OUTPUT CH2	33
3	OUTPUT CH3	34
4	OUTPUT CH4	35
5	OUTPUT CH5	36
6	OUTPUT CH6	37
7	OUTPUT CH7	38
8	OUTPUT CH8	39
9	0V	—
10	24V	—

表 5-3 X3 端子的接口编号、使用定义及地址分配

端口编号	使用定义	地址分配
1	INPUT CH1	0
2	INPUT CH2	1
3	INPUT CH3	2
4	INPUT CH4	3
5	INPUT CH5	4
6	INPUT CH6	5
7	INPUT CH7	6
8	INPUT CH8	7
9	0V	—
10	未使用	—

X5 端子提供 DeviceNet 接口,其接口编号和使用定义见表 5-4。其中,6~12 接口的跳线用来设置模块在现场总线中的地址,地址可用范围为 10~63,例如,为了获得地址 10,则需要将第 8 接口和第 10 接口的跳线剪去,如图 5-4 所示,则可得 2+8=10 的地址数。同理,如果要获得地址 63,则需要将第 7 接口~第 12 接口的跳线都剪去,即 1+2+4+8+16+32=63。

表 5-4　X5 端子的接口编号和使用定义

接口编号	使用定义	接口编号	使用定义
1	0V,BLACK(黑线)	7	模块 ID bit 0(LSB)
2	CAN 信号线 low(低电平),BLUE(蓝线)	8	模块 ID bit 1(LSB)
3	屏蔽线	9	模块 ID bit 2(LSB)
4	CAN 信号线 high(高电平),WHITE(白线)	10	模块 ID bit 3(LSB)
5	24V,RED(红线)	11	模块 ID bit 4(LSB)
6	GND 地址选择公共端	12	模块 ID bit 5(LSB)

注:LSB 表示最低有效位。

X6 端子提供模拟输出接口,模拟输出的范围为 0~10V,其接口编号、使用定义及地址分配见表 5-5。

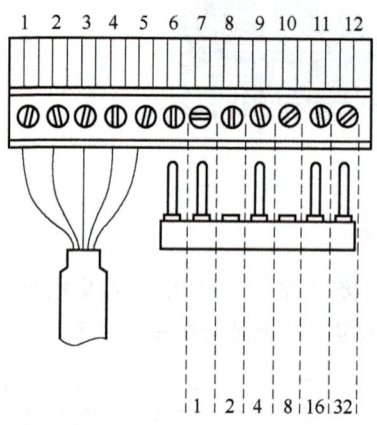

图 5-4　X5 端子跳线示意图

表 5-5　X6 端子的接口编号、使用定义及地址分配

接口编号	使用定义	地址分配
1	未使用	—
2	未使用	—
3	未使用	—
4	0V	—
5	模拟输出 ao1	0~15
6	模拟输出 ao2	16~31

5.2.3　定义 DSQC 651 板

对 ABB 标准 I/O 板进行定义就是对相关参数进行设定,下面以 DSQC 651 板为例进行讲解,其总线连接的相关参数说明见表 5-6。

表 5-6　DSQC 651 板总线连接的相关参数说明

参数名称	设定值	说明
Name	board10	设定 I/O 板在系统中的名字
Network	DeviceNet	I/O 板连接的总线
Address	10	设定 I/O 板在总线中的地址

第 5 章 工业机器人信号通信

1. 现场总线加载方法

需要注意的是在进行 DSQC 651 板定义前,需要在系统中加载 DeviceNet 现场总线。加载总线的方式有两种:一种是在创建系统时在"从布局创建系统"对话框中进行加载;另一种在创建系统过程中未加载现场总线时,在功能区"控制器"选项卡单击"修改选项"按钮进行加载。

在创建系统时加载 DeviceNet 现场总线的步骤如下。

1)利用操作面板区的"布局"选项卡加载机器人系统,并在"从布局创建系统"对话框中单击"选项"按钮,如图 5-5 所示。

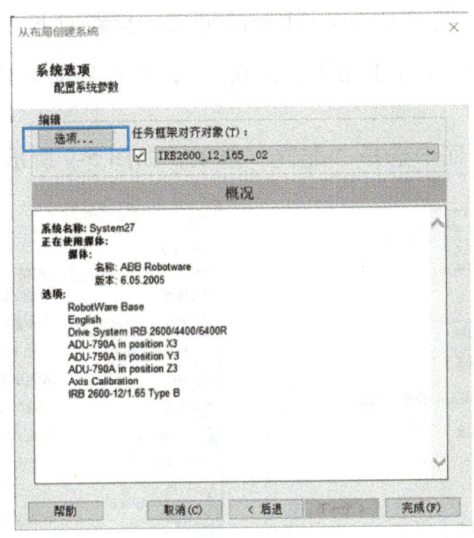

图 5-5 在"从布局创建系统"对话框单击"选项"按钮

2)在"更改选项"对话框中,选择"Industrial Networks"选项,勾选"709-1 DeviceNet Master/Slave"复选框,单击"确定"按钮完成现场总线设置,如图 5-6 所示。

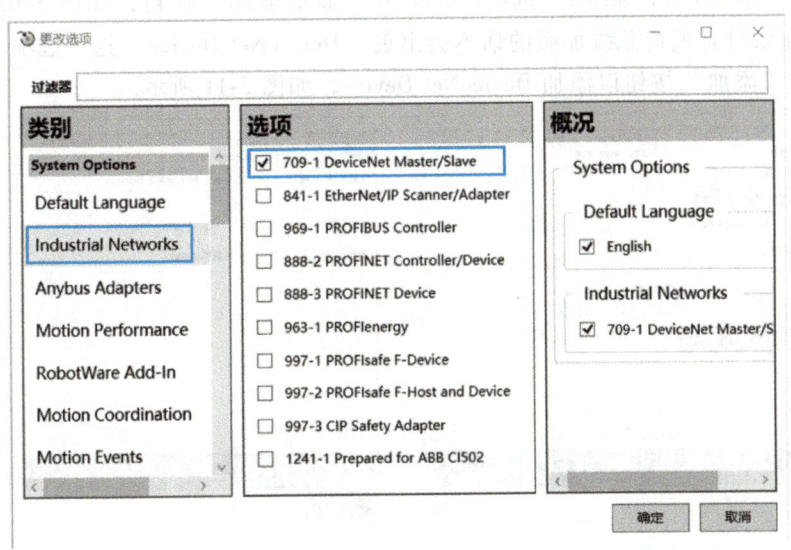

图 5-6 设置现场总线

在功能区"控制器"选项卡单击"修改选项"按钮如图 5-7 所示,系统弹出"更改选项"对话框,按照图 5-6 所示方法设置即可。

图 5-7 在"控制器"选项卡单击"修改选项"按钮

2. DSQC 651 板定义步骤

现场总线加载完成后,进行 DSQC 651 板的定义,步骤如下。

1)打开虚拟示教器,单击左上角下拉按钮 ∨ ,在主界面下拉菜单中选择"控制面板"选项,如图 5-8 所示。

2)在"控制面板"界面中选择"配置"选项,如图 5-9 所示。

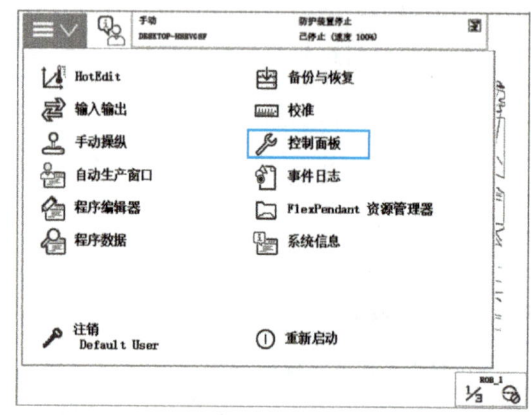

图 5-8 选择"控制面板"选项

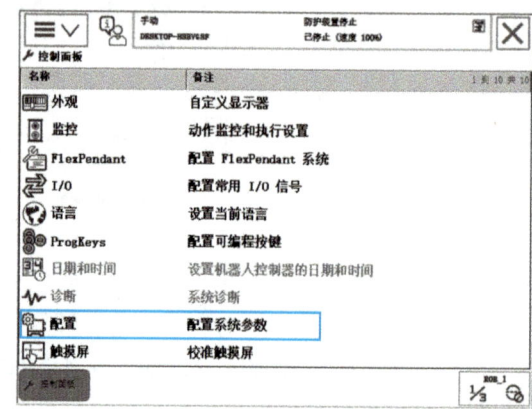

图 5-9 选择"配置"选项

3)选择"DeviceNet Device"选项,并单击"显示全部"按钮,如图 5-10 所示。需要注意的是,如果没有进行总线加载的话不会出现"DeviceNet Device"这一选项。

4)单击"添加"按钮以添加 DeviceNet Device,如图 5-11 所示。

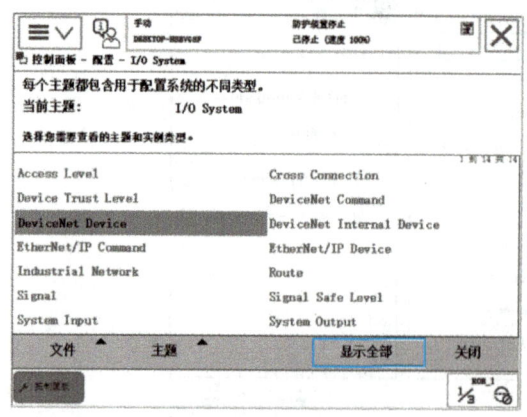

图 5-10 选择"DeviceNet Device"选项

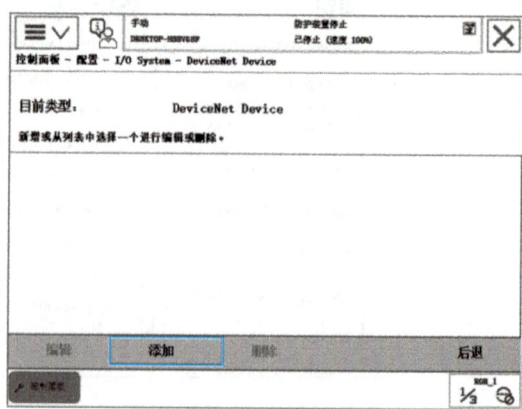

图 5-11 单击"添加"按钮以添加 DeviceNet Device

5）单击"使用来自模板值"栏下拉按钮▼，在下拉列表中选择"DSQC 651 Combi I/O Device"选项，如图 5-12 所示。

6）将"Name"设置为"Board10"，如图 5-13 所示。其中，"10"代表此模块在 DeviceNet 中的地址是 10，便于识别。

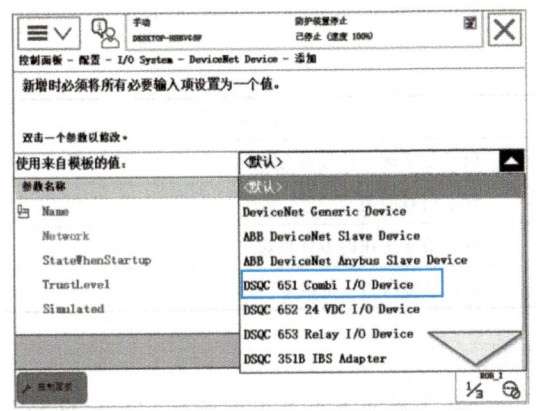

图 5-12　选择"DSQC 651 Combi I/O Device"选项

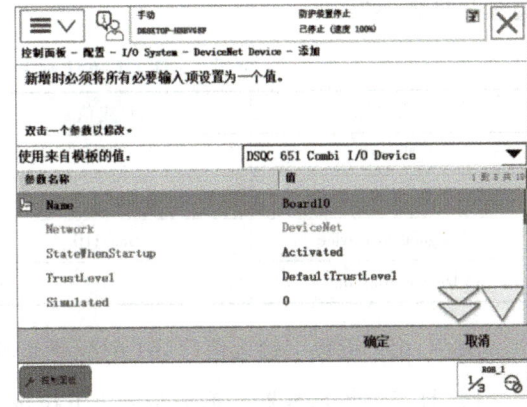

图 5-13　设置 I/O 板名称为"Board10"

7）单击下翻按钮▽，将"Address"设置为"10"，单击"确定"按钮，如图 5-14 所示。

8）完成设置后，在系统弹出的"重新启动"对话框中单击"是"按钮，重新启动控制器完成 I/O 板定义，如图 5-15 所示。

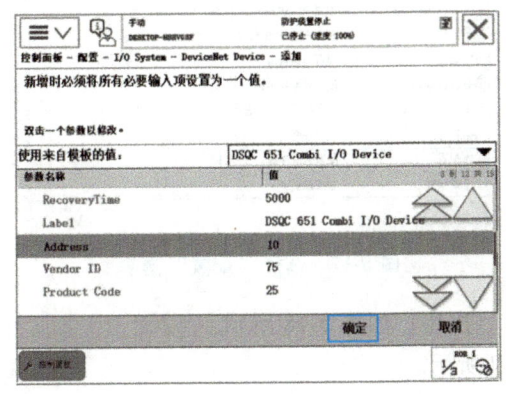

图 5-14　设置 I/O 板地址为"10"

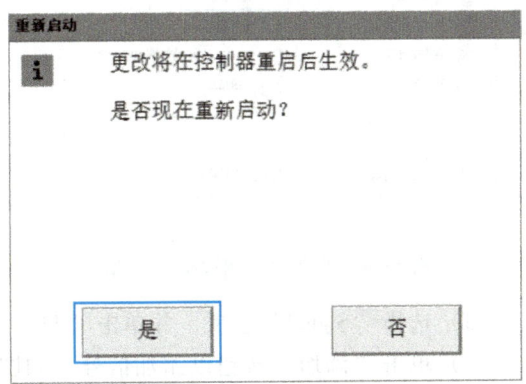

图 5-15　重新启动控制器完成 I/O 板定义

本节以 DSQC 651 板为例讲述了标准 I/O 板的 DeviceNet 总线连接参数的定义方法，其他标准 I/O 板的定义与此类似，不再赘述。定义完标准 I/O 板后就可以在该 I/O 板上进行信号配置了。

5.3　I/O 信号配置

由 5.2 节可知 DSQC 651 板可以处理数字 I/O 信号、组 I/O 信号和模拟输出信号，下面分别对它们进行配置。

5.3.1 数字输入信号的配置

由图 5-3 和表 5-3 可知,DSQC 651 板数字输入信号位于 X3 端子,共 8 个接口,地址分配为 0~7。下面以数字输入信号 di1 为例给出 DSQC 651 板数字输入信号的配置过程,其相关参数见表 5-7。

表 5-7 DSQC 651 板数字输入信号 di1 的相关参数

参数名称	设定值	说明
Name	di1	设定数字输入信号的名称
Type of Signal	Digital Input	设定信号的类型
Assigned to Device	Board10	设定信号所在的 I/O 模块
Device Mapping	0	设定信号所占用的地址

DSQC 651 板数字输入信号 di1 的配置步骤如下。

1)打开虚拟示教器,单击左上角下拉按钮 ∨,在主界面下拉菜单中选择"控制面板"选项,如图 5-16 所示。

2)在"控制面板"界面中选择"配置"选项,如图 5-17 所示。

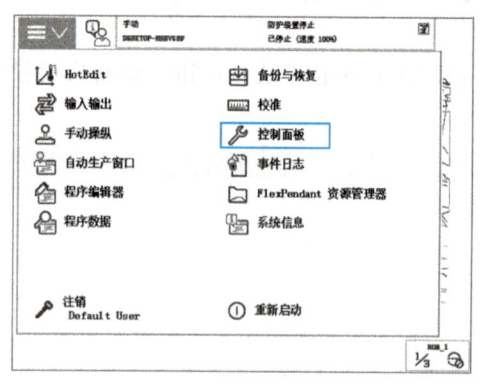

图 5-16 选择"控制面板"选项

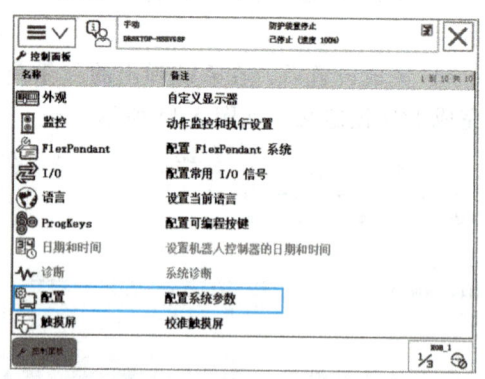

图 5-17 选择"配置"选项

3)选择"Signal"选项,并单击"显示全部"按钮,如图 5-18 所示。

4)单击"添加"按钮以添加信号,如图 5-19 所示。

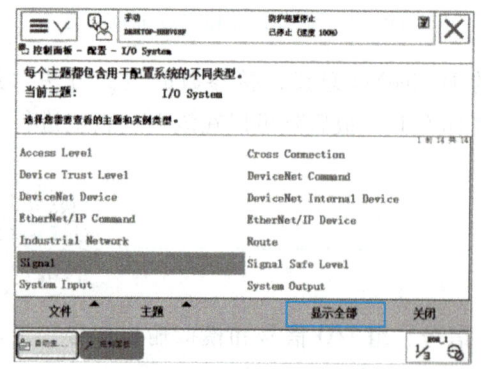

图 5-18 选择"Signal"选项

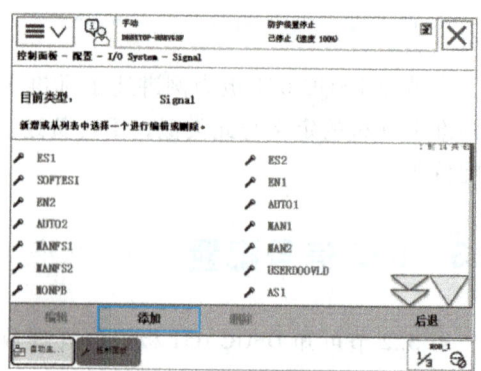

图 5-19 单击"添加"按钮以添加信号

5）根据表 5-7 对数字输入信号 di1 的参数进行设置，完成设置后，单击"确定"按钮，如图 5-20 所示。

6）在系统弹出的"重新启动"对话框中单击"是"按钮，重新启动控制器完成 di1 配置，如图 5-21 所示。

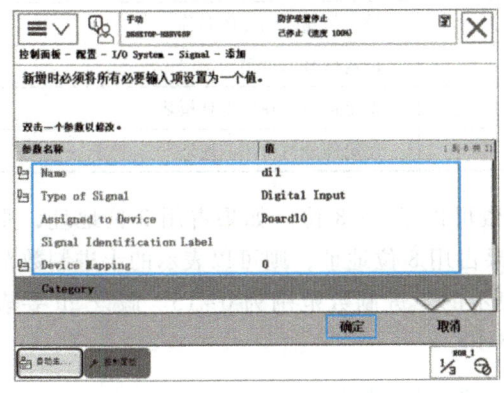

图 5-20　设置 di1 参数

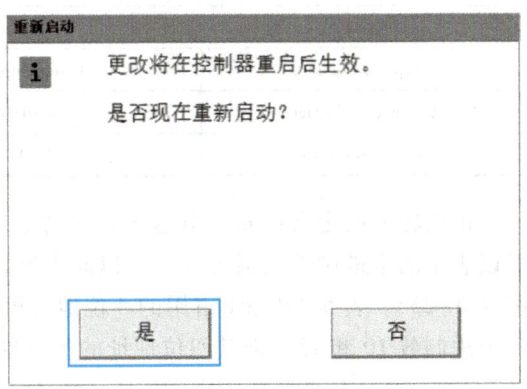

图 5-21　重新启动控制器完成 di1 配置

5.3.2　数字输出信号的配置

由图 5-3 和表 5-2 可知，DSQC 651 板数字输出信号位于 X1 端子，共 8 个接口，地址分配为 32~39。下面以数字输出信号 do1 为例给出 DSQC 651 板数字输出信号的配置过程，其相关参数见表 5-8。

表 5-8　DSQC 651 板数字输出信号 do1 的相关参数

参数名称	设定值	说明
Name	do1	设定数字输出信号的名称
Type of Signal	Digital Output	设定信号的类型
Assigned to Device	Board10	设定信号所在的 I/O 模块
Device Mapping	32	设定信号所占用的地址

DSQC 651 板数字输出信号 do1 的配置步骤如下。

参考图 5-16~图 5-19 所示步骤打开"控制面板"的添加信号界面，根据表 5-8 对数字输出信号 do1 的参数进行设置，如图 5-22 所示。完成设置后，单击"确定"按钮，然后在系统弹出的"重新启动"对话框中单击"是"按钮，重新启动系统完成 do1 配置。

5.3.3　组输入信号的配置

组输入是将几个数字输入信号接口组合

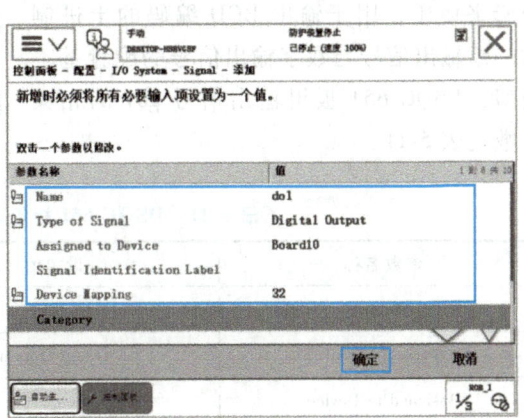

图 5-22　设置 do1 参数

起来使用，用于接收外围设备输入 BCD 编码的十进制数。组输入信号与数字输入信号的配置基本类似，DSQC 651 板组输入信号 gi1 的相关参数见表 5-9。

表 5-9　DSQC 651 板组输入信号 gi1 的相关参数

参数名称	设定值	说明
Name	gi1	设定组输入信号的名称
Type of Signal	Group Input	设定信号的类型
Assigned to Device	Board10	设定信号所在的 I/O 模块
Device Mapping	1~4	设定信号所占用的地址

由组输入的定义可知，组输入的占用地址位数可以是 2~8 位。如果占用 2 位地址，则可以表示的十进制数范围为 0~3；以此类推，如果占用 8 位地址，则可以表示的十进制数范围为 0~255。表 5-9 中 gi1 占用的 4 位地址可以表示的十进制数范围为 0~15。假设 gi1 要表示十进制数 10 和 13，则其四位地址的状态见表 5-10。

表 5-10　输入信号 gi1 四位地址的状态

状态	地址 1	地址 2	地址 3	地址 4	十进制数
状态 1	0	1	0	1	2+8 = 10
状态 2	1	0	1	1	1+4+8 = 13

DSQC 651 板组输入信号 gi1 的配置步骤如下。

参考图 5-16~图 5-19 所示步骤打开"控制面板"的添加信号界面，根据表 5-9 对组输入信号 gi1 的参数进行设置，如图 5-23 所示。完成设置后单击"确定"按钮，然后在系统弹出的"重新启动"对话框中单击"是"按钮，重新启动系统完成 gi1 配置。

5.3.4　组输出信号的配置

组输出就是将几个数字输出信号接口组合起来使用，用于输出 BCD 编码的十进制数。组输出信号与数字输出信号的配置基本类似，DSQC 651 板组输出信号 go1 的相关参数见表 5-11。

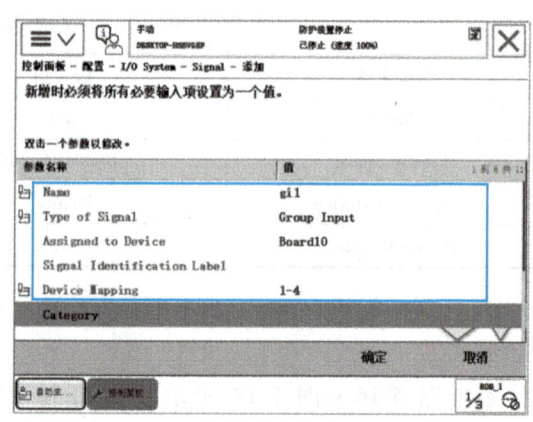

图 5-23　设置 gi1 参数

表 5-11　DSQC 651 板组输出信号 go1 的相关参数

参数名称	设定值	说明
Name	go1	设定组输出信号的名称
Type of Signal	Group Output	设定信号的类型
Assigned to Device	Board10	设定信号所在的 I/O 模块
Device Mapping	33~36	设定信号所占用的地址

由组输出的定义可知，组输出的占用地址位数也是 2~8 位。如果占用 2 位地址，则可以表示的十进制数范围为 0~3；以此类推，如果占用 8 位地址，则可以表示的十进制数范围为 0~255。表 5-11 中 go1 占用的 4 位地址可以表示的十进制数范围为 0~15。

DSQC 651 板组输出信号 go1 的配置步骤如下。

参考图 5-16~图 5-19 所示步骤打开"控制面板"的添加信号界面，根据表 5-11 对组输出信号 go1 的参数进行设置，如图 5-24 所示。完成设置后单击"确定"按钮，然后在系统弹出的"重新启动"对话框中单击"是"按钮，重新启动系统完成 go1 配置。

5.3.5 模拟输出信号的配置

模拟输出信号的典型应用为控制焊接电源电压，下面以创建焊接电源电压与机器人输出电压的线性关系为例，定义模拟输出信号 ao1，如图 5-25 所示，相关参数见表 5-12。

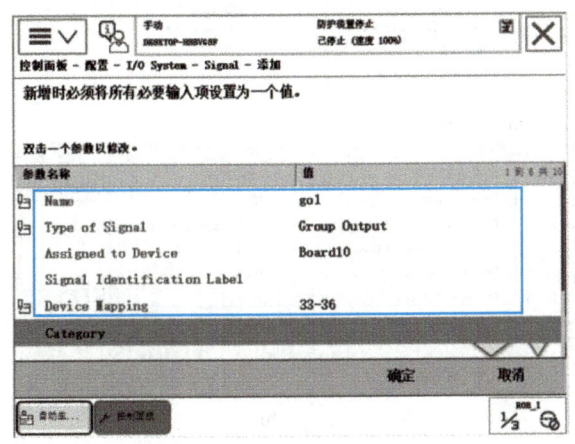

图 5-24 设置 go1 参数

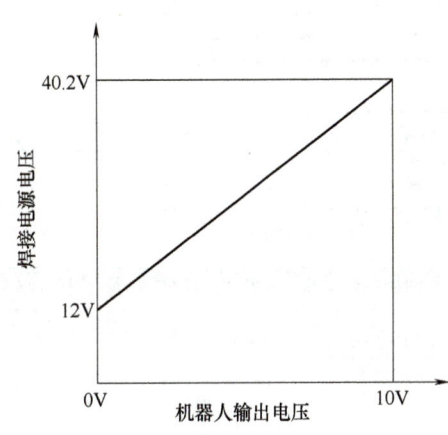

图 5-25 焊接电源电压与机器人输出电压关系

表 5-12 模拟输出信号 ao1 的相关参数

参数名称	设定值	说明
Name	ao1	设定模拟输出信号的名字
Type of Signal	Analog Output	设定信号的类型
Assigned to Device	Board10	设定信号所在的 I/O 模块
Device Mapping	0~15	设定信号所占用的地址
Default Value	12	默认值，不得小于最小逻辑值
Analog Encoding Type	Unsigned	Two complement 对应的数值范围为 −32768~+32768；Unsigned 对应的数值范围从 0 开始，无负数
Maximum Logical Value	40.2	最大逻辑值，焊机最大输出电压 40.2V
Maximum Physical Value	10	最大物理值，焊机最大输出电压时对应 I/O 板的最大输出电压值
Maximum Physical Value Limit	10	最大物理限值，I/O 板接口最大输出电压值
Maximum Bit Value	65535	最大逻辑限值，16 位
Minimum Logical Value	12	最小逻辑值，焊机最小输出电压 12V

(续)

参数名称	设定值	说明
Minimum Physical Value	0	最小物理值,焊机最小输出电压时对应I/O板的最小输出电压值
Minimum Physical Value Limit	0	最小物理限值,I/O板端口最小输出电压值
Minimum Bit Value	0	最小逻辑限值

DSQC 651板模拟输出信号ao1的配置步骤如下。

参考图5-16~图5-19所示步骤打开"控制面板"的添加信号界面,根据表5-12对模拟输出信号ao1的参数进行设置,如图5-26所示。完成设置后单击"确定"按钮,然后在系统弹出的"重新启动"对话框中单击"是"按钮,重新启动完成ao1配置。

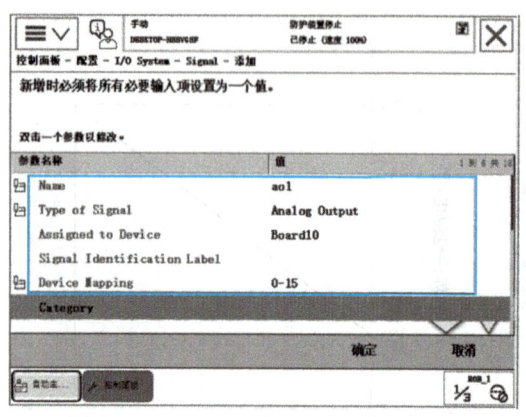

a)

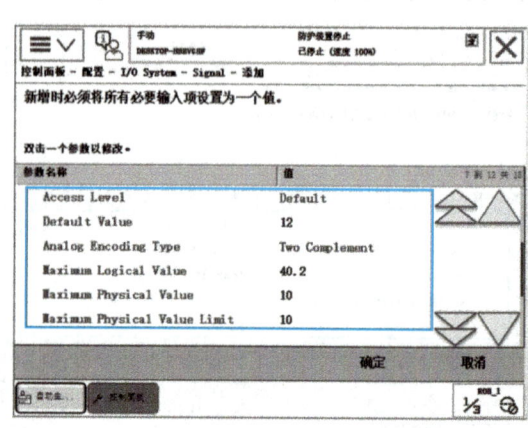

b)

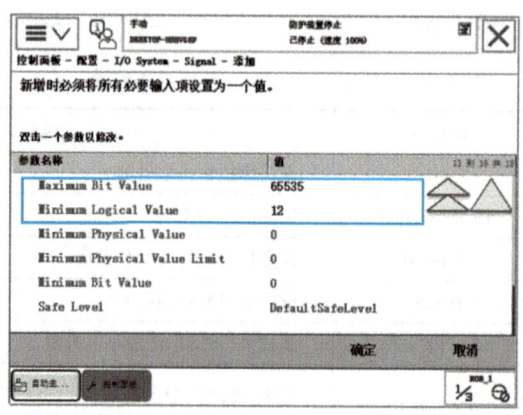

c)

图5-26 设置ao1参数

5.4 I/O信号相关控制指令

本节将介绍部分与I/O信号相关的控制指令。这些指令在控制I/O信号的过程中起着关

键作用，通过合理地组合和使用这些指令，可以实现与机器人周边设备的有效通信和数据交换。

5.4.1 I/O 信号设置指令

1. 数字输出信号置位指令

数字输出信号置位指令符号为"Set"，其作用是将数字输出信号置位为 1，指令创建步骤如下。

1）打开虚拟示教器，进入程序编辑器，新建例行程序 Signal( ) 选择程序中要添加指令的位置，单击"添加指令"按钮打开添加指令列表，选择"Set"选项以添加该指令，如图 5-27 所示。

2）选择"do1"选项以将其作为被置位信号，如图 5-28 所示。

3）创建完成的数字输出信号置位语句如图 5-29 所示。

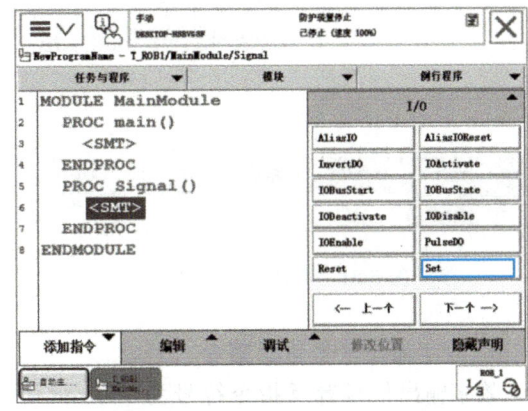

图 5-27 选择"Set"选项以添加 Set 指令

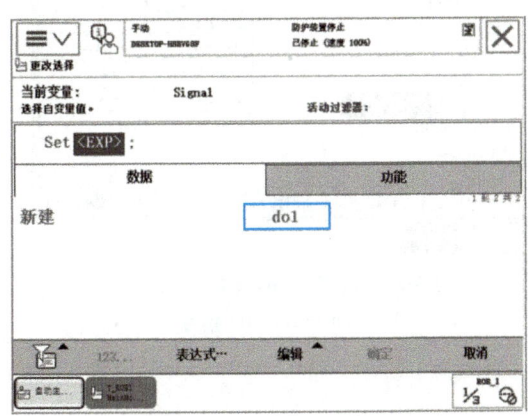

图 5-28 设置置位信号

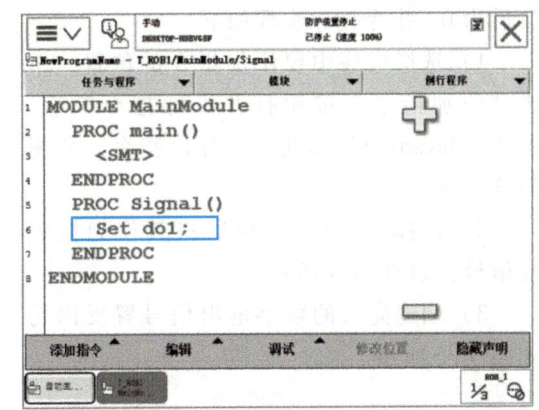

图 5-29 创建完成的数字输出信号置位语句

2. 数字输出信号复位指令

数字输出信号复位指令符号为"Reset"，其作用是将数字输出信号重置为 0，指令创建步骤如下。

1）选择程序中要添加指令的位置，单击"添加指令"按钮打开添加指令列表，选择"Reset"选项以添加该指令，如图 5-30 所示。

2）选择"do1"选项以将其作为被复位信号，如图 5-31 所示。

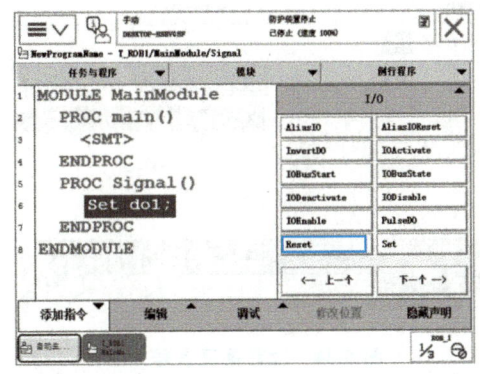

图 5-30 选择"Reset"选项以添加 Reset 指令

3）创建完成的数字输出信号复位语句如图 5-32 所示。

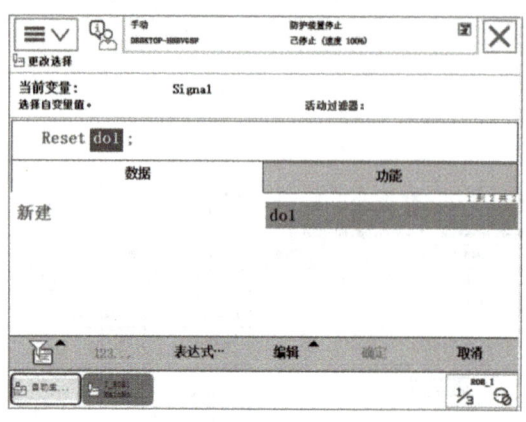

图 5-31 设置复位信号

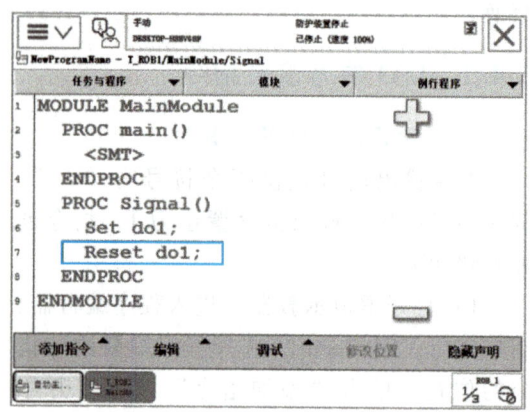

图 5-32 创建完成的数字输出信号复位语句

3. 数字输出信号置反指令

数字输出信号置反指令符号为"InvertDO"，其作用是将数字输出信号的值置反，即如果是 0，则置反后为 1；如果是 1，则置反后为 0，指令创建步骤如下。

1）选择程序中要添加指令的位置，单击"添加指令"按钮打开添加指令列表，选择"InvertDO"选项以添加该指令，如图 5-33 所示。

2）选择"do1"选项以将其作为被置反信号，如图 5-34 所示。

3）创建完成的数字输出信号置反语句如图 5-35 所示。

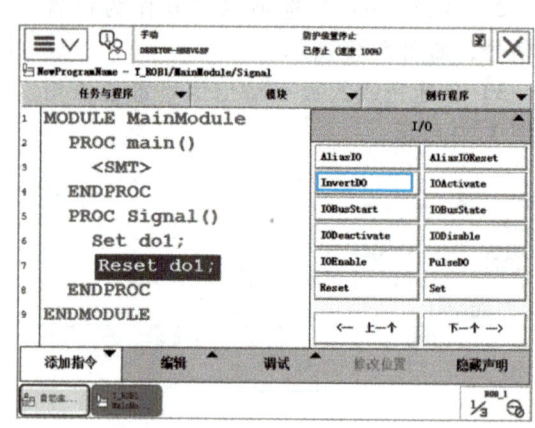

图 5-33 选择"InvertDO"选项
以添加 InvertDO 指令

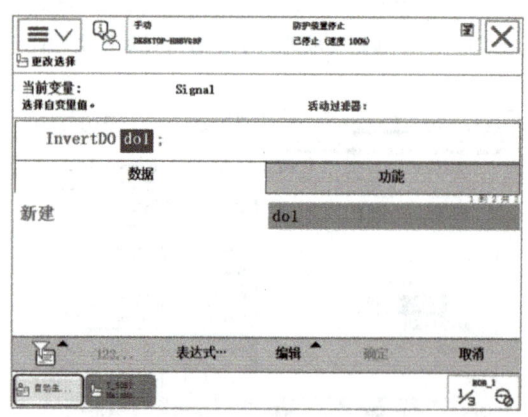

图 5-34 设置置反信号

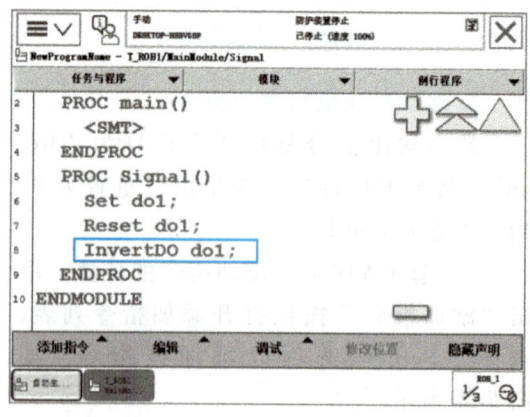

图 5-35 创建完成的数字输出信号置反语句

5.4.2 I/O 信号判断指令

1. 数字输入信号判断指令

数字输入信号判断指令符号为"WaitDI",其作用是判断数字输入信号的值是否与目标值一致。如果一致,则继续往下执行;如果不一致,则一直等待;如果设置了最大等待时间,则到最大等待时间后机器人报警或系统进入出错处理程序。指令创建步骤如下。

1)选择程序中要添加指令的位置,单击"添加指令"按钮打开添加指令列表,选择"WaitDI"选项以添加该指令,如图 5-36 所示。

2)选择"di1"选项以将其作为被判断信号,如图 5-37 所示。

3)创建完成的数字输入信号判断语句如图 5-38 所示。

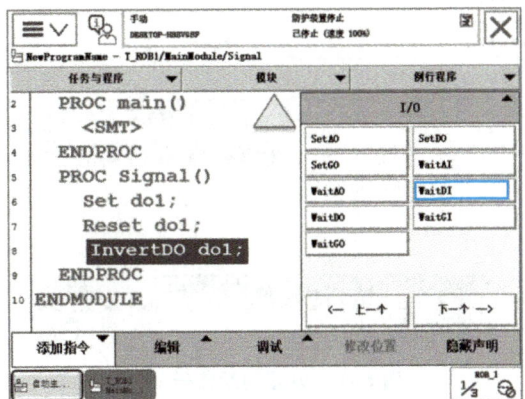

图 5-36 选择"WaitDI"选项以添加 WaitDI 指令

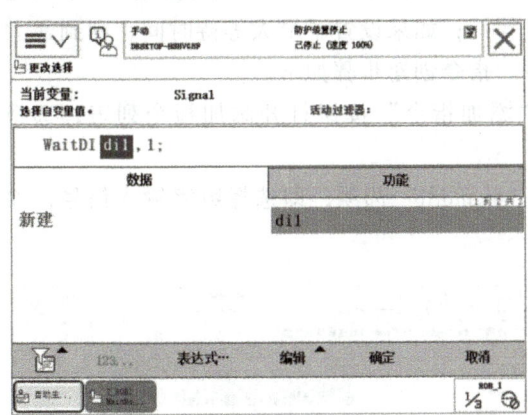

图 5-37 设置判断信号

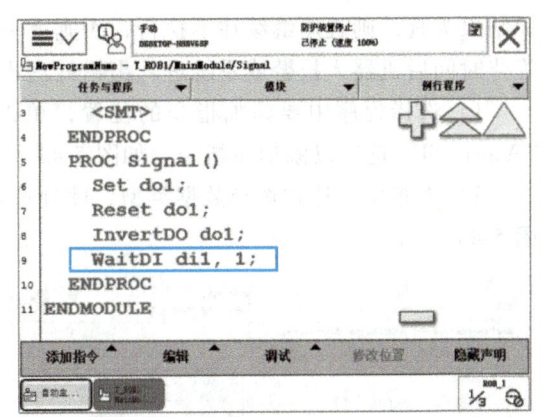

图 5-38 创建完成的数字输入信号判断语句

2. 数字输出信号判断指令

数字输出信号判断指令符号为"WaitDO",其作用是判断数字输出信号的值是否与目标值一致。如果一致,则继续往下执行;如果不一致,则一直等待;如果设置了最大等待时间,则到最大等待时间后机器人报警或系统进入出错处理程序。指令创建步骤如下。

1)选择程序中要添加指令的位置,单击"添加指令"按钮打开添加指令列表,选择"WaitDO"选项以添加该指令,如图 5-39

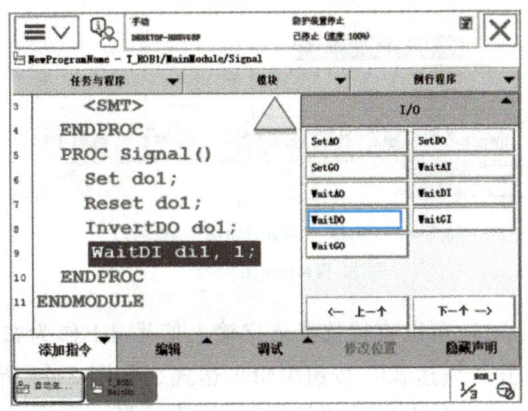

图 5-39 选择"WaitDO"选项以添加 WaitDO 指令

所示。

2）选择"do1"选项以将其作为被判断信号，如图 5-40 所示。

3）创建完成的数字输出信号判断语句如图 5-41 所示。

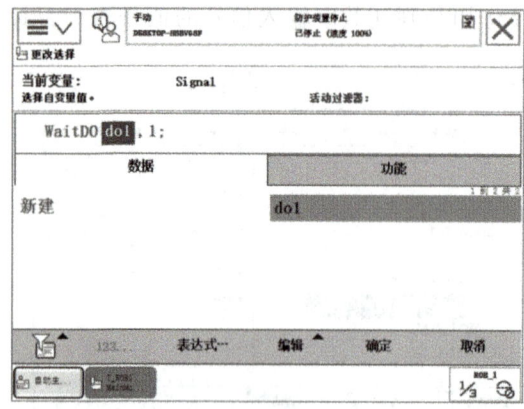

图 5-40　设置判断信号

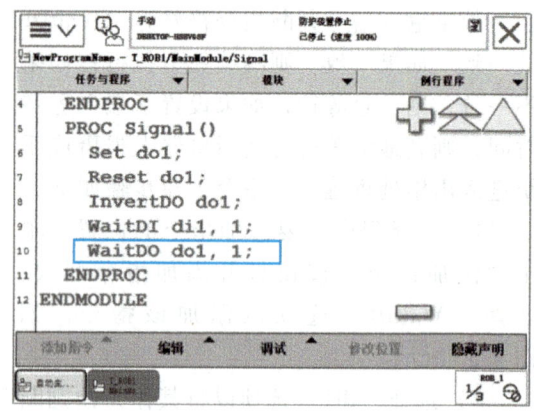

图 5-41　创建完成的数字输出信号判断语句

3. 等待直至满足条件指令

等待直至满足条件指令符号为"WaitUntil"，其作用是判断一个布尔表达式。如果表达式结果为真，则程序继续往下执行，否则就一直等待；如果设置了最大等待时间，则到最大等待时间后机器人报警或系统进入出错处理程序。指令创建步骤如下。

1）选择程序中要添加指令的位置，单击"添加指令"按钮打开添加指令列表，选择"WaitUntil"选项以添加该指令，如图 5-42 所示。

2）为布尔表达式选择数据类型，此处选择"signaldi"选项，即选择数字输入信号，如图 5-43 所示。

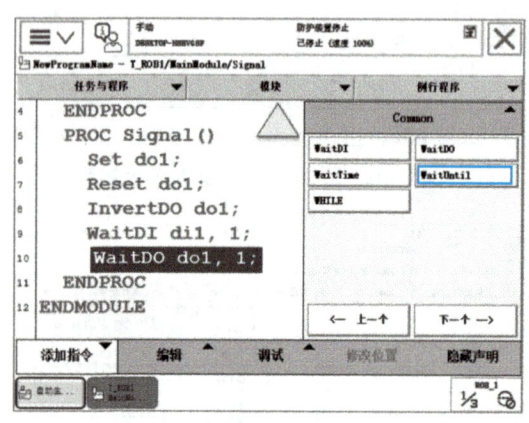

图 5-42　选择"WaitUntil"选项以
添加 WaitUntil 指令

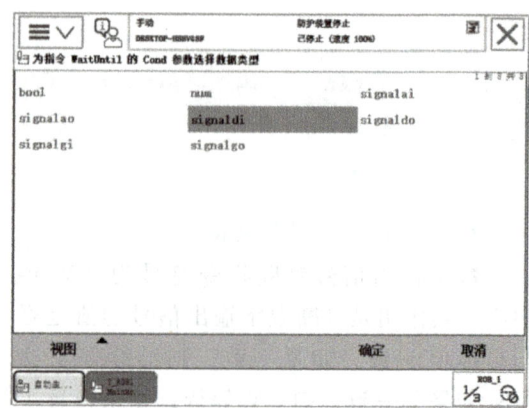

图 5-43　选择数据类型

3）可以直接选择数字输入信号 di1 作为布尔表达式，因为 di1 的结果为 0 或 1。也可以单击"表达式"按钮编辑表达式，如图 5-44 所示。

4）单击展开"编辑"，列表选择"仅限选定内容"选项，如图 5-45 所示。

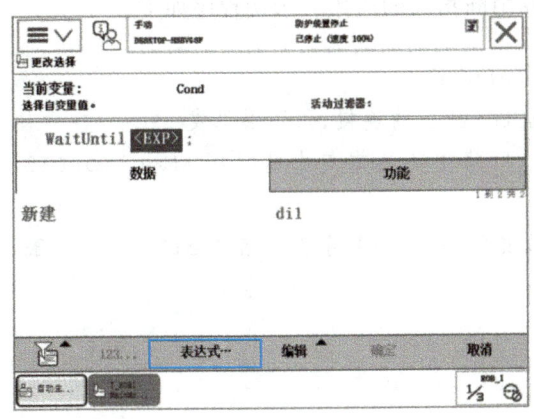

图 5-44 设置布尔表达式

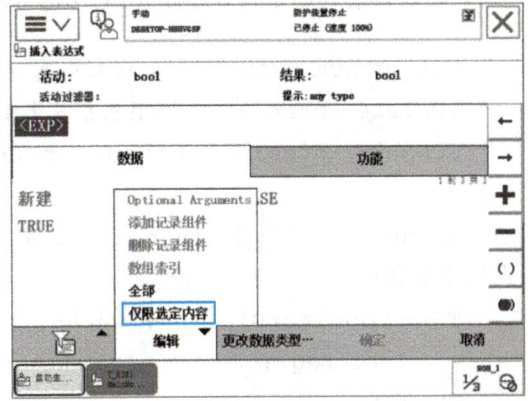

图 5-45 选择"仅限选定内容"选项

5）在文本框中输入"di1 = 0"作为布尔表达式，如图 5-46 所示。

6）创建完成的等待直至满足条件语句如图 5-47 所示。

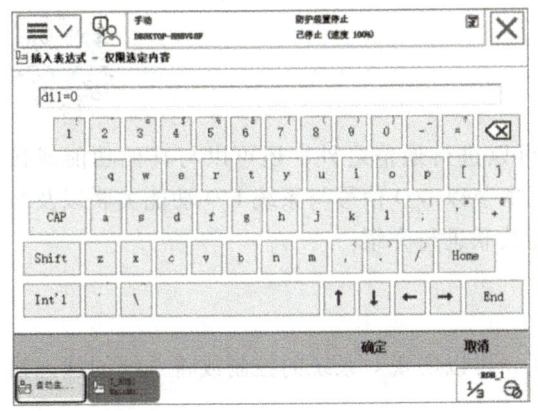

图 5-46 输入布尔表达式

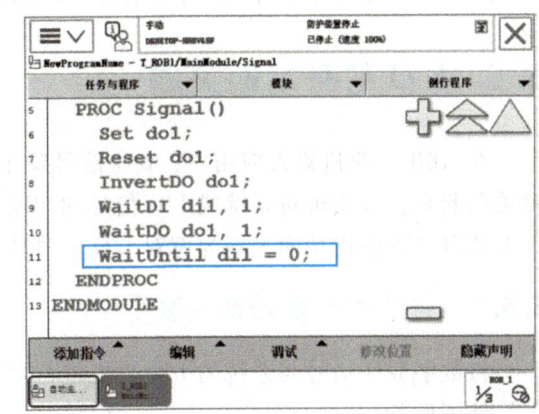

图 5-47 创建完成的等待直至满足条件语句

5.4.3 I/O 信号触发中断指令

中断指令是处理紧急情况的指令，用于出错处理、外部信号响应等实时响应要求高的场合。在 RAPID 程序执行过程中，如果发生紧急情况，则需要机器人中断当前程序的执行，程序指针跳转到特殊的程序中对紧急情况进行相应的处理，处理结束后程序指针返回原先被中断的位置，程序继续往下执行。I/O 信号触发中断指令有多种形式，指令名称及说明见表 5-13。

表 5-13 I/O 信号触发中断指令名称及说明

指令名称	说明	指令名称	说明
ISignalDI	数字量输入信号变化触发中断	ISignalGO	组输出信号变化触发中断
ISignalDO	数字量输出信号变化触发中断	ISignalAI	模拟量输入信号变化触发中断
ISignalGI	组输入信号变化触发中断	ISignalAO	模拟量输出信号变化触发中断

下面以 ISignalDI 指令为例讲述 I/O 信号触发中断指令的应用，示例程序如下。

```
VAR intnum intno1;    ! 定义中断数据 intno1
IDelete intno1;    ! 取消当前中断数据 intno1 的连接，预防误触发
CONNECT intno1 WITH tMonitorDI1;    ! 将中断数据与中断程序 tMonitorDI1 连接
ISignalDI di1, 1, intno1;    ! 定义触发条件，即当数字输入信号 di1 为 1 时，触发该中断程序
TRAP tMonitorDI1    ! 中断程序
    Incr reg1;
ENDTRAP
```

该示例程序首先定义了 intnum 类型的中断数据 intno1，并进行初始化，然后将中断数据与中断程序 tMonitorDI1 连接，最后定义触发条件，即对数字输入信号 di1 进行实时监控。当信号 di1 变为 1，即触发中断并调用中断程序 tMonitorDI1 时对数据 reg1 执行加 1 操作。

5.5 I/O 信号功能关联

在 ABB 工业机器人应用中，I/O 信号除了可以进行通信之外，还可以与其他功能或按键关联起来，以实现对系统或 I/O 信号的控制。本节以 I/O 信号与系统 I/O 功能关联以及与示教器可编程按键功能关联为例对 I/O 信号功能关联进行介绍。

5.5.1 与系统 I/O 功能关联

将数字 I/O 信号与系统的 I/O 功能进行关联，可以实现对系统的控制或将系统的状态输出给外围设备。

1. 数字输入信号与系统输入功能关联

将数字输入信号与系统输入功能关联起来，可以实现对系统的控制，如电动机开启或程序启动等。下面以数字输入信号 di1 与系统输入功能 Motors On（电动机开启）关联为例介绍具体关联过程。

1）打开虚拟示教器，单击左上角下拉按钮 ∨，在主界面下拉菜单中选择"控制面板"选项，如图 5-48 所示。

2）在"控制面板"界面选择"配置"选项，如图 5-49 所示。

3）选择"System Input"选项，并单击"显示全部"按钮，如图 5-50 所示。

4）单击"添加"按钮以创建关联事件，如图 5-51 所示。

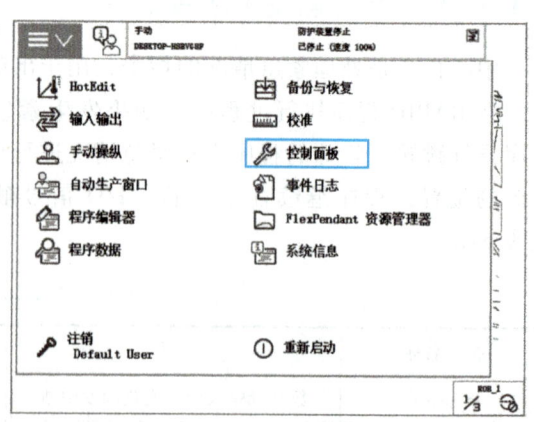

图 5-48 选择"控制面板"选项

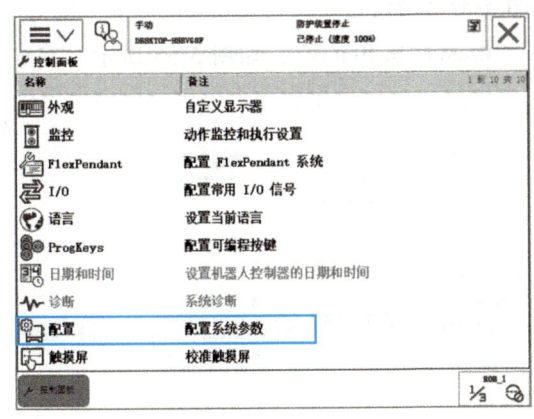

图 5-49　选择"配置"选项　　　　　　图 5-50　选择"System Input"选项

5）将信号名称设置为"di1"，动作选择为"Motors On"，如图 5-52 所示。完成设置后单击"确定"按钮。

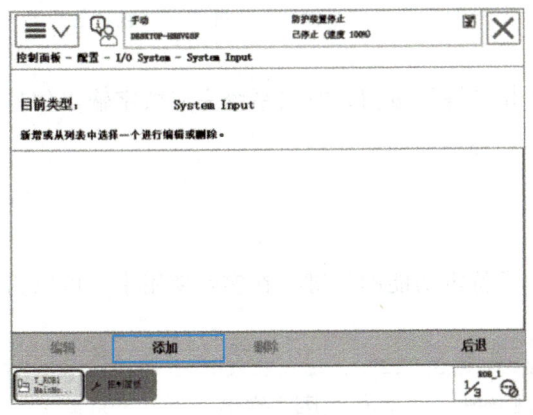
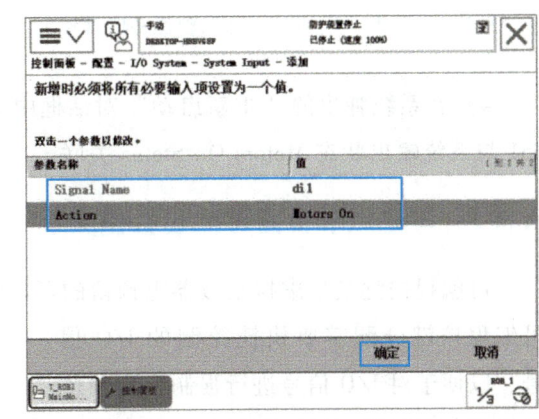

图 5-51　单击"添加"按钮以创建关联事件　　　图 5-52　设置信号名称并选择系统动作

6）在系统弹出的"重新启动"对话框中单击"是"按钮，重启系统完成数字输入信号 di1 与系统输入功能 Motors On 关联。通过关联可以实现由 di1 控制机器人的电动机开启，即当 di1 为 1 时，执行电动机上电操作。

2. 数字输出信号与系统输出功能关联

将数字输出信号与系统输出功能关联起来，可以将系统的状态输出给外围设备以供控制之用。下面以数字输出信号 do1 与系统输出状态 Motors On Status（电动机开启）关联为例介绍具体关联过程。

1）参考图 5-48 和图 5-49 所示步骤进入"控制面板"的系统配置界面，选择"System Output"选项，并单击"显示全部"按钮，如图 5-53 所示。

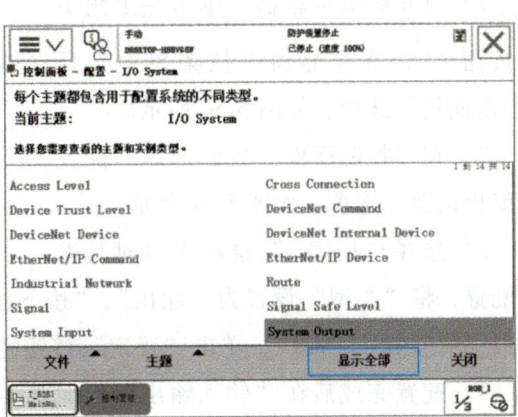

图 5-53　选择"System Output"选项

2）单击"添加"按钮以创建关联事件，如图 5-54 所示。

3）将信号名称设置为"do1"，状态选择为"Motors On Status"，如图 5-55 所示。完成设置后单击"确定"按钮。

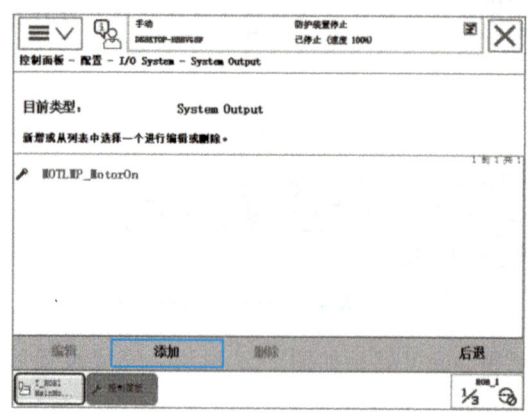

图 5-54　单击"添加"按钮以创建关联事件　　图 5-55　设置信号名称并选择系统状态

4）在系统弹出的"重新启动"对话框中单击"是"按钮，重启系统完成数字输出信号 do1 与系统输出状态 Motors On Status 关联。

5.5.2　与虚拟示教器可编程按键关联

可编程按键是指虚拟示教器上预留的可以赋予特定功能的按键，在实际使用中，可以为可编程按键分配需要快捷控制的 I/O 信号，以便于对 I/O 信号进行强制执行与仿真操作。可编程按键共有四个，可编程按键 1 配置数字输出信号 do1 的具体步骤如下。

1）打开虚拟示教器，单击左上角下拉按钮，在主界面下拉菜单中选择"控制面板"选项，如图 5-56 所示。

2）在"控制面板"界面选择"配置可编程按键"选项，如图 5-57 所示。

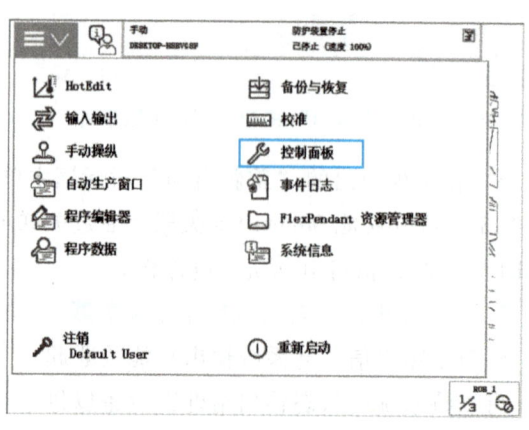

图 5-56　选择"控制面板"选项

3）选择"按键 1"选项卡以对其进行配置，将"类型"设置为"输出"，"按下按键"设置为"按下/松开"，"数字输出"选中数字输出信号"do1"，单击"确定"按钮完成配置，如图 5-58 所示。

4）配置完成后在"输入输出"界面观察 do1 值的变化，如图 5-59 所示。如果按下可编程按键 1，则 do1 值为 1，松开则为 0。

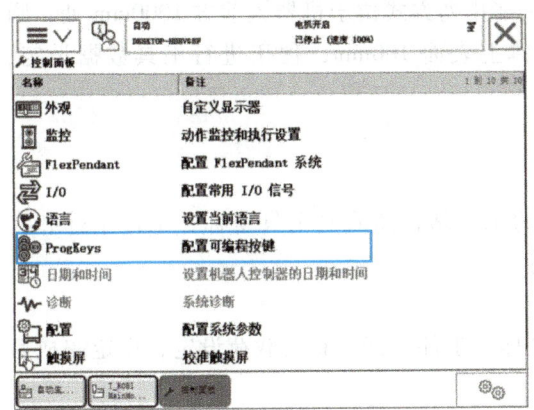
图 5-57 选择"配置可编程按键"选项

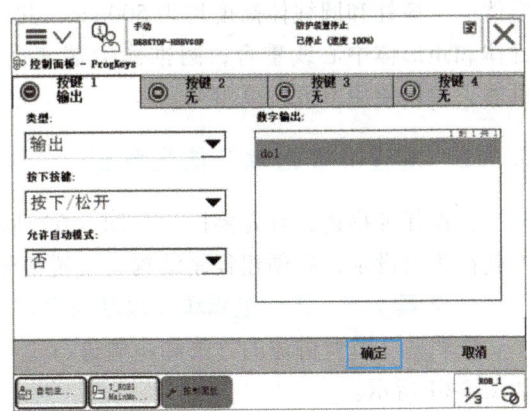
图 5-58 配置按键 1 与数字输出信号 do1 关联

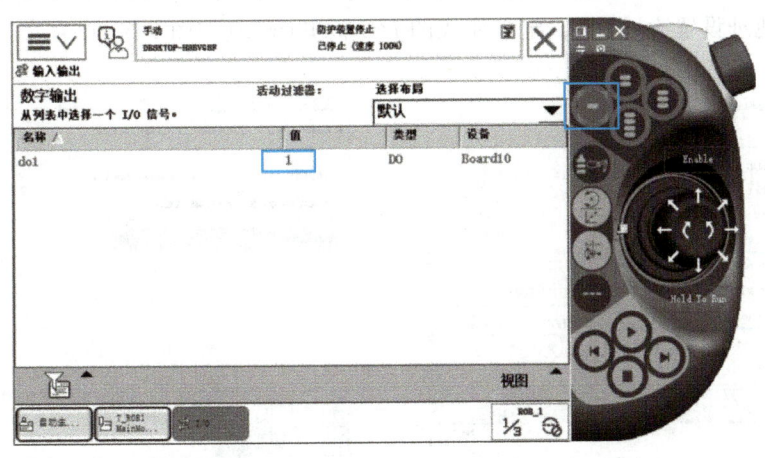

图 5-59 可编程按键改变 do1 值

5.6 I/O 信号应用实例

本节将通过一个应用实例对前面几节所讲述的标准 I/O 板定义、I/O 信号配置、I/O 信号控制和 I/O 信号功能关联等内容进行练习。

5.6.1 应用实例任务描述

控制机器人绕矩形体循环三周,然后绕圆柱体循环两周,如此循环往复。配置一个数字输入信号 di1,并设计一个中断程序,使用信号 di1 进行触发,控制机器人绕三棱柱循环三周后返回到原来的循环。

本实例需要建立包含一个机器人、一个矩形体、一个圆锥体、一个三棱柱和一个圆柱体的工作站,其布局如图 5-60 所示。矩

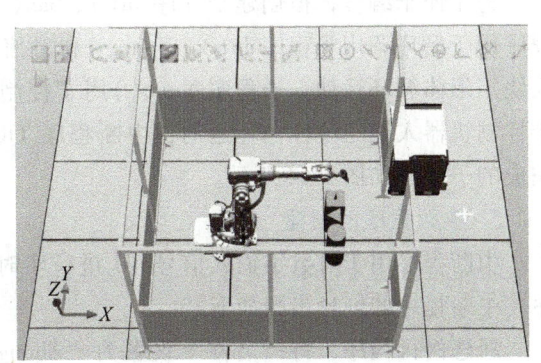

图 5-60 工作站布局示意图

形体、三棱柱和圆柱体高度均为 500mm，并以一字排列方式位于机器人前方 1000mm 处，圆锥体和矩形体中心线重合，圆锥体尖端离矩形体上表面 100mm，便于进行工具数据设定，机器人建议使用 IRB2600 型号。

5.6.2 编程环境搭建及信号配置

根据任务描述，首先要搭建如图 5-60 所示的工作站，然后对工具坐标、工件坐标和有效载荷进行设定，并创建程序结构、配置信号等。

1. 工具坐标、工件坐标和有效载荷设定

按照 4.2 节所讲述的方法和步骤进行工具坐标、工件坐标和有效载荷设定，设定完成后如图 5-61 所示。

2. 定义标准 I/O 板 DSQC 651

按照 5.2.3 小节所讲述的方法和步骤对 DSQC 651 板进行定义，将 I/O 板名称设置为"Board10"，地址设置为"10"，定义完成的 I/O 板 Board10 如图 5-62 所示。

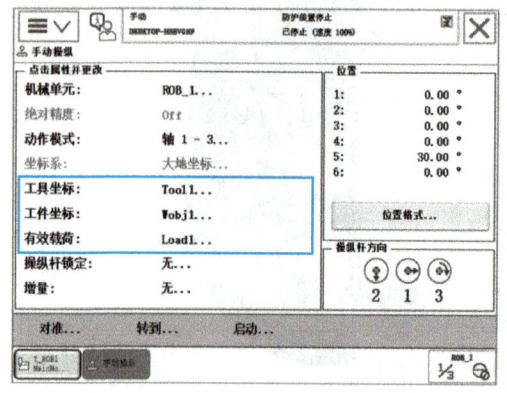

图 5-61 工具坐标、工件坐标和有效载荷设定

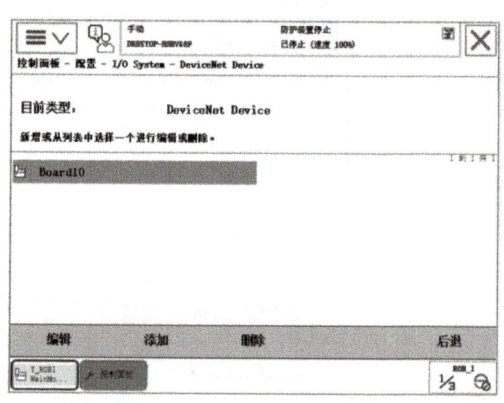

图 5-62 定义完成的 I/O 板 Board10

3. 配置 I/O 信号

定义完标准 I/O 板就可以进行信号配置了。根据任务要求，需要配置一个数字输入信号 di1，其参数设置如图 5-63 所示。

4. 程序架构的创建

为了便于编程，拟创建子程序 Ju( )、San( ) 和 Yuan( ) 和中断程序 TRAP Zhongduan。主程序用于循环调用子程序 Ju( )、Yuan( ) 和对信号 di1 进行监控；子程序 Ju( ) 用于控制机器人绕矩形体循环运动，子程序 Yuan( ) 用于控制机器人绕圆柱体循环运动；子程序 San( ) 用于控制机器人绕三棱柱循环运动；中断程序 TRAP Zhongduan 用于调用子程序 San( )。创建完成的子程序如图 5-64 所示。

5. 中断程序的创建

中断程序用于对数字输入信号 di1 进行实时监控，并在 di1 满足中断条件下执行中断程序，中断程序的创建步骤如下。

新建例行程序，将"名称"设置为"Zhongduan"，"类型"设置为"中断"，如图 5-65 所示，单击"确定"按钮完成创建。创建完成的中断程序 Zhongduan 如图 5-66 所示。

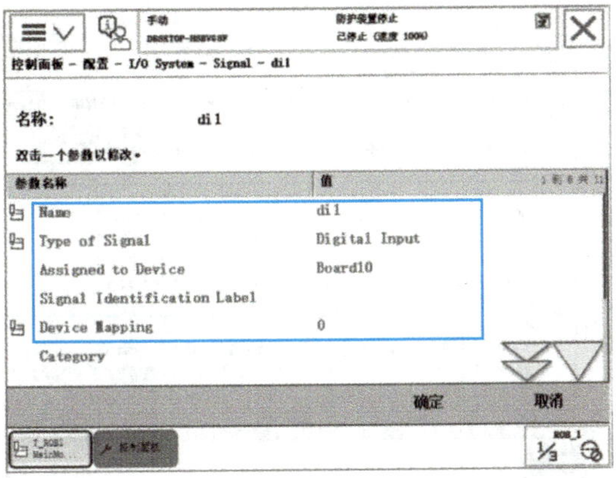

第 5 章　工业机器人信号通信

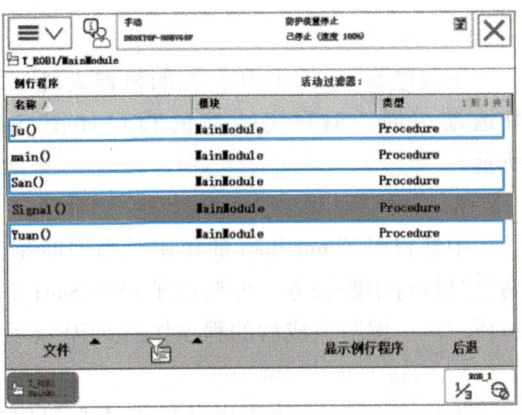

图 5-63　数字输入信号 di1 参数设置

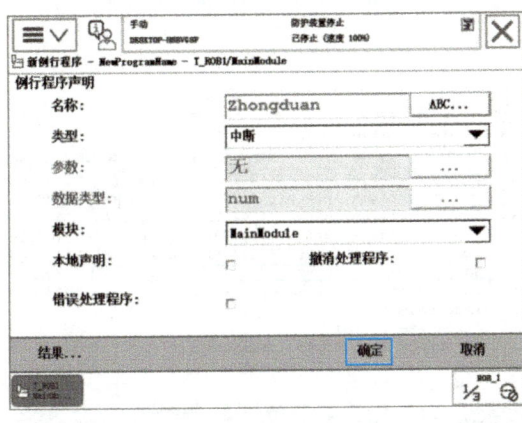

图 5-64　创建完成的子程序

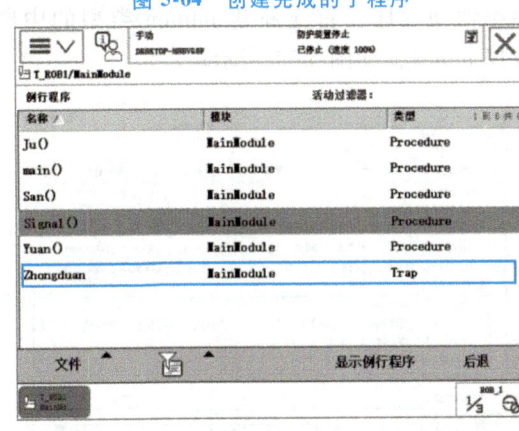

图 5-65　新建"中断"类型例行程序

图 5-66　创建完成的中断程序 Zhongduan

5.6.3　任务程序编写

1. 编辑子程序 Ju( )

子程序 Ju( ) 的作用是控制机器人绕矩形体运动一周，编写完成后的程序如图 5-67 所示。

2. 编辑子程序 Yuan( )

子程序 Yuan( ) 的作用是控制机器人绕圆柱体运动一周，编写完成后的程序如图 5-68 所示。

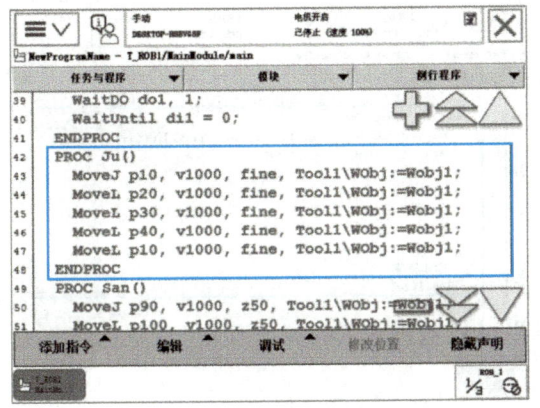

图 5-67　子程序 Ju( )

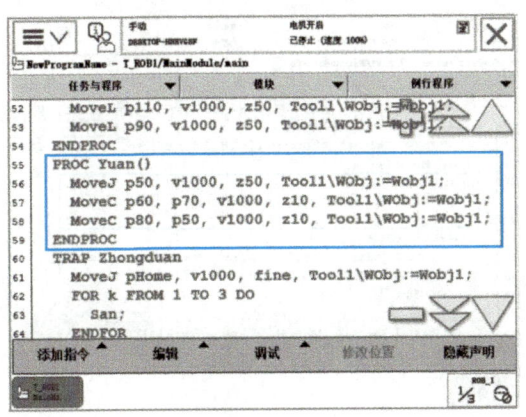

图 5-68　子程序 Yuan( )

3. 编辑子程序 San( )

子程序 San( ) 的作用是控制机器人绕三棱柱运动一周，编写完成后的程序如图 5-69 所示。

4. 编辑中断程序 Zhongduan

中断程序 Zhongduan 的作用是当中断条件满足时执行中断任务，即调用子程序 San( ) 并循环三次。编写完成后的程序如图 5-70 所示。

5. 编辑主程序 main( )

主程序 main( ) 的作用是提供核心架构并容纳辅助程序。首先新建 intnum 类型的中断数据 intno1，如图 5-71 所示。

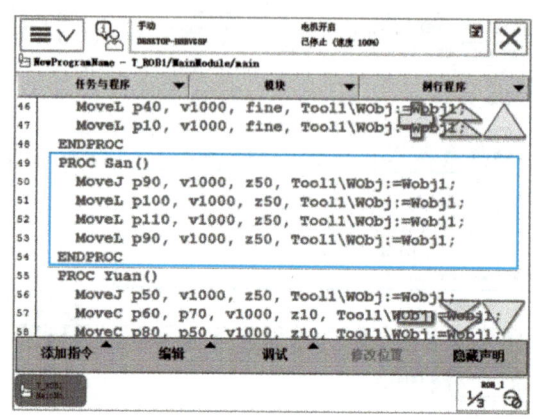

图 5-69　子程序 San( )

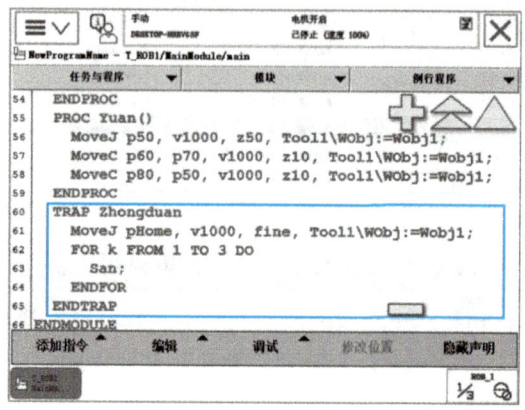

图 5-70　中断程序 Zhongduan

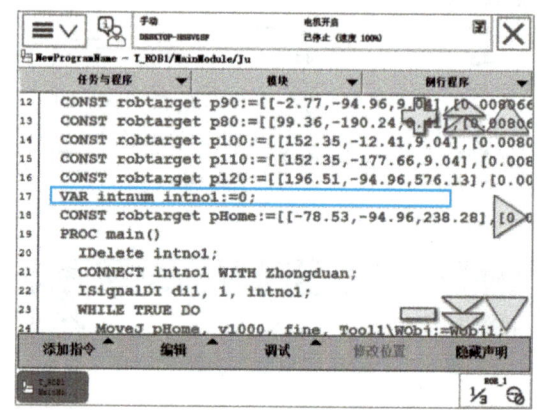

图 5-71　新建中断数据

在主程序中对中断数据进行初始化操作，即取消当前中断符 intno1 的连接，且将其与中断程序 Zhongduan 关联并定义触发条件，程序如图 5-72 所示，该段程序定义了中断事件并对信号 di1 进行监控。使用 WHILE 循环指令来使程序循环执行，并分别调用子程序 Ju( ) 来实现绕矩形体三周、调用子程序 Yuan( ) 来实现绕圆柱体两周，任务循环程序如图 5-73 所示。

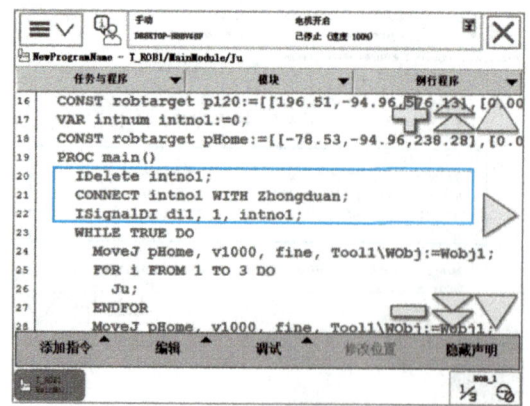

图 5-72　定义中断事件程序

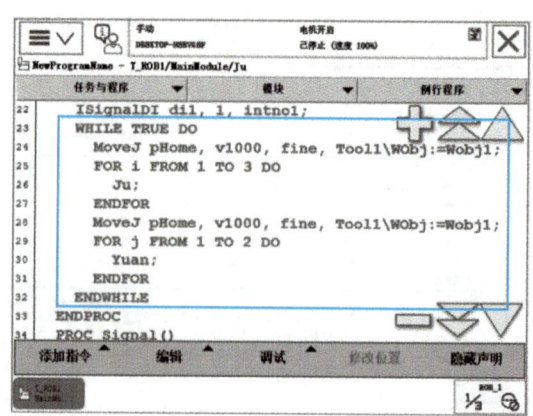

图 5-73　任务循环程序

5.6.4 程序调试与运行

程序编写完成需要对目标点进行示教，完成程序检查、调试、电动机上电等准备工作后，运行程序并对程序进行测试。di1 的初始值为 0，通过仿真，设置其值为 1 时触发中断并执行中断程序，具体操作步骤如下。

1）单击虚拟示教器左上角下拉按钮 ，选择"输入输出"选项，如图 5-74 所示。

2）在"输入输出"界面单击"视图"按钮，在"视图"列表中选择"数字输入"选项，如图 5-75 所示。

3）选中数字输入信号 di1，单击"仿真"按钮，单击数字"1"改变 di1 值并观察程序的运行，如图 5-76 所示。

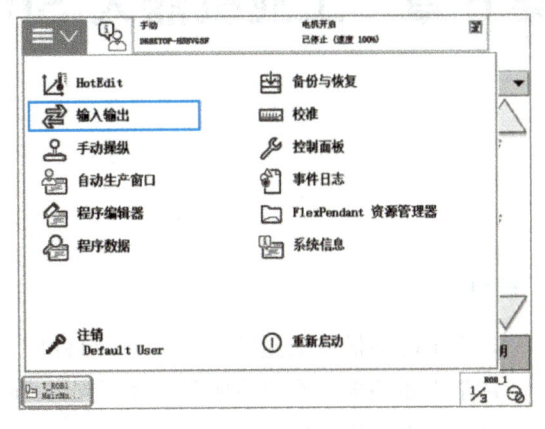

图 5-74 选择"输入输出"选项

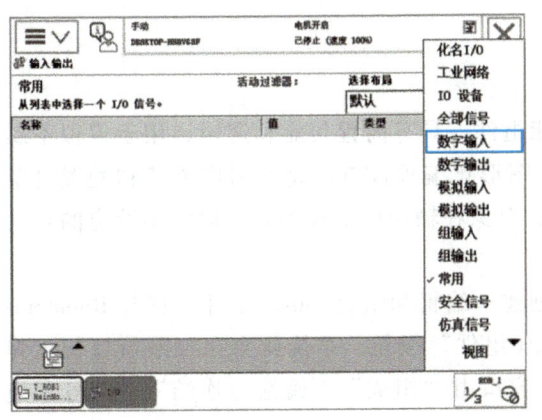

图 5-75 选择"数字输入"选项

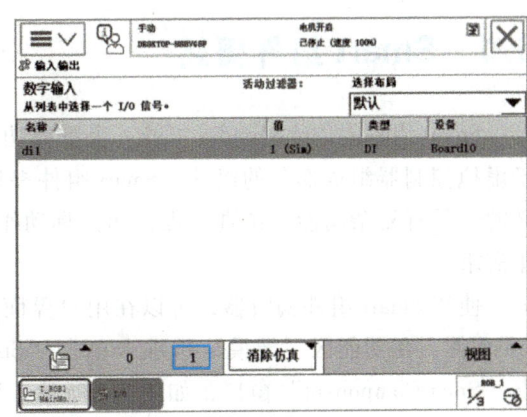

图 5-76 仿真运行

练 习 题

5-1 列出 ABB 工业机器人 I/O 通信的种类。

5-2 使用示教器定义 I/O 板 DSQC 652，描述其功能、需要设定的参数及其含义。

5-3 在练习题 5-2 基础上配置数字输入信号 di1、数字输出信号 do1、组输入信号 gi1、组输出 go1 和模拟输出信号 ao1。

5-4 配置一个与 STOP 功能关联的系统输入信号，通过仿真改变输入信号的值触发停止程序运行事件。

第 6 章　工业机器人 Smart 组件

教学目标：

➢ 学生能够描述工业机器人 Smart 组件的作用和不同子组件的功能。

➢ 学生能够根据不同的任务选择不同的 Smart 组件进行机器人逻辑控制，并独立完成程序的编写、调试和运行。

➢ 培养学生的系统观和逻辑思维能力。

6.1　Smart 组件概述

Smart 组件是 RobotStudio 中的一个重要功能组件，具有内置功能和逻辑，用于模拟不属于虚拟控制器组成部分的组件。Smart 组件提供图形化编程接口，允许用户创建和配置自定义的、具有复杂功能的仿真过程，如夹具动作、对象在输送链上移动等，以满足特定的自动化需求。

使用 Smart 组件编辑器，可以在用户界面创建、编辑和组合 Smart 组件。打开 RobotStudio 软件，在功能区"建模"选项卡单击"Smart 组件"按钮，系统就会在视图窗口位置弹出"SmartComponent"窗口，如图 6-1 所示，该窗口由"组成""属性与连结""信号和连接""设计"四个选项卡组成。

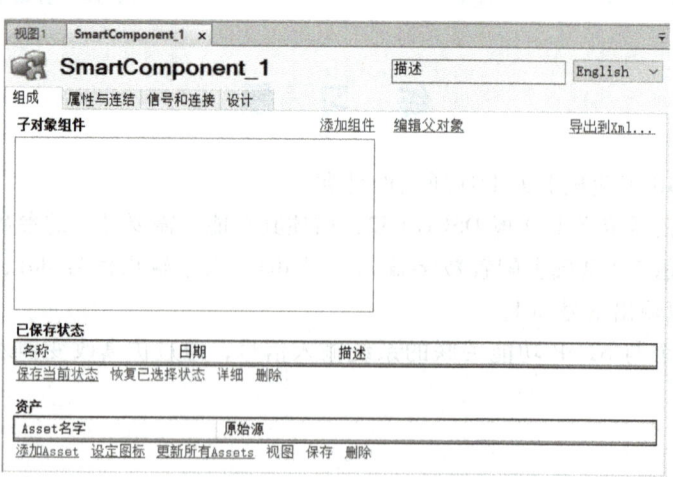

图 6-1　"SmartComponent"窗口的"组成"选项卡

1. "组成"选项卡

"组成"选项卡由"子对象组件""已保存状态""资产"三部分内容组成。"子对象组件"列表框用于显示该组件中包含的所有对象,可以在这里添加子对象组件和编辑父对象,单击该列表中的某个对象,右侧则会对应显示所选对象的描述。"已保存状态"选项组可以保存当前的组件状态和显示已经保存的组件状态,也可以恢复到之前所保存的状态。

2. "属性与连结"选项卡

"属性与连结"选项卡如图 6-2 所示,该选项卡由"动态属性"和"属性连结"两部分构成。在"动态属性"列表框中可以添加、编辑和删除动态属性,并且显示组件中的动态属性。"属性连结"列表框用于显示组件中的属性连接,并且可以添加、编辑和删除连接。

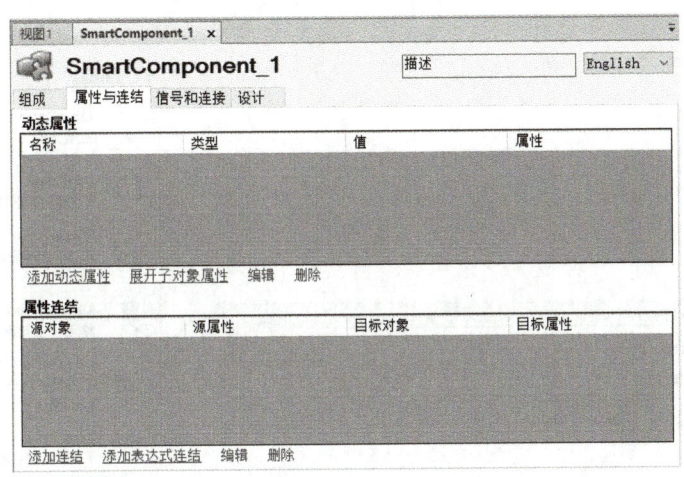

图 6-2 "属性与连结"选项卡

3. "信号和连接"选项卡

"信号和连接"选项卡如图 6-3 所示,该选项卡由"I/O 信号"和"I/O 连接"两部分

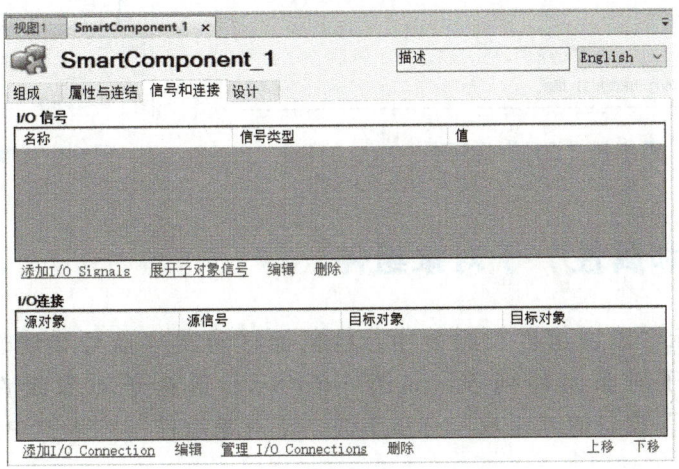

图 6-3 "信号和连接"选项卡

构成。在"I/O 信号"列表框中可以添加、编辑和删除 I/O 信号,并且显示组件中的 I/O 信号。"I/O 连接"列表框用于显示组件中的 I/O 连接,并且可以添加、编辑和删除连接。

4."设计"选项卡

"设计"选项卡如图 6-4 所示,该选项卡可显示组件结构的图形视图,包括子组件、内部连接、属性和绑定关系。在该选项卡中还可以移动子组件及其位置,从图形视图中选择一个组件并创建连接和绑定关系。

Smart 子对象组件包含一整套的基本构成块组件,可以被用来组合完成更复杂的用户自定义 Smart 组件。Smart 子对象组件包含"信号和属性""参数建模""传感器""动作""本体""其它"子对象组件类型。在"SmartComponent"窗口的"组成"选项卡下单击"添加组件"按钮,系统就会弹出如图 6-5 所示列表,进而进行子对象组件的选择和添加等操作。

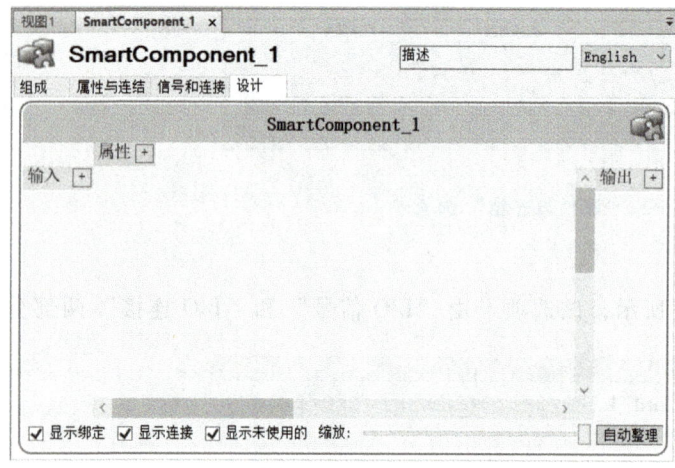

图 6-4 "设计"选项卡

图 6-5 "添加组件"列表

6.2 "信号和属性"子对象组件

在图 6-5 所示"添加组件"列表中,将鼠标移动到"信号和属性"位置可展开"信号和属性"子对象组件列表,如图 6-6 所示,选择子对象组件选项,就会在"SmartComponent"窗口的"组成"选项卡的"子对象组件"列表框中添加所选择的子对象组件。

6.2.1 LogicGate 子对象组件

在图 6-6 所示"信号和属性"子对象组件列表中选择"LogicGate"选项,则会在"SmartComponent"窗口的"组成"选项卡的"子对象组件"列表框中添加 LogicGate 子对象组件,如图 6-7 所示。选项卡右侧显示该子对象组件的功能说明,以及对"属性""输入""输出"三项内容的说明。右键单击"子对象组件"列表框中的"LogicGate",则可以对该子对象组件进行删除和调出属性窗口等操作,其"属性"窗口如图 6-8 所示(会在操作面板区上方弹出)。该子对象组件用于实现数字信号的逻辑运算,可以利用"属性"窗口"属性"选项组的"Operator"下拉列表框选择逻辑操作符,有"AND""OR""XOR""NOT""NOP"五种,分别进行与、或、异或、非和无操作运算;"Delay"文本框用来设置输出信号的延迟时间。该子对象组件有两个输入及一个输出,即"InputA""InputB"和"Output",可以单击相应按钮设置输入信号为 1 或 0,以及输出逻辑运算结果。

图 6-6 "信号和属性"子对象组件列表

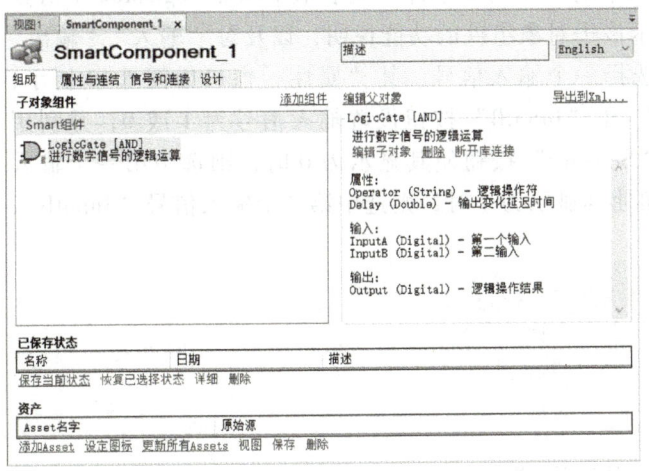

图 6-7 LogicGate 子对象组件

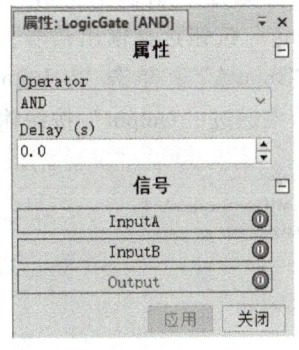

图 6-8 LogicGate 子对象组件"属性"窗口

6.2.2 LogicExpression 子对象组件

在图 6-6 所示"信号和属性"子对象组件列表中选择"LogicExpression"选项,则会在"SmartComponent"窗口的"组成"选项卡的"子对象组件"列表框中添加 LogicExpression 子对象组件,如图 6-9 所示,选项卡右侧显示该子对象组件的功能说明,以及对"属性""输出"两项内容的说明。该子对象组件用于评估逻辑表达式,其"属性"窗口如图 6-10 所示,可以在"属性"窗口"属性"选项组的"Expression"文本框中输入逻辑表达式来设计逻辑运算方式，支持逻辑运算符 AND、OR、XOR、NOT；"信号"选项组的"Result"按钮用于输出逻辑运算结果。

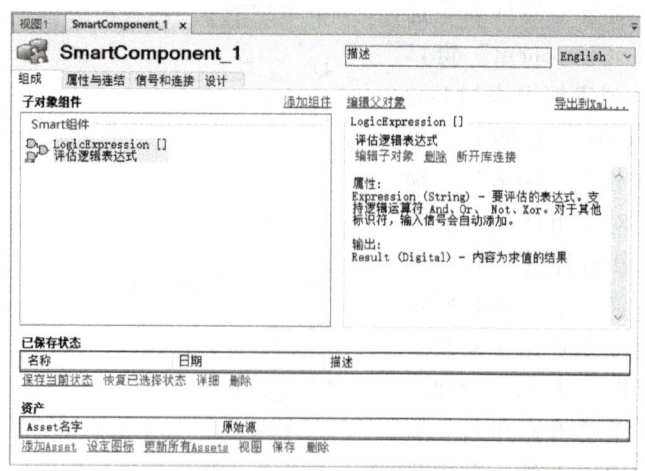

图 6-9 LogicExpression 子对象组件

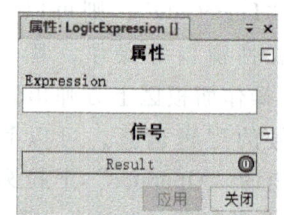

图 6-10 LogicExpression 子对象
组件"属性"窗口

6.2.3 LogicMux 子对象组件

在图 6-6 所示"信号和属性"子对象组件列表中选择"LogicMux"选项，则会在"SmartComponent"窗口的"组成"选项卡下的"子对象组件"列表框中添加 LogicMux 子对象组件，如图 6-11 所示，选项卡右侧显示该子对象组件的功能说明，以及对"输入""输出"两项内容的说明。该子对象组件用于选择一个输入信号，其"属性"窗口如图 6-12 所示，可以在"属性"窗口中单击"InputA"和"InputB"按钮设置输入信号为 1 或 0，并利用"Selector"按钮选择输出信号，单击"Selector"按钮使其显示为 0 时，则选中第一个输入信号"InputA"；单击"Selector"按钮使其显示为 1 时，则选中第二个输入信号"InputB"，输出结果通过"Output"按钮输出。

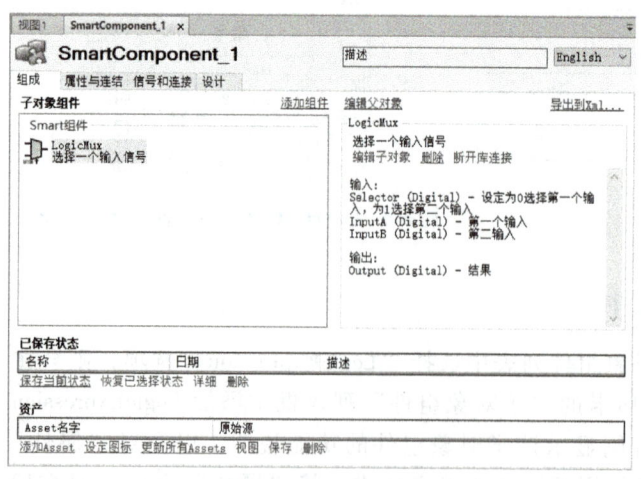

图 6-11 LogicMux 子对象组件

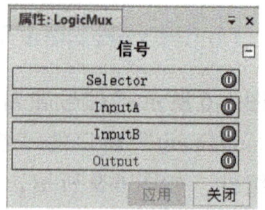

图 6-12 LogicMux 子对象组件"属性"窗口

6.2.4 LogicSplit 子对象组件

在图 6-6 所示"信号和属性"子对象组件列表中选择"LogicSplit"选项,则会在"SmartComponent"窗口的"组成"选项卡的"子对象组件"列表框中添加 LogicSplit 子对象组件,如图 6-13 所示,选项卡右侧显示该子对象组件的功能说明,以及对"输入""输出"两项内容的说明。该子对象组件用于根据输入信号的状态进行设定和脉冲输出信号,其"属性"窗口如图 6-14 所示,可以在"属性"窗口中单击"InputA"按钮设置输入值为 1 或 0,"OutputHigh"值将设为与输入值相同,而"OutputLow"值则设为与输入值相反。当输入值为 1 时,PulseHigh 发送脉冲;当输入值为 0 时,PulseLow 发送脉冲。

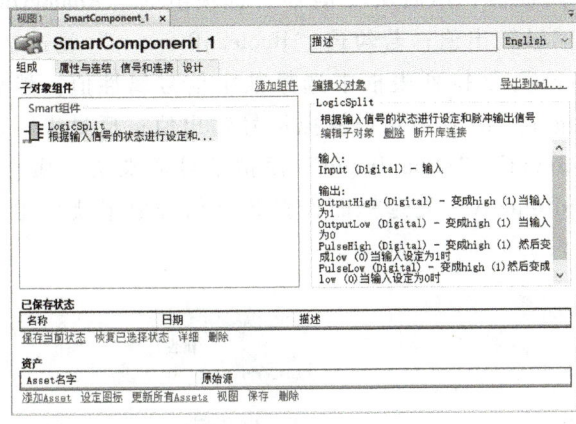

图 6-13　LogicSplit 子对象组件

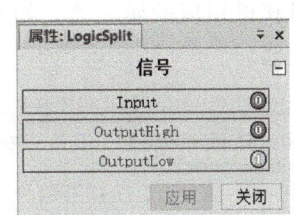

图 6-14　LogicSplit 子对象组件"属性"窗口

6.2.5 LogicSRLatch 子对象组件

在图 6-6 所示"信号和属性"子对象组件列表中选择"LogicSRLatch"选项,则会在"SmartComponent"窗口的"组成"选项卡的"子对象组件"列表框中添加 LogicSRLatch 子对象组件,如图 6-15 所示,选项卡右侧显示该子对象组件的功能说明,以及对"输入""输出"两项内容的说明。该子对象组件用于置位和复位信号,其"属性"窗口如图 6-16 所示,

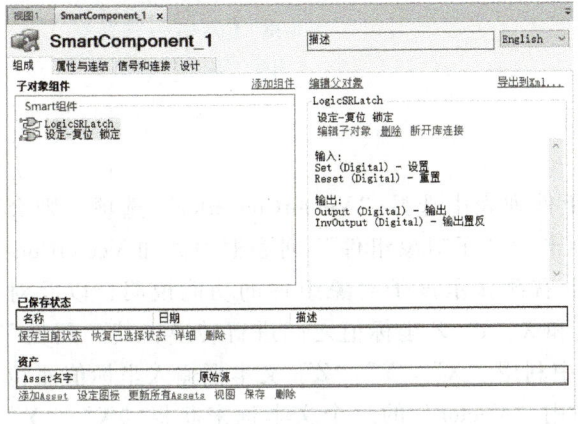

图 6-15　LogicSRLatch 子对象组件

图 6-16　LogicSRLatch 子对象组件"属性"窗口

可以在"属性"窗口单击"Set"按钮将输出信号"Output"置为 1，同时将"InvOutput"置为 0；单击"Reset"按钮则可将输出信号"Output"置为 0，同时将"InvOutput"置为 1。

6.2.6　Converter 子对象组件

在图 6-6 所示"信号和属性"子对象组件列表中选择"Converter"选项，则会在"SmartComponent"窗口的"组成"选项卡的"子对象组件"列表框中添加 Converter 子对象组件，如图 6-17 所示，选项卡右侧显示该子对象组件的功能说明，以及对"属性""输入""输出"三项内容的说明。该子对象组件用于在属性值和信号值之间进行转换，其"属性"窗口如图 6-18 所示，可以通过在"属性"窗口"属性"选项组的"AnalogProperty"和"GroupProperty"文本框输入模拟信号属性值，然后从"信号"选项组的"AnalogOutput"和"GroupOutput"文本框获得模拟信号输出值；若勾选"BooleanProperty"复选框，则可以在"属性"选项组的"DigitalProperty"下拉列表框中选择数字信号属性值，然后从"信号"选项组的"DigitalOutput"按钮显示的数字获得模拟信号输出值；反过来，也可以通过在"信号"选项组设置"AnalogInput""GroupIntput"模拟信号值来从"属性"选项组获得相应的属性值，勾选"BooleanProperty"复选框而设置数字信号值来获得相应的属性值。

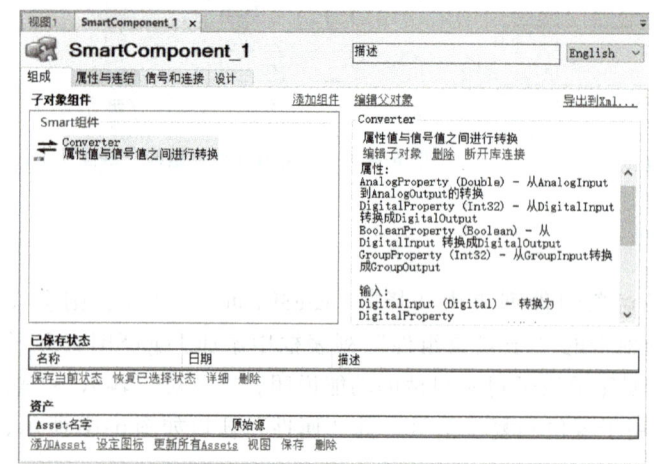

图 6-17　Converter 子对象组件

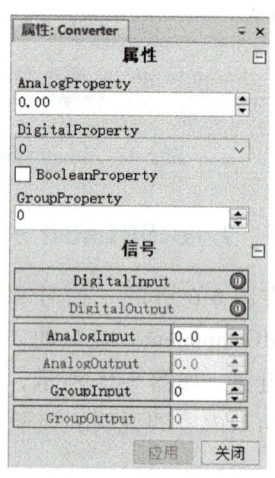

图 6-18　Converter 子对象组件"属性"窗口

6.2.7　VectorConverter 子对象组件

在图 6-6 所示"信号和属性"子对象组件列表中选择"VectorConverter"选项，则会在"SmartComponent"窗口的"组成"选项卡的"子对象组件"列表框中添加 VectorConverter 子对象组件，如图 6-19 所示，选项卡右侧显示该子对象组件的功能说明，以及对"属性"的说明。该子对象组件用于在向量和 X、Y、Z 坐标值之间进行转换，其"属性"窗口如图 6-20 所示，可以在"属性"窗口中利用"X""Y""Z"文本框输入坐标值而转化为"Vector"三维向量，也可以反过来利用"Vector"的三个文本框来获得"X""Y""Z"坐标值。

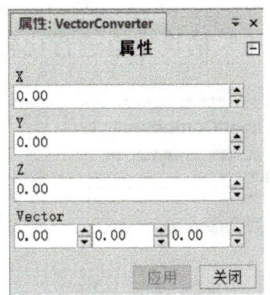

图 6-19　VectorConverter 子对象组件　　　　图 6-20　VectorConverter 子对象
　　　　　　　　　　　　　　　　　　　　　　　　　　组件"属性"窗口

6.2.8　Expression 子对象组件

在图 6-6 所示"信号和属性"子对象组件列表中选择"Expression"选项，则会在"SmartComponent"窗口的"组成"选项卡的"子对象组件"列表框中添加 Expression 子对象组件，如图 6-21 所示，选项卡右侧显示该子对象组件的功能说明，以及对"属性"的说明。该子对象组件用于计算所输入表达式的运算结果，其"属性"窗口如图 6-22 所示，可以在"属性"窗口中利用"Expression"文本框输入表达式，表达式支持 +、-、*、/、^（幂）等运算符和 sin、cos、sqrt、atan、acos、abs 等数学函数，运算结果由"Result"文本框显示。

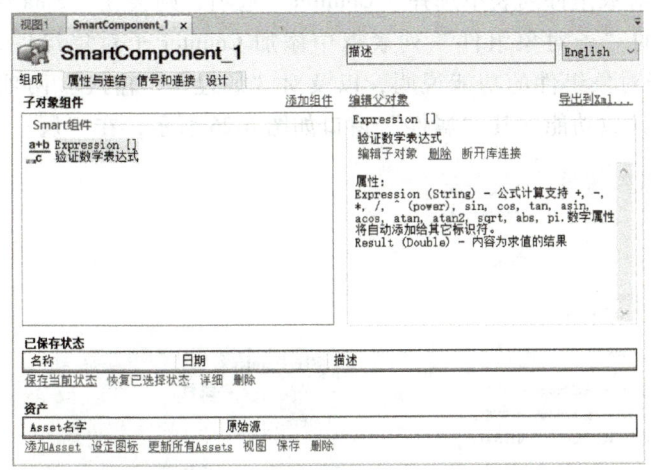

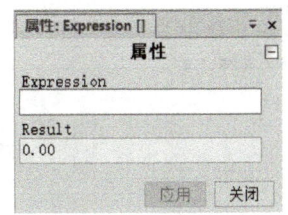

图 6-21　Expression 子对象组件　　　　　图 6-22　Expression 子对象
　　　　　　　　　　　　　　　　　　　　　　　　　　组件"属性"窗口

6.2.9　Comparer 子对象组件

在图 6-6 所示"信号和属性"子对象组件列表中选择"Comparer"选项，则会在

"SmartComponent"窗口的"组成"选项卡的"子对象组件"列表框中添加Comparer子对象组件,如图6-23所示,选项卡右侧显示该子对象组件的功能说明,以及对"属性""输出"两项内容的说明。该子对象组件用于对设置的两个数字信号的值输出比较结果,其"属性"窗口如图6-24所示,可以在"属性"窗口中利用"Operator"下拉列表框选择"＝＝""！＝"">"">＝""<""<＝"等运算符,以该运算符确定的运算逻辑对"ValueA"和"ValueB"的设定值进行比较,当比较结果为True时,"Output"按钮将显示为1。

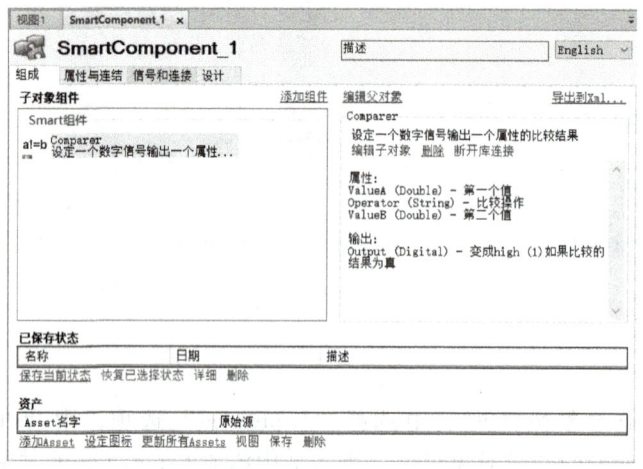

图6-23 Comparer子对象组件

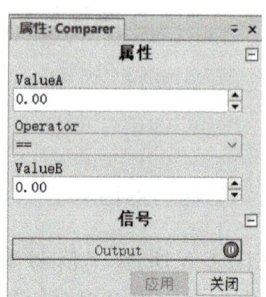

图6-24 Comparer子对象组件"属性"窗口

6.2.10 Counter子对象组件

在图6-6所示"信号和属性"子对象组件列表中选择"Counter"选项,则会在"SmartComponent"窗口的"组成"选项卡的"子对象组件"列表框中添加Counter子对象组件,如图6-25所示,选项卡右侧显示该子对象组件的功能说明,以及对"属性""输入"两项内容的说明。该子对象组件用于实现计数功能,其"属性"窗口如图6-26所示,在"属

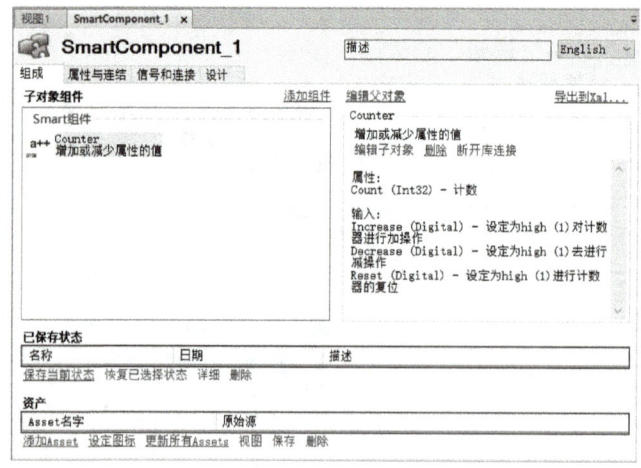

图6-25 Counter子对象组件

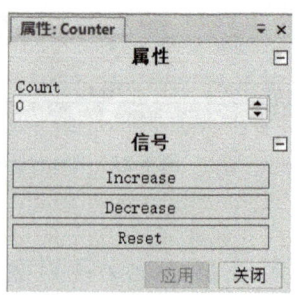

图6-26 Counter子对象组件"属性"窗口

性"窗口中,"属性"选项组的"Count"文本框用于显示计数器结果,单击"信号"选项组的"Increase"按钮则计数器进行加1操作,单击"Decrease"按钮则计数器进行减1操作,单击"Reset"按钮则计数器复位。

6.2.11 Repeater 子对象组件

在图 6-6 所示"信号和属性"子对象组件列表中选择"Repeater"选项,则会在"SmartComponent"窗口的"组成"选项卡的"子对象组件"列表框中添加 Repeater 子对象组件,如图 6-27 所示,选项卡右侧显示该子对象组件的功能说明,以及对"属性""输入""输出"三项内容的说明。该子对象组件用于设定脉冲输出信号的次数,其"属性"窗口如图 6-28 所示,可以在"属性"窗口通过"Count"文本框设定脉冲信号次数,单击"Execute"按钮,则输出端输出设定次数的脉冲。

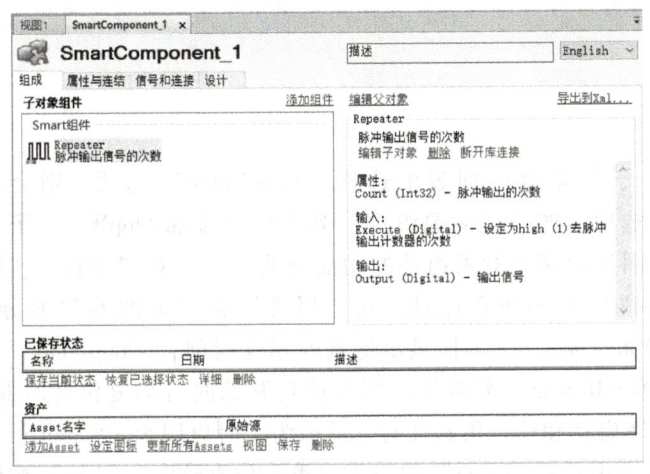

图 6-27 Repeater 子对象组件

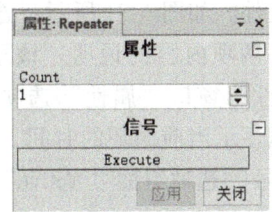

图 6-28 Repeater 子对象组件"属性"窗口

6.2.12 Timer 子对象组件

在图 6-6 所示"信号和属性"子对象组件列表中选择"Timer"选项,则会在"SmartComponent"窗口的"组成"选项卡的"子对象组件"列表框中添加 Timer 子对象组件,如图 6-29 所示,选项卡右侧显示该子对象组件的功能说明,以及对"属性""输入""输出"三项内容的说明。该子对象组件用于输出指定间隔的脉冲信号,其"属性"窗口如图 6-30 所示,可以在"属性"窗口利用"属性"选项组的"StartTime"文本框设定触发第一个脉冲的时间,利用"Interval"文本框设定脉冲宽度(脉冲持续时间),勾选"Repeat"复选框则重复不断发出脉冲信号,"CurrentTime"文本框用来显示信号当前时间。"信号"选项组的"Active"按钮用来启用和停用 Timer 子对象组件,其值为 1 时启用 Timer 子对象组件,为 0 时停用 Timer 子对象组件;单击"Reset"按钮则复位"CurrentTime"显示的时间使其归零。

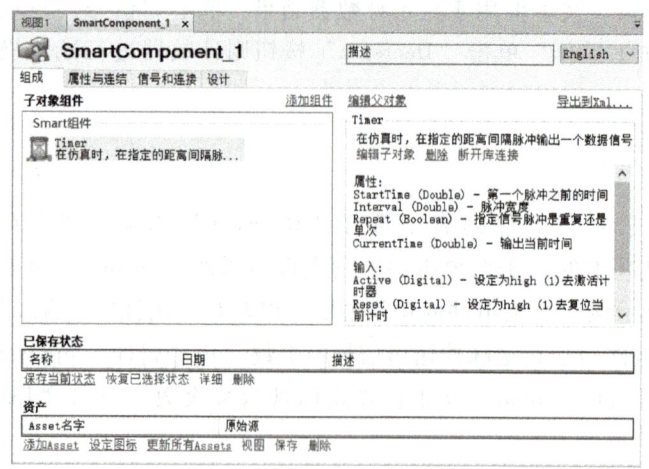

图 6-29　Timer 子对象组件

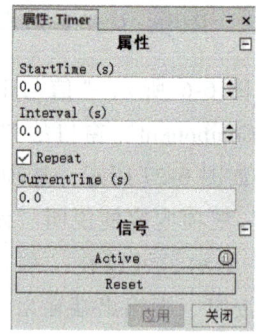

图 6-30　Timer 子对象
组件"属性"窗口

6.2.13　StopWatch 子对象组件

在图 6-6 所示"信号和属性"子对象组件列表中选择"StopWatch"选项，则会在"SmartComponent"窗口的"组成"选项卡的"子对象组件"列表框中添加 StopWatch 子对象组件，如图 6-31 所示，选项卡右侧显示该子对象组件的功能说明，以及对"属性""输入"两项内容的说明。该子对象组件用于为仿真计时，其"属性"窗口如图 6-32 所示，"属性"窗口"属性"选项组的"TotalTime"文本框显示仿真的累计时间，"LapTime"文本框显示当前循环的时间，勾选"AutoRepeat"复选框，则在仿真开始时自动复位计时器。"信号"选项组的"Active"按钮用来启动和停止仿真计时，其值为 1 时启用 StopWatch 子对象组件，为 0 时停用 StopWatch 子对象组件；"Reset"按钮用来重置仿真计时；"Lap"按钮用来触发新的循环并通过"LapTime"文本框显示仿真计时。

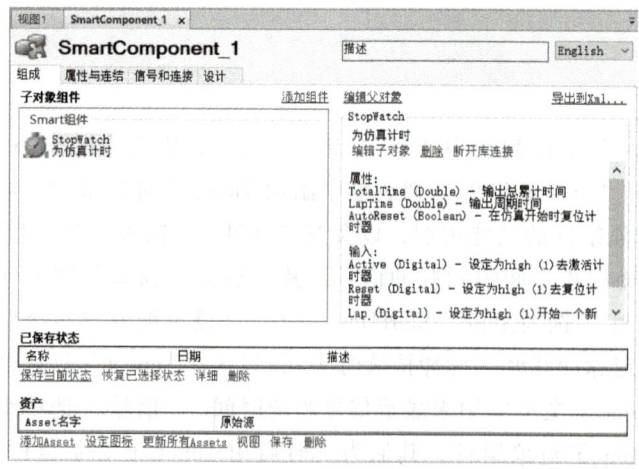

图 6-31　StopWatch 子对象组件

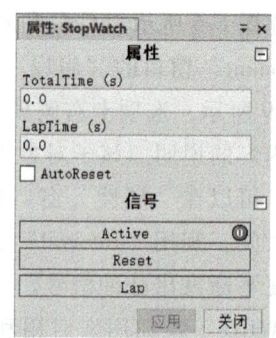

图 6-32　StopWatch 子对象
组件"属性"窗口

6.3 "参数建模"子对象组件

在图 6-5 所示"添加组件"列表中将鼠标移动到"参数建模"位置可展开"参数建模"子对象组件列表,如图 6-33 所示,选择子对象组件选项,就会在"SmartComponent"窗口的"组成"选项卡的"子对象组件"列表框中添加所选择的子对象组件。

6.3.1 ParametricBox 子对象组件

在图 6-33 所示"参数建模"子对象组件列表中选择"ParametricBox"选项,则会在"SmartComponent"窗口的"组成"选项卡的"子对象组件"列表框中添加 ParametricBox 子对象组件,如图 6-34 所示,选项卡右侧显示该子对象组件的功能说明,以及对"属性""输入"两项内容的说明。该子对象组件用于生成一个指定长度、宽度和高度尺寸的盒形固体,其"属性"窗口如图 6-35 所示,可以在"属性"窗口利用"属性"选项组的"SizeX""SizeY""SizeZ"文本框设置盒形固体的长度、宽度和高度尺寸,勾选"KeepGeometry"复选框

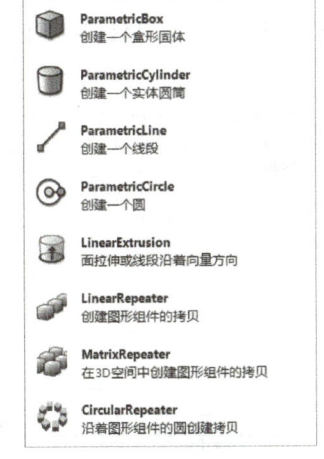

图 6-33 "参数建模"子对象组件列表

则保持生成部件中的几何信息,"信号"选项组的"Update"按钮用来更新生成的部件。

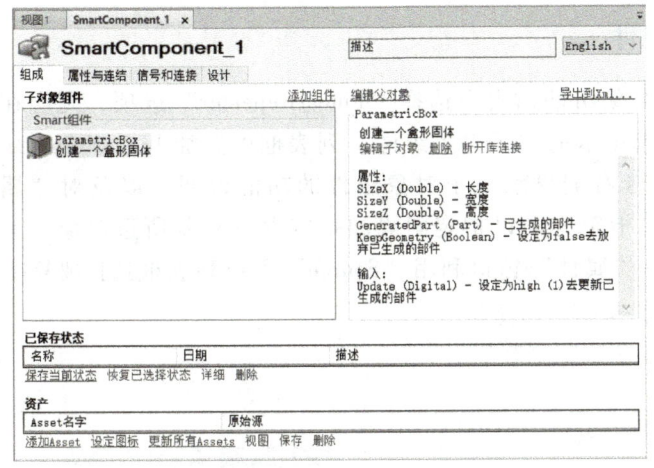

图 6-34 ParametricBox 子对象组件

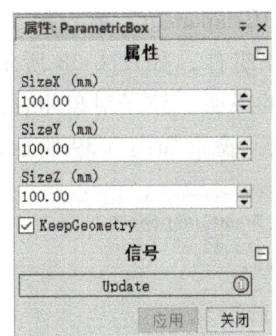

图 6-35 ParametricBox 子对象组件"属性"窗口

ParametricCylinder 子对象组件、ParametricLine 子对象组件和 ParametricCircle 子对象组件功能与 ParametricBox 子对象组件功能和设置方式类似,不再赘述。

6.3.2 LinearExtrusion 子对象组件

在图 6-33 所示"参数建模"子对象组件列表中选择"LinearExtrusion"选项,则会在"SmartComponent"窗口的"组成"选项卡的"子对象组件"列表框中添加 LinearExtrusion

子对象组件，如图 6-36 所示，选项卡右侧显示该子对象组件的功能说明，以及对"属性""输入"两项内容的说明。该子对象组件用于沿着指定的方向拉伸面或线，其"属性"窗口如图 6-37 所示，可以在"属性"窗口"属性"选项组利用"SourceFace"下列拉表框选择要拉伸的面，利用"SourceWire"下拉列表框选择要拉伸的线，利用"Projection"的三个文本框设置拉伸方向的方向向量，勾选"KeepGeometry"复选框则保持生成部件中的几何信息，"信号"选项组的"Update"按钮用来更新生成的部件。

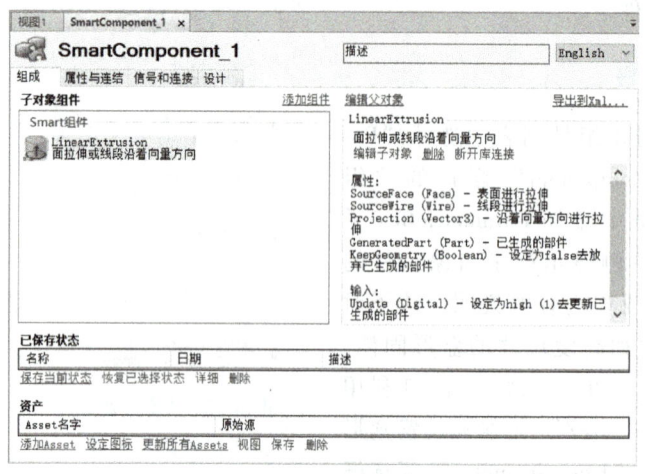

图 6-36　LinearExtrusion 子对象组件

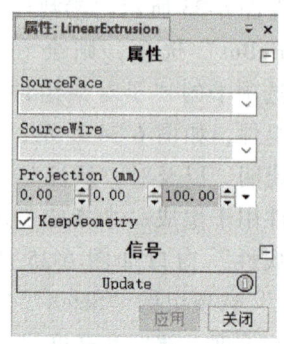

图 6-37　LinearExtrusion 子对象
　　　　　组件"属性"窗口

6.3.3　LinearRepeater 子对象组件

在图 6-33 所示"参数建模"子对象组件列表中选择"LinearRepeater"选项，则会在"SmartComponent"窗口的"组成"选项卡的"子对象组件"列表框中添加 LinearRepeater 子对象组件，如图 6-38 所示，选项卡右侧显示该子对象组件的功能说明，以及对"属性"的说明。该子对象组件用于沿着指定方向以指定间隔和指定数量复制所选对象，其"属性"窗口如图 6-39 所示，可以在"属性"窗口利用"Source"下拉列表框选择要复制

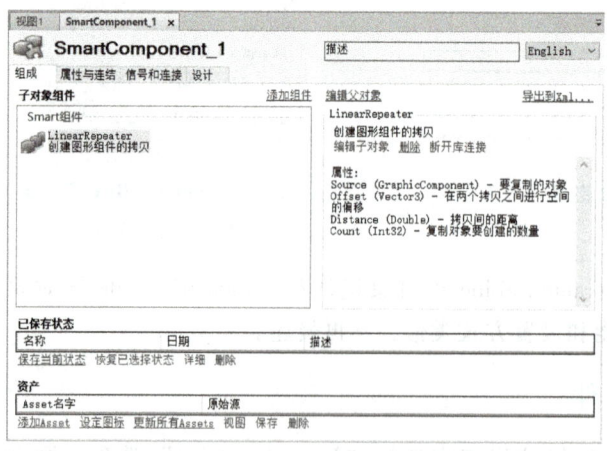

图 6-38　LinearRepeater 子对象组件

图 6-39　LinearRepeater 子对象
　　　　　组件"属性"窗口

的对象,利用"Offset"的三个文本框设置每两个复制对象之间的空间偏移量,利用"Distance"文本框设置每两个复制对象之间的距离,利用"Count"文本框设置对象要复制的数量。

6.3.4 MatrixRepeater 子对象组件

在图 6-33 所示"参数建模"子对象组件列表中选择"MatrixRepeater"选项,则会在"SmartComponent"窗口的"组成"选项卡的"子对象组件"列表框中添加 MatrixRepeater 子对象组件,如图 6-40 所示,选项卡右侧显示该子对象组件的功能说明,以及对"属性"的说明。该子对象组件用于在三维环境中以指定间隔和指定数量复制所选对象,其"属性"窗口如图 6-41 所示,可以在"属性"窗口利用"Source"下拉列表框指定要复制的对象,利用"CountX""CountY""CountZ"文本框设置指定对象要在 X、Y 和 Z 轴方向上复制的数量,利用"OffsetX""OffsetY""OffsetZ"文本框设置每两个复制对象之间沿 X、Y 和 Z 轴方向的距离。

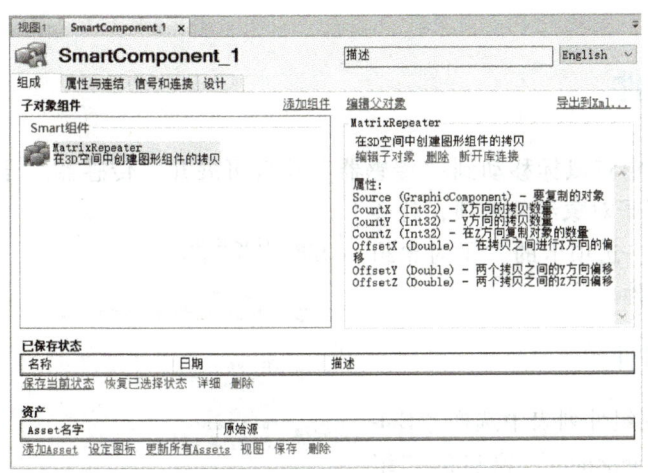

图 6-40　MatrixRepeater 子对象组件

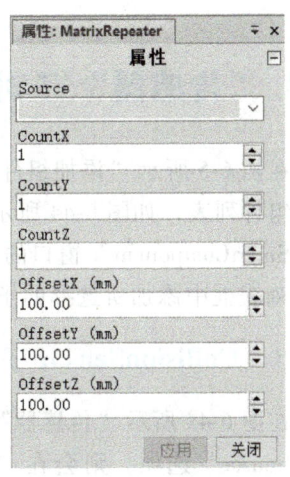

图 6-41　MatrixRepeater 子对象组件"属性"窗口

6.3.5 CircularRepeater 子对象组件

在图 6-33 所示"参数建模"子对象组件列表中选择"CircularRepeater"选项,则会在"SmartComponent"窗口的"组成"选项卡的"子对象组件"列表框中添加 CircularRepeater 子对象组件,如图 6-42 所示,选项卡右侧显示该子对象组件的功能说明,以及对"属性"的说明。该子对象组件用于以指定中心为圆心、根据给定角度和半径沿圆周以指定数量复制所选对象,其"属性"窗口如图 6-43 所示,可以在"属性"窗口利用"Source"下拉列表框指定要复制的对象,利用"Count"文本框设置指定对象的复制数量,利用"Radius"文本框设置圆周半径,利用"DeltaAngle"文本框设置每两个复制对象之间的角度。

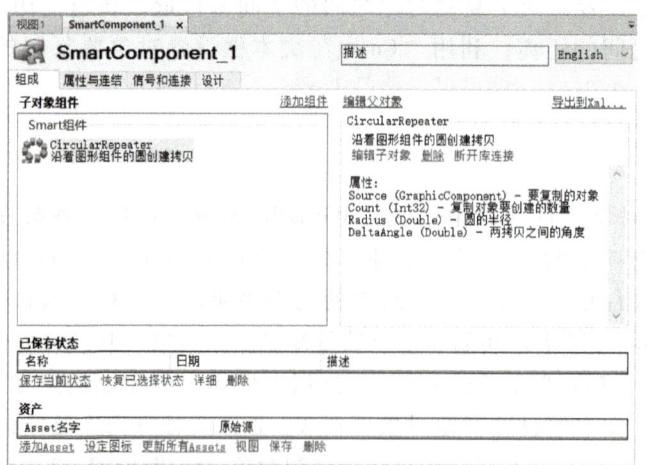

图 6-42　CircularRepeater 子对象组件

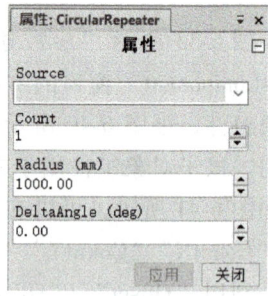

图 6-43　CircularRepeater 子对象
组件"属性"窗口

6.4　"传感器"子对象组件

在图 6-5 所示"添加组件"列表中将鼠标移动到"传感器"位置可展开"传感器"子对象组件列表,如图 6-44 所示,选择子对象组件选项,就会在"SmartComponent"窗口的"组成"选项卡的"子对象组件"列表框中添加所选择的子对象组件。

6.4.1　CollisionSensor 子对象组件

在图 6-44 所示"传感器"子对象组件列表中选择"CollisionSensor"选项,则会在"SmartComponent"窗口的"组成"选项卡的"子对象组件"列表框中添加 CollisionSensor 子对象组件,如图 6-45 所示,选项卡右侧显示该子对象组件的功能说明,以及对"属性""输入""输出"三项内容的说明。该子对象组件用于检测两个对象之间是否发生碰撞或接近,如果其中一个对象没有被指定,将检测另外一个对象在整个工作站中的碰撞。其"属性"窗口如图 6-46 所示,可以在"属性"窗口"属性"选项组利用"Object1"下拉列表框指定检测碰撞的第一个对象,利用"Object2"下拉

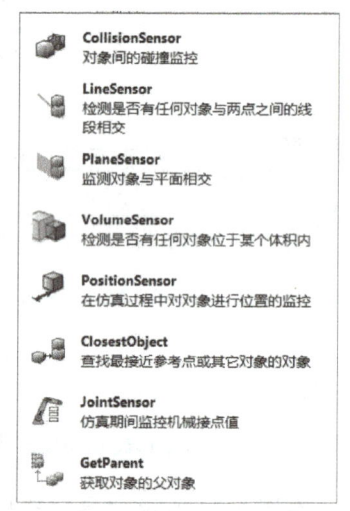

图 6-44　"传感器"子对象
组件列表

列表框指定检测碰撞的第二个对象,利用"NearMiss"文本框指定接近距离,"Part1"下拉列表框用来显示第一个对象发生碰撞的部件,"Part2"下拉列表框用来显示第二个对象发生碰撞的部件,"CollisionType"下拉列表框用来显示碰撞类型;在"信号"选项组,"Active"按钮用来激活 CollisionSensor 子对象组件,当两个对象之间发生碰撞或接近时,"SensorOut"按钮显示为 1。

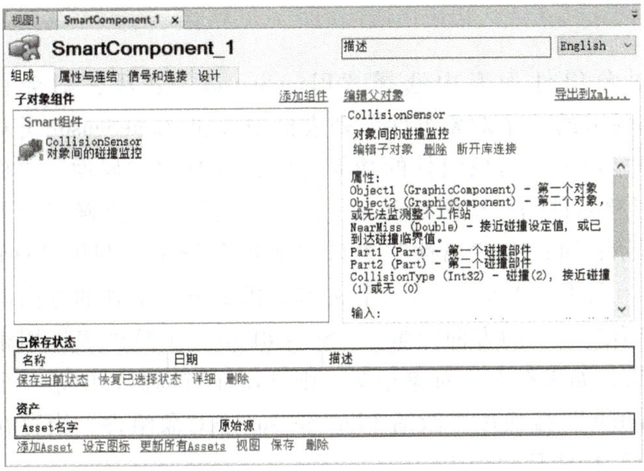

第 6 章　工业机器人 Smart 组件

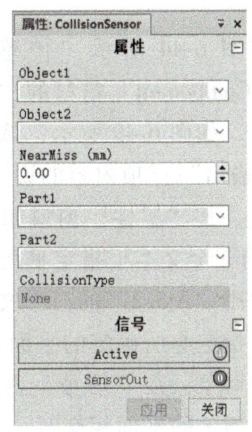

图 6-45　CollisionSensor 子对象组件

图 6-46　CollisionSensor 子对象
组件"属性"窗口

6.4.2　LineSensor 子对象组件

在图 6-44 所示"传感器"子对象组件列表中选择"LineSensor"选项，则会在"Smart-Component"窗口的"组成"选项卡的"子对象组件"列表框中添加 LineSensor 子对象组件，如图 6-47 所示，选项卡右侧显示该子对象组件的功能说明，以及对"属性""输入""输出"三项内容的说明。该子对象组件用于检测是否有任何对象与指定的两点间的线段相交，其"属性"窗口如图 6-48 所示，可以在"属性"窗口"属性"选项组利用"Start"的三个文本框指定线段起始点坐标；利用"End"的三个文本框指定线段结束点坐标；利用"Radius"文本框指定线段半径；"SensedPart"下拉列表框用来显示与指定线段相交的对象，如果有多个对象相交，则列出距离起始点最近的对象；"SensedPoint"的三个文本框用来显示相交对象上距离起始点最近的点的坐标。在"信号"选项组，"Active"按钮用来激活 LineSensor 子对象组件，当存在对象与指定的线段相交时，"SensorOut"按钮显示为 1。

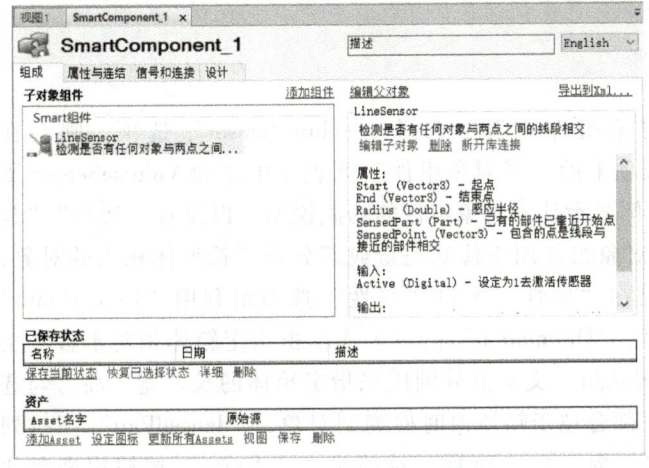

图 6-47　LineSensor 子对象组件

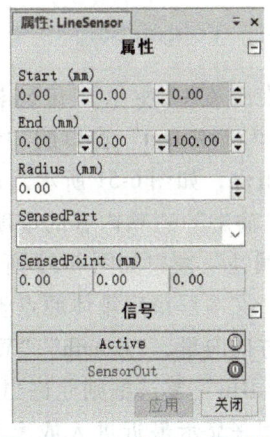

图 6-48　LineSensor 子对象
组件"属性"窗口

6.4.3 PlaneSensor 子对象组件

在图 6-44 所示"传感器"子对象组件列表中选择"PlaneSensor"选项,则会在"SmartComponent"窗口的"组成"选项卡的"子对象组件"列表框中添加 PlaneSensor 子对象组件,如图 6-49 所示,选项卡右侧显示该子对象组件的功能说明,以及对"属性""输入""输出"三项内容的说明。该子对象组件用于检测是否有任何对象与指定三点确定的平面相交,其"属性"窗口如图 6-50 所示,可以在"属性"窗口"属性"选项组利用"Origin"的三个文本框指定平面原点坐标,利用"Axis1"的三个文本框指定第一个轴的方向向量,利用"Axis2"的三个文本框指定第二个轴的方向向量,"SensedPart"下拉列表框用来显示与指定与所确定的平面相交的对象,如果有多个对象相交,则列出在布局窗口中第一个显示的对象;在"信号"选项组,"Active"按钮用来激活 PlaneSensor 子对象组件,当存在对象与指定的平面相交时,"SensorOut"按钮显示为 1。

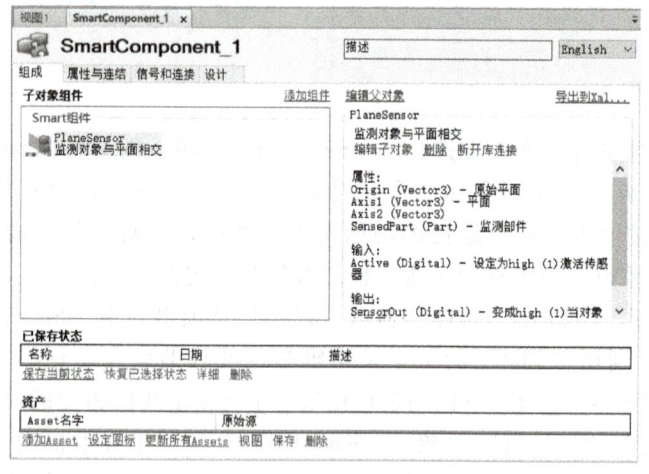

图 6-49　PlaneSensor 子对象组件

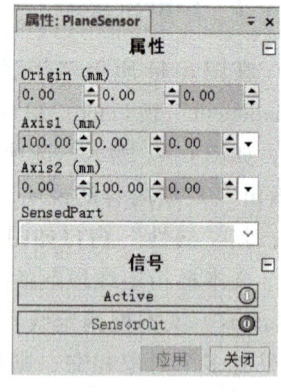

图 6-50　PlaneSensor 子对象组件"属性"窗口

6.4.4 VolumeSensor 子对象组件

在图 6-44 所示"传感器"子对象组件列表中选择"VolumeSensor"选项,则会在"SmartComponent"窗口的"组成"选项卡的"子对象组件"列表框中添加 VolumeSensor 子对象组件,如图 6-51 所示,选项卡右侧显示该子对象组件的功能说明,以及对"属性""输入""输出"三项内容的说明。该子对象组件用于检测完全或部分位于箱形体积内的对象,其"属性"窗口如图 6-52 所示,可以在"属性"窗口"属性"选项组利用"CornerPoint"的三个文本框指定箱体原点坐标,利用"Orientation"的三个文本框指定箱体相对于参考坐标的方向向量,"Length""Width""Height"文本框分别用来指定箱体的长、宽、高,勾选"PartialHit"复选框则允许当对象的一部分位于箱体内时检测到对象,"SensedPart"下拉列表框用来显示最近进入或离开箱体的对象;在"信号"选项组,"Active"按钮用来激活 PlaneSensor 子对象组件,当存在对象与指定的箱体相交时,"SensorOut"按钮显示为 1。

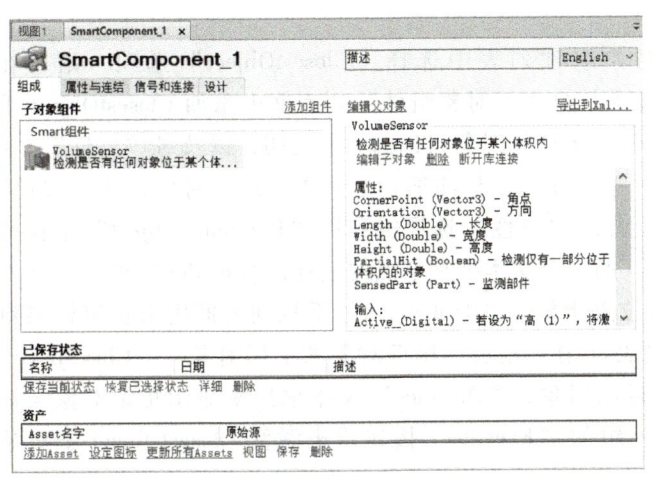
图 6-51　VolumeSeneor 子对象组件

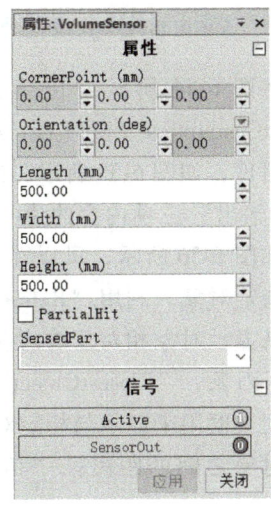
图 6-52　VolumeSeneor 子对象
组件"属性"窗口

6.4.5　PositionSensor 子对象组件

在图 6-44 所示"传感器"子对象组件列表中选择"PositionSensor"选项，则会在"SmartComponent"窗口的"组成"选项卡的"子对象组件"列表框中添加 PositionSensor 子对象组件，如图 6-53 所示，选项卡右侧显示该子对象组件的功能说明，以及对"属性"的说明。该子对象组件用于在仿真过程中监视对象的位置和方向，其"属性"窗口如图 6-54 所示，可以在"属性"窗口"属性"选项组利用"Object"下拉列表框指定要检测对象，利用"Reference"下拉列表框指定参考坐标系为"Global"或"Object"，"Position"的三个文本框用来显示对象相对于参考坐标系的位置坐标，"Orientation"的三个文本框用来显示对象相对于参考坐标系的方向向量。

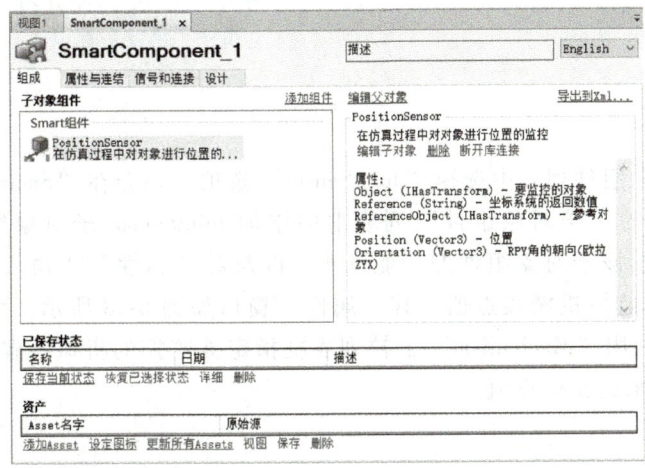
图 6-53　PositionSensor 子对象组件

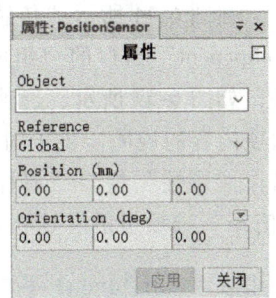
图 6-54　PositionSensor 子对象
组件"属性"窗口

6.4.6 ClosestObject 子对象组件

在图 6-44 所示"传感器"子对象组件列表中选择"ClosestObject"选项,则会在"SmartComponent"窗口的"组成"选项卡的"子对象组件"列表框中添加 ClosestObject 子对象组件,如图 6-55 所示,选项卡右侧显示该子对象组件的功能说明,以及对"属性""输入""输出"三项内容的说明。该子对象组件用于检测离指定对象最近的对象,其"属性"窗口如图 6-56 所示,可以在"属性"窗口"属性"选项组利用"ReferenceObject"下拉列表框指定对象,利用"ReferencePoint"的三个文本框指定点的坐标,"Position"的三个文本框用来显示对象相对于参考坐标系的位置坐标,"RootObject"下拉列表框用来指定检测对象的子对象,"ClosestObject"下拉列表框用来显示最接近对象的上层对象,"ClosestPart"下拉列表框用来显示与指定对象最接近的对象,"Distance"文本框用来显示指定对象与最接近对象之间的距离;"信号"选项组的"Execute"按钮用来激活 ClosestObject 子对象组件。

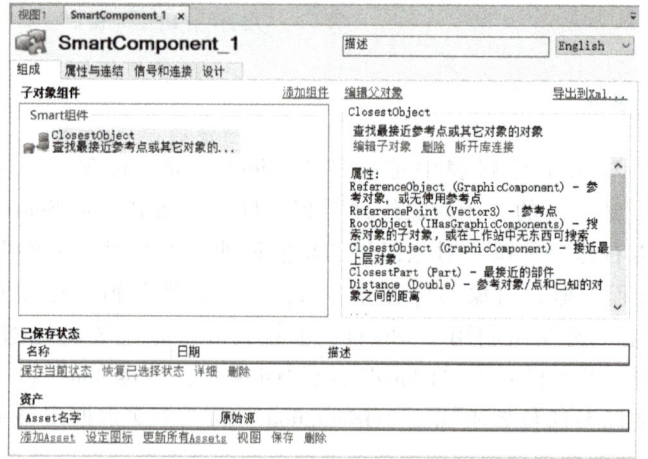

图 6-55 ClosestObject 子对象组件

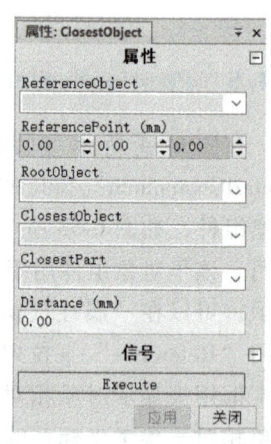

图 6-56 ClosestObject 子对象组件"属性"窗口

6.4.7 JointSensor 子对象组件

在图 6-44 所示"传感器"子对象组件列表中选择"JointSensor"选项,则会在"SmartComponent"窗口的"组成"选项卡的"子对象组件"列表框中添加 JointSensor 子对象组件,如图 6-57 所示,选项卡右侧显示该子对象组件的功能说明,以及对"属性""输入"两项内容的说明。该子对象组件用于监控机械接点值,其"属性"窗口如图 6-58 所示,可以在"属性"窗口"属性"选项组利用"Mechanism"下拉列表框指定被监控的机械装置,"信号"选项组的"Update"按钮用来更新接点值。

6.4.8 GetParent 子对象组件

在图 6-44 所示"传感器"子对象组件列表中选择"GetParent"选项,则会在"SmartComponent"窗口的"组成"选项卡的"子对象组件"列表框中添加 GetParent 子对象组件,如图 6-59 所示，选项卡右侧显示该子对象组件的功能说明，以及对"属性"的说明。该子对象组件用于获取对象的父对象，其"属性"窗口如图 6-60 所示，可以在"属性"窗口"属性"选项组利用"Child"下拉列表框指定子对象，"Parent"下拉列表框用来显示指定子对象的父对象。

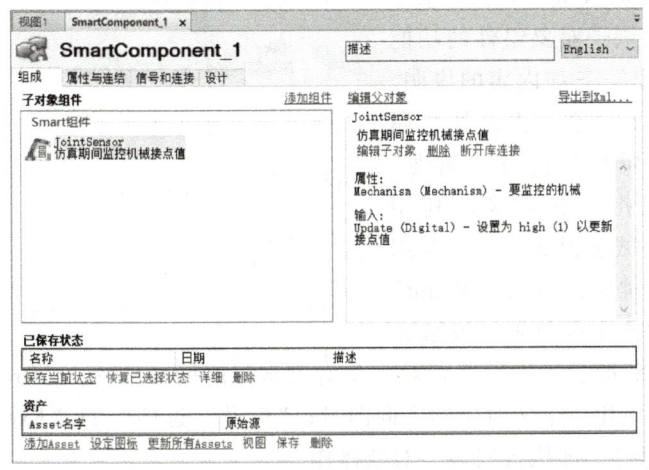

图 6-57 JointSensor 子对象组件

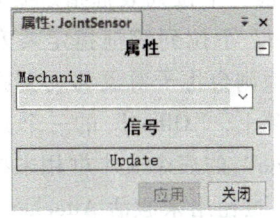

图 6-58 JointSensor 子对象组件"属性"窗口

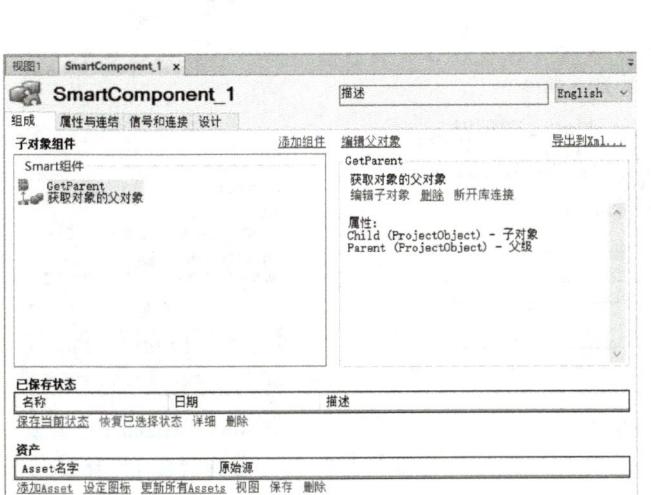

图 6-59 GetParent 子对象组件

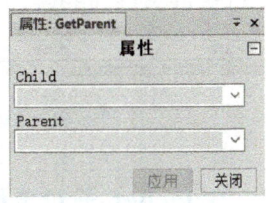

图 6-60 GetParent 子对象组件"属性"窗口

6.5 "动作"子对象组件

在图 6-5 所示"添加组件"列表中将鼠标移动到"动作"位置可展开"动作"子对象组件列表，如图 6-61 所示，选择子对象组件选项，就会在"SmartComponent"窗口的"组成"选项卡的"子对象组件"列表框中添加所选择的子对象组件。

6.5.1 Attacher 子对象组件

在图 6-61 所示"动作"子对象组件列表中选择"Attacher"选项,则会在"SmartComponent"窗口的"组成"选项卡的"子对象组件"列表框中添加 Attacher 子对象组件,如图 6-62 所示,选项卡右侧显示该子对象组件的功能说明,以及对"属性""输入""输出"三项内容的说明。该子对象组件用于将子对象安装到父对象上去,其"属性"窗口如图 6-63 所示,可以在"属性"窗口"属性"选项组利用"Parent"下拉列表框指定父对象,利用"Flange"下拉列表框指定要安装到机械装置的法兰,利用"Child"下拉列表框指定要安装的子对象,勾选"Mount"复选框则会将子对象移动到指定父对象坐标位置并安装在

图 6-61 "动作"子对象组件列表

父对象上,"Offset"的三个文本框用来指定安装位置相对于父对象坐标的偏移坐标,"Orientation"的三个文本框用来指定子对象相对于父对象的方向向量;"信号"选项组的"Execute"按钮用来激活 Attacher 子对象组件,即执行安装子对象操作。

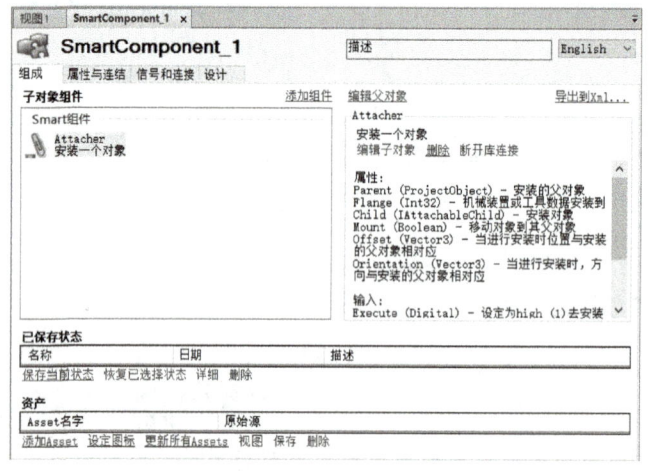

图 6-62 Attacher 子对象组件

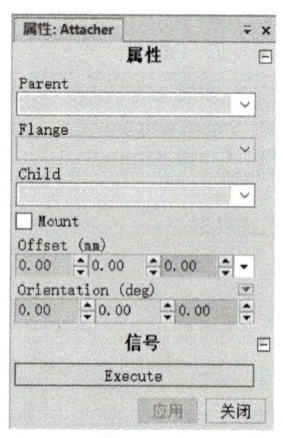

图 6-63 Attacher 子对象组件"属性"窗口

6.5.2 Detacher 子对象组件

在图 6-61 所示"动作"子对象组件列表中选择"Detacher"选项,则会在"SmartComponent"窗口的"组成"选项卡的"子对象组件"列表框中添加 Detacher 子对象组件,如图 6-64 所示,选项卡右侧显示该子对象组件的功能说明,以及对"属性""输入""输出"三项内容的说明。该子对象组件用于将子对象从其父对象上拆除,其"属性"窗口如图 6-65 所示,可以在"属性"窗口"属性"选项组利用"Child"下拉列表框指定要拆除的子对象,勾选"KeepPosition"复选框则子对象从父对象拆除后仍保持在当前位置,否则子对象在从父对象拆除后返回其原始的位置;"信号"选项组的"Execute"按钮用来激活 Detacher 子对象组件,即执行拆除子对象操作。

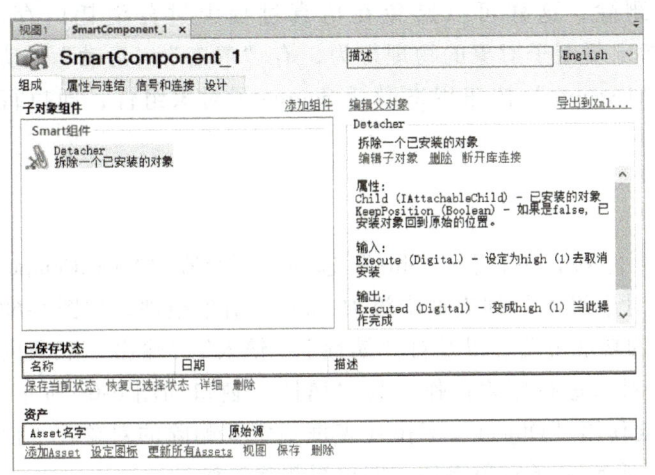

图 6-64 Detacher 子对象组件

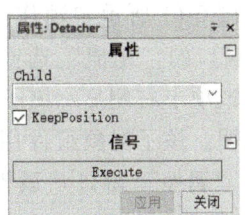

图 6-65 Detacher 子对象组件"属性"窗口

6.5.3 Source 子对象组件

在图 6-61 所示"动作"子对象组件列表中选择"Source"选项，则会在"SmartComponent"窗口的"组成"选项卡的"子对象组件"列表框中添加 Source 子对象组件，如图 6-66 所示，选项卡右侧显示该子对象组件的功能说明，以及对"属性""输入""输出"三项内容的说明。该子对象组件用于显示复制出来的子对象，其"属性"窗口如图 6-67 所示，可以在"属性"窗口"属性"选项组利用"Source"下拉列表框指定要复制的子对象；"Copy"下拉列表框用来显示复制出来的子对象；"Parent"下拉列表框用来指定复制出来子对象的父对象，如果未指定，则将复制出来的子对象与源对象赋予相同的父对象；"Position"的三个文本框用来指定所复制出来的子对象相对于其源对象的偏移坐标，"Orientation"的三个文本框用来指定所复制出来的子对象相对于其源对象偏移的方向向量；勾选"Transient"复选框，则在仿真过程中复制出来的子对象被标识为临时的，而不会被添加至

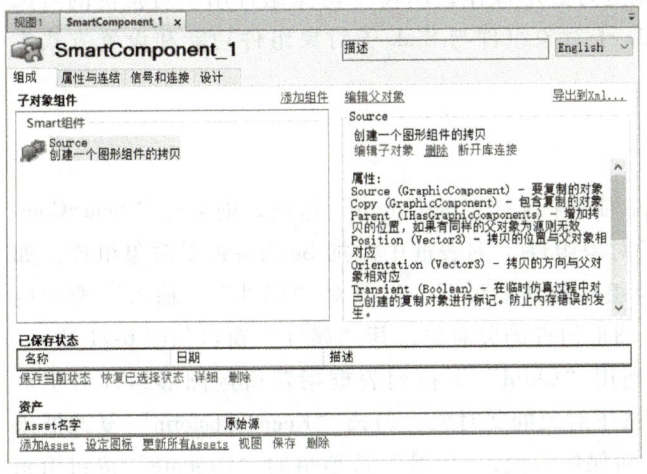

图 6-66 Source 子对象组件

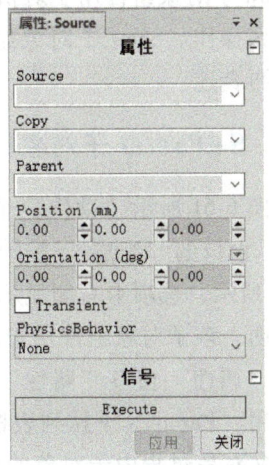

图 6-67 Source 子对象组件"属性"窗口

撤销队列中且在仿真停止后自动被删除,这样可以避免在仿真过程中过分消耗内存;"PhysicsBehavior"下拉列表框用来指定复制子对象的物理行为,有"静态""运动""动态"三种类型。"信号"选项组的"Execute"按钮用来激活 Source 子对象组件,即执行复制操作。

6.5.4　Sink 子对象组件

在图 6-61 所示"动作"子对象组件列表中选择"Sink"选项,则会在"SmartComponent"窗口的"组成"选项卡的"子对象组件"列表框中添加 Sink 子对象组件,如图 6-68 所示,选项卡右侧显示该子对象组件的功能说明,以及对"属性""输入""输出"三项内容的说明。该子对象组件用于对指定对象进行删除操作,其"属性"窗口如图 6-69 所示,可以在"属性"窗口"属性"选项组利用"Object"下拉列表框指定要删除的对象;"信号"选项组的"Execute"按钮用来激活 Sink 子对象组件,即执行删除操作。

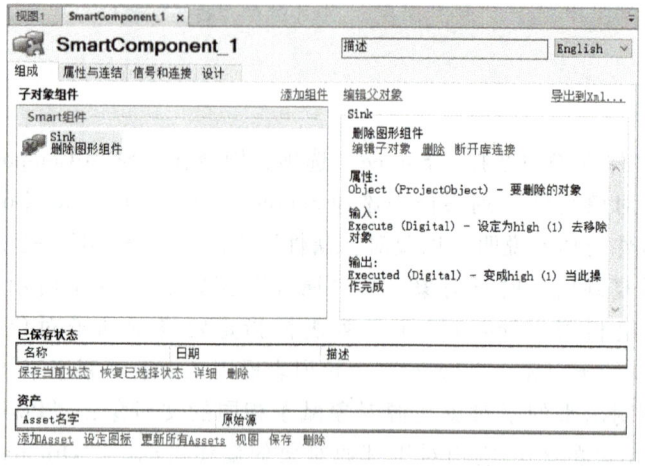

图 6-68　Sink 子对象组件　　　　图 6-69　Sink 子对象组件"属性"窗口

Show 子对象组件用于对指定的对象进行显示操作,Hide 子对象组件用于对指定的对象进行隐藏操作。Show 子对象组件、Hide 子对象组件与 Sink 子对象组件功能和设置方式类似,不再赘述。

6.5.5　SetParent 子对象组件

在图 6-61 所示"动作"子对象组件列表中选择"SetParent"选项,则会在"SmartComponent"窗口的"组成"选项卡的"子对象组件"列表框中添加 SetParent 子对象组件,如图 6-70 所示,选项卡右侧显示该子对象组件的功能说明,以及对"属性""输入"两项内容的说明。该子对象组件用于设置指定图形组件的父对象,其"属性"窗口如图 6-71 所示,可以在"属性"窗口"属性"选项组利用"Child"下拉列表框指定所选图形组件为子对象,利用"Parent"下拉列表框指定所选子对象的父对象,勾选"KeepTransform"复选框则在设置父对象过程中子对象的位置和方向保持不变;"信号"选项组的"Execute"按钮用来激活 SetParent 子对象组件,即执行设置父对象操作。

第 6 章　工业机器人 Smart 组件

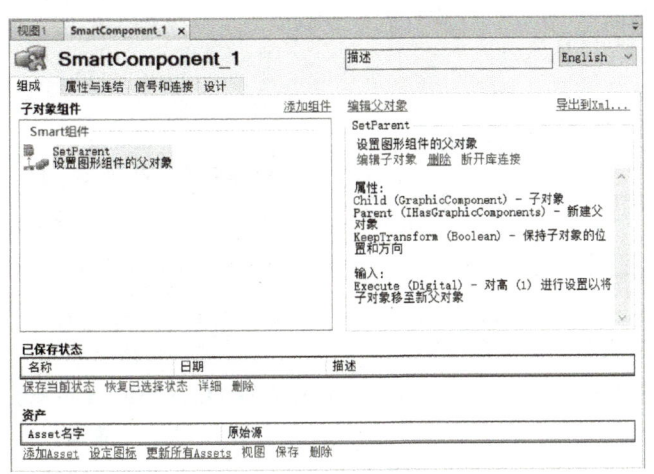

图 6-70　SetParent 子对象组件

图 6-71　SetParent 子对象组件"属性"窗口

6.6　"本体"子对象组件

在图 6-5 所示"添加组件"列表中将鼠标移动到"本体"位置可展开"本体"子对象组件列表，如图 6-72 所示，选择子对象组件选项，就会在"SmartComponent"窗口的"组成"选项卡的"子对象组件"列表框中添加所选择的子对象组件。

6.6.1　LinearMover 子对象组件

在图 6-72 所示"本体"子对象组件列表中选择"LinearMover"选项，则会在"SmartComponent"窗口的"组成"选项卡的"子对象组件"列表框中添加 LinearMover 子对象组件，如图 6-73 所示，选项卡右侧显示该子对象组件的功能说明，以及对"属性""输入"两项内容的说明。该子对象组件用于控制指定对象沿直线运动，其"属性"窗口如图 6-74 所示，可以在"属性"窗口"属性"选项组利用"Object"下拉列表框指定要移动的对象，利用"Direction"的三个文本框指定对象移动的方向向量，利用"Speed"文本框指定对象的移动速度，利用"Reference"设置参考坐标系为"Global""Local""Object"中的一种；"信号"选项组的"Execute"按钮用来激活 LinearMover 子对象组件，设为 1 则进行移动，设为 0 则停止移动。

图 6-72　"本体"子对象组件列表

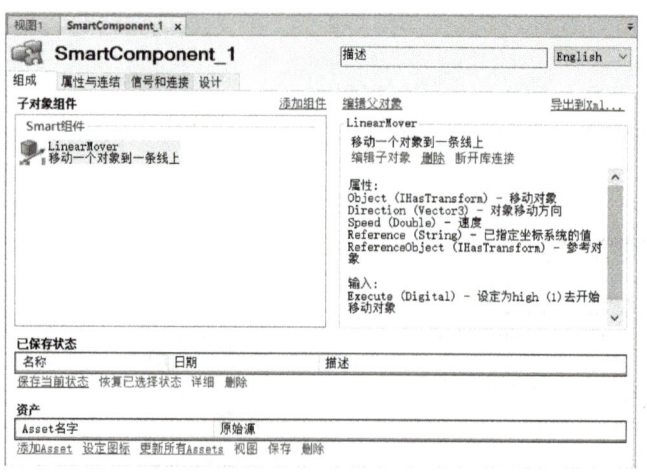
图 6-73 LinearMover 子对象组件

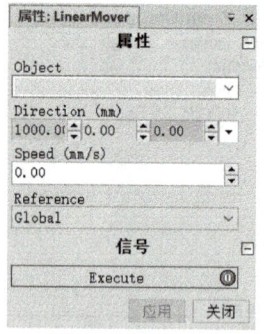
图 6-74 LinearMover 子对象
组件"属性"窗口

6.6.2 LinearMover2 子对象组件

在图 6-72 所示"本体"子对象组件列表中选择"LinearMover2"选项，则会在"SmartComponent"窗口的"组成"选项卡的"子对象组件"列表框中添加 LinearMover2 子对象组件，如图 6-75 所示，选项卡右侧显示该子对象组件的功能说明，以及对"属性""输入""输出"三项内容的说明。该子对象组件用于控制指定对象沿直线运动到指定位置，其"属性"窗口如图 6-76 所示，可以在"属性"窗口"属性"选项组利用"Object"下拉列表框指定要移动的对象，利用"Direction"的三个文本框指定对象移动的方向向量，利用"Distance"文本框指定对象的移动距离，利用"Duration"文本框指定对象的移动时间以使所指定的对象在此时间内完成"Distance"所指定的移动距离，利用"Reference"设置参考坐标系为"Global""Local""Object"中的一种；"信号"选项组的"Execute"按钮用来激活 LinearMover2 子对象组件，即执行移动操作，"Executing"按钮在对象移动过程中显示为 1，在对象移动结束后显示为 0。

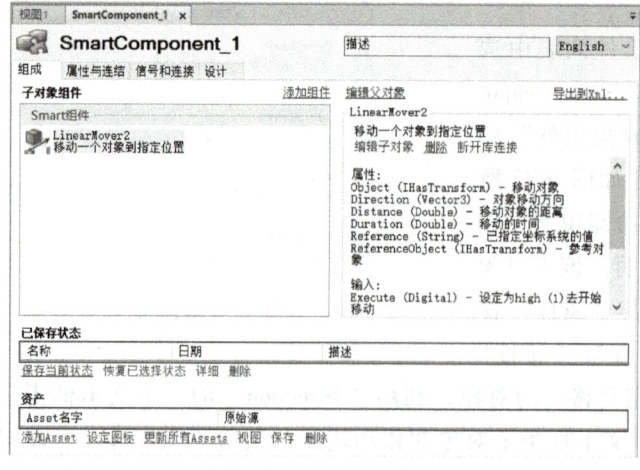
图 6-75 LinearMover2 子对象组件

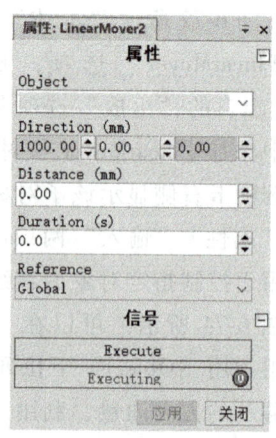
图 6-76 LinearMover2 子对象
组件"属性"窗口

6.6.3　Rotator 子对象组件

在图 6-72 所示"本体"子对象组件列表中选择"Rotator"选项,则会在"SmartComponent"窗口的"组成"选项卡的"子对象组件"列表框中添加 Rotator 子对象组件,如图 6-77 所示,选项卡右侧显示该子对象组件的功能说明,以及对"属性""输入"两项内容的说明。该子对象组件用于控制指定对象绕指定轴进行旋转,其"属性"窗口如图 6-78 所示,可以在"属性"窗口"属性"选项组利用"Object"下拉列表框指定要旋转的对象,利用"CenterPoint"的三个文本框指定中心点坐标,利用"Axis"文本框与"CenterPoint"指定的中心点相结合确定指定对象的旋转轴,利用"Speed"文本框指定对象的旋转角速度,利用"Reference"设置参考坐标系为"Global""Local""Object"中的一种;"信号"选项组的"Execute"按钮用来激活 Rotator 子对象组件,设为 1 则进行旋转,设为 0 则停止旋转。

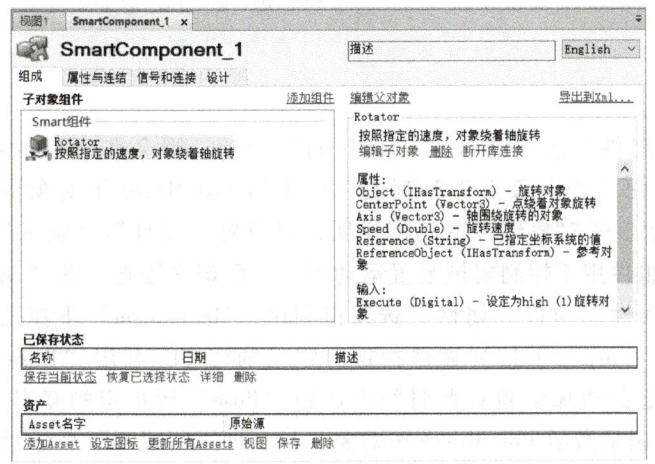

图 6-77　Rotator 子对象组件

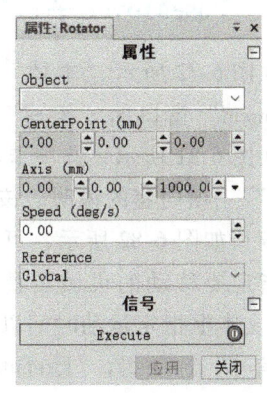

图 6-78　Rotator 子对象组件"属性"窗口

6.6.4　Rotator2 子对象组件

在图 6-72 所示"本体"子对象组件列表中选择"Rotator2"选项,则会在"SmartComponent"窗口的"组成"选项卡的"子对象组件"列表框中添加 Rotator2 子对象组件,如图 6-79 所示,选项卡右侧显示该子对象组件的功能说明,以及对"属性""输入""输出"三项内容的说明。该子对象组件用于控制指定对象绕指定轴旋转指定角度,其"属性"窗口如图 6-80 所示,可以在"属性"窗口"属性"选项组利用"Object"下拉列表框指定要旋转的对象,利用"CenterPoint"的三个文本框指定中心点坐标,利用"Axis"文本框与"CenterPoint"指定的中心点相结合确定指定对象的旋转轴,利用"Angle"文本框指定对象的旋转角度,利用"Duration"文本框指定对象的旋转时间以使所指定的对象在此时间内完成"Angle"所指定的角度,利用"Reference"设置参考坐标系为"Global""Local""Object"中的一种;"信号"选项组的"Execute"按钮用来激活 Rotator2 子对象组件,即执行旋转操作,"Executing"按钮在对象旋转过程中显示为 1,在对象旋转结束后显示为 0。

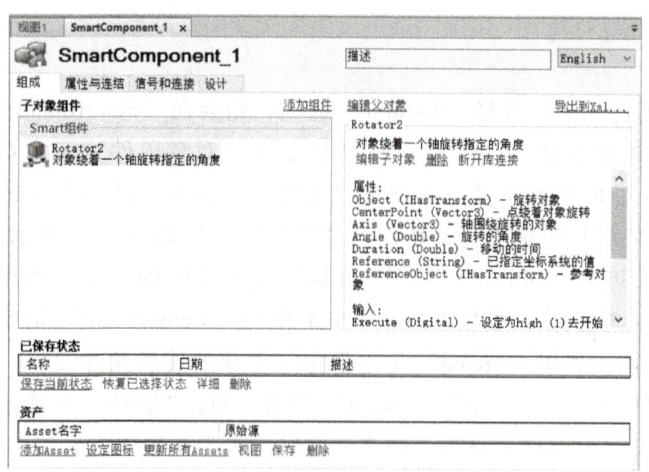

图 6-79　Rotator2 子对象组件

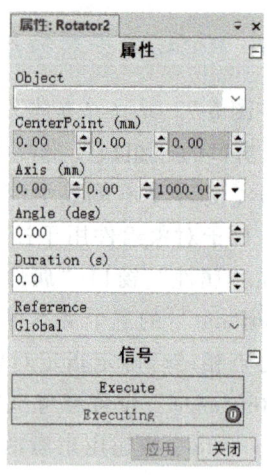

图 6-80　Rotator2 子对象
组件"属性"窗口

6.6.5　PoseMover 子对象组件

在图 6-72 所示"本体"子对象组件列表中选择"PoseMover"选项，则会在"Smart-Component"窗口的"组成"选项卡的"子对象组件"列表框中添加 PoseMover 子对象组件，如图 6-81 所示，选项卡右侧显示该子对象组件的功能说明，以及对"属性""输入""输出"三项内容的说明。该子对象组件用于控制机械装置运动到一个已定义姿态，其"属性"窗口如图 6-82 所示，可以在"属性"窗口"属性"选项组利用"Mechanism"下拉列表框指定要移动的机械装置，利用"Pose"下拉列表框指定已定义的姿态，利用"Duration"文本框指定运动时间以使所指定的机械装置在此时间内达到"Pose"所指定的姿态。在"信号"选项组，"Execute"按钮用来激活 PoseMover 子对象组件，即进行机械装置运动操作；"Executing"按钮在机械装置运动过程中显示为 1，在机械装置运动结束后显示为 0；单击"Pause"按钮则暂停机械装置运动，此时"Paused"按钮显示为 1，否则"Paused"按钮显示为 0；单击"Cancel"按钮则取消移动操作。

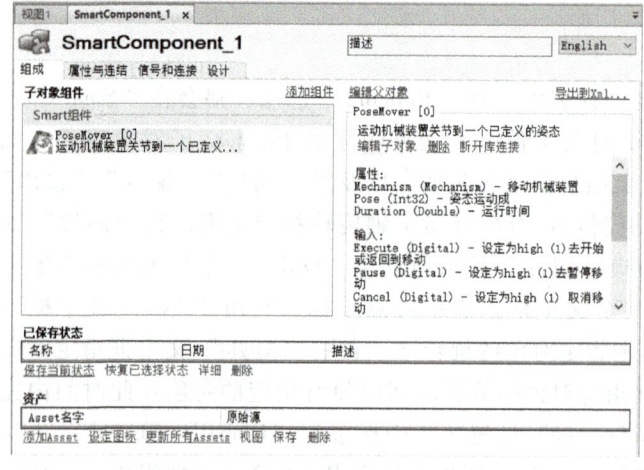

图 6-81　PoseMover 子对象组件

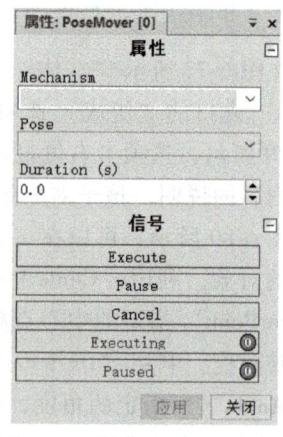

图 6-82　PoseMover 子对象
组件"属性"窗口

6.6.6 JointMover 子对象组件

在图 6-72 所示"本体"子对象组件列表中选择"JointMover"选项，则会在"SmartComponent"窗口的"组成"选项卡的"子对象组件"列表框中添加 JointMover 子对象组件，如图 6-83 所示，选项卡右侧显示该子对象组件的功能说明，以及对"属性""输入""输出"三项内容的说明。该子对象组件用于控制机械装置按照指定关节值进行运动，其"属性"窗口如图 6-84 所示，可以在"属性"窗口"属性"选项组利用"Mechanism"下拉列表框指定要移动的机械装置，勾选"Relative"复选框则指定关节值相对起始位置采用相对值而非绝对关节值，"Duration"文本框用来指定运动时间。在"信号"选项组，"GetCurrent"按钮用来获取当前关节值；"Execute"按钮用来激活 JointMover 子对象组件，即进行机械装置的关节运动操作；"Executing"按钮在机械装置运动过程中显示为 1，在机械装置运动结束后显示为 0；单击"Pause"按钮则暂停机械装置运动，此时"Paused"按钮显示为 1，否则"Paused"按钮显示为 0；单击"Cancel"按钮则取消移动操作。

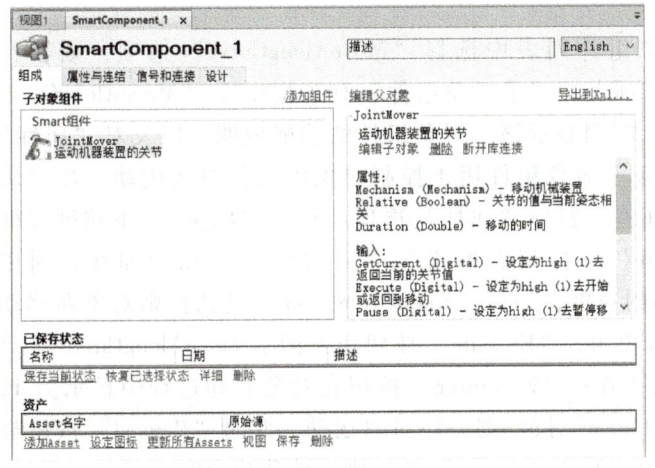

图 6-83 JointMover 子对象组件

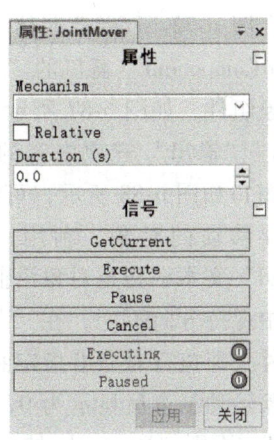

图 6-84 JointMover 子对象组件"属性"窗口

6.6.7 Positioner 子对象组件

在图 6-72 所示"本体"子对象组件列表中选择"Positioner"选项，则会在"SmartComponent"窗口的"组成"选项卡的"子对象组件"列表框中添加 Positioner 子对象组件，如图 6-85 所示，选项卡右侧显示该子对象组件的功能说明，以及对"属性""输入""输出"三项内容的说明。该子对象组件用于指定对象的位置与方向，其"属性"窗口如图 6-86 所示，可以在"属性"窗口"属性"选项组利用"Object"下拉列表框指定对象，利用"Position"的三个文本框指定对象相对于参考坐标系的位置点坐标，利用"Orientation"的三个文本框指定对象相对于参考坐标系 X、Y 和 Z 轴的偏移角度，"Reference"用于设置参考坐标系为"Global""Local""Object"中的一种；"信号"选项组的"Execute"按钮用来激活 Positioner 子对象组件，即执行位置与方向设定操作。

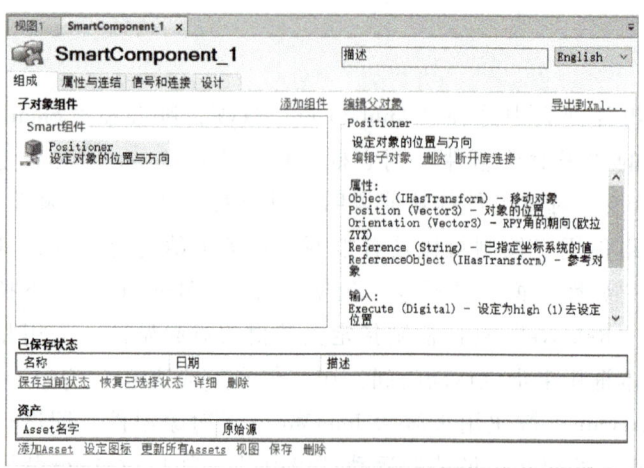

图 6-85　Positioner 子对象组件

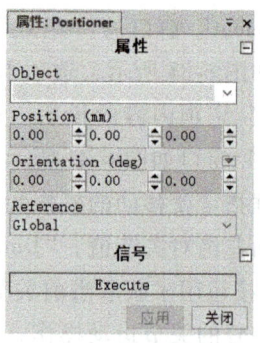

图 6-86　Positioner 子对象
组件"属性"窗口

6.6.8　MoveAlongCurve 子对象组件

在图 6-72 所示"本体"子对象组件列表中选择"MoveAlongCurve"选项，则会在"SmartComponent"窗口的"组成"选项卡的"子对象组件"列表框中添加 MoveAlongCurve 子对象组件，如图 6-87 所示，选项卡右侧显示该子对象组件的功能说明，以及对"属性""输入""输出"三项内容的说明。该子对象组件用于控制对象沿几何曲线运动，其"属性"窗口如图 6-88 所示，可以在"属性"窗口"属性"选项组利用"Object"下拉列表框指定要移动的对象，利用"WirePart"下拉列表框指定对象要沿着运动的曲线，利用"Speed"文本框指定对象沿曲线移动的速度，勾选"KeepOrientation"复选框则对象在移动过程中保持方向不变。在"信号"选项组，"Execute"按钮用来激活 MoveAlongCurve 子对象组件，即执行对象沿指定曲线运动操作；"Executing"按钮在对象运动过程中显示为 1，在对象运动结束后显示为 0；单击"Pause"按钮则暂停对象运动，此时"Paused"按钮显示为 1，否则"Paused"按钮显示为 0；单击"Cancel"按钮则取消移动操作。

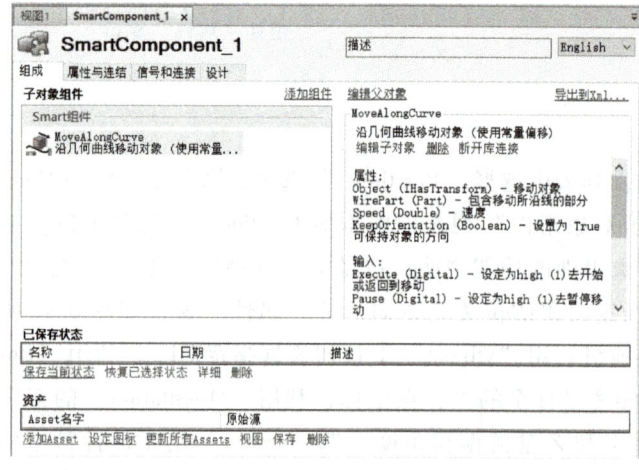

图 6-87　MoveAlongCurve 子对象组件

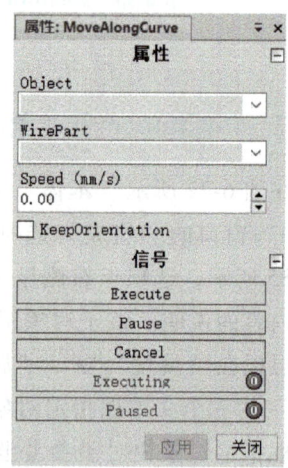

图 6-88　MoveAlongCurve 子对象
组件"属性"窗口

6.7 "其它"子对象组件

在图 6-5 所示"添加组件"列表中将鼠标移动到"其它"位置可展开"其它"子对象组件列表,如图 6-89 所示,选择子对象组件选项,就会在"SmartComponent"窗口的"组成"选项卡的"子对象组件"列表框中添加所选择的子对象组件。

6.7.1 Queue 子对象组件

在图 6-89 所示"其它"子对象组件列表中选择"Queue"选项,则会在"SmartComponent"窗口的"组成"选项卡的"子对象组件"列表框中添加 Queue 子对象组件,如图 6-90 所示,选项卡右侧显示该子对象组件的功能说明,以及对"属性""输入"两项内容的说明。该子对象组件用于将多个对象放到队列中然后将队列中的所有对象当作一个组进行操作,其"属性"窗口如图 6-91 所示,可以在"属性"窗口"属性"选项组利用"Back"下拉列表框指定要排队进入队列的对象,利用"Front"下拉列表框指定排在队列前端的对象,"NumberOfObjects"文本框用来指定队列中的对象数量。在"信号"选项组,"Enqueue"按钮用来将排在后面的对象,即"Back"下拉列表框指定的对象添加到队列中;"Dequeue"按钮用来将队列前端的对象,即利用"Front"下拉列表框指定的对象从队列中移除;"Clear"按钮用来清空队列;"Delete"按钮用来将队列前端的对象,即利用"Front"下拉列表框指定的对象移除并将该对象从工作站中移除;"DeleteAll"按钮用来清空队列中的所有对象并从工作站中移除。

图 6-89 "其它"子对象组件列表

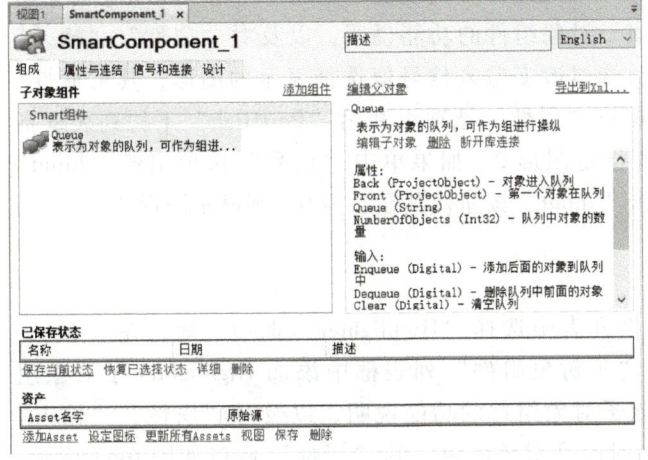

图 6-90 Queue 子对象组件

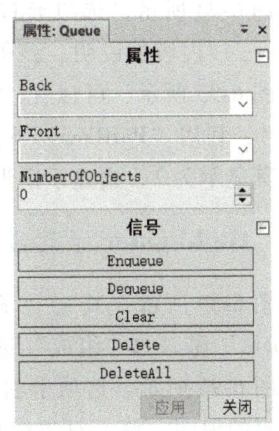

图 6-91 Queue 子对象组件"属性"窗口

6.7.2 ObjectComparer 子对象组件

在图 6-89 所示"其它"子对象组件列表中选择"ObjectComparer"选项，则会在"SmartComponent"窗口的"组成"选项卡的"子对象组件"列表框中添加 ObjectComparer 子对象组件，如图 6-92 所示，选项卡右侧显示该子对象组件的功能说明，以及对"属性""输出"两项内容的说明。该子对象组件用于对两个对象进行比较，其"属性"窗口如图 6-93 所示，可以在"属性"窗口"属性"选项组利用"ObjectA"下拉列表框指定第一个对象，利用"ObjectB"下拉列表框指定第二个对象。如果两个对象相同，则"信号"选项组的"Output"按钮显示为 1，否则显示为 0。

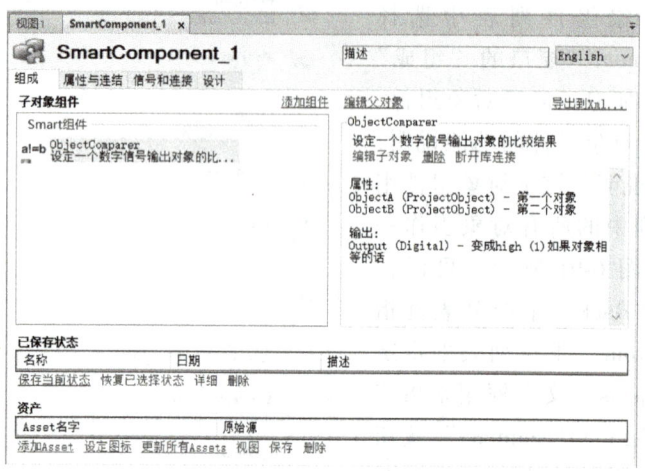

图 6-92　ObjectComparer 子对象组件

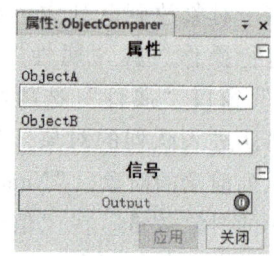

图 6-93　ObjectComparer 子对象组件"属性"窗口

6.7.3 GraphicSwitch 子对象组件

在图 6-89 所示"其它"子对象组件列表中选择"GraphicSwitch"选项，则会在"SmartComponent"窗口的"组成"选项卡的"子对象组件"列表框中添加 GraphicSwitch 子对象组件，如图 6-94 所示，选项卡右侧显示该子对象组件的功能说明，以及对"属性""输入""输出"三项内容的说明。该子对象组件通过改变输入信号值选择显示的图形，其"属性"窗口如图 6-95 所示，可以在"属性"窗口"属性"选项组利用"PartHigh"下拉列表框指定图形 1，利用"PartLow"下拉列表框指定图形 2。如果单击"信号"选项组的"Input"按钮使其显示为 1，则显示图形 1，单击"Input"按钮使其显示为 0，则显示图形 2。

6.7.4 Highlighter 子对象组件

在图 6-89 所示"其它"子对象组件列表中选择"Highlighter"选项，则会在"SmartComponent"窗口的"组成"选项卡的"子对象组件"列表框中添加 Highlighter 子对象组件，如图 6-96 所示，选项卡右侧显示该子对象组件的功能说明，以及对"属性""输入"两项内容的说明。该子对象组件用于临时改变对象颜色，其"属性"窗口如图 6-97 所示，可以在"属性"窗口"属性"选项组利用"Object"下拉列表框指定要改变颜色的对象，利用"Color"的三个文本框设置 RGB 值来指定对象要变成的颜色，利用"Opacity"文本框指定对象的原始颜色和要变成的颜色的混合程度；"信号"选项组的"Execute"按钮用来激活 Highlighter 子对象组件，即执行改变对象颜色操作。

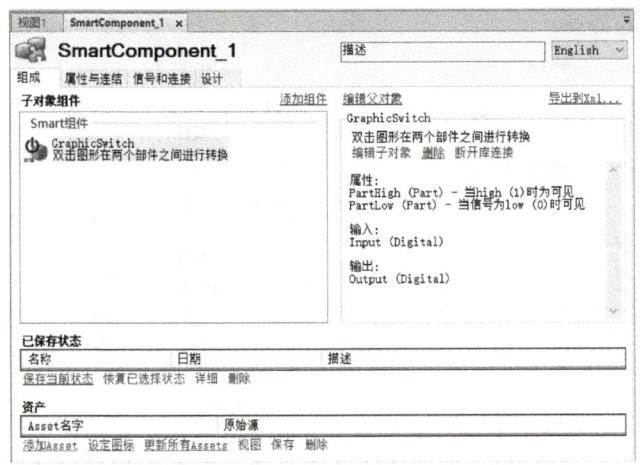

图 6-94　GraphicSwitch 子对象组件

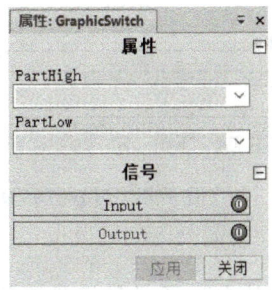

图 6-95　GraphicSwitch 子对象组件"属性"窗口

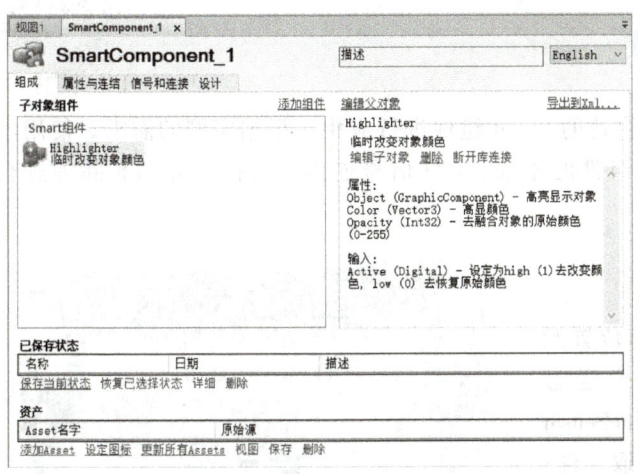

图 6-96　Highlighter 子对象组件

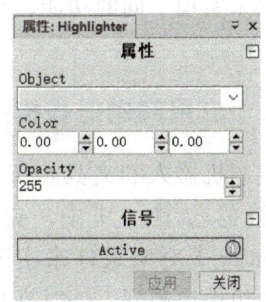

图 6-97　Highlighter 子对象组件"属性"窗口

6.7.5　MoveToViewpoint 子对象组件

在图 6-89 所示"其它"子对象组件列表中选择"MoveToViewpoint"选项，则会在"SmartComponent"窗口的"组成"选项卡的"子对象组件"列表框中添加 MoveToViewpoint 子对象组件，如图 6-98 所示，选项卡右侧显示该子对象组件的功能说明，以及对"属性""输入""输出"三项内容的说明。该子对象组件用于将视图窗口切换到已定义的视角上，其"属性"窗口如图 6-99 所示，可以在"属性"窗口"属性"选项组利用"Viewpoint"下拉列表框指定要移动到的视角，利用"Time"文本框指定完成视角切换的时间；"信号"选项组的"Execute"按钮用来激活 Highlighter 子对象组件，即执行切换视角操作。

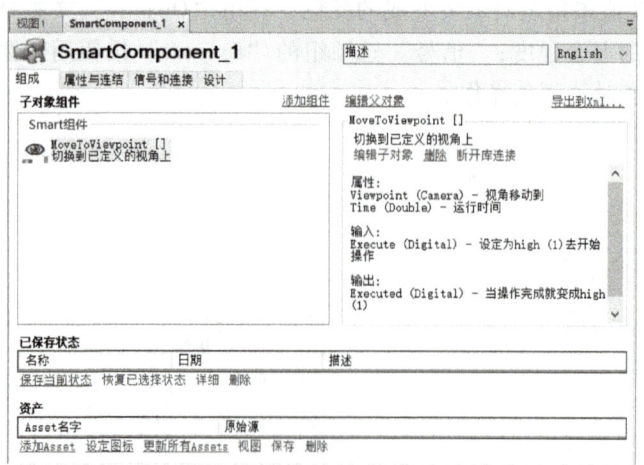

图 6-98　MoveToViewpoint 子对象组件

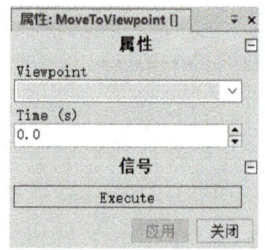

图 6-99　MoveToViewpoint 子对象组件"属性"窗口

"其它"子对象组件类别中的其余组件应用较少,不再展开介绍,需要用到的可查阅 RobotStudio 软件的帮助文档。

6.8　Smart 组件应用实例

本节将通过一个实例对前面几节讲述的 Smart 组件进行应用,根据实例的需求,使用不同组件来实现不同的功能,对子对象组件的添加、I/O 信号连接、组件设计和删除等进行练习。

6.8.1　应用实例任务描述

控制机器人和夹具将工件从当前位置搬运到新的位置,其中,夹具的闭合通过 LineSensor 子对象组件来实现,当 LineSensor 子对象组件检测到工件时夹具闭合夹取工件;夹取动作通过 Attacher 子对象组件来实现,对工件进行搬运操作;通过 I/O 信号控制夹具打开并放置工件,放置动作通过 Detacher 子对象组件来实现,夹具的打开和闭合状态由 PoseMover 子对象组件来实现。

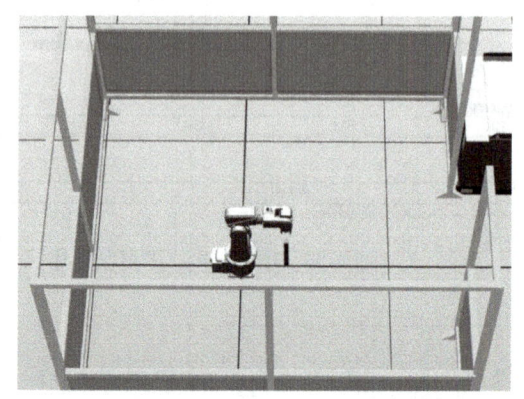

图 6-100　机器人工作站布局

本实例需要建立包含一个机器人、一个夹具和一个矩形体工件的工作站,其布局如图 6-100 所示,机器人建议使用 IRB120 型号。

6.8.2　仿真环境搭建及信号配置

根据任务表述,首先要搭建如图 6-100 所示的工作站,添加相关 Smart 子对象组件并进行设计。

1. 工作站搭建并设置夹具

加载 IRB120 机器人及 Smart Gripper 夹具,然后设置夹具的打开和闭合两种姿态。具体操作步骤如下:

1)在操作面板区的"布局"选项卡中右键单击夹具,在弹出的快捷菜单中选择"修改机械装置"选项,如图 6-101 所示。

2)在"修改机械装置"窗口中双击"原点位置"文本框以添加夹具姿态,如图 6-102 所示。

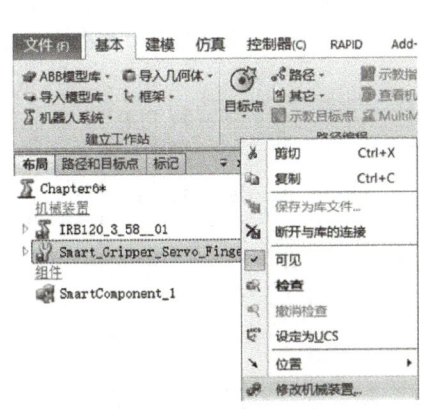

图 6-101 选择"修改机械装置"选项

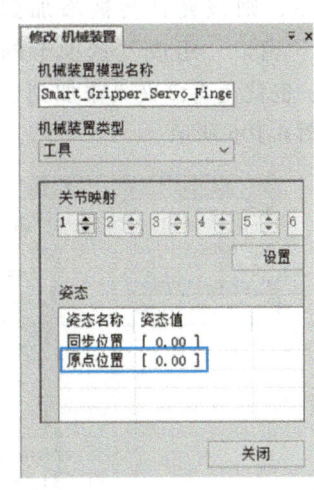

图 6-102 双击"原点位置"文本框以添加夹具姿态

3)在弹出的"修改姿态"对话框中,将"原点姿态"复选框的勾选去除,将"姿态名称"设置为"打开",将"关节值"设置为最大值"25",单击"确定"按钮创建夹具的打开姿态,如图 6-103 所示。

4)返回"修改机械装置"窗口,双击"同步位置"文本框,在弹出的"修改姿态"对话框中将"姿态名称"设置为"关闭",将"关节值"设置为"15",单击"确定"按钮创建夹具的闭合姿态,如图 6-104 所示。

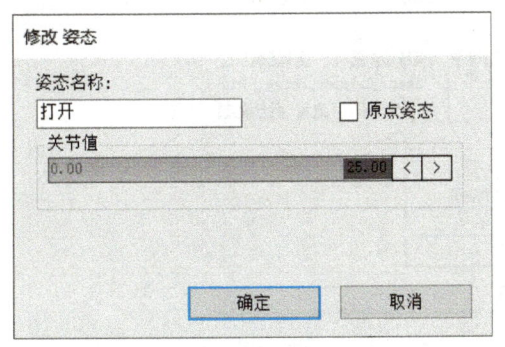

图 6-103 创建夹具的打开姿态

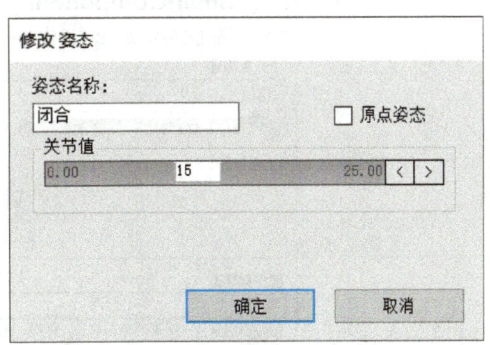

图 6-104 创建夹具的闭合姿态

5)添加完成的夹具打开和闭合姿态如图 6-105 所示,单击"打开"或"闭合"文本框,则可以在视图窗口中观察夹具姿态变化。

2. 添加组件并设置属性

根据任务的需要添加相应子对象组件并对子对象组件属性进行设置，具体步骤如下。

1）在功能区"建模"选项卡单击"Smart 组件"按钮打开"SmartComponent"窗口，在操作面板区"布局"选项卡中选中夹具并利用鼠标将其拖拽到"SmartComponent_1"分支下，则该夹具会被添加到"SmartComponent"窗口"组成"选项卡的"其它"列表框中，也就是将该夹具添加到了 Smart 组件中，如图 6-106 所示。

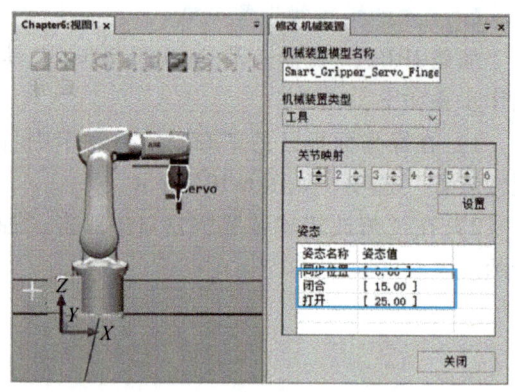

图 6-105　夹具姿态添加完成

图 6-106　添加夹具到 Smart 组件

2）在"子对象组件"列表框中右键单击夹具，在弹出的快捷菜单中勾选"设定为 Role"选项，如图 6-107 所示。

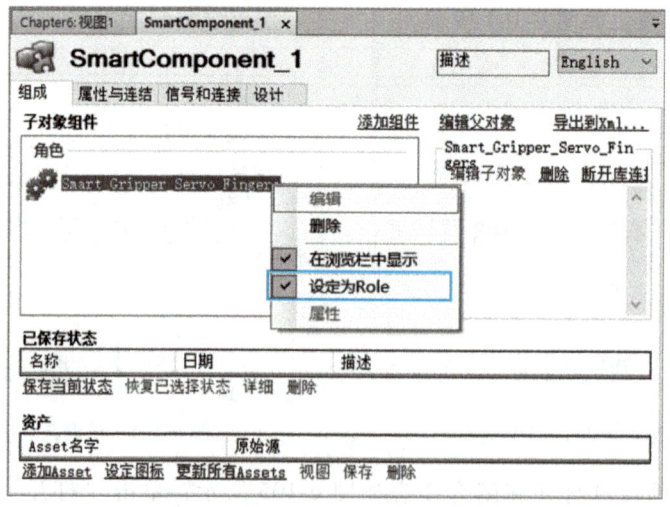

图 6-107　对夹具选择"设定为 Role"选项

3) 根据任务需要添加 LineSensor、Attacher、Detacher、LogicGate 子对象组件和两个 PoseMover 子对象组件，如图 6-108 所示。

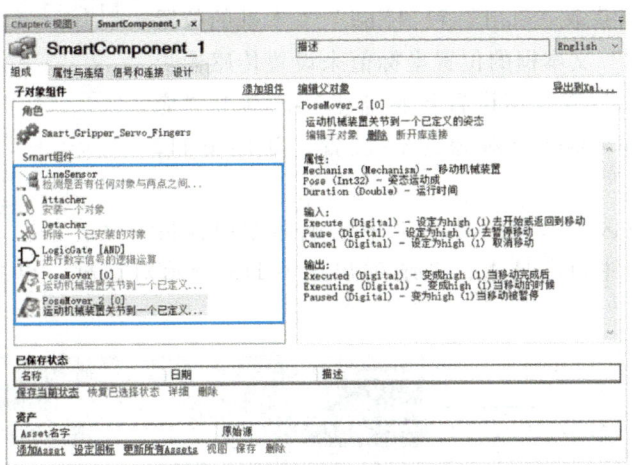

图 6-108　添加子对象组件

4) 打开 PoseMover 子对象组件的"属性"窗口，利用"Mechanism"下拉列表框将要移动的对象选择为夹具，利用"Pose"下拉列表框将要移动到的姿态选择为"闭合"姿态，单击"应用"按钮完成 PoseMover 子对象组件设置，如图 6-109 所示。

5) 打开 PoseMover_2 子对象组件"属性"窗口，利用"Mechanism"下拉列表框将要移动的对象选择为夹具，利用"Pose"下拉列表框将要移动到的姿态选择为"打开"姿态，单击"应用"按钮完成 PoseMover_2 子对象组件设置，如图 6-110 所示。

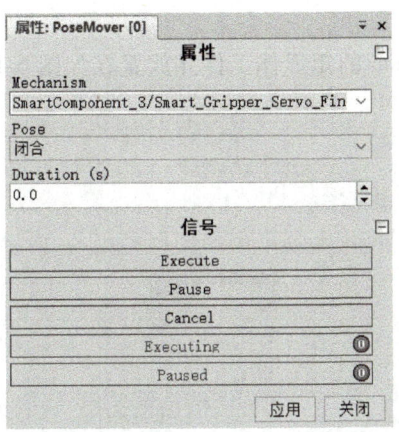

图 6-109　设置 PoseMover 子对象组件

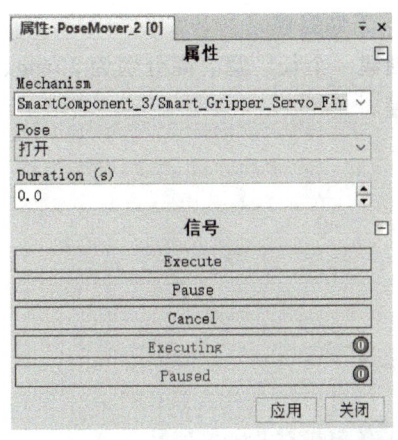

图 6-110　设置 PoseMover_2 子对象组件

6) 打开 LogicGate 子对象组件"属性"窗口，利用"Operator"下拉列表框将逻辑运算类型选择为"Not"，即设置为非门，单击"应用"按钮完成 LogicGate 子对象组件设置，如图 6-111 所示。

3. 安装 LineSensor 子对象组件到夹具位置

将 LineSensor 子对象组件安装到夹具位置，当传感器检测到工件后触发夹具闭合状态，具体安装位置、步骤和设置如下。

1）在视图窗口单击"捕捉中心点"工具按钮,在"属性"窗口中,单击激活"Start"文本框,然后单击夹具下方中心位置两次以获取"Start"和"End"文本框的位置坐标值,修改"End"文本框的位置坐标值来设置传感器长度,再利用"Radius"文本框设置传感器半径,单击"应用"按钮完成 LineSensor 子对象组件设置,如图 6-112 所示。

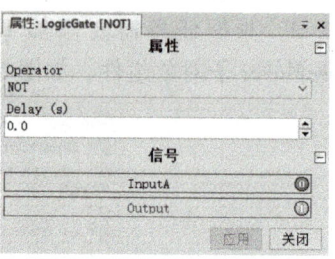

图 6-111　设置 LogicGate 子对象组件

2）在操作面板区"布局"选项卡中用鼠标左键拖拽 LineSensor 子对象组件到夹具上,系统弹出图 6-113 所示对话框,单击"否"按钮关联 LineSensor 到夹具。

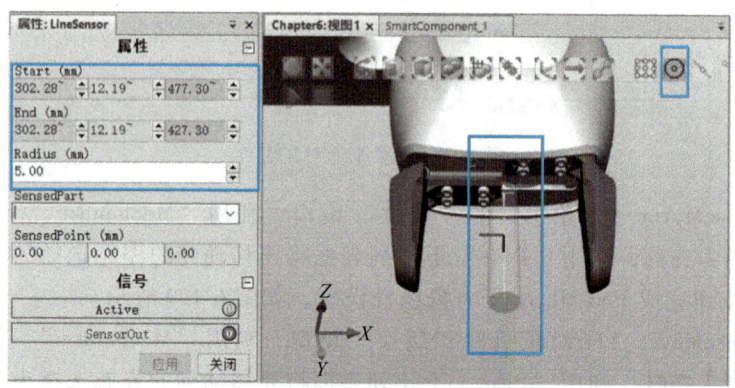

图 6-112　设置 LineSensor 子对象组件

4. 工件建模

创建一个长、宽、高分别为 30mm、30mm、300mm 的矩形体工件并放置在如图 6-114 所示位置。

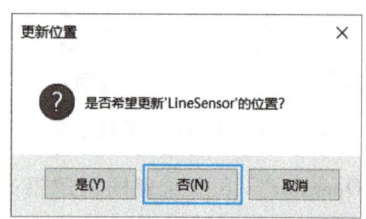

图 6-113　关联 LineSensor 到夹具

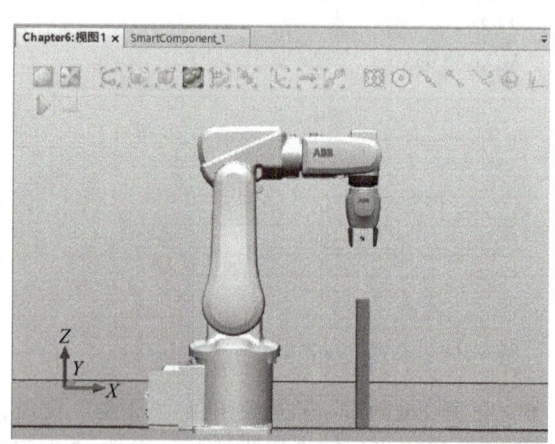

图 6-114　矩形体工件位置

5. 组件设计

对前面添加的子对象组件进行设计和连接,包括添加 I/O 信号及设置应用实例所要求的搬运过程。具体设计和连接操作步骤如下。

1）打开"SmartComponent"窗口的"设计"选项卡，显示的所添加的子对象组件如图 6-115 所示。

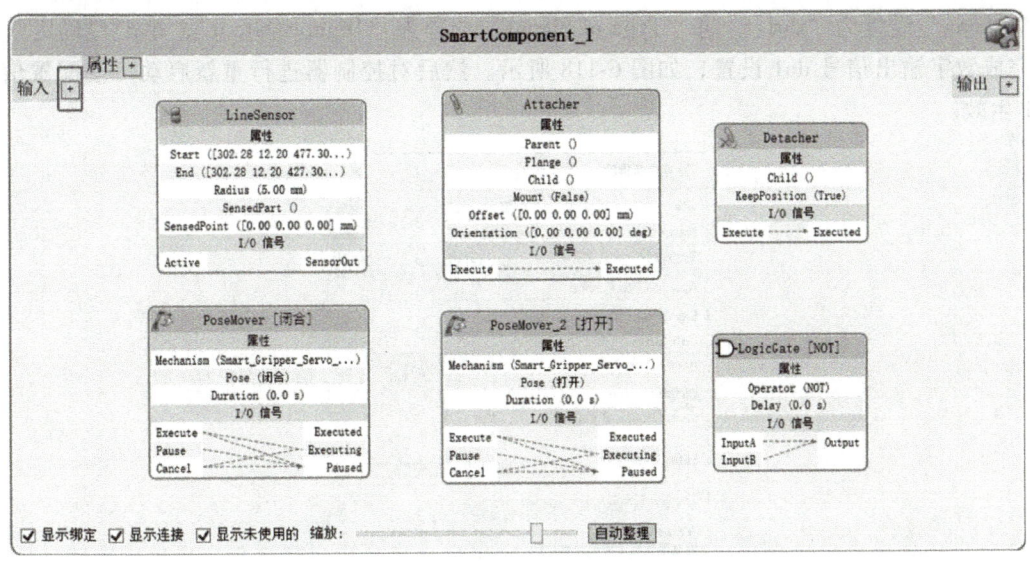

图 6-115 "设计"选项卡显示的所添加的子对象组件

2）单击"SmartComponent"窗口"设计"选项卡"输入"控件后的添加按钮 ，在系统弹出的"添加 I/O Signals"对话框中，将"信号类型"选择为"DigitalInput"，将"信号名称"设置为 di1，单击"确定"按钮完成数字输入信号 di1 的添加，如图 6-116 所示。

3）在功能区"控制器"选项卡单击展开"配置编辑器"下拉列表，然后选择"I/O System"选项打开其"配置"窗口，如图 6-117 所示。

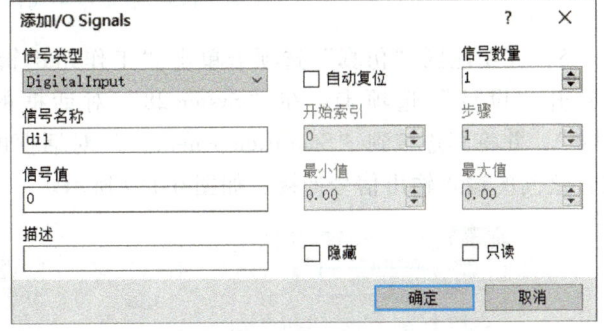

图 6-116 添加数字输入信号"di1"

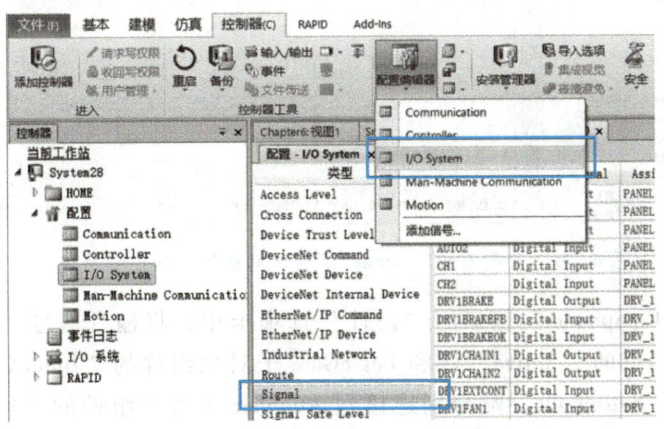

图 6-117 "I/O System"的"配置"窗口

4）在"I/O System"的"配置"窗口的"类型"列，选中"Signal"文本框并单击鼠标右键，在弹出的快捷菜单中选择"新建"选项。在系统弹出的"实例编辑器"对话框，将"Name"设置为"do1"，将"Type of Signal"选择为"Digital Output"，单击"确定"按钮完成数字输出信号 do1 设置，如图 6-118 所示。然后对控制器进行重新启动，使配置信号 do1 生效。

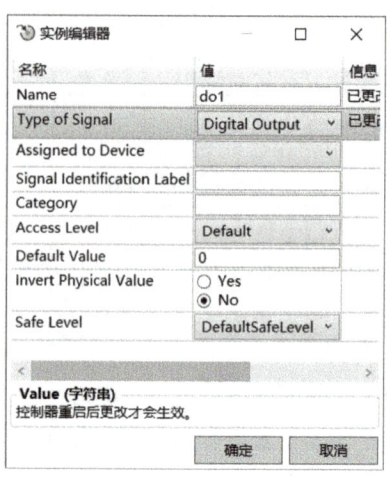

图 6-118　设置数字输出信号 do1

5）在功能区"仿真"选项卡单击"工作站逻辑"按钮打开"工作站逻辑"窗口，单击展开"设计"选项卡，在"System28"对话框的"I/O 信号"下拉列表中选择信号"do1"，并将其连接到"SmartComponent_1"对话框的组件信号"di1"上实现系统与 Smart 组件之间的输入输出信号连接，如图 6-119 所示。

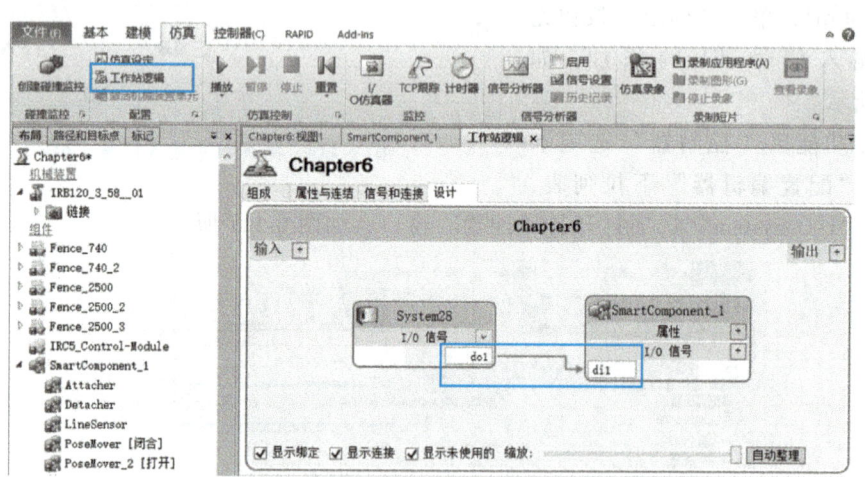

图 6-119　实现系统与 Smart 组件之间的输入输出信号连接

6）在"SmartComponent"窗口的"设计"选项卡中，将输入信号"di1"分别连接到 LineSensor 子对象组件的"Active"端和 LogicGate 子对象组件的"InputA"端；将 LineSensor 子对象组件的"SensorOut"端分别连接到 Attacher 子对象组件的"Excute"端和 PoseMover [闭合] 子对象组件的"Excute"端；将 LineSensor 子对象组件的"SensedPart()"端

连接到 Attacher 子对象组件的"Child()"端,并继续将该"Child()"端连接到 Detacher 子对象组件的"Child()"端;将 LogicGate 子对象组件的"Output"端分别连接到 Detacher 子对象组件的"Excute"端和 PoseMover_2[打开]子对象组件的"Excute"端,完成子对象组件逻辑设置,如图 6-120 所示。

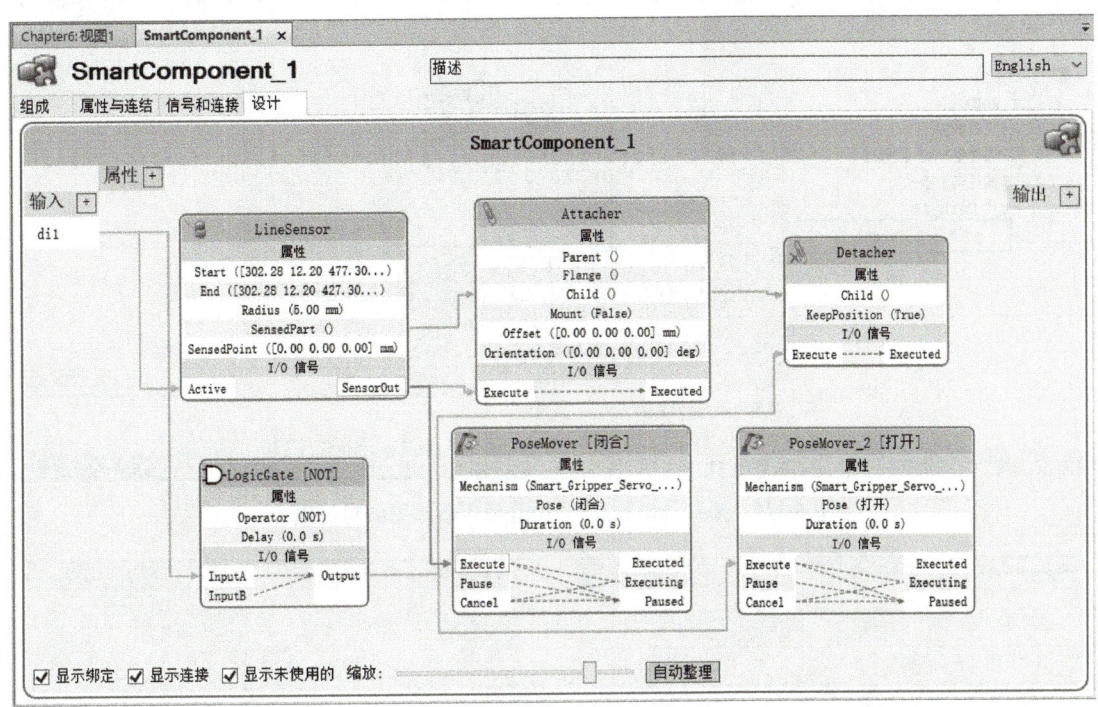

图 6-120 子对象组件逻辑设置

6.8.3 添加搬运路径和控制信号

1. 添加路径

在功能"基本"选项卡单击展开"路径"下拉列表并选择"空路径"选项,添加空路径"Path_10",如图 6-121 所示。

将机器人手动移动到如图 6-122 所示位置 1,在状态栏指令区将机器人运动速度和转角半径分别设置为"v100"和"fine",工具坐标和工件坐标使用系统默认的"tool0"和"wobj0"。在功能区"基本"选项卡单击"示教指令"按钮添加运动指令 MoveL。

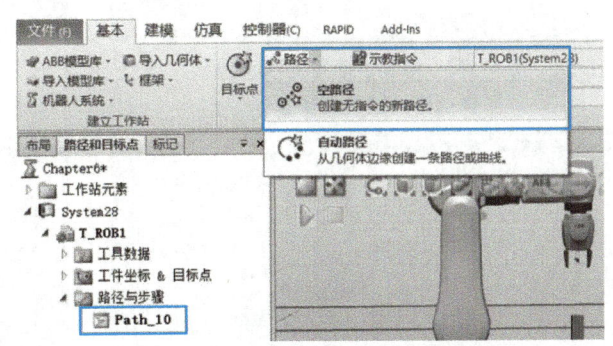

图 6-121 添加空路径"Path_10"

使用与添加运动指令 MoveL 使机器人运动到位置 1 相同的方法,分别移动机器人到图 6-123~图 6-127 所示位置 2~6 并添加相应的运动指令,从而完成整个搬运过程所需要的动作和路径,添加完成的所有路径如图 6-127 所示。

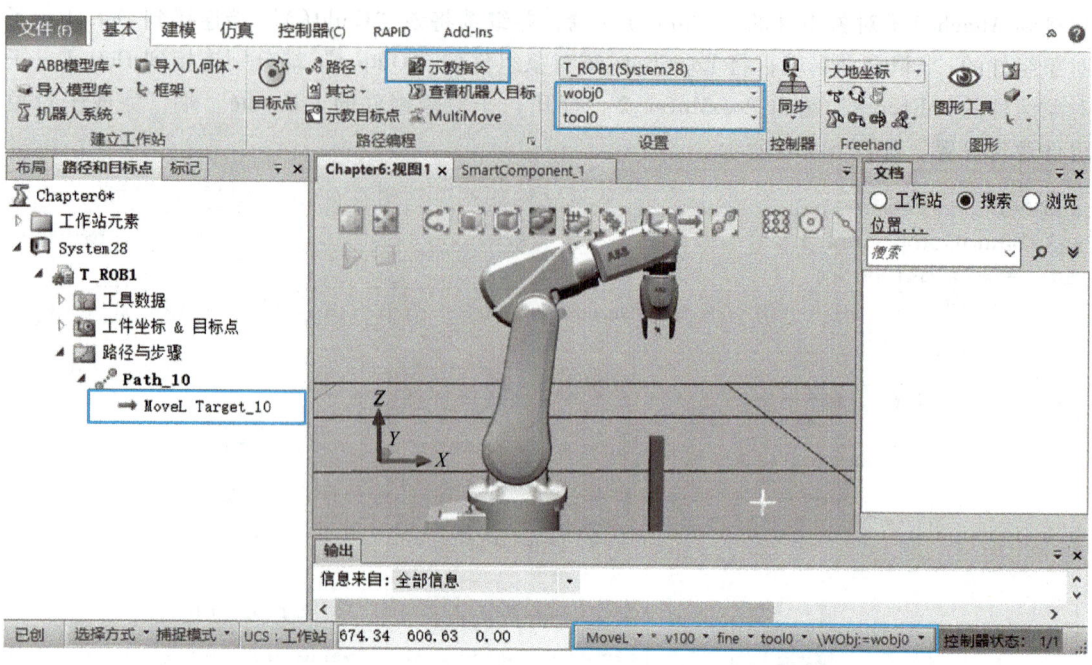

图 6-122 添加运动指令 MoveL 使机器人运动到位置 1

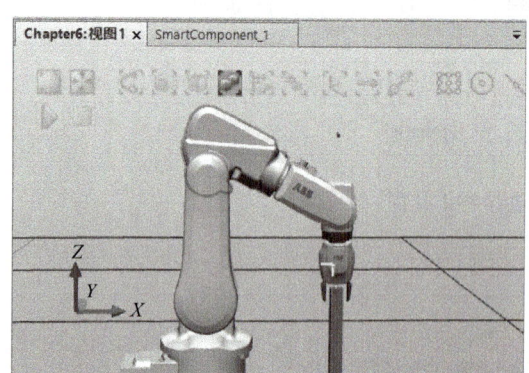

图 6-123 添加运动指令 MoveL
使机器人运动到位置 2

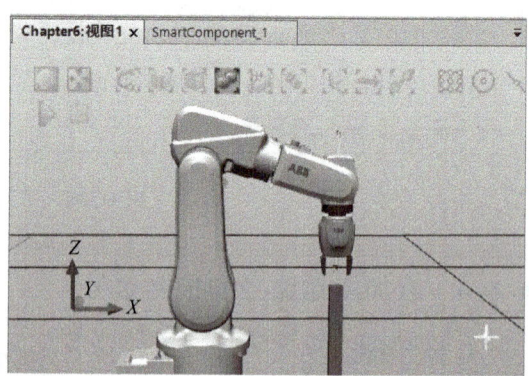

图 6-124 添加运动指令 MoveL
使机器人运动到位置 3

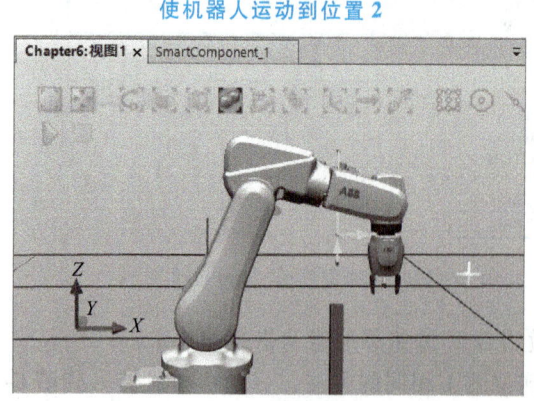

图 6-125 添加运动指令 MoveL
使机器人运动到位置 4

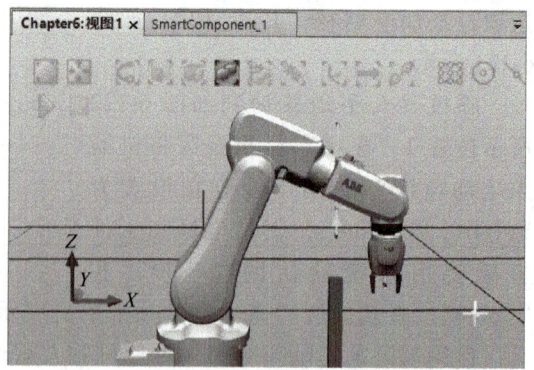

图 6-126 添加运动指令 MoveL
使机器人运动到位置 5

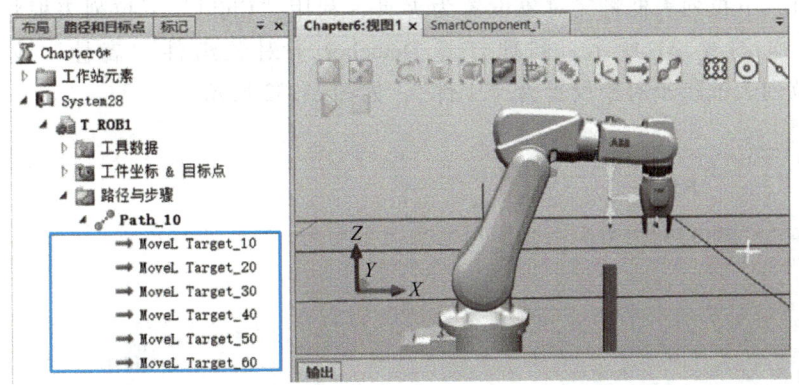

图 6-127　添加运动指令 MoveL 使机器人运动到位置 6

2. 添加控制信号指令

在操作面板区"路径和目标"选项卡的"路径与步骤"目录下选择"MoveL Target_20"路径并单击鼠标右键,在弹出的快捷菜单中选择"插入逻辑指令"选项打开"创建逻辑指令"窗口,将"指令模板"选择为"SetDO"指令,在"指令参数"列表框中将"Value"设置为"1",也就是将输出信号 do1 值置为 1,此时触发夹具闭合操作并将工件附着在夹具上,以模拟夹具夹住工件的动作,单击"创建"按钮,完成在"MoveL Target_20"路径上控制信号指令"SetDO do1,1"的插入,如图 6-128 所示。

采用与插入控制信号指令"SetDO do1,1"相同的方法,选择"MoveL Target_50"路径,将输出信号 do1 值置为 0,此时触发夹具打开操作并将工件放置到相应位置上,单击"创建"按钮,完成在"MoveL Target_50"路径上控制信号指令"SetDO do1,0"的插入,如图 6-129 所示。

添加完成的控制信号指令如图 6-130 所示。

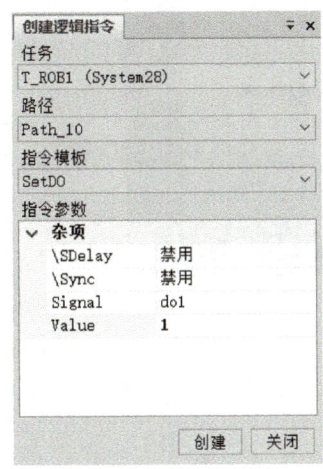 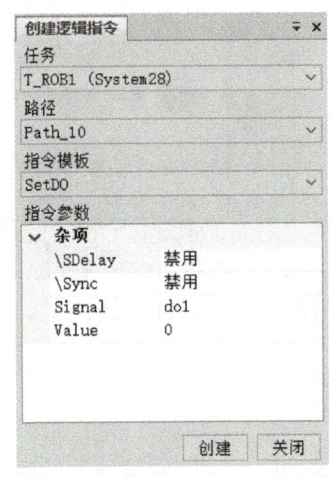 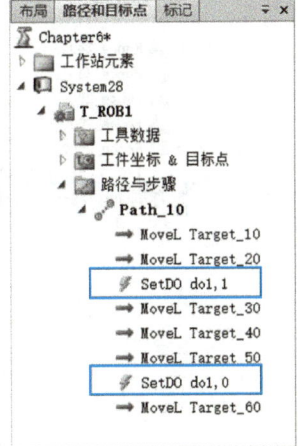

图 6-128　设置控制信号指令　　图 6-129　设置控制信号指令　　图 6-130　添加完成的
　　　　"SetDO do1,1"　　　　　　　　　"SetDO do1,0"　　　　　　　控制信号指令

3. 设置 Attacher 和 Detacher 子对象组件属性

在操作面板区的"布局"选项卡中右键单击 Attacher 子对象组件打开其"属性"窗口,

利用"Parent"下拉列表框将父对象设置为夹具，利用"Child"下拉列表框将子对象设置为"工件"，如图 6-131 所示。同理打开 Detacher 子对象组件"属性"窗口，并利用"Child"下拉列表框将子对象设置为"工件"，如图 6-132 所示。

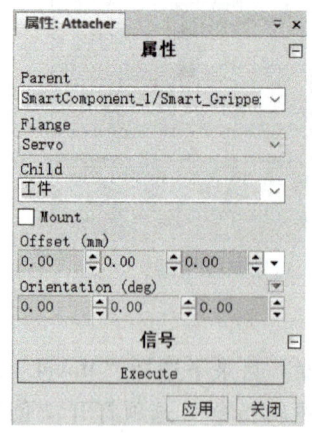

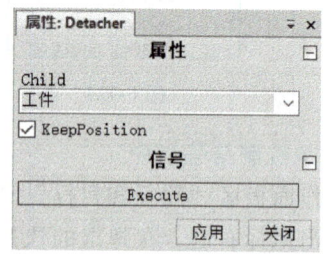

图 6-131　设置 Attacher 子对象组件属性　　　图 6-132　设置 Detacher 子对象组件属性

4. 安装组件到机器人上

在操作面板区的"布局"选项卡中选中"SmartComponent_1"，用鼠标将其拖拽到机器人上，松开鼠标后在弹出的"更新位置"对话框中单击"否"按钮，以实现组件到机器人的关联，如图 6-133 所示。随后在弹出的"Tooldata已存在"对话框中单击"是"按钮更新工具数据，如图 6-134 所示。

图 6-133　关联组件到机器人

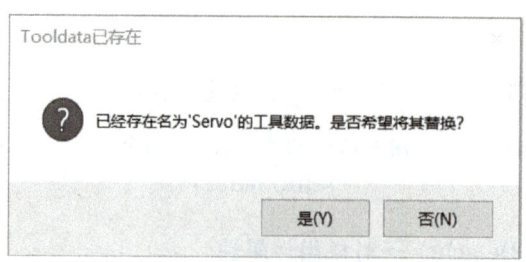

图 6-134　更新工具数据

6.8.4 仿真设定和仿真

1. 仿真设定

在操作面板区的"路径和目标点"选项卡中右键单击"Path_10"路径,在弹出的快捷菜单中选择"设置为仿真进入点"选项,将"Path_10"路径设置为仿真进入点,如图6-135所示。再次右键单击"Path_10"路径,在弹出的快捷菜单中选择"同步到RAPID"选项,在弹出的"同步到RAPID"对话框中勾选相应的复选框完成设置,如图6-136所示,单击"确定"按钮完成同步。

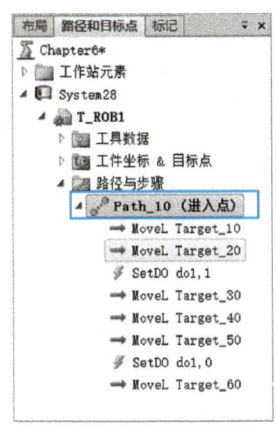

图 6-135 设置仿真进入点

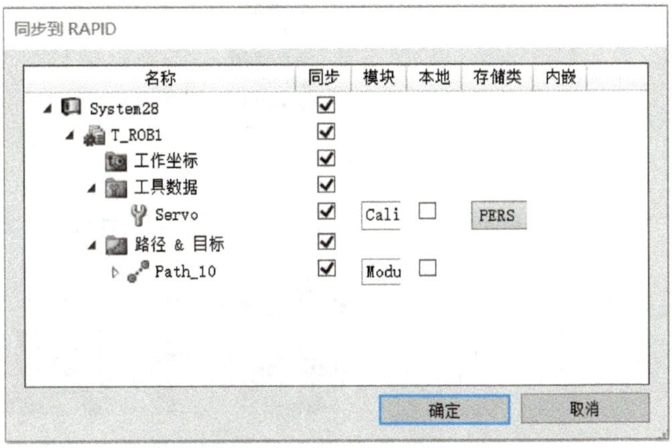

图 6-136 "同步到 RAPID" 对话框

2. 保存当前状态

检查工作站逻辑和各子对象组件设置,确认没有问题后,在功能区"仿真"选项卡下单击展开"重置"下拉列表,选择"保存当前状态"选项,如图6-137所示。

图 6-137 选择 "保存当前状态" 选项

系统弹出的"保存当前状态"对话框如图6-138所示,将"名称"修改为要保存的当前状态的名称,将"数据已保存"列表框中"Chapter6"的"包括"复选框勾选上,单击"确定"按钮对当前状态进行保存,则在后面的仿真过程中,可以通过复位操作将工作站状态返回到已经保存的当前状态。

3. 仿真运行

在功能区"仿真"选项卡单击"播放"按钮,对工作站进行仿真并观察机器人搬运工件的整个过程,如图6-139所示。

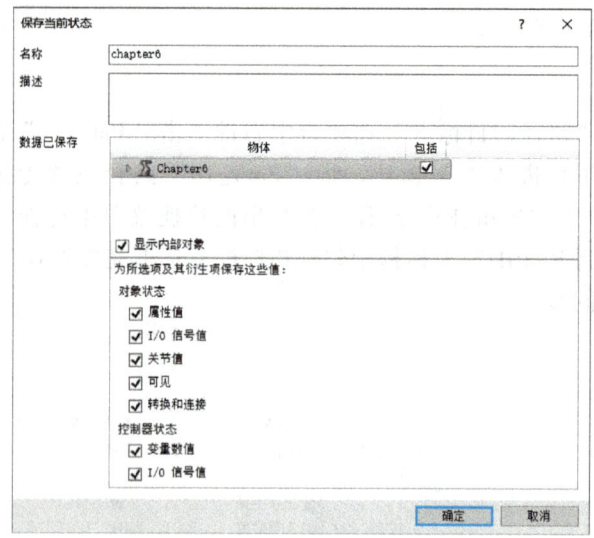

图 6-138 "保存当前状态"对话框

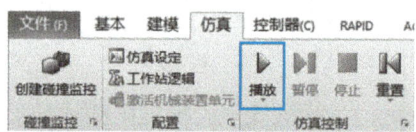

图 6-139 仿真运行

练 习 题

6-1 列出 Smart 组件包含的子对象组件类型并描述各个子对象组件功能。

6-2 练习"传感器"子对象组件的添加及属性设置，自行设计简单例子对"传感器"子对象组件进行验证并观察传感器的检测效果。

6-3 简述在 RobotStudio 中如何使用 Smart 组件创建一个简单的自动化流程。

第 7 章　工业机器人激光切割编程实例

教学目标：

➢ 学生能够根据任务需求完成仿真模型和编程环境的创建。

➢ 学生能够根据激光切割的任务需求选择合适的控制指令并独立完成程序的编写、调试和运行。

➢ 培养学生的分析问题和解决问题的能力以及工匠精神。

工业机器人激光切割将机器人与激光切割设备相结合，融合尖端激光切割技术与先进机器人技术，以其高效率、高精度和高质量实现金属切割的特点，在工业制造领域得到了广泛应用。

本章通过模拟机器人在一块金属板上切割出正方形和圆形工件的过程为例，练习激光切割工作站搭建、激光模拟、路径生成、I/O 配置、程序数据创建、程序编写等内容。

7.1　激光切割任务描述

控制机器人运动到需要切割的位置，然后打开激光切割工具从金属板上切割下不同形状的工件，切割好的工件掉落在地上。其中，激光切割工具由输出信号来控制，切割好的工件由传感器检测到后通过 Smart 组件来实现掉落的效果。

本实例需要建立包含一个机器人和一个金属平台的机器人的工作站，其布局如图 7-1 所示，另外需要创建一个激光系统和一个照明系统，机器人建议使用 IRB2600 型号。

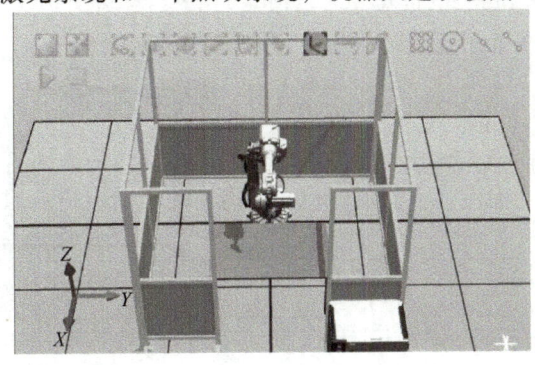

图 7-1　工作站布局

7.2 编程环境搭建

根据任务描述,首先进行虚拟工作站仿真环境的搭建,创建一个空工作站并添加 IRB2600 机器人和工具 myTool,将工具安装到机器人上,如图 7-2 所示。根据工作站布局创建控制系统并将语言设置为中文,添加网络设备 709-1 DeviceNet Master/Slave。

在操作面板区"布局"选项卡右键单击"MyTool",在弹出的快捷菜单中选择"断开与库的连接"选项,为后续对工具进行编辑做准备,如图 7-3 所示。

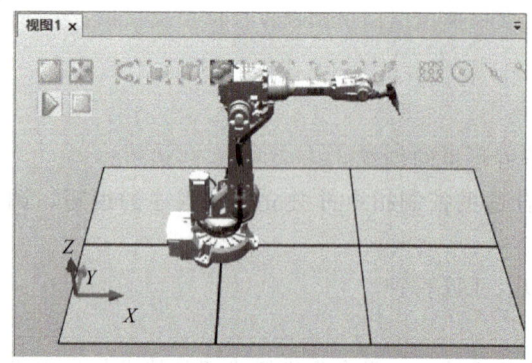

图 7-2 添加机器人和工具

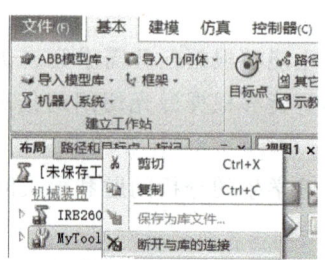

图 7-3 选择"断开与库的连接"选项

7.3 平台和工件建模

创建一个完整的金属平台和两个不同形状的工件,按照工件的形状从金属平台上切去工件部分来模拟切割后的平台,具体的建模步骤如下。

1)在功能区"建模"选项卡单击"固体"按钮并选择"矩形体"选项以创建一个长方体。在系统弹出的"创建方体"窗口中,将"参考"坐标系选择为"World",将"角点"坐标设置为(600mm,-600mm,500mm),"长度"设置为 800mm,"宽度"设置为 1200mm,"高度"设置为 20mm,单击"创建"按钮创建金属平台"部件_1",如图 7-4 所示。

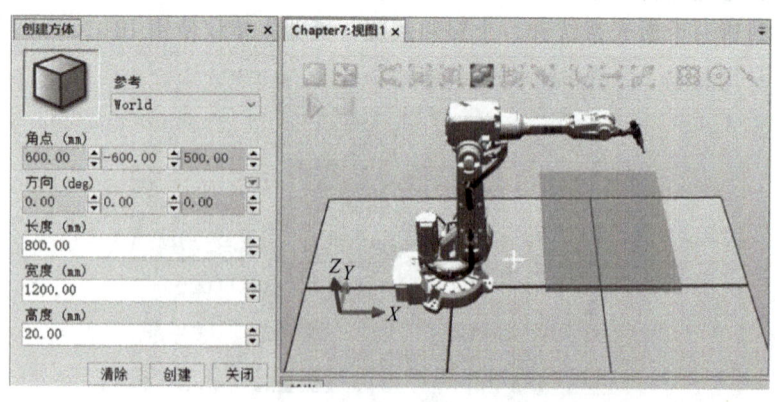

图 7-4 创建金属平台"部件_1"

2)在功能区"建模"选项卡单击"固体"按钮并选择"矩形体"选项来创建一个长方体,在"创建方体"窗口中,将"参考"坐标系选择为"World",将"角点"坐标设置为(850mm,-400mm,500mm),"长度"设置为300mm,"宽度"设置为300mm,"高度"设置为20mm,单击"创建"按钮来创建长方体工件"部件_2",如图7-5所示。

3)在功能区"建模"选项卡单击"固体"按钮并选择"圆柱体"选项来创建一个圆柱体,在"创建圆柱体"窗口中,将"参考"坐标系选择为"大地坐标","基座中心点"坐标设置为(1000mm,250mm,500mm),"半径"设置为150mm,"直径"设置为300mm,"高度"设置为20mm,单击"创建"按钮创建圆柱体工件"部件_3",如图7-6所示。

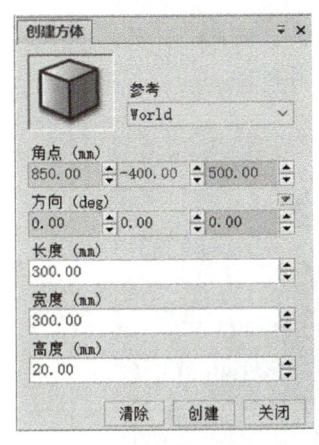

图7-5 创建长方体工件"部件_2"

图7-6 创建圆柱体工件"部件_3"

4)在功能区"建模"选项卡单击"减去"按钮打开"减去"窗口,如图7-7所示。该"减去"功能是对两个部件进行布尔相减运算来得到一个新的部件,以此模拟从金属平台相应位置上切去长方体工件和圆柱体工件部分,来得到切割后的金属平台。

5)在"减去"窗口中单击"减去"文本框,然后在操作面板区"建模"选项卡展开"部件_1"目录,选择其中的"物体"选项,"部件_1-Body"会自动加载到"减去"文本框中;采用同样的方法,单击"与"文本框然后选择"部件_2"目录下的"物体"选项,使"部件_2-Body"自动加载到"与"文本框中,则可从金属平台减去长方体工件形状,如图7-8所示。单击"创建"按钮得到新部件"部件_4",如图7-9所示。

图7-7 打开"减去"窗口

6)在操作面板区"建模"选项卡右键单击"部件_1",在弹出的快捷菜单中选择"删除"选项将原有的金属平台去除。调用"减去"命令,在"减去"窗口中,单击"减去"文本框然后选择"部件_4"目录下的"物体"选项使"部件_4-Body"自动加载到"减去"文本框中,再单击"与"文本框然后选择"部件_3"目录下的"物体"选项使"部件_3-Body"自动加载到"与"文本框中,则可从金属平台减去圆柱体工件形状,如图7-10所示。单击"创建"按钮得到新部件"部件_5",如图7-11所示。

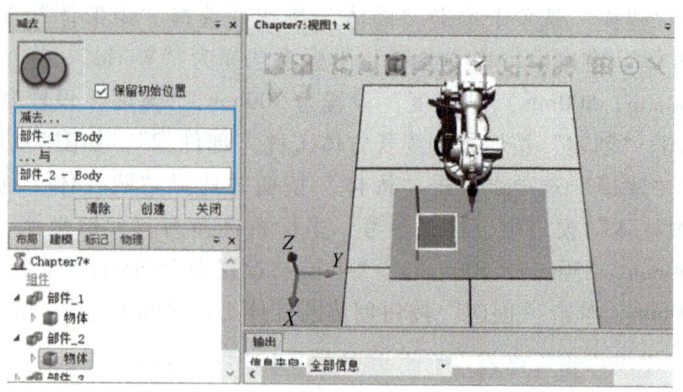

图 7-8　从金属平台减去长方体工件形状

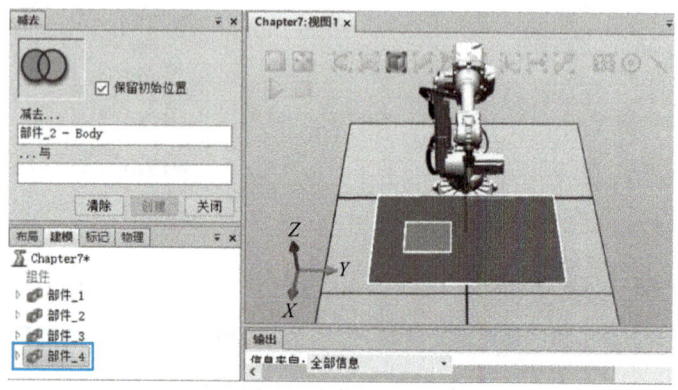

图 7-9　得到新部件"部件_4"

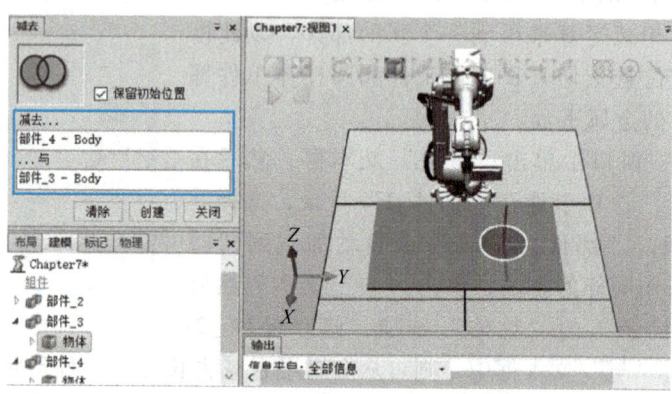

图 7-10　从金属平台减去圆柱体工件形状

7）在操作面板区"建模"选项卡删除"部件_4",将"部件_2""部件_3""部件_5"依次重命名为"长方体工件""圆柱体工件""金属平台",完成金属平台和工件创建,如图 7-12 所示。

8）在功能区"建模"选项卡单击"固体"按钮并选择"矩形体"选项来创建一个作为金属平台支撑部件的长方体,在"创建方体"窗口中,将"参考"坐标系选择为"World","角点"坐标设置为（600mm,-600mm,0mm）,"长度"设置为 50mm,"宽度"

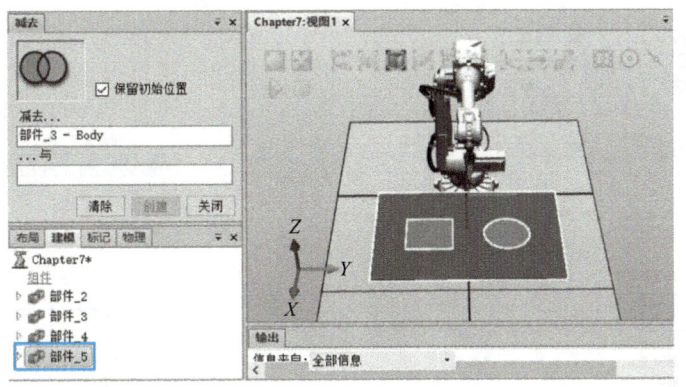

图 7-11 得到新部件"部件_5"

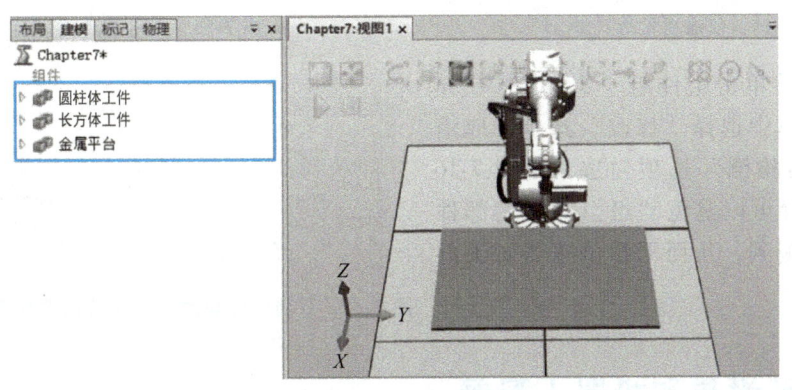

图 7-12 创建完成的金属平台和工件

设置为 50mm,"高度"设置为 500mm,单击"创建"按钮创建第一个支撑部件。其他参数保持不变,将"角点"坐标设置为(1350mm,-600mm,0mm)创建第二个支撑部件,将"角点"坐标设置为(1350mm,550mm,0mm)创建第三个支撑部件,将"角点"坐标设置为(600mm,550mm,0mm)创建第四个支撑部件,创建完成的金属平台支撑部件如图 7-13 所示。

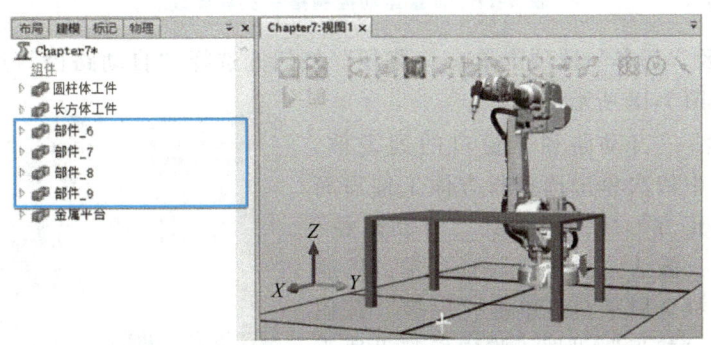

图 7-13 创建完成的金属平台支撑部件

9)在功能区"建模"选项卡单击"组件组"按钮创建一个组件组"组_1",如图 7-14 所示。在操作面板区,利用鼠标将部件"金属平台"和"部件_6"~"部件_9"全部拖拽到"组_1"中构成一个组件组以便于统一处理,如图 7-15 所示。

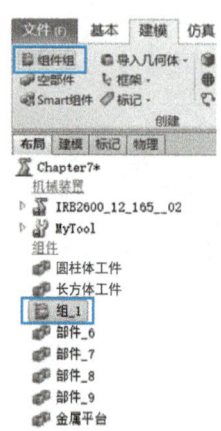

图 7-14 创建组件组"组_1"

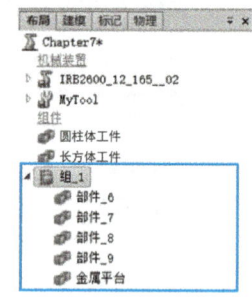

图 7-15 构成组件组"组_1"

10)右键单击组件组"组_1",在弹出的快捷菜单中选择"修改"选项,取消"可由传感器检测"选项勾选,如图 7-16 所示,此设置可以避免"组_1"中的部件被传感器检测到,从而干扰传感器对工件的检测。

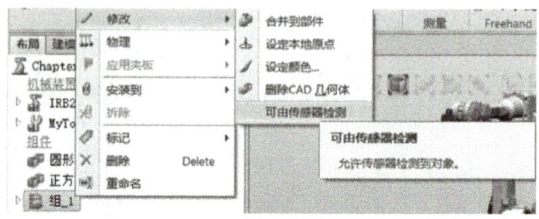

图 7-16 取消组件组的"可由传感器检测"选项勾选

7.4 路径设置和机器人配置

本节创建机器人切割路径并配置机器人运动姿态,具体操作步骤如下。

1)在状态栏指令区设置运动指令为"MoveL",速度参数为"v100",转角半径为"fine",工具为"MyTool",实现机器人运动控制指令和相应参数设置,如图 7-17 所示。

图 7-17 设置运动控制指令及其参数

2)在功能区"基本"选项卡单击"路径"按钮并选择"自动路径"选项打开"自动路径"窗口,如图 7-18 所示。

3)单击激活"自动路径"窗口的列表框,然后在视图窗口中依次单击选择长方体工件顶面正方形四边,将正方形轨迹添加到"自动路径"窗口的列表框中;激活"参考面"选择框,然后在视图窗口中选择金属平台;单击"更多"按钮启用"偏离"和"接近"设置,将它们都设置为20mm。单击"创建"按钮完成长方体工件的切割路径创建,如图 7-19 所示。采用同样的方法创建圆柱体工件的切割路径,其参数设置如图 7-20 所示。

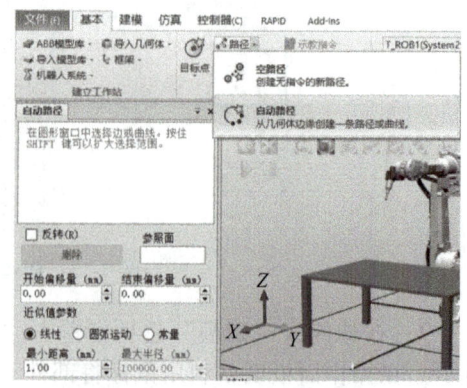

图 7-18 打开"自动路径"窗口

第 7 章　工业机器人激光切割编程实例

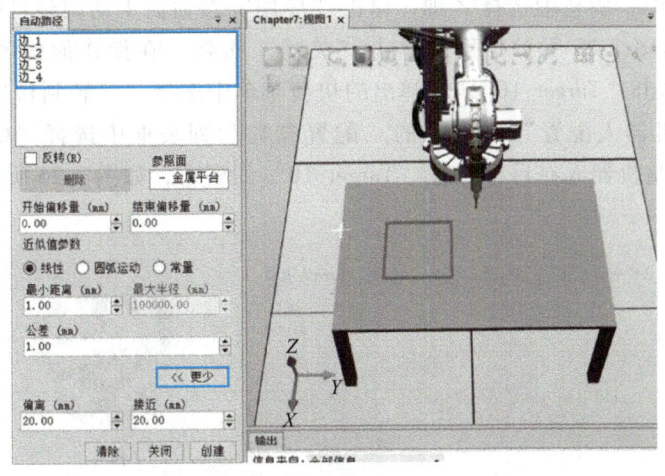

图 7-19　创建长方体工件的切割路径

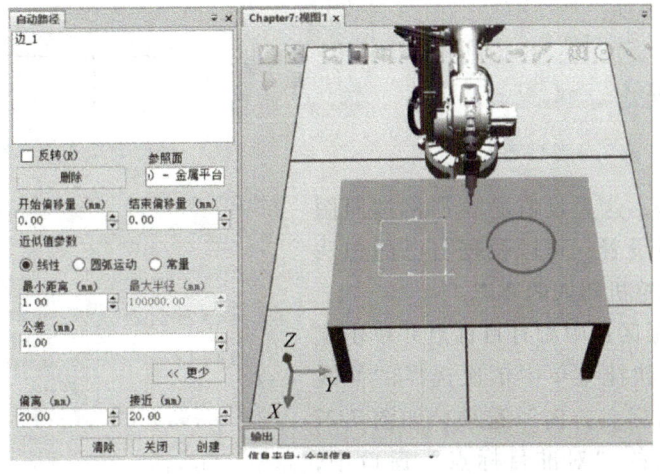

图 7-20　创建圆柱体工件的切割路径

4）在操作面板区"路径和目标点"选项卡依次单击展开"System29"→"T_ ROB1"→"工件坐标 & 目标点"→"wobj0"→"wobj0_of"目录，右键单击"Target_10"路径，在弹出的快捷菜单中选择"跳转到目标点"选项，如图 7-21 所示。在系统弹出的"选择机器人配置"对话框中，"当前"列表框显示机器人每种姿态下各轴的旋转角度，在"配置参数"列表框中选择"Cfg1"选项，单击"应用"按钮设置机器人在目标位置"Target_10"的姿态，如图 7-22 所示。可以在视图窗口观察机器人的姿态，如图 7-23 所示。

5）由图 7-23 所示姿态可见机器人未处于合适的状态，可进行手动调整。在操作面板区的"路径和目标点"选项卡右键单击"Target_10"，然后在弹出的快捷菜单中依次选择"修改目标"→"旋转"选项，如图 7-24 所示。在系统弹出的"旋转"窗口中，将"参考"坐标系设置为"本地"，"旋

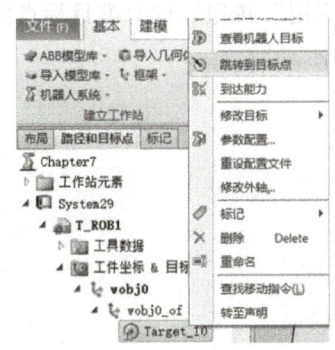

图 7-21　选择"跳转到目标点"选项

转"角度设置为 90°，旋转轴选择 Z 轴，单击"应用"按钮后手动调整目标点的工件坐标系方向，将其调整为图 7-25 所示角度后单击"关闭"按钮。在操作面板区的"路径和目标点"选项卡右键单击"Target_10"，在弹出的快捷菜单中选择"跳转到目标点"选项，在系统弹出的"选择机器人配置"对话框的"配置参数"列表框中选择"Cfg1"选项，单击"应用"按钮，调整机器人在目标位置"Target_10"的姿态，如图 7-26 所示。

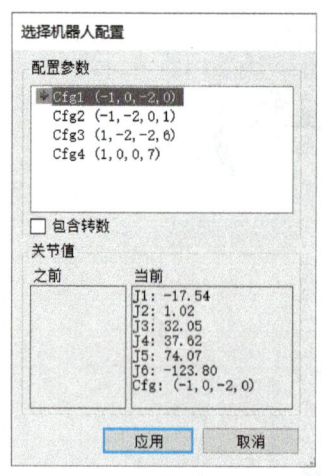

图 7-22 选择"Cfg1"选项设置机器人姿态

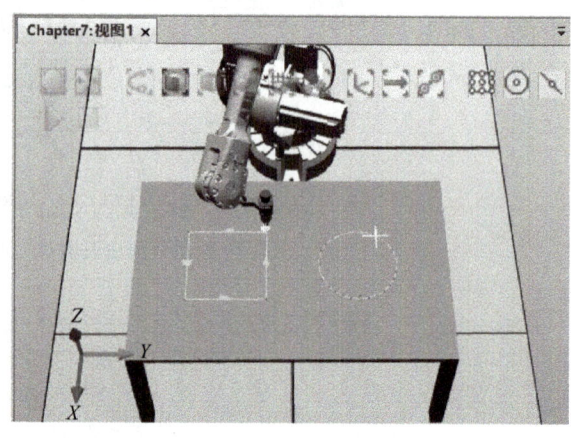

图 7-23 视图窗口中的机器人姿态

需要注意的是，这里没有必要严格按照图 7-25 所示姿态进行设置，可以根据自己的想法和实际情况自主调整机器人的姿态。

6) 在操作面板区选中所有目标点并单击鼠标右键，在弹出的快捷菜单中依次选择"修改目标"→"对准目标点方向"选项，如图 7-27 所示。在系统弹出的"对准目标点"窗口中，将"参考"坐标系选择为"Target_10"，单击"应用"按钮完成对准目标点的设置，如图 7-28 所示。

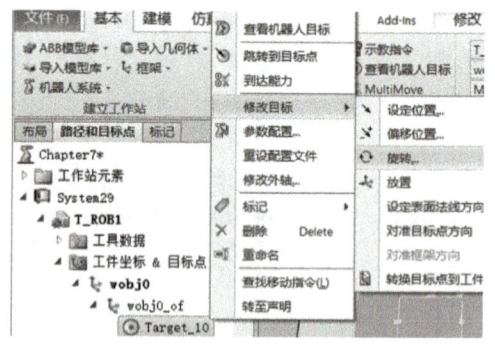

图 7-24 选择"旋转"选项

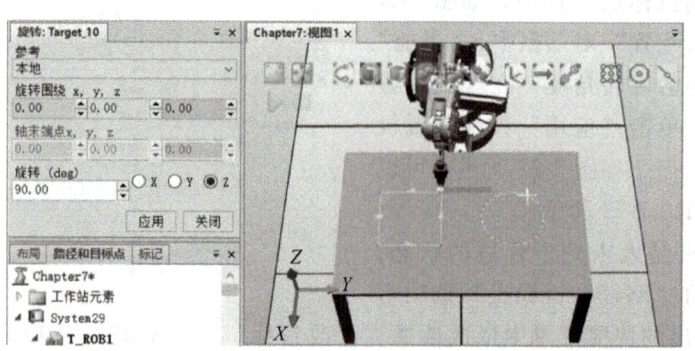

图 7-25 调整目标点的工件坐标系方向

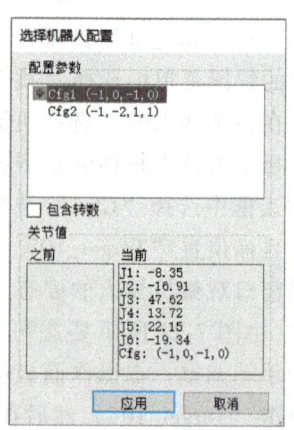

图 7-26 选择"Cfg1"选项调整机器人姿态

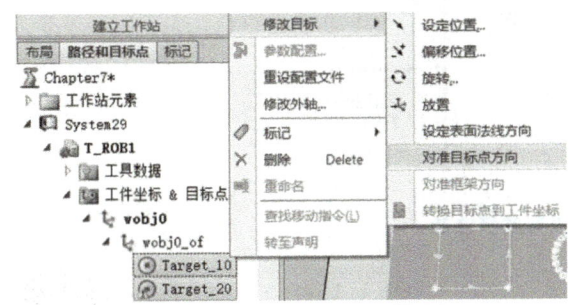 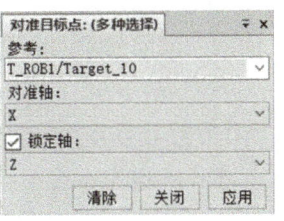

图 7-27 选择"对准目标点方向"选项　　　图 7-28 设置对准目标点

7)在操作面板区右键单击"Path_10",在弹出的快捷菜单中依次选择"配置参数"→"自动配置"选项,如图 7-29 所示,机器人根据目标点完成长方体工件切割路径配置,以同样的方法配置圆柱体工件切割路径。

8)在功能区"基本"选项卡单击"同步"按钮并选择"同步到 RAPID"选项,如图 7-30 所示,在系统弹出的"同步到 RAPID"对话框中,将"System29"选项勾选上,单击"确定"按钮使工具数据和路径等信息同步到 RAPID 程序中,如图 7-31 所示。在操作面板区分别右键单击路径"Path_10"和"Path_20",在弹出的快捷菜单中选择"查看"选项然后取消"可见"选项的勾选,使这两条路径隐藏,如图 7-32 所示。

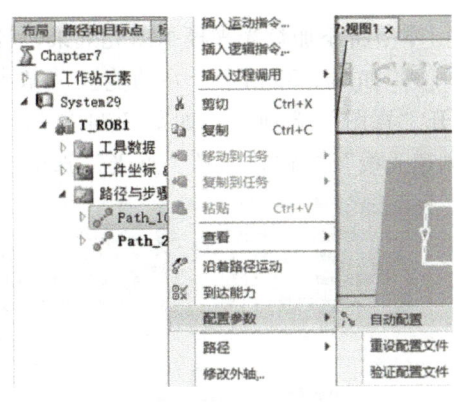

图 7-29 选择"自动配置"选项

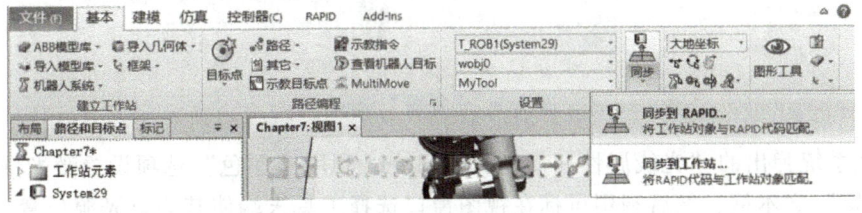

图 7-30 选择"同步到 RAPID"选项

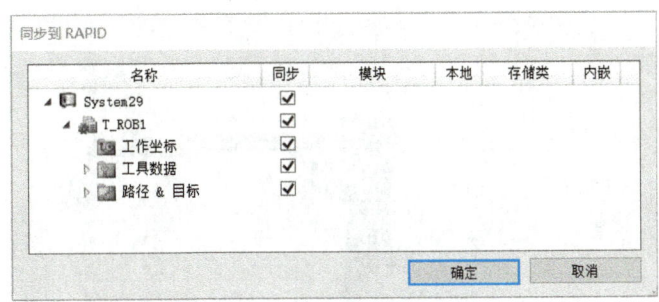

图 7-31 勾选同步信息

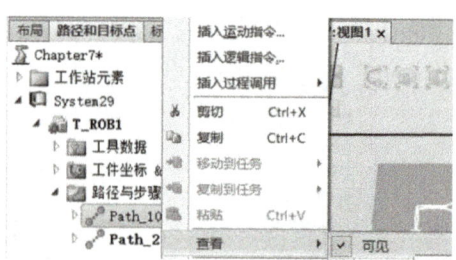

图 7-32 设置路径隐藏

7.5 设置灯光效果

本节将添加灯光来模拟激光效果，具体操作步骤如下。

1）如图 7-33 所示，在功能区"基本"选项卡单击"图形工具"按钮。系统在功能区展开"视图"选项卡，如图 7-34 所示，单击"高级照明"按钮使其处于激活状态，单击"创建光线"按钮并选择"点光"选项。

图 7-33 单击"图形工具"按钮

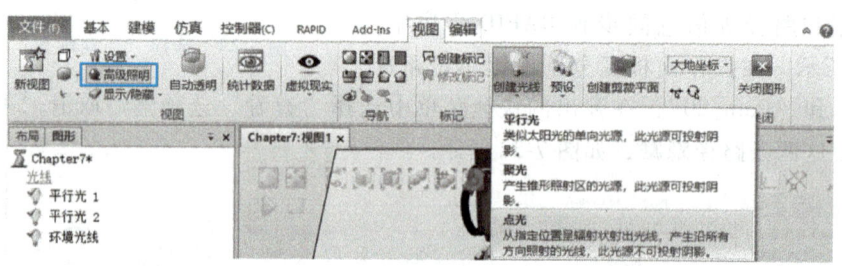

图 7-34 "视图"选项卡

2）在系统弹出的"光线属性：点光"窗口中，利用"颜色"选项设置激光颜色，单击激活"位置"文本框，然后利用鼠标在视图窗口选择工具末端使其为点光源位置，"限制范围"设置为 500mm，如图 7-35 所示。

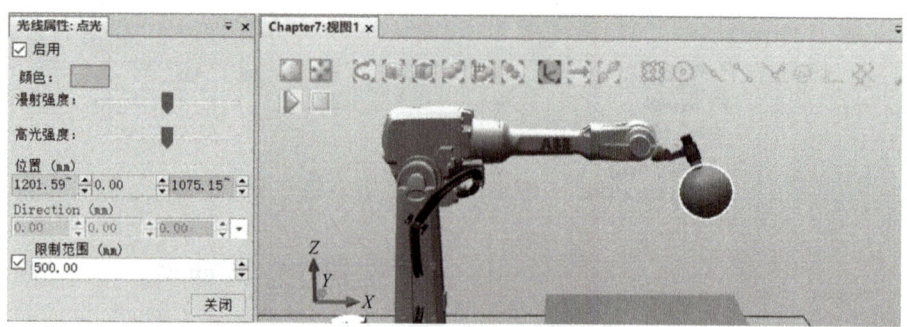

图 7-35 设置点光源效果

3)在操作面板区右键单击"点光",在弹出的快捷菜单中依次选择"安装到"→"IRB2600_12_165__02 T_ROB1"选项,设置点光源的安装对象,如图7-36所示。在系统弹出的"更新位置"对话框中单击"否"按钮以设置不改变"点光"光源位置,如图7-37所示。如此完成点光源关联到机器人上的设置。

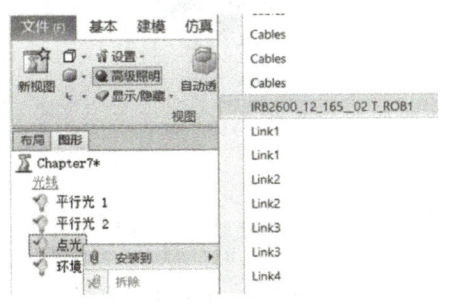

图7-36 设置点光源的安装对象

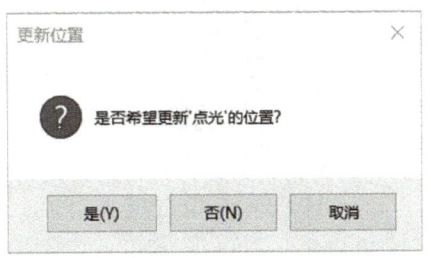

图7-37 不改变"点光"光源位置

7.6 新建 Smart 组件

本节新建一个实现灯光控制、切割路径显示和工件掉落等动作的 Smart 组件,具体操作步骤如下:

1)在功能"建模"选项卡单击"Smart 组件"按钮新建一个组件"SmartComponent_1",在新建组件的"SmartComponent_1"窗口的"设计"选项卡中,单击"输入"控件后的添加按钮 ,在系统弹出的"添加 I/O Signals"对话框中,将"信号类型"选择为"DigitalInput","信号名称"设置为"di1",单击"确定"按钮添加信号,如图7-38所示。按照图7-39所示属性添加工作站需要的 LightControl、TraceTCP、LogicGate、LineSensor、Queue 和 LinearMover2 子对象组件。

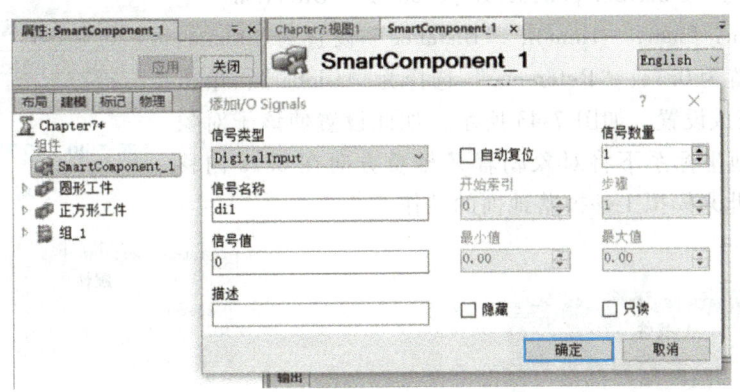

图7-38 创建新组件并添加信号

2)打开 LightControl 子对象组件的"属性"窗口,该子对象组件由数字输入信号 di1 控制灯光的打开以模拟激光效果,因此将"Light"设置为7.5节创建好的"点光"光源,其他参数会自动加载,保持默认即可,如图7-40所示。

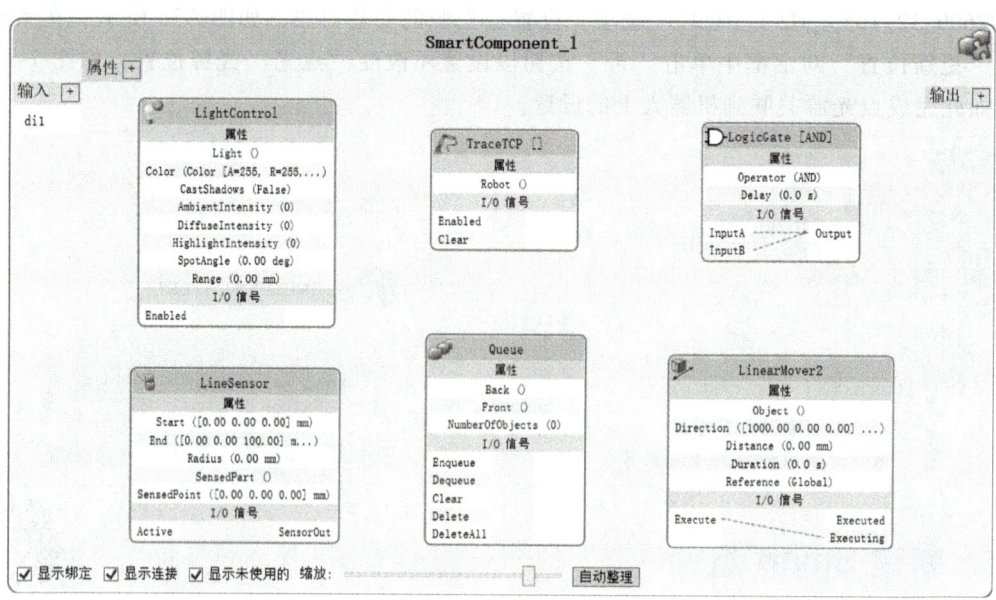

图 7-39　添加子对象组件

3）打开 TraceTCP 子对象组件的"属性"窗口，该子对象组件可以跟踪机器人切割作业过程中的 TCP，因此将"Robot"选择为"IRB2600_12_165_ _02"，如图 7-41 所示。

4）打开 LogicGate 子对象组件的"属性"窗口，将"Operator"选择为"NOT"，将该子对象组件设置为一个非门，如图 7-42 所示。

5）打开 LinearMover2 子对象组件的"属性"窗口，将"Object"选择为"SmartComponent_1/Queue"，"Direction"坐标设置为（0mm，0mm，-1mm），"Distance"设置为 500mm，"Duration"设置为 0.1s，"Reference"选择为"Global"，单击"应用"按钮完成设置，如图 7-43 所示。如此设置使该子对象组件实现在大地坐标系下将对象朝着 Z 轴负方向在 0.1s 内移动 500mm，以此来模拟工件掉落地面的动作。

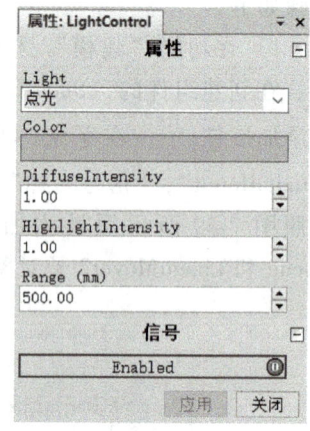

图 7-40　设置 LightControl 子对象组件

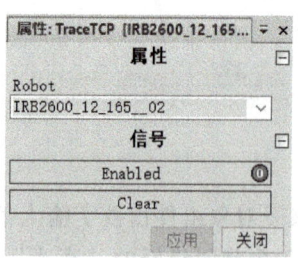

图 7-41　设置 TraceTCP 子对象组件

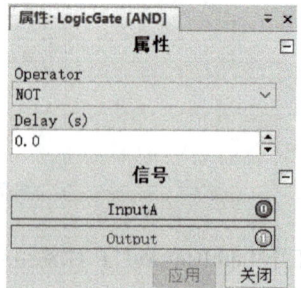

图 7-42　设置 LogicGate 子对象组件

6）打开"SmartComponent_1"窗口的"设计"选项卡，对所添加的子对象组件进行逻辑设置和子对象组件连接，本实例中，由数字输入信号 di1 控制 LightControl 子对象组件模拟激光效果，同时控制 TraceTCP 子对象组件显示切割轨迹；数字输入信号 di1 经过逻辑非门输出信号，由该输出信号控制 TraceTCP 子对象组件清除切割轨迹同时控制 LinearMover2 子对象组件移动工件；在机器人切割工件的过程中，LineSensor 子对象组件负责检测工件，检测到工件后将其添加到队列中去；LinearMover2 子对象组件完成工件移动后，将该工件从队列中移除。完成逻辑设置和子对象组件连接的组件如图 7-44 所示。

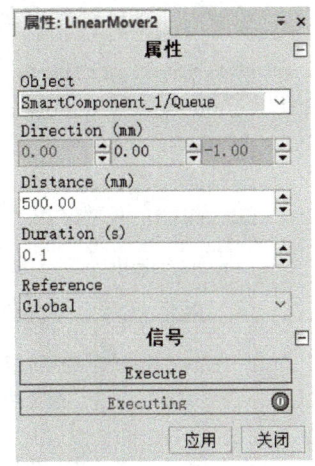

图 7-43 设置 LinerMover2 子对象组件

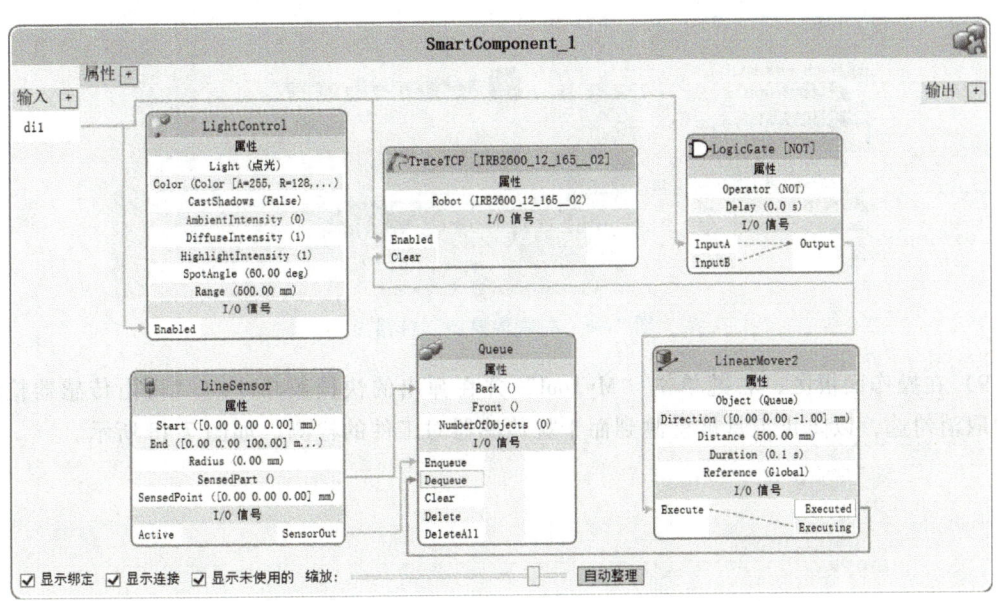

图 7-44 完成逻辑设置和子对象组件连接的组件

7）打开 LineSensor 子对象组件的"属性"窗口，将"Start"通过鼠标选择操作设置为工具末端坐标，以作为传感器安装的起点位置；将"End"坐标通过鼠标选择操作设置为工具的末端，并将其 Z 坐标（第三个文本框）值减去 20mm 作为传感器安装的终点位置；将"Radius"设置为 10mm 以作为传感器半径，单击"应用"按钮完成传感器的设置，如图 7-45 所示。

8）在操作面板区，用鼠标将"LineSensor"子对象组件拖拽到机器人"IRB2600_12_165__02"上，并在弹出的"更新位置"对话框中单击"否"按钮关联传感器到机器人，如图 7-46 所示。右键单击"LineSensor"并在弹出的快捷菜单中将"可见"选项取消勾选使传感器隐藏，如图 7-47 所示。

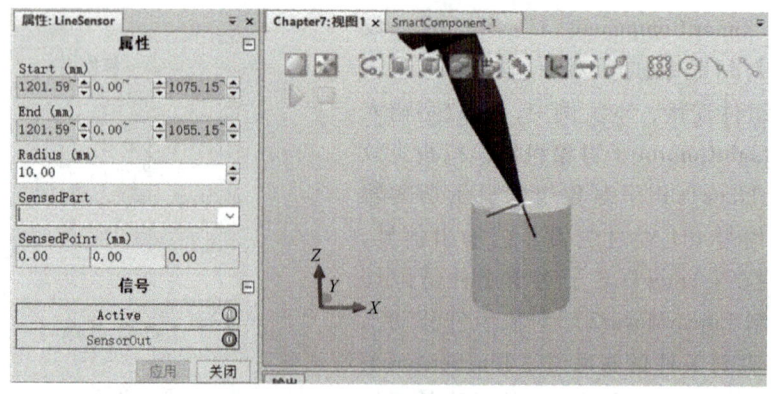

图 7-45　设置 LineSensor 子对象组件

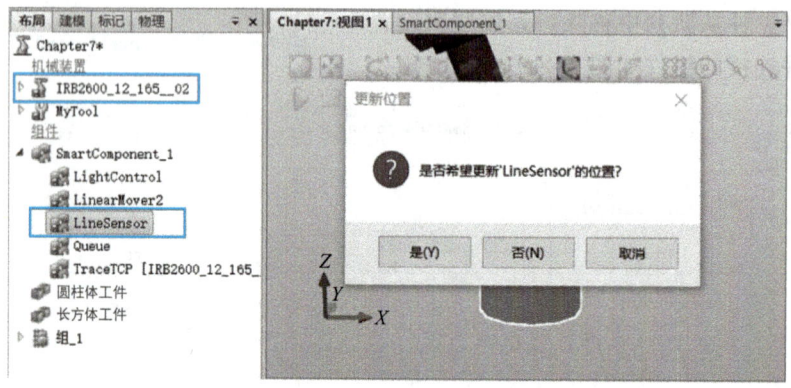

图 7-46　关联传感器到机器人

9）在操作面板区，右键单击"MyTool"并在弹出的快捷菜单中将"可由传感器检测"选项取消勾选，以防止工具被检测到而干扰传感器对工件的检测，如图 7-48 所示。

图 7-47　隐藏传感器

图 7-48　设置工具不可由传感器检测到

10）在功能区"仿真"选项卡单击"TCP 跟踪"按钮，在系统弹出的"TCP 跟踪"窗口中将"机器人"选择为"IRB2600_12_165__02"，勾选"启用 TCP 跟踪"复选框，设置路径跟踪的基础色，完成 TCP 跟踪属性设置后将"启用 TCP 跟踪"选项取消勾选并关闭窗口，如图 7-49 所示。

第 7 章　工业机器人激光切割编程实例

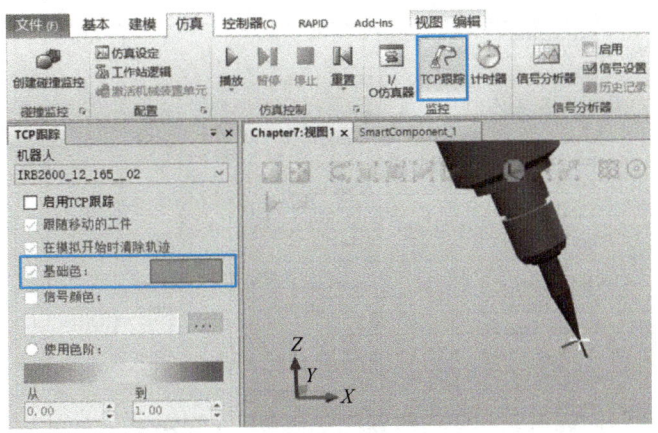

图 7-49　设置 TCP 跟踪属性

7.7　工作站 I/O 配置

本节对 I/O 系统和工作站逻辑进行配置，具体操作步骤如下。

1）在功能区"控制器"选项卡单击"配置编辑器"按钮，然后选择"I/O System"选项，如图 7-50 所示。在系统弹出的 I/O 系统的"配置"窗口中，右键单击"DeviceNet Device"后选择"新建 DeviceNet Device"选项，如图 7-51 所示。在系统弹出的"实例编辑器"对话框中，将"使用来自模板的值"选择为"DSQC 652 24 VDC I/O Device"，"Name"更改为"Board10"，"Address"设置为"10"，单击"确定"按钮来为系统配置 I/O 板，如图 7-52 所示。然后在系统弹出的"重新启动"对话框中单击"确定"按钮重新启动控制器。

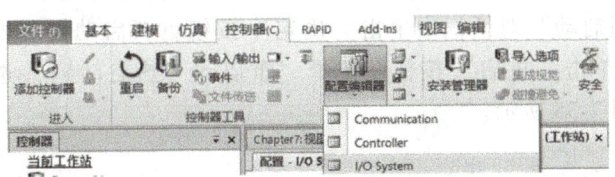

图 7-50　选择"I/O System"选项

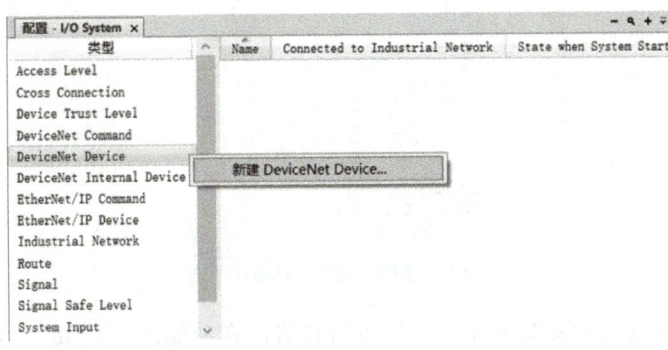

图 7-51　选择"新建 DeviceNet Device"选项

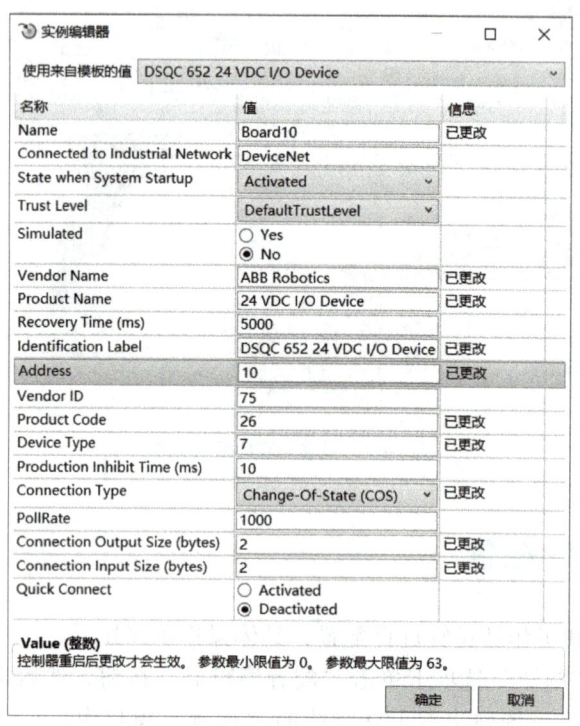

图 7-52　为系统配置 I/O 板

2）打开 I/O 系统的"配置"窗口，右键单击"Signal"后选择"新建 Signal"选项，如图 7-53 所示。在系统弹出的"实例编辑器"对话框中，将"Name"设置为"do_qiege"，"Type of Signal"选择为"Digital Output"，"Assigned to Device"选择为"Board10"，"Device Mapping"设置为"0"，单击"确定"按钮完成切割实例的 I/O 信号配置，如图 7-54 所示。然后在系统弹出的"重新启动"对话框中单击"确定"按钮重新启动控制器，还需要在功能区"控制器"选项卡下单击"重启"按钮并选择"重启动（热启动）"选项以重启控制器使修改参数生效，如图 7-55 所示。

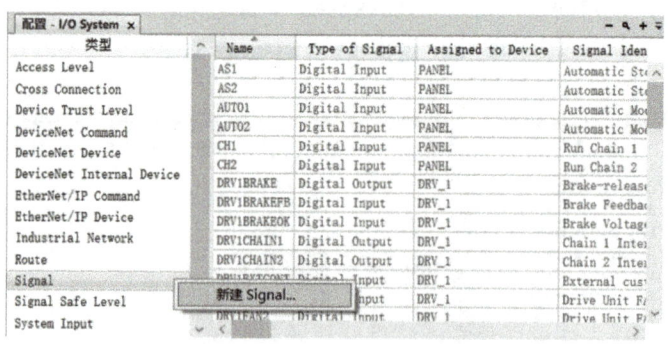

图 7-53　选择"新建 Signal"选项

3）控制器系统重启后要对工作站逻辑进行设置。在功能区"仿真"选项卡单击"工作站逻辑"按钮，在系统弹出的"工作站逻辑"窗口中展开"设计"选项卡，在"System29"

控件的"I/O 信号"下拉列表中选择"do_qiege"信号，将其连接到"SmartComponent_1"组件的"di1"端，使信号 do_qiege 控制 Smart 组件来模拟激光打开和关闭、切割轨迹显示和工件掉落等动作，如图 7-56 所示。

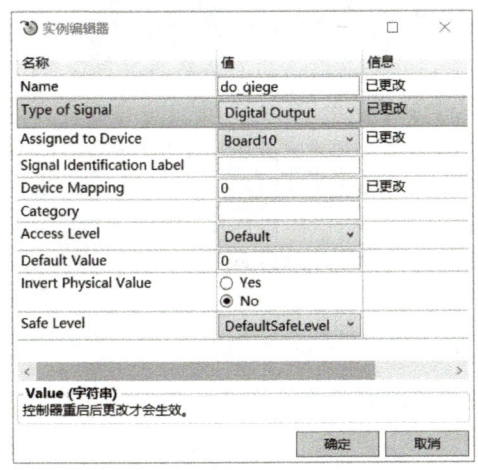

图 7-54 配置切割实例的 I/O 信号

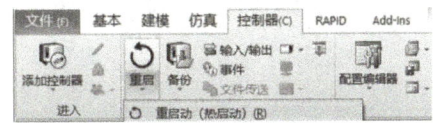

图 7-55 重启控制器使修改参数生效

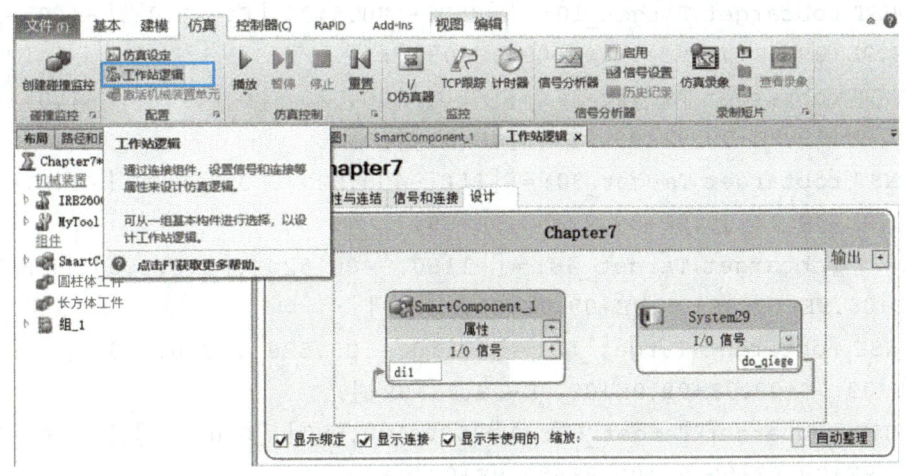

图 7-56 设置工作站逻辑

7.8 程序编写和仿真运行

本节在 RAPID 程序编辑界面对激光切割程序进行编写和仿真运行，具体操作步骤如下。

1) 展开功能区"RAPID"选项卡，在操作面板区依次打开"RAPID"→"T_ROB1"→"Module1"目录，双击"main"进入 RAPID 主程序，可以在图 7-57 所示程序编辑界面中进行程序的编写。在程序编写过程中，可以通过单击功能区"RAPID"选项卡的"应用"命令按钮完成程序修改。

该工业机器人激光切割工作站的完整程序代码如下：

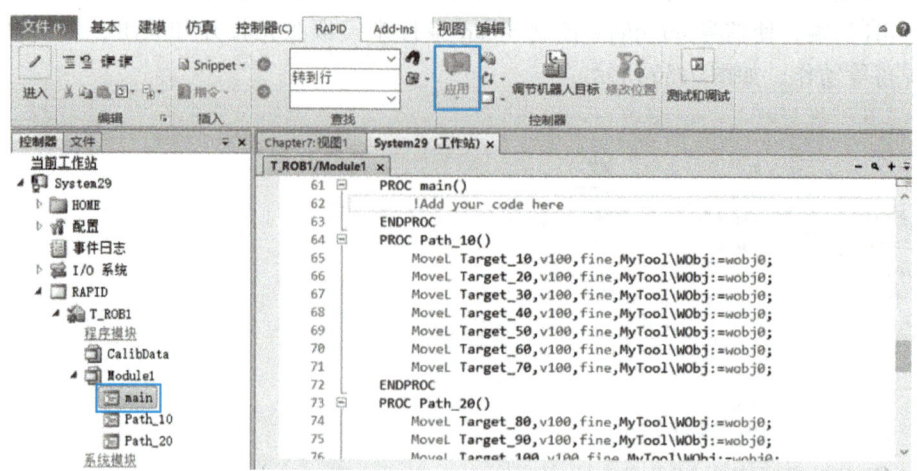

图 7-57　RAPID 程序编辑界面

```
MODULE Module1
    CONST robtarget Target_10:=[[850,-100,540],[0,0,1,0],[-1,0,-1,0],[9E+09,9E+09,9E+09,9E+09,9E+09,9E+09]];
    CONST robtarget Target_20:=[[850,-100,520],[0,0,1,0],[-1,0,-1,0],[9E+09,9E+09,9E+09,9E+09,9E+09,9E+09]];
    CONST robtarget Target_30:=[[850,-400,520],[0,0,1,0],[-1,0,-1,0],[9E+09,9E+09,9E+09,9E+09,9E+09,9E+09]];
    CONST robtarget Target_40:=[[1150,-400,520],[0,0,1,0],[-1,0,-1,0],[9E+09,9E+09,9E+09,9E+09,9E+09,9E+09]];
    CONST robtarget Target_50:=[[1150,-100,520],[0,0,1,0],[-1,0,-1,0],[9E+09,9E+09,9E+09,9E+09,9E+09,9E+09]];
    CONST robtarget Target_60:=[[850,-100,520],[0,0,1,0],[-1,0,-1,0],[9E+09,9E+09,9E+09,9E+09,9E+09,9E+09]];
    CONST robtarget Target_70:=[[850,-100,540],[0,0,1,0],[-1,0,-1,0],[9E+09,9E+09,9E+09,9E+09,9E+09,9E+09]];
    CONST robtarget Target_80:=[[1150,250,540],[0,0,1,0],[0,-1,0,0],[9E+09,9E+09,9E+09,9E+09,9E+09,9E+09]];
    CONST robtarget Target_90:=[[1150,250,520],[0,0,1,0],[0,-1,0,0],[9E+09,9E+09,9E+09,9E+09,9E+09,9E+09]];
    CONST robtarget Target_100:=[[1146.239186827,283.378140093,520],[0,0,1,0],[0,-1,0,0],[9E+09,9E+09,9E+09,9E+09,9E+09,9E+09]];
    CONST robtarget Target_110:=[[1135.145330185,315.082560868,520],[0,0,1,0],[0,-1,0,0],[9E+09,9E+09,9E+09,9E+09,9E+09,9E+09]];
```

```
    CONST robtarget Target_120:=[[1117.27472237,343.523470279,520],
[0,0,1,0],[0,-1,0,0],[9E+09,9E+09,9E+09,9E+09,9E+09,9E+09]];
    CONST robtarget Target_130:=[[1093.523470279,367.27472237,520],
[0,0,1,0],[0,-1,0,0],[9E+09,9E+09,9E+09,9E+09,9E+09,9E+09]];
    CONST robtarget Target_140:=[[1065.082560868,385.145330185,520],
[0,0,1,0],[0,-1,0,0],[9E+09,9E+09,9E+09,9E+09,9E+09,9E+09]];
    CONST robtarget Target_150:=[[1033.378140093,396.239186827,520],
[0,0,1,0],[0,-1,0,0],[9E+09,9E+09,9E+09,9E+09,9E+09,9E+09]];
    CONST robtarget Target_160:=[[1000,400,520],[0,0,1,0],[0,-1,0,0],
[9E+09,9E+09,9E+09,9E+09,9E+09,9E+09]];
    CONST robtarget Target_170:=[[966.621859907,396.239186827,520],
[0,0,1,0],[0,-1,0,0],[9E+09,9E+09,9E+09,9E+09,9E+09,9E+09]];
    CONST robtarget Target_180:=[[934.917439132,385.145330185,520],
[0,0,1,0],[0,-1,0,0],[9E+09,9E+09,9E+09,9E+09,9E+09,9E+09]];
    CONST robtarget Target_190:=[[906.476529721,367.27472237,520],[0,
0,1,0],[0,-1,0,0],[9E+09,9E+09,9E+09,9E+09,9E+09,9E+09]];
    CONST robtarget Target_200:=[[882.72527763,343.523470279,520],[0,
0,1,0],[0,-1,0,0],[9E+09,9E+09,9E+09,9E+09,9E+09,9E+09]];
    CONST robtarget Target_210:=[[864.854669815,315.082560868,520],
[0,0,1,0],[0,-1,0,0],[9E+09,9E+09,9E+09,9E+09,9E+09,9E+09]];
    CONST robtarget Target_220:=[[853.760813173,283.378140093,520],
[0,0,1,0],[0,-1,0,0],[9E+09,9E+09,9E+09,9E+09,9E+09,9E+09]];
    CONST robtarget Target_230:=[[850,250,520],[0,0,1,0],[0,-1,0,0],
[9E+09,9E+09,9E+09,9E+09,9E+09,9E+09]];
    CONST robtarget Target_240:=[[853.760813173,216.621859907,520],
[0,0,1,0],[0,-1,0,0],[9E+09,9E+09,9E+09,9E+09,9E+09,9E+09]];
    CONST robtarget Target_250:=[[864.854669815,184.917439132,520],
[0,0,1,0],[0,-1,0,0],[9E+09,9E+09,9E+09,9E+09,9E+09,9E+09]];
    CONST robtarget Target_260:=[[882.72527763,156.476529721,520],[0,
0,1,0],[0,-1,0,0],[9E+09,9E+09,9E+09,9E+09,9E+09,9E+09]];
    CONST robtarget Target_270:=[[906.476529721,132.72527763,520],[0,
0,1,0],[0,-1,0,0],[9E+09,9E+09,9E+09,9E+09,9E+09,9E+09]];
    CONST robtarget Target_280:=[[934.917439132,114.854669815,520],
[0,0,1,0],[0,-1,0,0],[9E+09,9E+09,9E+09,9E+09,9E+09,9E+09]];
    CONST robtarget Target_290:=[[966.621859907,103.760813173,520],
[0,0,1,0],[0,-1,0,0],[9E+09,9E+09,9E+09,9E+09,9E+09,9E+09]];
    CONST robtarget Target_300:=[[1000,100,520],[0,0,1,0],[0,-1,0,0],
[9E+09,9E+09,9E+09,9E+09,9E+09,9E+09]];
```

```
    CONST robtarget Target_310:=[[1033.378140093,103.760813173,520],
[0,0,1,0],[0,-1,0,0],[9E+09,9E+09,9E+09,9E+09,9E+09,9E+09]];
    CONST robtarget Target_320:=[[1065.082560868,114.854669815,520],
[0,0,1,0],[0,-1,0,0],[9E+09,9E+09,9E+09,9E+09,9E+09,9E+09]];
    CONST robtarget Target_330:=[[1093.523470279,132.72527763,520],
[0,0,1,0],[0,-1,0,0],[9E+09,9E+09,9E+09,9E+09,9E+09,9E+09]];
    CONST robtarget Target_340:=[[1117.27472237,156.476529721,520],
[0,0,1,0],[0,-1,0,0],[9E+09,9E+09,9E+09,9E+09,9E+09,9E+09]];
    CONST robtarget Target_350:=[[1135.145330185,184.917439132,520],
[0,0,1,0],[0,-1,0,0],[9E+09,9E+09,9E+09,9E+09,9E+09,9E+09]];
    CONST robtarget Target_360:=[[1146.239186827,216.621859907,520],
[0,0,1,0],[0,-1,0,0],[9E+09,9E+09,9E+09,9E+09,9E+09,9E+09]];
    CONST robtarget Target_370:=[[1150,250,520],[0,0,1,0],[0,-1,0,0],
[9E+09,9E+09,9E+09,9E+09,9E+09,9E+09]];
    CONST robtarget Target_380:=[[1150,250,540],[0,0,1,0],[0,-1,0,0],
[9E+09,9E+09,9E+09,9E+09,9E+09,9E+09]];
    PERS jointtarget phome:=[[0,0,0,0,30,0],[9E+09,9E+09,9E+09,9E+09,
9E+09,9E+09]];
    PROC main()
    MoveAbsJ phome\NoEOffs,v100,z50,MyTool\WObj:=wobj0;
    Path_10;
    Path_20;
    MoveAbsJ phome\NoEOffs,v100,z50,MyTool\WObj:=wobj0;
    ENDPROC
    PROC Path_10()
        MoveL Target_10,v100,fine,MyTool\WObj:=wobj0;
        MoveL Target_20,v100,fine,MyTool\WObj:=wobj0;
        Set do_qiege;
        WaitTime 0.3;
        MoveL Target_30,v100,fine,MyTool\WObj:=wobj0;
        MoveL Target_40,v100,fine,MyTool\WObj:=wobj0;
        MoveL Target_50,v100,fine,MyTool\WObj:=wobj0;
        MoveL Target_60,v100,fine,MyTool\WObj:=wobj0;
        Reset do_qiege;
        WaitTime 0.3;
        MoveL Target_70,v100,fine,MyTool\WObj:=wobj0;
    ENDPROC
    PROC Path_20()
```

```
        MoveL Target_80,v100,fine,MyTool\WObj:=wobj0;
        MoveL Target_90,v100,fine,MyTool\WObj:=wobj0;
        Set do_qiege;
        WaitTime 0.3;
        MoveL Target_100,v100,fine,MyTool\WObj:=wobj0;
        MoveL Target_110,v100,fine,MyTool\WObj:=wobj0;
        MoveL Target_120,v100,fine,MyTool\WObj:=wobj0;
        MoveL Target_130,v100,fine,MyTool\WObj:=wobj0;
        MoveL Target_140,v100,fine,MyTool\WObj:=wobj0;
        MoveL Target_150,v100,fine,MyTool\WObj:=wobj0;
        MoveL Target_160,v100,fine,MyTool\WObj:=wobj0;
        MoveL Target_170,v100,fine,MyTool\WObj:=wobj0;
        MoveL Target_180,v100,fine,MyTool\WObj:=wobj0;
        MoveL Target_190,v100,fine,MyTool\WObj:=wobj0;
        MoveL Target_200,v100,fine,MyTool\WObj:=wobj0;
        MoveL Target_210,v100,fine,MyTool\WObj:=wobj0;
        MoveL Target_220,v100,fine,MyTool\WObj:=wobj0;
        MoveL Target_230,v100,fine,MyTool\WObj:=wobj0;
        MoveL Target_240,v100,fine,MyTool\WObj:=wobj0;
        MoveL Target_250,v100,fine,MyTool\WObj:=wobj0;
        MoveL Target_260,v100,fine,MyTool\WObj:=wobj0;
        MoveL Target_270,v100,fine,MyTool\WObj:=wobj0;
        MoveL Target_280,v100,fine,MyTool\WObj:=wobj0;
        MoveL Target_290,v100,fine,MyTool\WObj:=wobj0;
        MoveL Target_300,v100,fine,MyTool\WObj:=wobj0;
        MoveL Target_310,v100,fine,MyTool\WObj:=wobj0;
        MoveL Target_320,v100,fine,MyTool\WObj:=wobj0;
        MoveL Target_330,v100,fine,MyTool\WObj:=wobj0;
        MoveL Target_340,v100,fine,MyTool\WObj:=wobj0;
        MoveL Target_350,v100,fine,MyTool\WObj:=wobj0;
        MoveL Target_360,v100,fine,MyTool\WObj:=wobj0;
        MoveL Target_370,v100,fine,MyTool\WObj:=wobj0;
        Reset do_qiege;
        WaitTime 0.3;
        MoveL Target_380,v100,fine,MyTool\WObj:=wobj0;
    ENDPROC
ENDMODULE
```

2）单击功能区"仿真"选项卡"重置"按钮，然后选择"保存当前状态"选项，如图7-58所示，在系统弹出的"保存当前状态"对话框中，将"名称"设置为"Chapter7"，将"数据已保存"列表框中"Chapter7"的"包括"复选框勾选上，单击"确定"按钮保存工作站当前状态，如图7-59所示。

图 7-58 选择"保存当前状态"选项

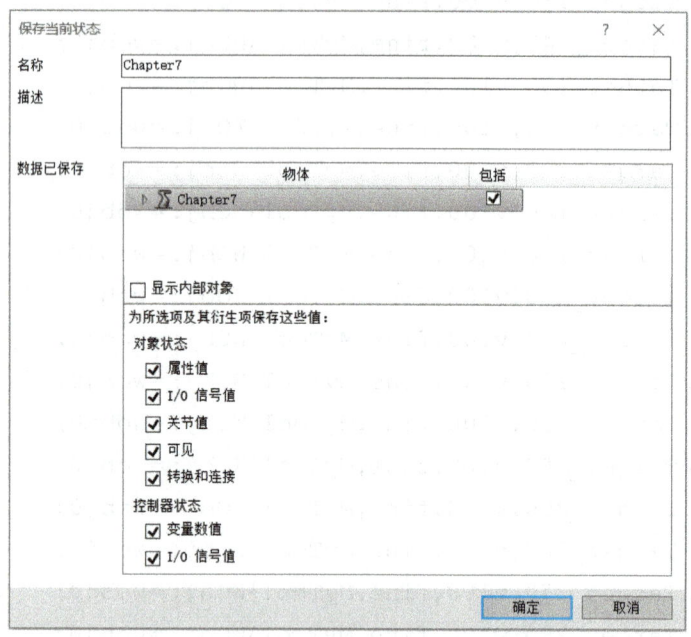

图 7-59 在"保存当前状态"对话框中进行设置

3）单击功能区"仿真"选项卡"播放"按钮，系统开始机器人激光切割的仿真运行，可以在视图窗口观察机器人的仿真运行状态，如图7-60所示。仿真结束后，可以单击"仿真"选项卡"重置"按钮将工作站还原到最初保存的Chapter7状态。

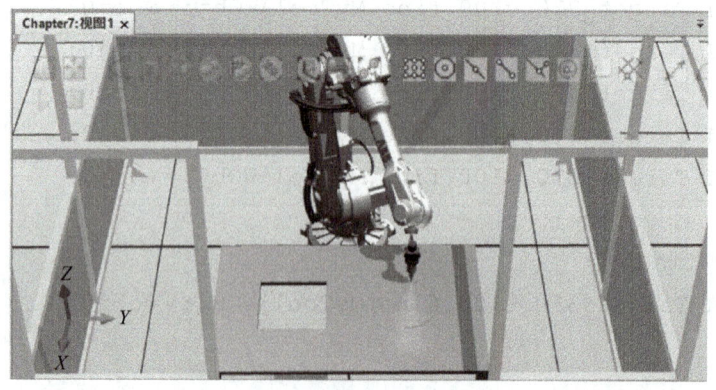

图 7-60 机器人的仿真运行状态

练 习 题

7-1 练习本章金属平台和工件的建模过程。

7-2 练习本章自动路径创建和机器人姿态配置内容。

7-3 创建 Smart 组件模拟灯光控制、切割路径显示和工件掉落等动作,按照本章所学内容自行创建对不同形状工件进行激光切割的工作站。

第8章 工业机器人搬运编程实例

教学目标：
- 学生能够独立完成吸盘模型的建立和安装。
- 学生能够根据搬运任务需求选择合适的控制指令并独立完成程序编写、调试和运行。
- 培养学生的工程伦理意识和科学严谨的思维方法。

工业机器人搬运作业是指用一种设备握持工件，将工件从一个加工位置移动到另一个加工位置。搬运机器人可安装不同的末端执行器（机械手爪、真空吸盘、强力三指夹爪等）以完成各种不同形状和状态的工件搬运，大大减轻人类体力劳动强度。通过编程控制，还可以配合各个工序的不同设备实现流水线作业。

本章通过模拟机器人用吸盘工具夹取、搬运和放置立方体工件为例，练习搬运工作站搭建、吸盘建模、I/O 配置、目标位置示教、程序编写等内容。

8.1 搬运任务描述

控制机器人和吸盘将八个立方体工件从图 8-1 所示的初始位置和摆放方式搬运到图 8-2 所示的位置并按要求进行摆放。其中，吸盘的打开和关闭由数字输出信号控制，当机器人控制吸盘移动到要搬运工件的位置后将数字输出信号设为 1 来打开吸盘吸取工件，然后当机器人将工件搬运到新的位置后将数字输出信号设为 0 来关闭吸盘放置工件。

本实例需要建立包含一个机器人、一个吸盘工具和八个立方体工件的工作站，其布局如图 8-1 所示，机器人建议使用 IRB120 型号。

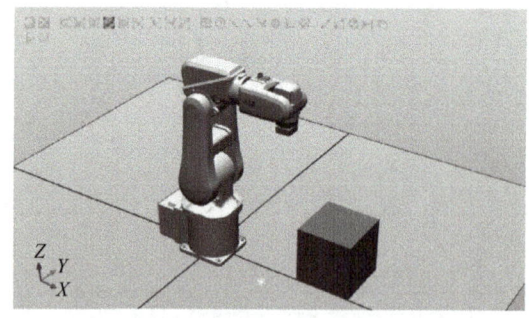

图 8-1 工件初始位置和摆放方式

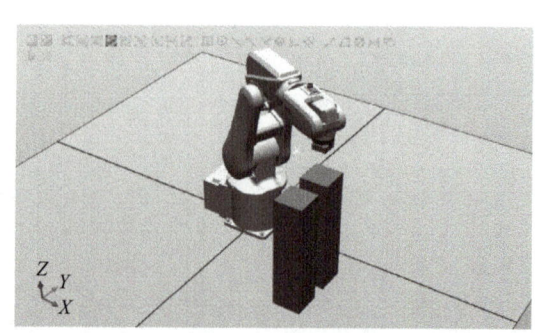

图 8-2 搬运后工件位置和摆放方式

8.2 编程环境搭建

1）根据任务描述，首先进行虚拟工作站仿真环境的搭建。创建一个空工作站并添加 IRB120 机器人，加载机器人和控制系统，如图 8-3 所示。

2）在功能区"建模"选项卡单击"固体"命令按钮并选择"矩形体"选项，在系统弹出的"创建方体"窗口中设置立方体"角点""长度""宽度""高度"参数，单击"创建"按钮创建立方体工件，如图 8-4 所示。

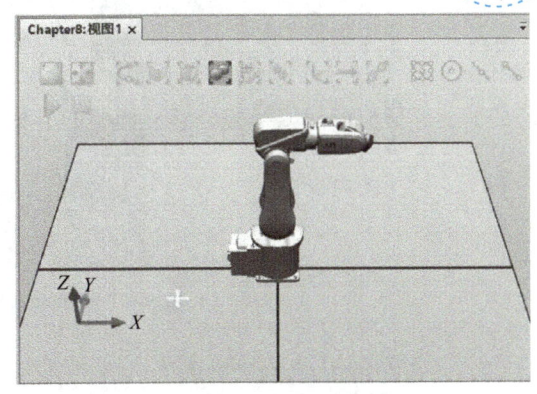

图 8-3 加载机器人和控制系统

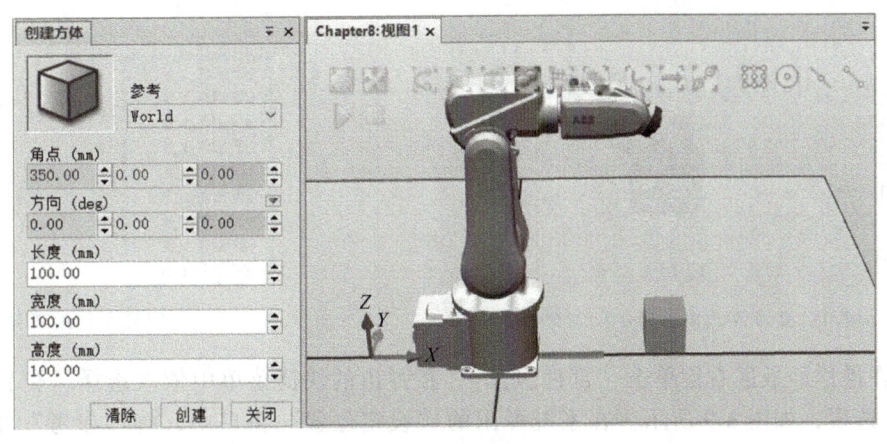

图 8-4 创建立方体工件

3）在操作面板区"建模"选项卡右键单击立方体工件"部件_1"，在弹出的快捷菜单中依次选择"修改"→"设定本地原点"选项，如图 8-5 所示。在系统弹出的"设置本地原点"窗口中，将"参考"坐标系设置为"本地"，在视图窗口单击"捕捉对象"按钮，然后激活"设置本地原点"窗口中"位置 X、Y、Z"文本框后，在视图窗口中利用鼠标单击立方体工件中心位置作为本地坐标系原点，将"方向"的第二个文本框（Y 轴方向）设为 180°，单击"应用"按钮创建本地坐标系及其原点，如图 8-6 所示。立方体工件上显示的坐标系如图 8-7 所示。

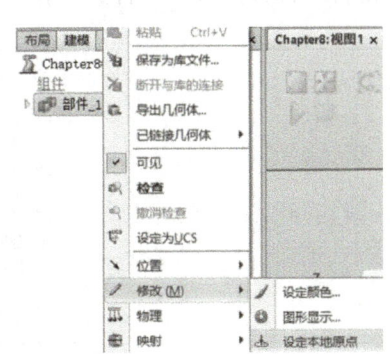

图 8-5 选择"设定本地原点"选项

4）在操作面板区右键单击"部件_1"并选择"复制"选项，在当前目录下粘贴 9 次创建"部件_1_2"~"部件_1_10"，共得到 10 个工件，如图 8-8 所示。

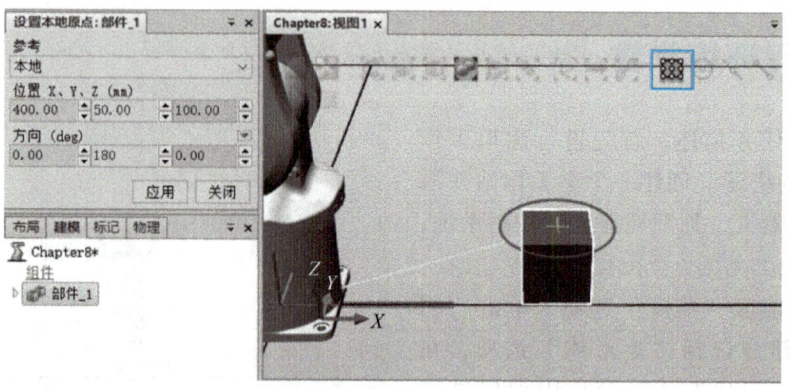

图 8-6 创建本地坐标系及其原点

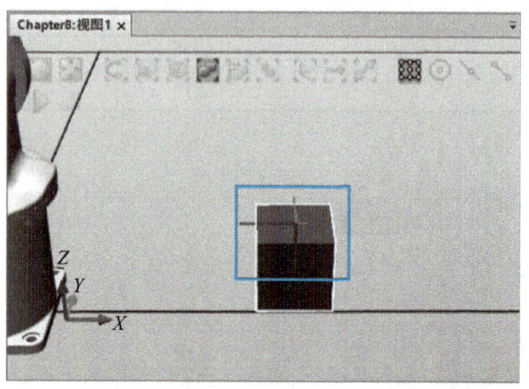

图 8-7 立方体工件上显示的坐标系

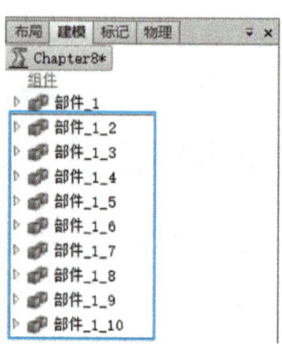

图 8-8 复制粘贴创建工件

5）在操作面板区右键单击"部件_1_2"，在弹出的快捷菜单中依次选择"位置"→"设定位置"选项，如图 8-9 所示。在系统弹出的"设定位置"窗口中，将"参考"坐标系设置为"本地"，将"位置 X、Y、Z"坐标设置为（-100mm，0mm，0mm），单击"应用"按钮将"部件_1_2"工件放置在"部件_1"工件的右侧（X 轴正方向），如图 8-10 所示。

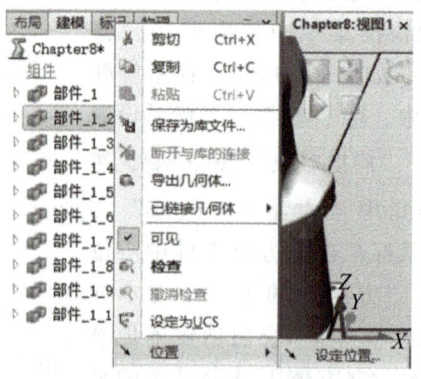

图 8-9 打开设定位置窗口

6）采用与放置"部件_1_2"工件相同的方法将"部件_1_3"工件放置在"部件_1"工件的前方（Y 轴正方向），如图 8-11 所示。

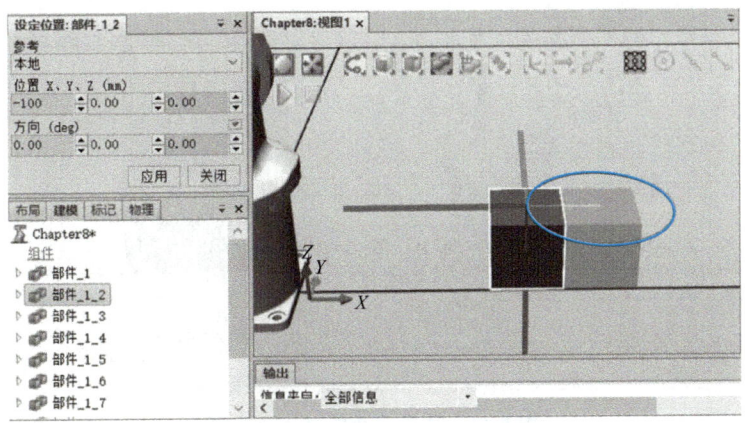

图 8-10 放置"部件_1_2"工件

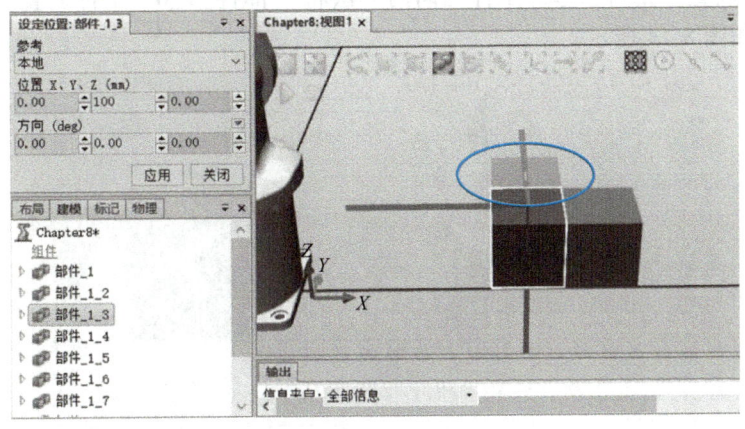

图 8-11 放置"部件_1_3"工件

7) 采用与放置"部件_1_2"工件相同的方法将"部件_1_4"工件放置在"部件_1"工件的右前方,如图 8-12 所示。

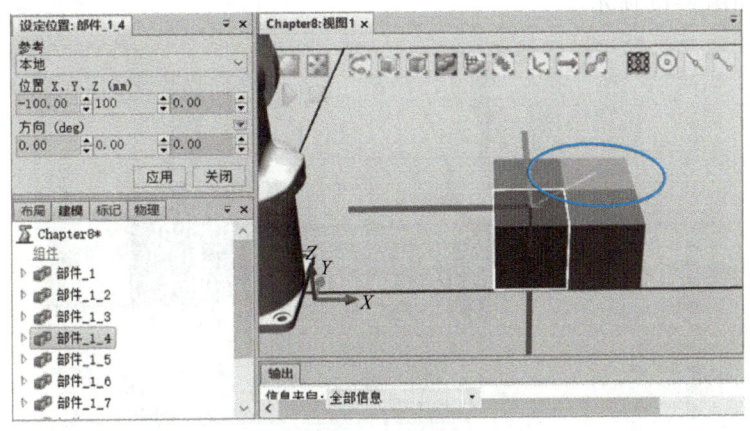

图 8-12 放置"部件_1_4"工件

8) 采用与放置"部件_1_2"工件相同的方法将"部件_1_5"工件放置在"部件_1"工件的上方（Z 轴正方向）,如图 8-13 所示。

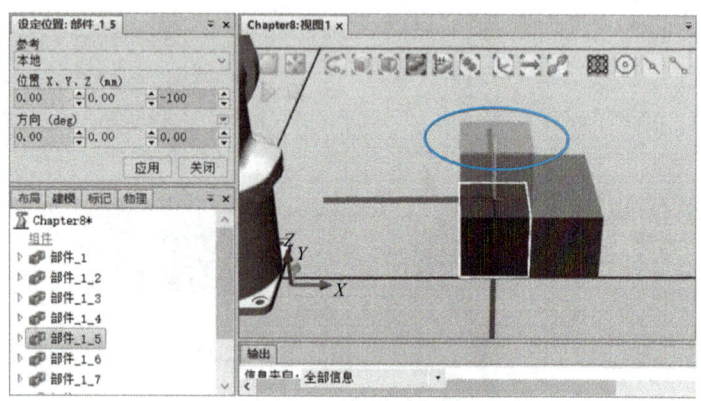

图 8-13 放置"部件_1_5"工件

9) 采用与放置"部件_1_2"工件相同的方法将"部件_1_6"工件放置在"部件_1_2"工件的上方,如图 8-14 所示。

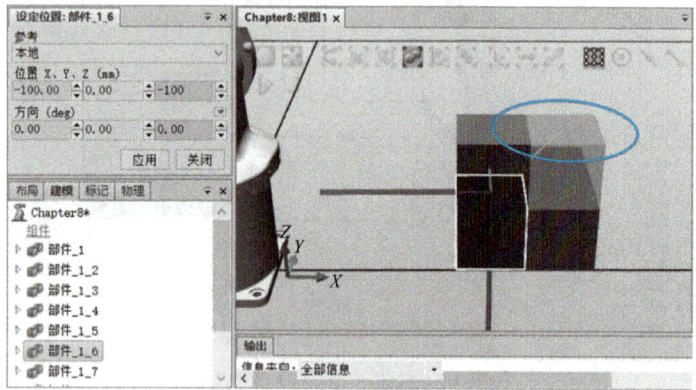

图 8-14 放置"部件_1_6"工件

10) 采用与放置"部件_1_2"工件相同的方法将"部件_1_7"工件放置在"部件_1_3"工件的上方,如图 8-15 所示。

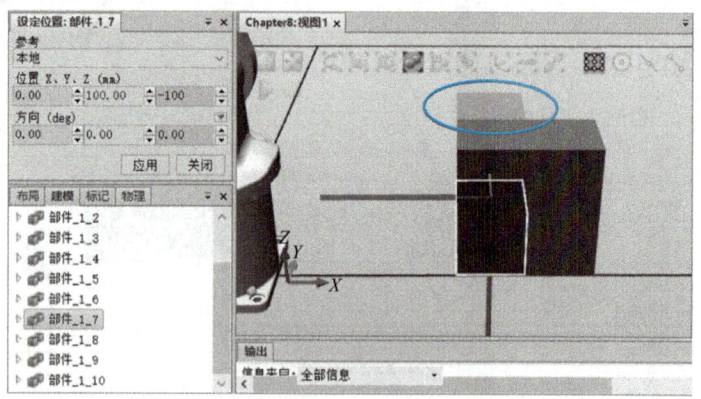

图 8-15 放置"部件_1_7"工件

11) 采用与放置"部件_1_2"工件相同的方法将"部件_1_8"工件放置在"部件_1_4"工件的上方,如图 8-16 所示。

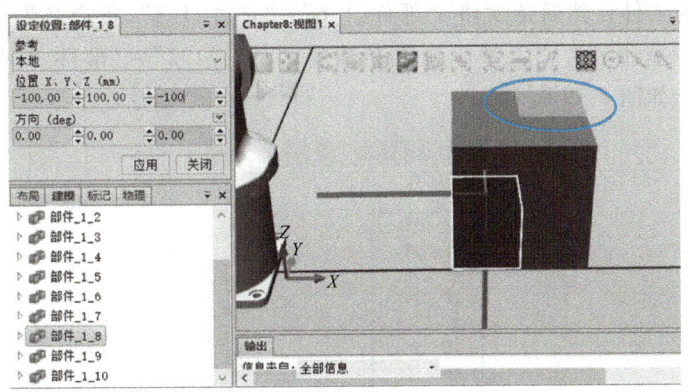

图 8-16 放置"部件_1_8"工件

12) 采用与放置"部件_1_2"工件相同的方法将"部件_1_9"工件放置在"部件_1"工件的斜左后方,如图 8-17 所示。

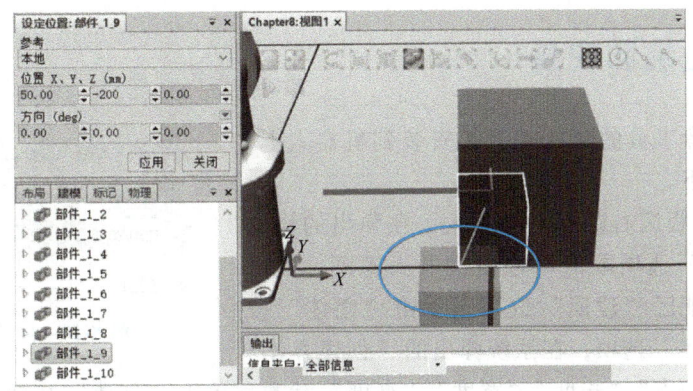

图 8-17 放置"部件_1_9"工件

13) 采用与放置"部件_1_2"工件相同的方法将"部件_1_10"工件放置在"部件_1_9"工件的后方,如图 8-18 所示。

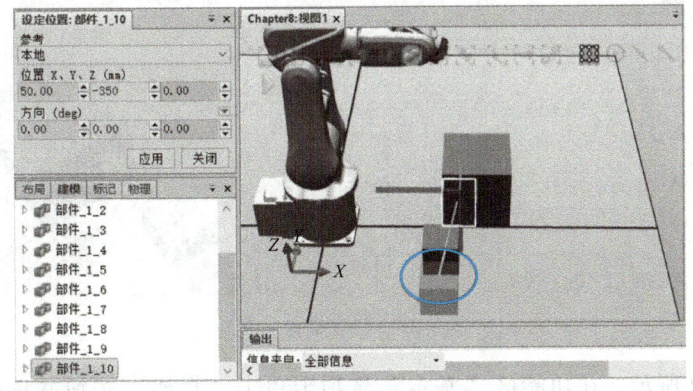

图 8-18 放置"部件_1_10"工件

14) 在操作面板区,将"部件_1_9"和"部件_1_10"分别重命名为"位置 1"和"位置 2",以表示八个工件被搬运后的两个位置;将"部件_1_5"重命名为"工件 1",表示第一个需要被搬运的工件；然后依次将"部件_1_6"~"部件_1_8"重命名为"工件2"~"工件4"，将"部件_1"重命名为"工件5"，再依次将"部件_1_2"~"部件_1_4"重命名为"工件6"~"工件8"，如图8-19所示。

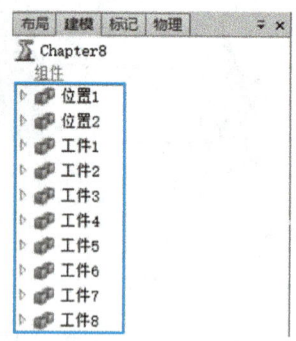

图8-19 重命名工件

8.3 吸盘建模和安装

本节进行吸盘工具的建模并将其安装到机器人上，具体操作步骤如下。

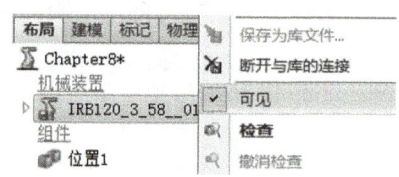

1）在操作面板区右键单击机器人，在弹出的快捷菜单中将"可见"选项取消勾选使机器人隐藏，如图8-20所示。在功能区"建模"选项卡单击"固体"按钮并选择"矩形体"选项，在系统弹出的"创建方体"窗口中，设置"角点""长度""宽度""高度"参数后单击"创建"按钮创建一个吸盘工具，如图8-21所示。在操作面板区将其命名为"Tool"。

图8-20 隐藏机器人

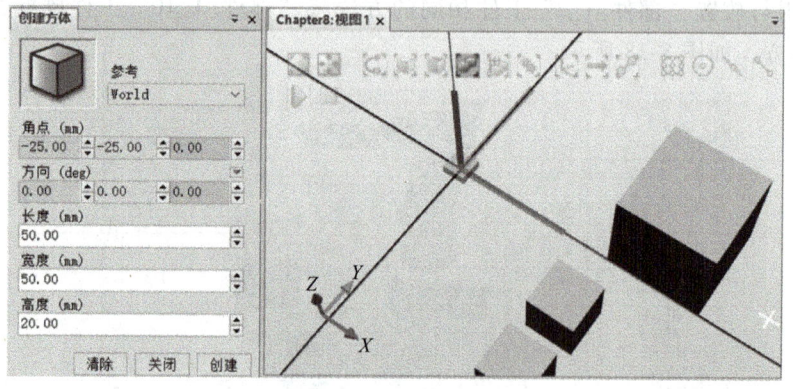

图8-21 创建吸盘工具

2）如图8-22所示，在功能区"基本"选项卡单击"框架"按钮并选择"三点创建框架"选项，在系统弹出的"创建框架"窗口中，选择"三点法"选项并取消"设定为UCS"复选框勾选，单击激活"X方向上的第一点"文本框，在视图窗口单击"捕捉对象"按钮，然后用鼠标依次单击位置①~③，它们的坐标就会自动加载到"创建框架"窗口的"X方向上的第一点""X轴上的第二个点""Y轴上的点"文本框中,单击"创建"按钮创建框架,如图8-23所示。

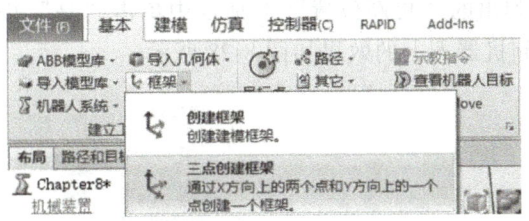

图 8-22 选择"三点创建框架"选项

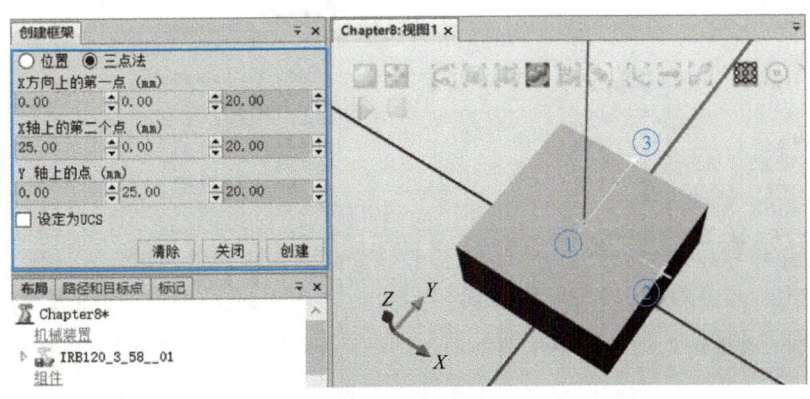

图 8-23 创建框架

3)在功能区"建模"选项卡单击"创建工具"按钮,在系统弹出的"创建工具"对话框中,将"Tool名称"设置为"MyTool",在"选择组件"选项组选择"使用已有的部件"选项,并在下拉列表中选择创建的吸盘工具"Tool",将"重量"设为1kg(可根据实际情况设置),"重心"坐标设为(0mm,0mm,10mm),完成工具信息设置,单击"下一个"按钮,如图8-24所示。将"数值来自目标点/框架"选择为创建的框架"框架_1",单击对话框中的添加按钮将"MyTool"添加到"TCP(s)"列表框中,单击"完成"按钮完成在工作站中新工具MyTool的创建,如图8-25所示。

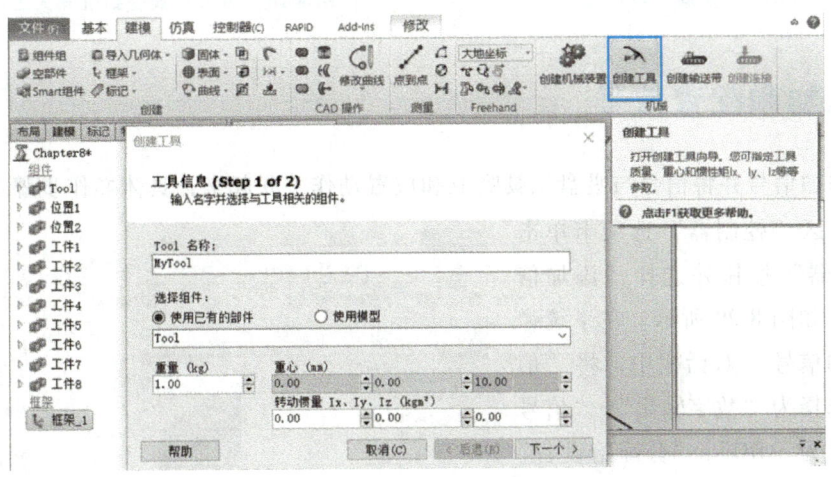

图 8-24 设置工具信息

4)将机器人设置为可见状态,在操作面板区右键单击工具"MyTool"并在弹出的快捷菜单中依次选择"安装到"→"IRB120_3_58__01 T_ROB1"选项,将工具安装到机器人上,如图 8-26 所示。在系统弹出的"更新位置"对话框中单击"是"按钮更新工具位置,如图 8-27 所示。将工具安装到机器人上的效果如图 8-28 所示。

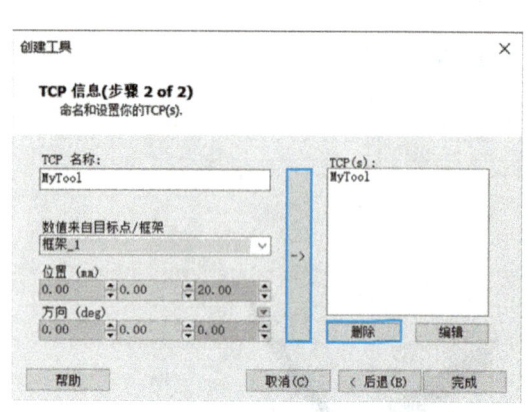

图 8-25 创建新工具"MyTool"

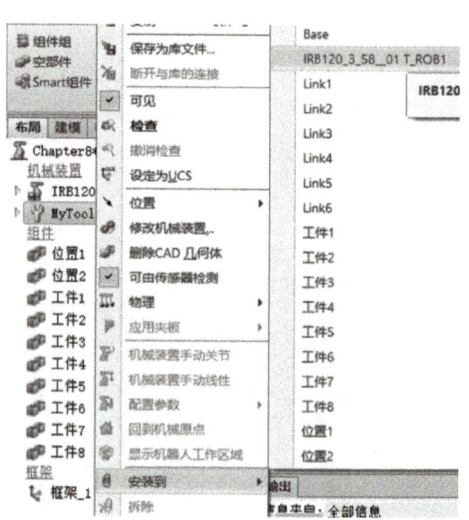

图 8-26 将工具安装到机器人上

图 8-27 更新工具位置

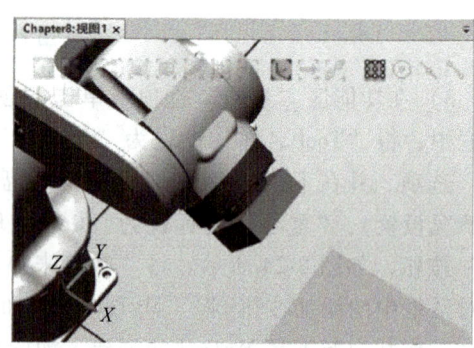

图 8-28 将工具安装到机器人上的效果

8.4 添加和配置信号

本节添加信号并将信号与吸盘工具吸取和放置动作关联起来,具体操作步骤如下。

在功能区"控制器"选项卡单击"配置编辑器"按钮并选择"添加信号"选项,如图 8-29 所示。在系统弹出的"添加信号"对话框中,将"信号类型"选择为"数字输出","信号名称"设置为"DO","分配给设备"设置为"无",勾选"高级"复选框

图 8-29 选择"添加信号"选项

并将"Access Level"选择为"All","信号数量"选择为"16",单击"确定"按钮完成数字输出信号的添加,如图 8-30 所示。添加信号后重新启动控制器。

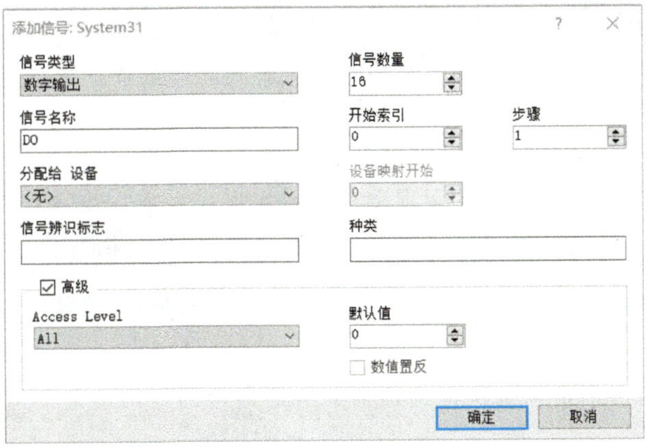

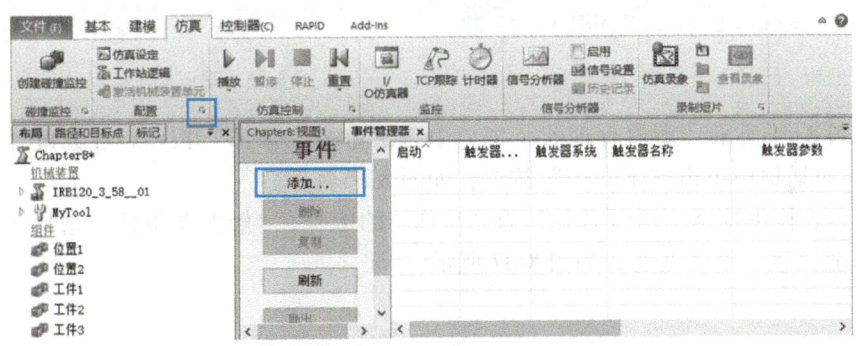

图 8-30　添加数字输出信号

控制器重新启动完成后对信号进行配置,使信号与吸盘工具吸取和放置动作关联起来。在功能区"仿真"选项卡单击"配置"选项板的展开按钮，在系统弹出的"事件管理器"窗口中,单击"添加"按钮进行信号配置,如图 8-31 所示,

图 8-31　打开"事件管理器"窗口

接下来对工件的吸取和放置动作进行信号配置,以对"工件 1"的吸取和放置为例,具体配置步骤如下。

1) 在系统弹出的"创建新事件"对话框中,将"启动"设置为"开",将"事件触发类型"选择为"I/O 信号已更改"以作为第一个触发条件,单击"下一个"按钮,如图 8-32 所示。

2) 在列表框中选择"信号名称"为"DO1"的信号,"触发器条件"选择为"信号是 True",单击"下一个"按钮,如图 8-33 所示。

3) 将"设定动作类型"选择为"附加对象"以作为第一个动作的类型,单击"下一个"按钮,如图 8-34 所示。

4) 将"附加对象"选择为"工件 1"并选择"更新位置"选项,将"安装到"选择为"MyTool",单击"完成"按钮完成第一个动作,即吸取工件动作的设置,如图 8-35 所示。

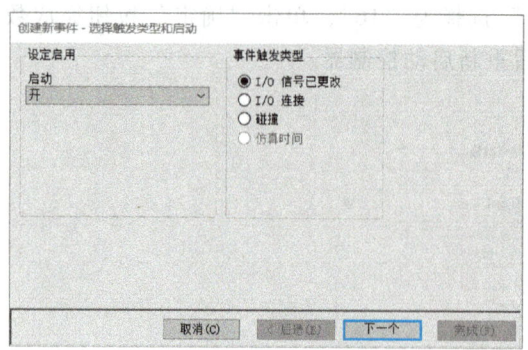

图 8-32 设置第一个触发条件

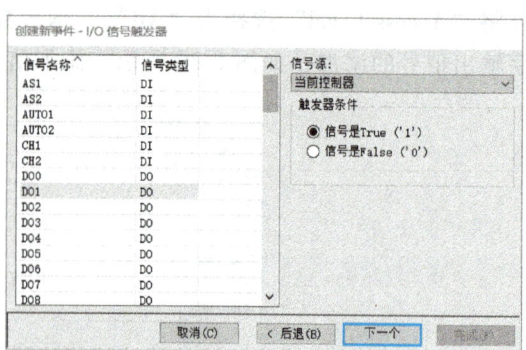

图 8-33 选择信号和触发器条件

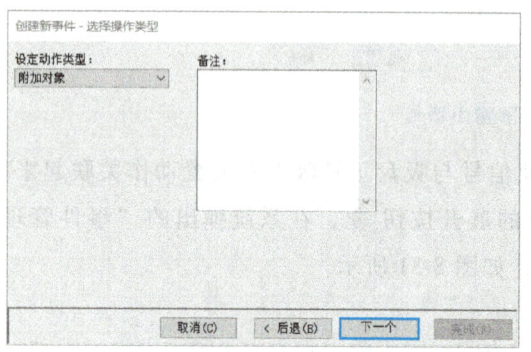

图 8-34 选择第一个动作的类型

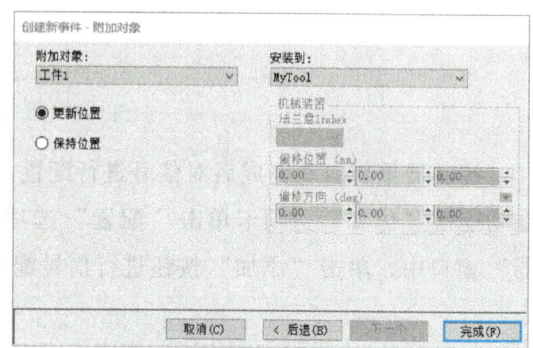

图 8-35 完成第一个动作的设置

5）在图 8-31 所示"事件管理器"窗口中再次单击"添加"按钮，在系统弹出的"创建新事件"对话框中单击"下一个"按钮，如图 8-36 所示。

6）在列表框中选择"信号名称"为"DO1"的信号，"触发器条件"选择为"信号是False"，单击"下一个"按钮，如图 8-37 所示。

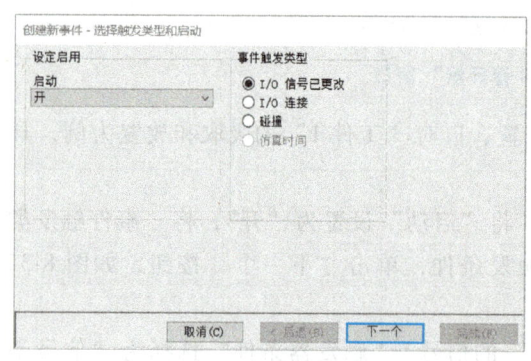

图 8-36 再次添加新事件

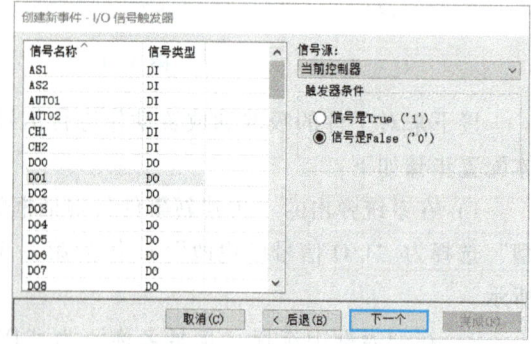

图 8-37 选择"DO1"信号并设置第二个触发器条件

7）将"设定动作类型"选择为"提取对象"以作为第二个动作的类型，单击"下一个"按钮，如图 8-38 所示。

8）将"提取对象"选择为"工件 1"，"提取于"选择为"MyTool"，单击"完成"按钮完成第二个动作，即放置工件动作的设置，如图 8-39 所示。

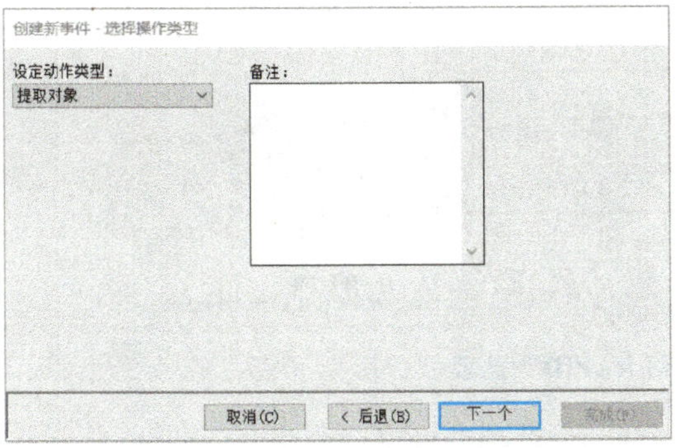

第 8 章　工业机器人搬运编程实例

图 8-38　设定第二个动作的类型

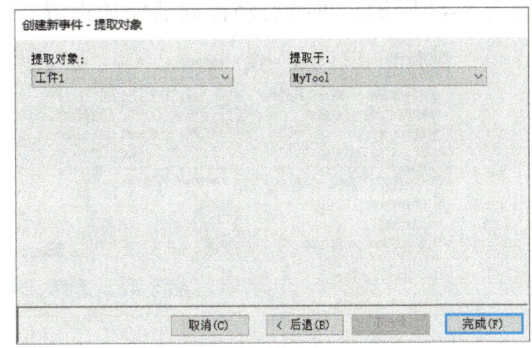

图 8-39　完成第二个动作的设置

按照与为"工件 1"添加吸取和放置动作相同的方法和步骤依次将信号"DO2"~"DO8"配置为对"工件 2"~"工件 8"的吸取和放置动作，配置完成的事件列表如图 8-40 所示。

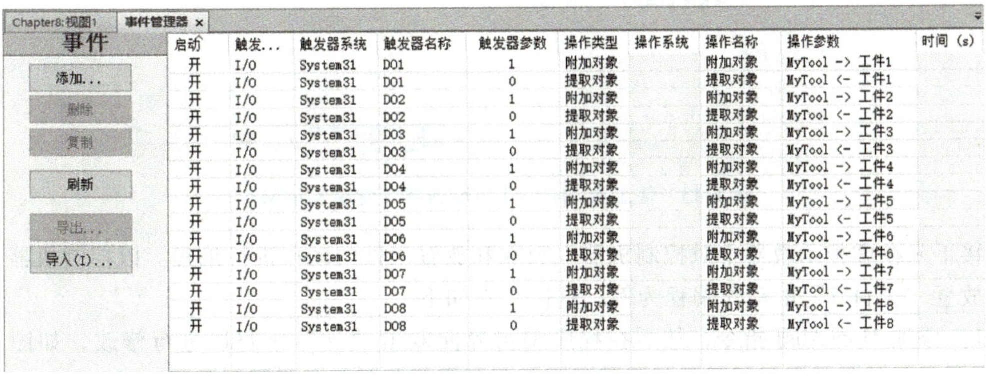

图 8-40　配置完成的事件列表

8.5　程序编写

本节将编写控制机器人动作实现对工件的吸取和放置的程序，具体操作步骤如下。

打开虚拟示教器，将示教器设置为手动模式，新建任务程序框架，如图 8-41 所示。

在功能区"基本"选项卡单击"同步"按钮并选择"同步到 RAPID"选项，如图 8-42 所示。在系统弹出的"同步到 RAPID"对话框中，将"模块"选择为"Module1"，单击"确定"按钮使工具 MyTool 同步到程序模块 Module1，

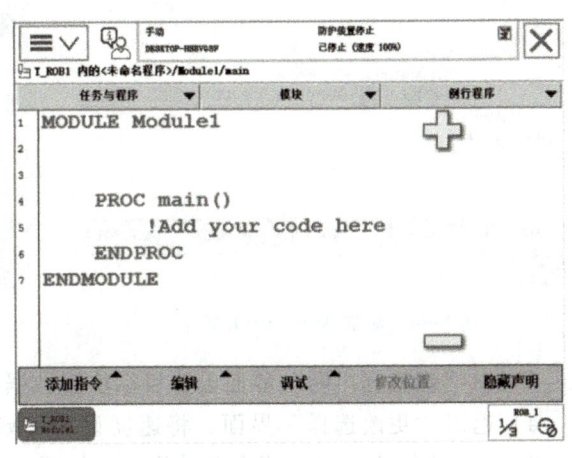

图 8-41　新建任务程序框架

如图 8-43 所示，重新启动控制器完成设置。

图 8-42 选择"同步到 RAPID"选项

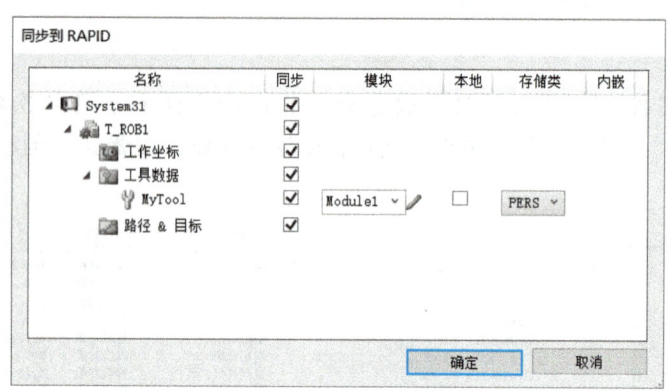

图 8-43 使工具 MyTool 同步到程序模块 Module1

接下来在虚拟示教器中对控制机器人吸取和放置工件的动作进行编程。以控制机器人吸取和放置"工件 1"的动作编程为例，具体步骤如下。

1）添加 MoveAbsJ 指令，然后在程序编辑界面双击"＊"字符以进行修改，如图 8-44 所示。

2）在"更改选择"界面单击"新建"按钮新建目标位置数据，如图 8-45 所示。

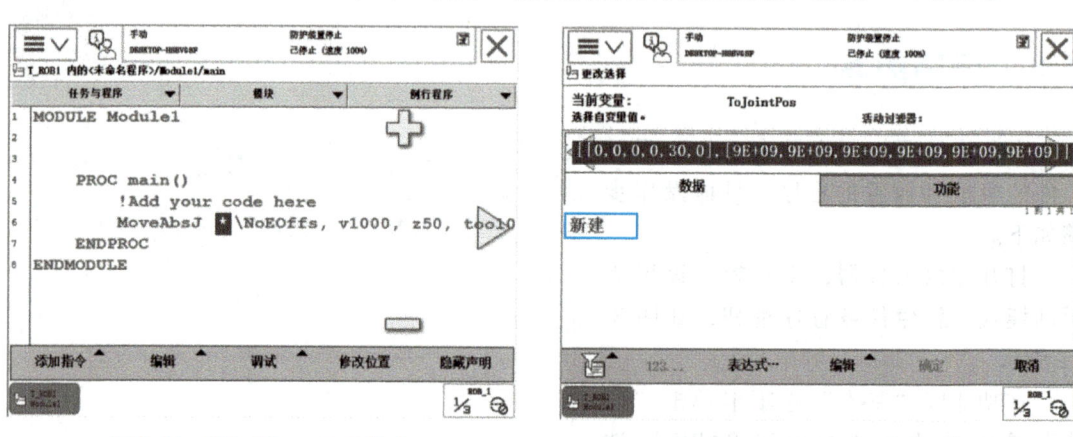

图 8-44 添加 MoveAbsJ 指令　　　　图 8-45 新建目标位置数据

3）在"新数据声明"界面设置目标位置数据参数，如图 8-46 所示。

4）返回"更改选择"界面，将速度设为"v1000"，转角半径设为"fine"，工具设为"MyTool"，完成 MoveAbsJ 指令参数修改，如图 8-47 所示。

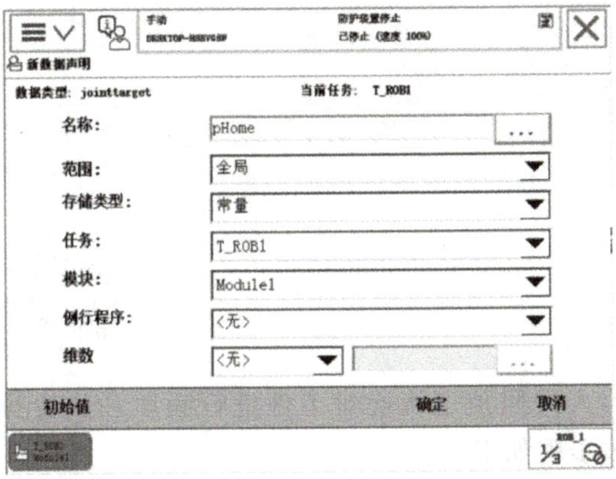

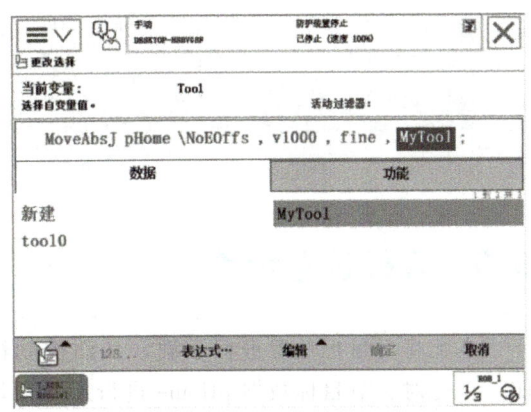

图 8-46 设置目标位置数据参数

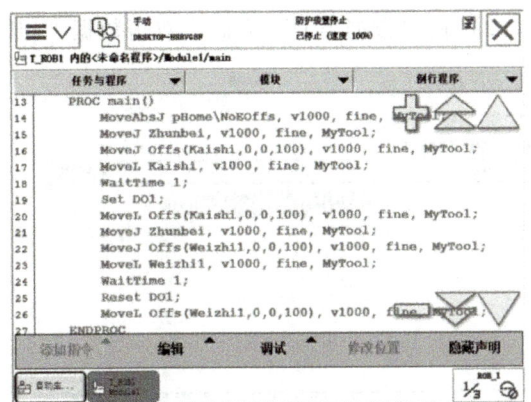

图 8-47 修改 MoveAbsJ 指令参数

5）在程序编辑界面对控制机器人吸取和放置"工件 1"的程序进行修改，完整程序如图 8-48 所示。

为了便于对其他工件的吸取和放置动作控制进行编程，在功能区展开"RAPID"选项卡，然后在操作面板区的"控制器"选项卡依次选择"System31"→"RAPID"→"T_ROB1"→"Module1"，双击"main"打开工作站的 RAPID 程序编辑窗口，如图 8-49 所示。

在 RAPID 程序编辑窗口完成控制机器人吸取和放置"工件 2"~"工件 8"动作的编程，对不同工件进行编程时需要修改吸取和放置的目标位置坐标和相应的控制信号。完成程序编辑后，在"RAPID"选项卡单击"应用"按钮完成程序的修改，如图 8-50 所示，完整的程序代码将在 8.6 节给出。

图 8-48 吸取和放置"工件 1"的完整程序

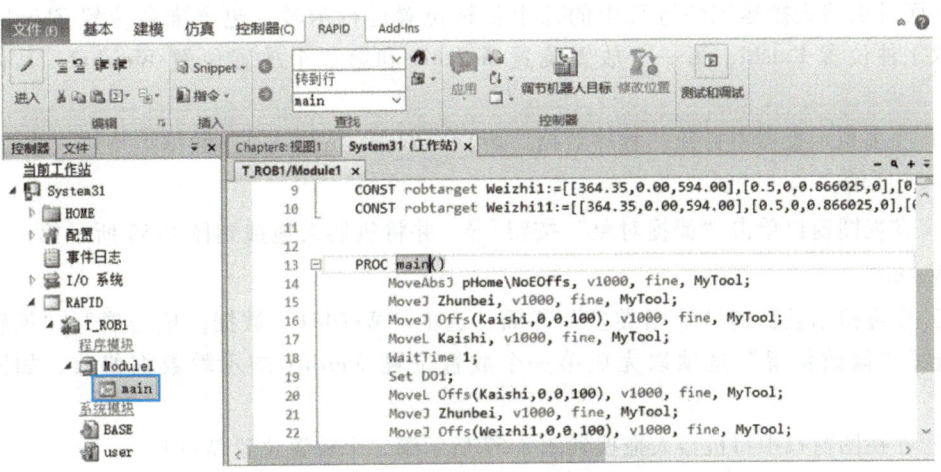

图 8-49 工作站的 RAPID 程序编辑窗口

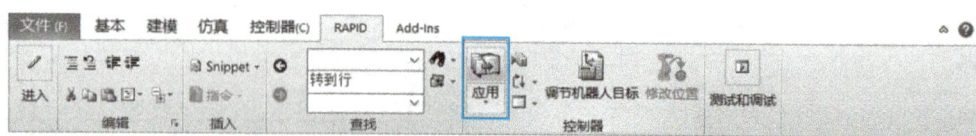

图 8-50　完成程序的修改

8.6　目标位置示教

本节将对目标位置进行示教，从而控制机器人按照预定轨迹对工件进行吸取和放置操作。首先对关节目标数据 pHome 进行示教，具体步骤如下。

1）在虚拟示教器中打开"程序数据"界面，双击"jointtarget"数据类型，如图 8-51 所示。

2）在"数据类型"界面中双击数据"pHome"进入修改界面，如图 8-52 所示。

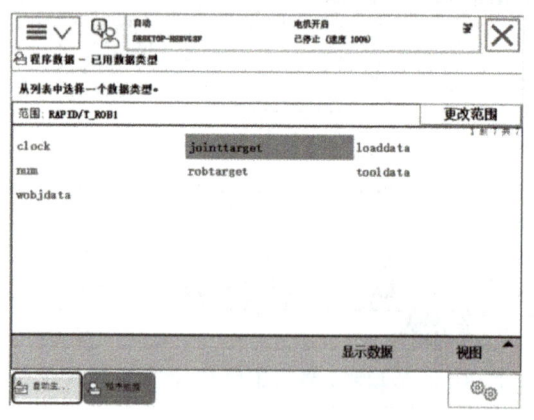

图 8-51　在"程序数据"界面双击"jointtarget"数据类型

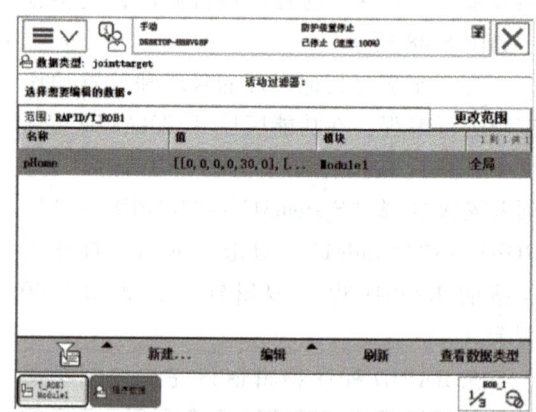

图 8-52　修改 pHome

3）将参数"rax_5"，即机器人第五关节轴角度修改为 90°，如图 8-53 所示。

下面对机器人搬运工件过程中的几个目标位置进行示教，包含准备位置 Zhunbei、开始吸取工件位置 Kaishi、第一个放置位置 Weizhi1 和第二个放置位置 Weizhi2，具体步骤如下。

1）在虚拟示教器中打开"程序数据"界面，双击"robtarget"数据类型进入数据列表，如图 8-54 所示。

2）在视图窗口单击"捕捉对象"按钮 ，并将机器人拖拽到图 8-55 所示第一个放置位置 Weizhi1。

3）在虚拟示教器的"数据类型"界面，选中"Weizhi1"数据，单击展开"编辑"列表，选择"修改位置"选项以完成第一个放置位置 Weizhi1 的示教数据修改，如图 8-56 所示。

4）在视图窗口中将机器人拖拽到图 8-57 所示第二个放置位置 Weizhi2。

5）在虚拟示教器的"数据类型"界面，选中"Weizhi2"数据，单击展开"编辑"列表,选择"修改位置"选项以完成第二个放置位置 Weizhi2 的示教数据修改,如图 8-58 所示。

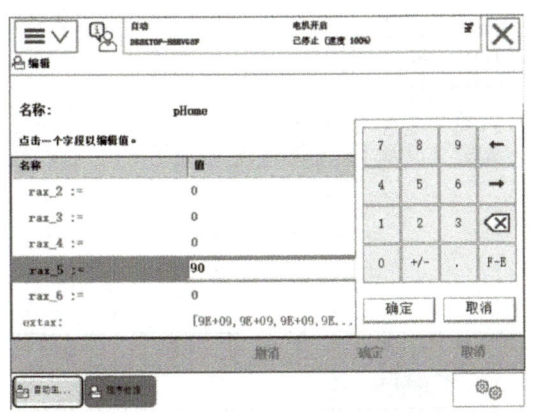

图 8-53　修改机器人第五关节轴角度

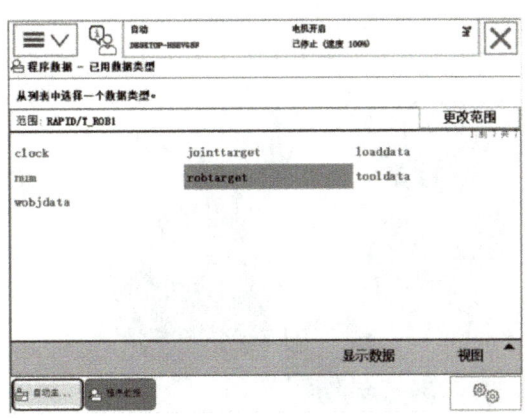

图 8-54　在"程序数据"界面双击
"robtarget"数据类型

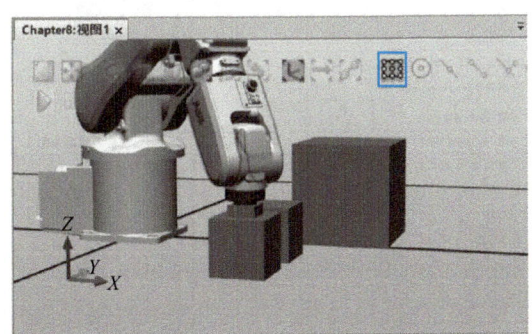

图 8-55　第一个放置位置 Weizhi1

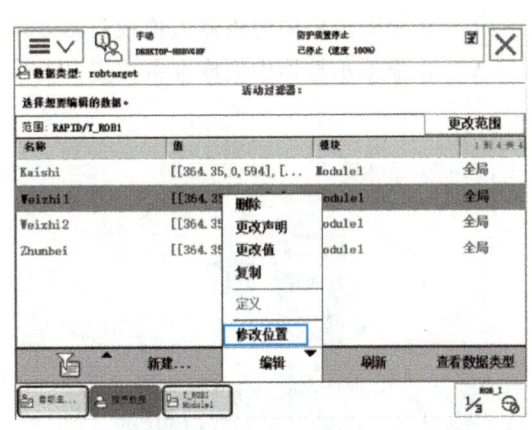

图 8-56　完成第一个放置位置 Weizhi1 的示教
数据修改

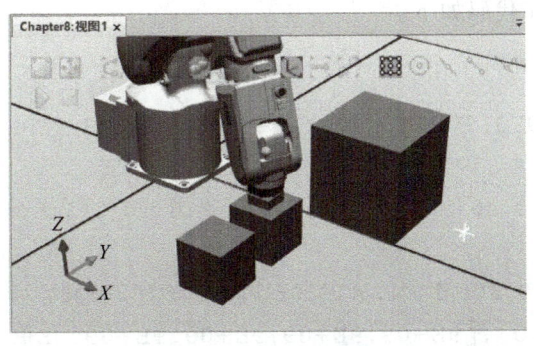

图 8-57　第二个放置位置 Weizhi2

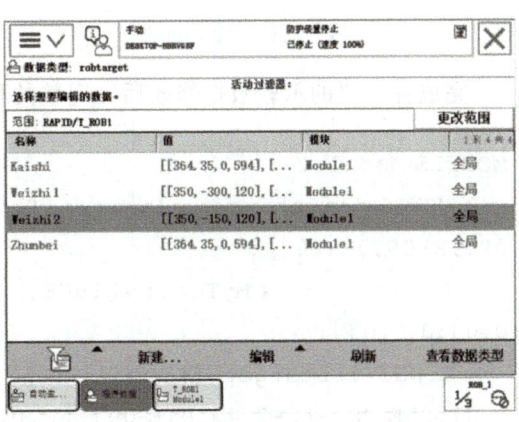

图 8-58　完成第二个放置位置 Weizhi2 的示教
数据修改

6）在视图窗口中将机器人拖拽到图 8-59 所示开始吸取工件位置 Kaishi。

7）在虚拟示教器中完成开始吸取工件位置 Kaishi 的示教数据修改，如图 8-60 所示。

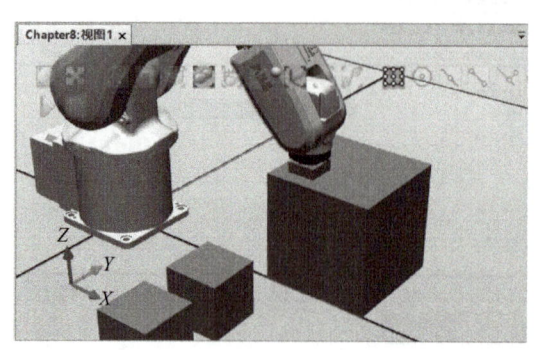

图 8-59　开始吸取工件位置 Kaishi

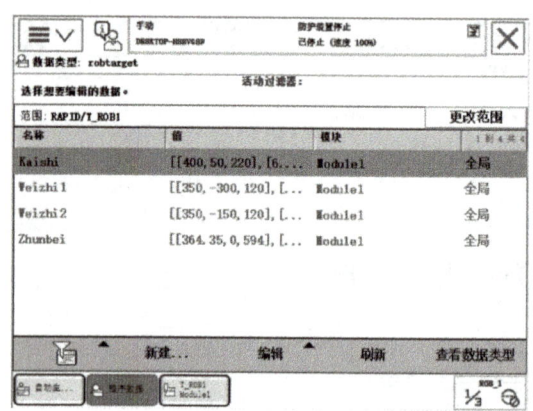

图 8-60　完成开始吸取工件位置 Kaishi 的示教数据修改

8）在视图窗口中将机器人拖拽到图 8-61 所示准备位置 Zhunbei。

9）在虚拟示教器中完成准备位置 Zhunbei 的示教数据修改，如图 8-62 所示。

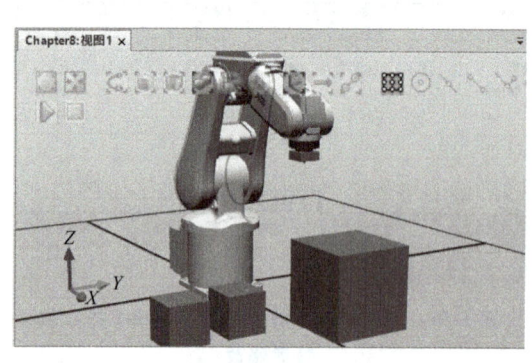

图 8-61　准备位置 Zhunbei

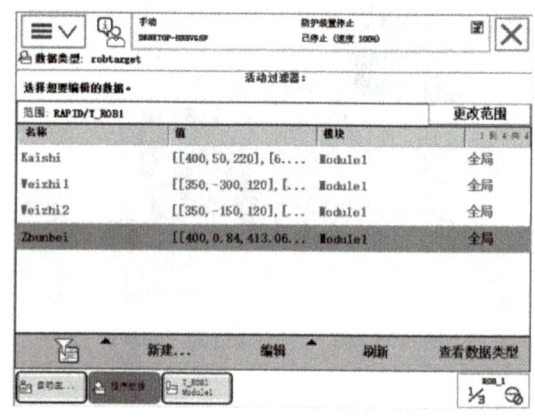

图 8-62　完成准备位置 Zhunbei 的示教数据修改

完成各位置的示教数据修改后，完整的程序代码如下。

```
MODULE Module1
    CONST jointtarget pHome:=[[0,0,0,0,90,0],[9E+09,9E+09,9E+09,9E+09,9E+09,9E+09]];
    PERS tooldata MyTool:=[TRUE,[[0,0,20],[1,0,0,0]],[1,[0,0,10],[1,0,0,0],0,0,0]];
    CONST robtarget Zhunbei:=[[400.00,0.84,413.06],[3.6762E-08,-1.07525E-08,-1,-2.40101E-09],[0,0,0,0],[9E+09,9E+09,9E+09,9E+09,9E+09,9E+09]];
```

```
    CONST robtarget Weizhi2:=[[350.00,-150.00,120.00],[1.04022E-07,-
8.80383E-09,1,-4.22512E-08],[-1,0,-1,0],[9E+09,9E+09,9E+09,9E+09,9E+
09,9E+09]];
    CONST robtarget Kaishi:=[[400.00,50.00,220.00],[6.68299E-08,-
1.26859E-08,-1,1.97803E-09],[0,0,0,0],[9E+09,9E+09,9E+09,9E+09,9E+09,
9E+09]];
    CONST robtarget Weizhi1:=[[350.00,-300.00,120.00],[3.1319E-08,
1.43075E-09,-1,-2.56656E-08],[-1,-1,-1,0],[9E+09,9E+09,9E+09,9E+09,9E
+09,9E+09]];
    PROC main()
        ! Gongjian1
        MoveAbsJ pHome\NoEOffs,v1000,fine,MyTool;
        MoveJ Zhunbei,v1000,fine,MyTool;
        MoveJ Offs(Kaishi,0,0,100),v1000,fine,MyTool;
        MoveL Kaishi,v1000,fine,MyTool;
        WaitTime 1;
        Set DO1;
        MoveL Offs(Kaishi,0,0,100),v1000,fine,MyTool;
        MoveJ Zhunbei,v1000,fine,MyTool;
        MoveJ Offs(Weizhi1,0,0,100),v1000,fine,MyTool;
        MoveL Weizhi1,v1000,fine,MyTool;
        WaitTime 1;
        Reset DO1;
        MoveL Offs(Weizhi1,0,0,100),v1000,fine,MyTool;

        ! Gongjian2
        MoveAbsJ pHome\NoEOffs,v1000,fine,MyTool;
        MoveJ Zhunbei,v1000,fine,MyTool;
        MoveJ Offs(Kaishi,100,0,100),v1000,fine,MyTool;
        MoveL Offs(Kaishi,100,0,0),v1000,fine,MyTool;
        WaitTime 1;
        Set DO2;
        MoveL Offs(Kaishi,100,0,100),v1000,fine,MyTool;
        MoveJ Zhunbei,v1000,fine,MyTool;
        MoveJ Offs(Weizhi1,0,0,200),v1000,fine,MyTool;
        MoveL Offs(Weizhi1,0,0,100),v1000,fine,MyTool;
        WaitTime 1;
        Reset DO2;
```

```
        MoveL Offs(Weizhi1,0,0,200),v1000,fine,MyTool;

        ! Gongjian3
        MoveAbsJ pHome\NoEOffs,v1000,fine,MyTool;
        MoveJ Zhunbei,v1000,fine,MyTool;
        MoveJ Offs(Kaishi,0,100,100),v1000,fine,MyTool;
        MoveL Offs(Kaishi,0,100,0),v1000,fine,MyTool;
        WaitTime 1;
        Set DO3;
        MoveL Offs(Kaishi,0,100,100),v1000,fine,MyTool;
        MoveJ Zhunbei,v1000,fine,MyTool;
        MoveJ Offs(Weizhi1,0,0,300),v1000,fine,MyTool;
        MoveL Offs(Weizhi1,0,0,200),v1000,fine,MyTool;
        WaitTime 1;
        Reset DO3;
        MoveL Offs(Weizhi1,0,0,300),v1000,fine,MyTool;

        ! Gongjian4
        MoveAbsJ pHome\NoEOffs,v1000,fine,MyTool;
        MoveJ Zhunbei,v1000,fine,MyTool;
        MoveJ Offs(Kaishi,100,100,100),v1000,fine,MyTool;
        MoveL Offs(Kaishi,100,100,0),v1000,fine,MyTool;
        WaitTime 1;
        Set DO4;
        MoveL Offs(Kaishi,100,100,100),v1000,fine,MyTool;
        MoveJ Zhunbei,v1000,fine,MyTool;
        MoveJ Offs(Weizhi1,0,0,400),v1000,fine,MyTool;
        MoveL Offs(Weizhi1,0,0,300),v1000,fine,MyTool;
        WaitTime 1;
        Reset DO4;
        MoveL Offs(Weizhi1,0,0,400),v1000,fine,MyTool;

        ! Gongjian5
        MoveAbsJ pHome\NoEOffs,v1000,fine,MyTool;
        MoveJ Zhunbei,v1000,fine,MyTool;
        MoveJ Offs(Kaishi,0,0,0),v1000,fine,MyTool;
        MoveL Offs(Kaishi,0,0,-100),v1000,fine,MyTool;
        WaitTime 1;
```

```
Set DO5;
MoveL Offs(Kaishi,0,0,0),v1000,fine,MyTool;
MoveJ Zhunbei,v1000,fine,MyTool;
MoveJ Offs(Weizhi2,0,0,100),v1000,fine,MyTool;
MoveL Weizhi2,v1000,fine,MyTool;
WaitTime 1;
Reset DO5;
MoveL Offs(Weizhi2,0,0,100),v1000,fine,MyTool;

! Gongjian6
MoveAbsJ pHome\NoEOffs,v1000,fine,MyTool;
MoveJ Zhunbei,v1000,fine,MyTool;
MoveJ Offs(Kaishi,100,0,0),v1000,fine,MyTool;
MoveL Offs(Kaishi,100,0,-100),v1000,fine,MyTool;
WaitTime 1;
Set DO6;
MoveL Offs(Kaishi,100,0,0),v1000,fine,MyTool;
MoveJ Zhunbei,v1000,fine,MyTool;
MoveJ Offs(Weizhi2,0,0,200),v1000,fine,MyTool;
MoveL Offs(Weizhi2,0,0,100),v1000,fine,MyTool;
WaitTime 1;
Reset DO6;
MoveL Offs(Weizhi2,0,0,200),v1000,fine,MyTool;

! Gongjian7
MoveAbsJ pHome\NoEOffs,v1000,fine,MyTool;
MoveJ Zhunbei,v1000,fine,MyTool;
MoveJ Offs(Kaishi,0,100,0),v1000,fine,MyTool;
MoveL Offs(Kaishi,0,100,-100),v1000,fine,MyTool;
WaitTime 1;
Set DO7;
MoveL Offs(Kaishi,0,100,0),v1000,fine,MyTool;
MoveJ Zhunbei,v1000,fine,MyTool;
MoveJ Offs(Weizhi2,0,0,300),v1000,fine,MyTool;
MoveL Offs(Weizhi2,0,0,200),v1000,fine,MyTool;
WaitTime 1;
Reset DO7;
MoveL Offs(Weizhi2,0,0,300),v1000,fine,MyTool;
```

```
    ! Gongjian8
    MoveAbsJ pHome\NoEOffs,v1000,fine,MyTool;
    MoveJ Zhunbei,v1000,fine,MyTool;
    MoveJ Offs(Kaishi,100,100,0),v1000,fine,MyTool;
    MoveL Offs(Kaishi,100,100,-100),v1000,fine,MyTool;
    WaitTime 1;
    Set DO8;
    MoveL Offs(Kaishi,100,100,0),v1000,fine,MyTool;
    MoveJ Zhunbei,v1000,fine,MyTool;
    MoveJ Offs(Weizhi2,0,0,400),v1000,fine,MyTool;
    MoveL Offs(Weizhi2,0,0,300),v1000,fine,MyTool;
    WaitTime 1;
    Reset DO8;
    MoveL Offs(Weizhi2,0,0,400),v1000,fine,MyTool;
  ENDPROC
ENDMODULE
```

8.7 仿真运行

1) 在操作面板区"布局"选项卡分别右键单击"位置1"和"位置2",在弹出的快捷菜单中将"可见"选项取消勾选以将两个部件设置为不可见状态,如图8-63所示,并将机器人运行至pHome位置。

2) 在功能区"仿真"选项卡单击"重置"按钮,并选择"保存当前状态"选项,如图8-64所示,在系统弹出的"保存当前状态"对话框中,将"名称"设置为"Chapter8",将"数据已保存"列表框中"Chapter8"的"包括"复选框勾选上,单击"确定"按钮保存工作站当前状态,如图8-65所示。

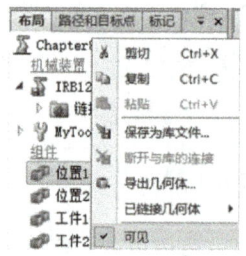

图8-63 设置部件为不可见状态

图8-64 选择"保存当前状态"选项

3) 单击功能区"仿真"选项卡"播放"按钮,系统开始机器人搬运工件的仿真运行,可以在视图窗口观察机器人的仿真运行状态,如图8-66所示。仿真结束后,可以单击"仿真"选项卡"重置"按钮将工作站还原到最初保存的Chapter8状态。

第 8 章　工业机器人搬运编程实例

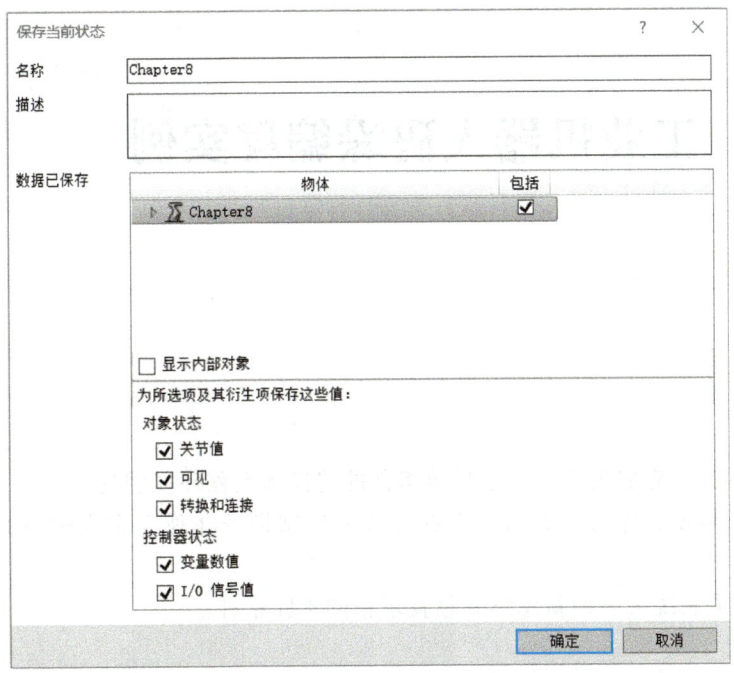

图 8-65　在"保存当前状态"对话框中进行设置

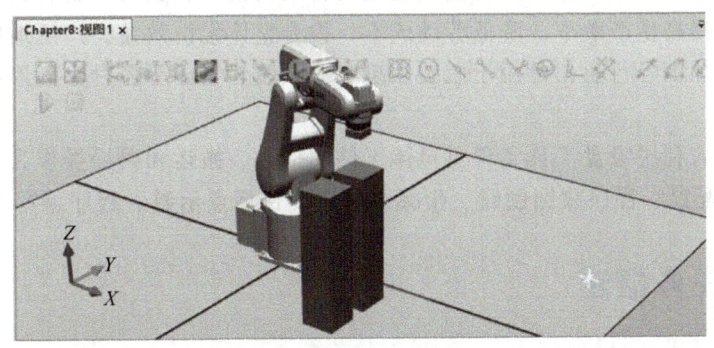

图 8-66　机器人的仿真运行状态

练 习 题

8-1　练习本章吸盘工具的建模过程，尝试建模不同形状的吸盘工具。

8-2　阐述搬运机器人吸取和放置每个工件时坐标的变化规律及设定方法，并通过编程进行验证。

8-3　按照本章所学内容自行创建对立方体工件搬运的工作站。

第 9 章　工业机器人码垛编程实例

教学目标：

➢ 学生能够独立完成吸盘、传送带等组件的建模和编程环境创建。

➢ 学生能够根据码垛的任务需求选择合适的控制指令并独立完成程序的编写、调试和运行。

➢ 培养学生大系统观、创新思维和精益求精的工匠精神。

工业机器人码垛是指利用工业机器人对物料进行抓取、搬运和堆叠等自动化作业，是现代制造业中不可或缺的一部分，通过使用先进的自动化技术，实现对物料的高效、准确和安全的码垛操作，提高生产效率，降低劳动成本，提升整体经济效益，广泛地应用于建材、化工、医药、食品加工等行业，可用于瓶装、罐装、袋装、箱体等各种不同形状包装物的码垛作业。

本章以机器人利用吸盘工具实现对箱体工件的拾取、搬运和码垛操作为例，练习码垛工作站搭建、I/O 配置、程序数据创建、坐标系标定、目标点示教、程序编写等内容。

9.1　码垛任务描述

控制机器人利用吸盘工具拾取从传送带上传输过来的箱体工件并在托盘上进行码垛作业。其中，传送带系统复制工件并将工件输送到机器人端，传感器检测到工件后控制机器人进行拾取操作，吸盘的打开和关闭通过传感器检测信号来控制。当机器人控制吸盘移动到要搬运工件的位置后，传感器检测到工件，将输出信号设为 1 来打开吸盘吸取工件；然后当机器人将工件搬运到托盘位置进行码垛后，将输出信号设为 0 来关闭吸盘放置工件。

本实例需要建立包含一个机器人、一个托盘、一个控制机柜、一个吸盘系统和一个传送带系统的工作站，其布局如图 9-1 所示，机器人建议使用 IRB2600 型号。

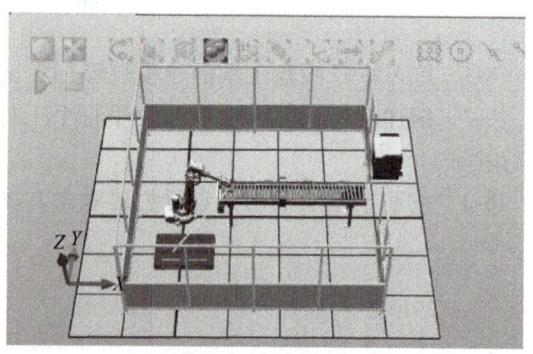

图 9-1　工作站布局

9.2 编程环境搭建

根据任务描述,首先进行工作站仿真环境的搭建。打开 RobotStudio 软件并创建空工作站,加载机器人 IRB2600,在系统弹出的"IRB2600"对话框中将"容量"设置为"12kg"、"到达"设置为"1.85m",单击"确定"按钮完成机器人参数设置,如图 9-2 所示。系统加载机器人。

进行吸盘工具建模前,需要测量机器人末端法兰尺寸。在视图窗口中将机器人末端法兰调整到合适角度,单击"选择部件"按钮 、"捕捉对象"按钮 、"点到点"按钮 启用这三种捕捉工具,分别单击法兰两端可以测量出法兰直径为 63.00mm,如图 9-3 所示。

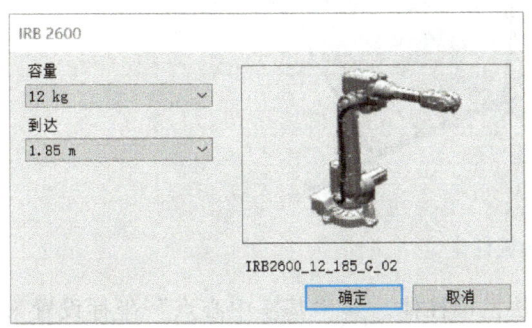

图 9-2 设置机器人参数

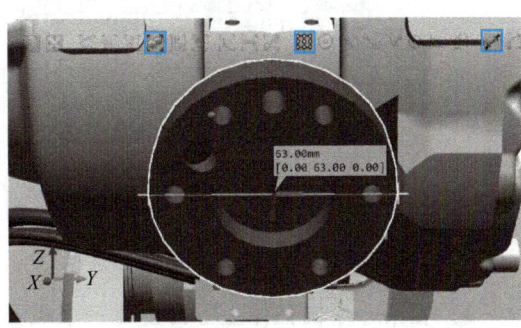

图 9-3 测量法兰直径

9.3 吸盘工具建模和安装

本节将对吸盘工具进行建模和工具创建,并将安装吸盘工具到机器人法兰位置。

9.3.1 吸盘建模和创建工具

1) 将机器人设置为隐藏状态后,在功能区"建模"选项卡单击"固体"按钮并选择"矩形体"选项,创建一个长度为 200mm、宽度为 200mm、高度为 20mm 的矩形体,如图 9-4 所示。

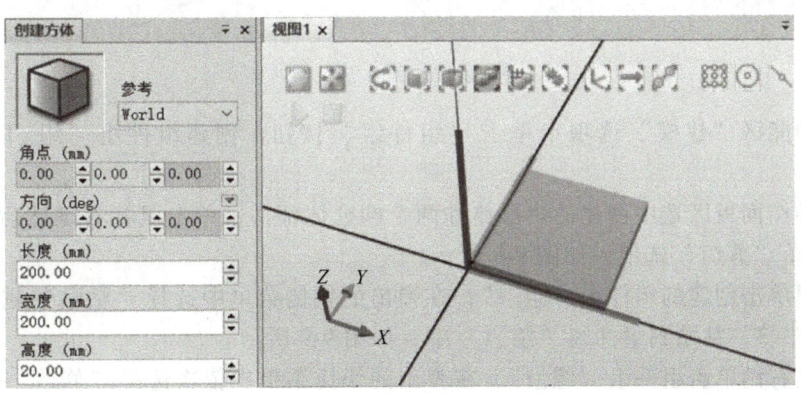

图 9-4 创建矩形体

2)在功能区"建模"选项卡单击"固体"按钮并选择"圆柱体"选项来创建一个圆柱体,在"创建圆柱体"窗口中,单击"基座中心点"文本框激活基座中心点的选择功能,在视图窗口单击"选择部件"按钮 和"捕捉对象"按钮 启用这两种捕捉工具,单击矩形体上表面的中心位置,"基座中心点"坐标自动被设置为(100mm,100mm,20mm);设置"直径"为35mm,"高度"为50mm,单击"创建"按钮在矩形体上方创建一个圆柱体,如图9-5所示。

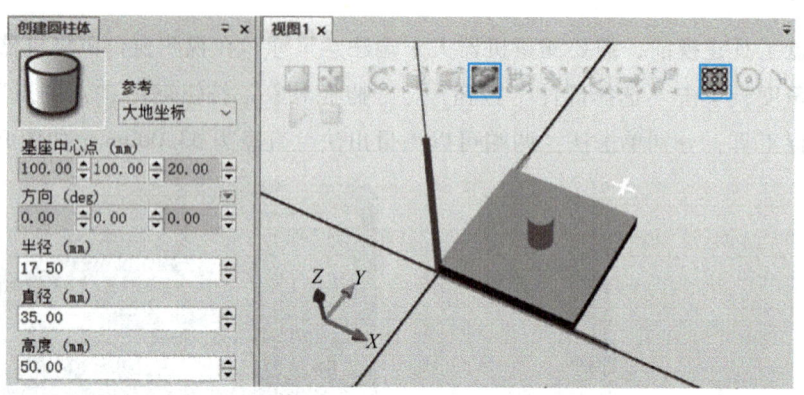

图 9-5 创建圆柱体

3)在第一个圆柱体上方再创建一个机器人法兰圆柱体,其"基座中心点"坐标设置为(100mm,100mm,70mm),"直径"设置为63mm,"高度"设置为15mm,单击"创建"按钮完成机器人法兰圆柱体创建,如图9-6所示。

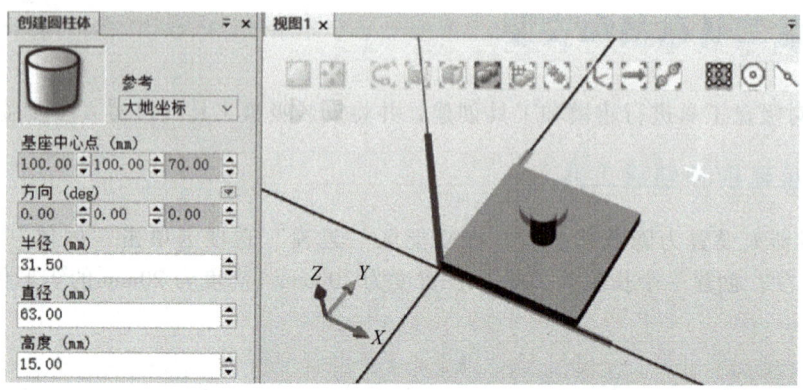

图 9-6 创建机器人法兰圆柱体

4)在功能区"建模"选项卡单击"组件组"按钮,创建组件组"组_1",如图9-7所示。

5)在操作面板区选中创建的矩形体和两个圆柱体部件,单击鼠标右键然后在弹出的快捷菜单中选择"剪切"选项,如图9-8所示。

6)右键单击创建的组件组"组_1",在弹出的快捷菜单中选择"粘贴"选项,将"部件_1"~"部件_3"粘贴到组件组"组_1"中,如图9-9所示。

7)再次右键单击组件组"组_1",在弹出的快捷菜单中依次选择"修改"→"设定本地原点"选项,如图9-10所示。

第 9 章 工业机器人码垛编程实例

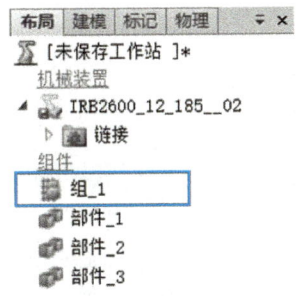

图 9-7 创建组件组"组_1"

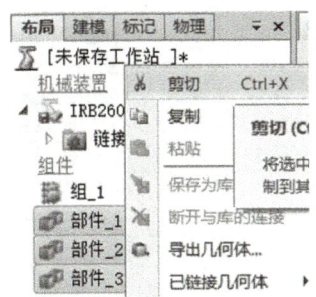

图 9-8 选中三个部件并选择"剪切"选项

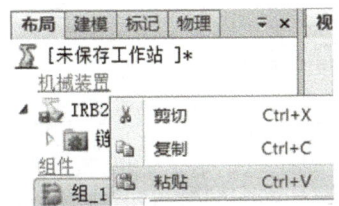

图 9-9 将"部件_1"~"部件_3"粘贴到组件组"组_1"中

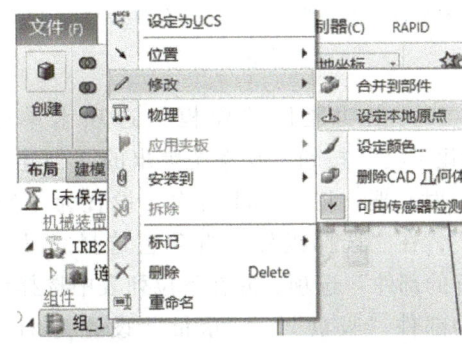

图 9-10 选择"设定本地原点"选项

8）在弹出的"设置本地原点"窗口中，将"位置 X、Y、Z"坐标设置为（100mm，100mm，85mm），或者在视图窗口用鼠标选择组件组"组_1"的中心位置，单击"应用"按钮完成本地原点坐标设置，如图 9-11 所示。

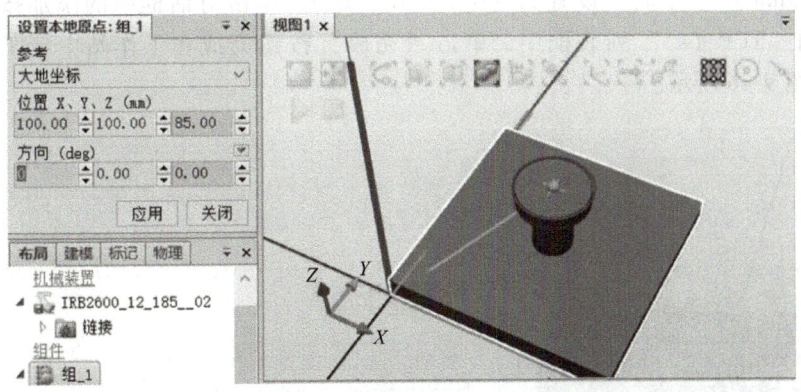

图 9-11 设置本地原点坐标

9）右键单击组件组"组_1"，在弹出的快捷菜单中依次选择"修改"→"合并到部件"选项，将组件组"组_1"合并为一个部件，如图 9-12 所示。

10）合并组件后生成"组_1_合并"，右键单击组件组"组_1"，在弹出的快捷菜单中选择"删除"选项删除组件组"组_1"，如图 9-13 所示。

11）右键单击部件"组_1_合并"，在弹出的快捷菜单中选择"重命名"选项，将其命名为"吸盘"，如图 9-14 所示。

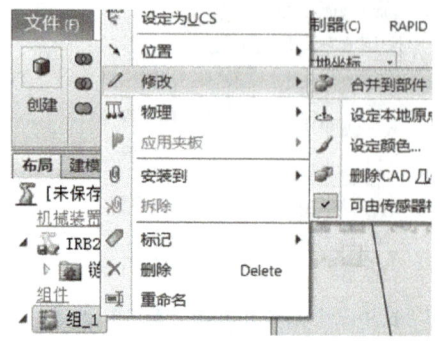
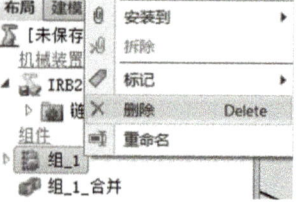

图 9-12 将组件组"组_1"合并为一个部件　　图 9-13 删除组件组"组_1"　　图 9-14 重命名合并的组件组为"吸盘"

12）在功能区"建模"选项卡单击"创建工具"按钮，在系统弹出的"创建工具"对话框，将"Tool 名称"设置为"Xipan"，在"选择组件"选项组选择"使用已有的部件"选项，并在下拉列表中选择创建的部件"吸盘"，"重量"设置为 1kg，"重心"坐标设置为（0mm，0mm，50mm），单击"下一个"按钮完成"Xipan"工具信息设置，如图 9-15 所示。单击激活"位置"文本框，然后在视图窗口中选择吸盘部件的下方中心点使"位置"设置为（0mm，

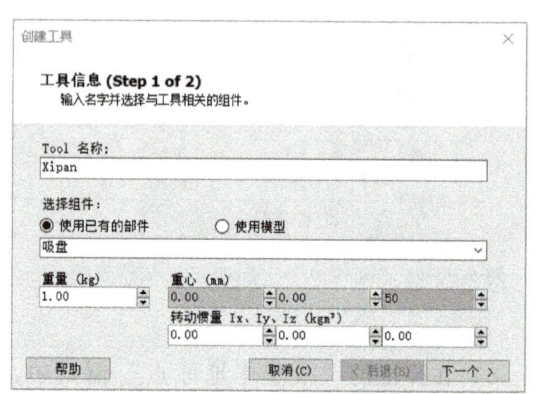

图 9-15 设置"Xipan"工具信息

0mm，153.59mm），"方向"设置为（0°，180°，0°），单击对话框中的添加按钮→将"Xipan"添加到"TCP（s）"列表框中，单击"完成"按钮完成在工作站中新工具"Xipan"的创建，如图 9-16 所示。

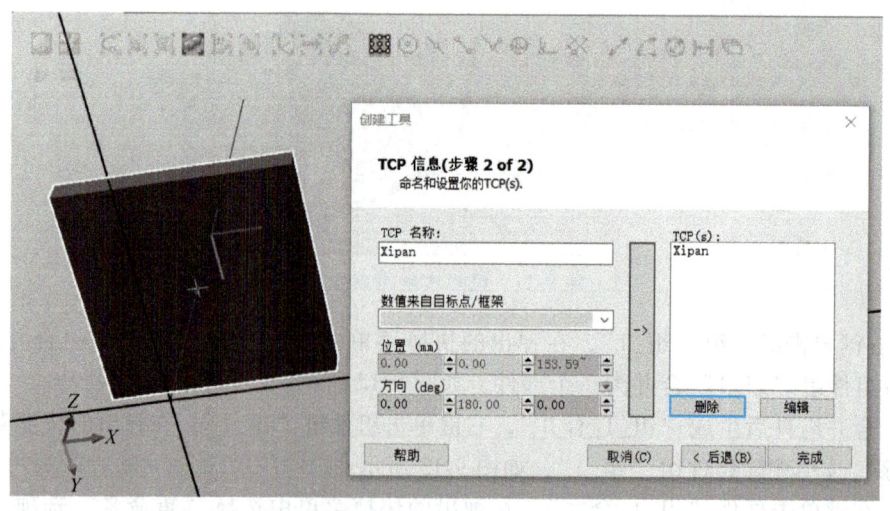

图 9-16 完成"Xipan"工具的创建

9.3.2 安装吸盘工具到机器人

1) 在操作面板区右键单击机器人,在弹出的快捷菜单中选择"可见"选项使隐藏的机器人恢复可见状态,如图 9-17 所示。再次右键单击机器人并在弹出的快捷菜单中选择"机械装置手动关节"选项,在弹出的"手动关节运动"窗口中将第五关节角度设置为 90°,如图 9-18 所示。

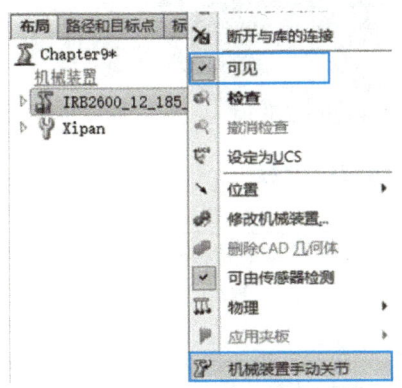

图 9-17 选择"可见"选项和"机械装置手动关节"选项

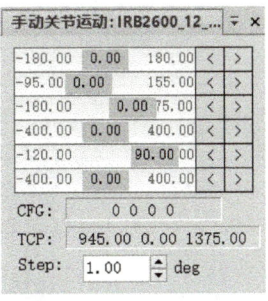

图 9-18 设置关节角度

2) 在操作面板区右键单击"Xipan",在弹出的快捷菜单中依次选择"位置"→"放置"→"一个点"选项,如图 9-19 所示。

3) 在系统弹出的"放置对象"窗口中,单击激活"主点-从"文本框,然后在视图窗口中单击吸盘工具顶面的中心点,此点坐标数据将自动填充到"主点-从"文本框中,如图 9-20 所示。

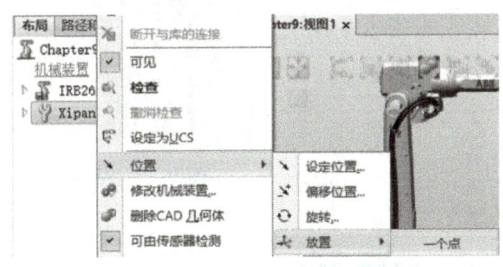

图 9-19 选择"放置"选项

图 9-20 设置"主点-从"坐标

4) 将机器人调整到如图 9-21 所示角度,在"放置对象"窗口中,单击激活"主点-到"文本框,然后在视图窗口中单击机器人末端法兰中心点,此点坐标数据将自动填充到"主点-到"文本框中。单击"应用"按钮将吸盘工具安装到机器人法兰上,如图 9-22 所示。

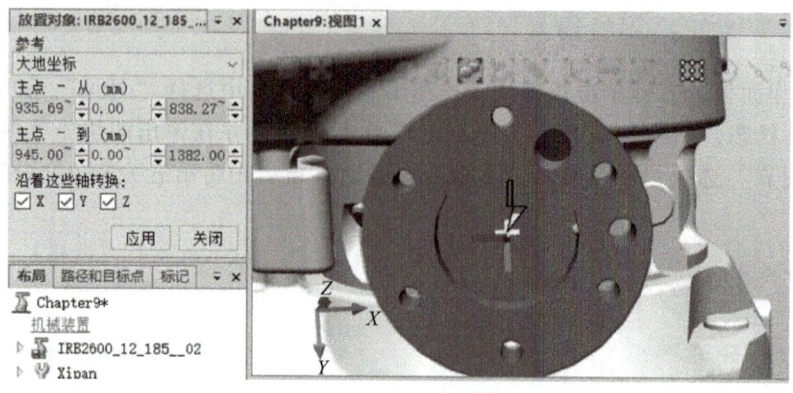

图 9-21 设置"主点-到"坐标

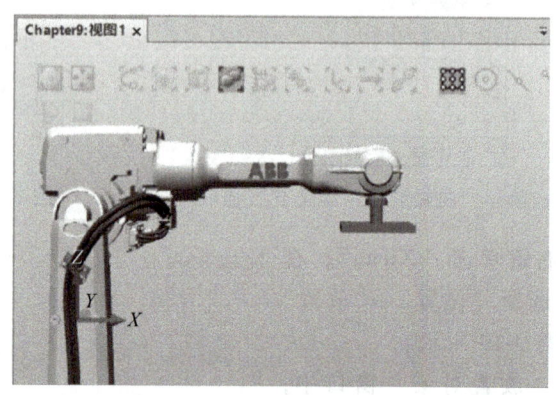

图 9-22 吸盘工具安装到机器人法兰上状态

9.4 创建组件

本节将创建一个吸盘组件和一个传送带组件,吸盘组件模拟吸盘的吸取和放置动作,传送带组件模拟工件的复制、传输和检测等动作。

9.4.1 创建吸盘组件

1)在功能区"建模"选项卡单击"Smart 组件"按钮创建一个新的 Smart 组件,并将其重新命名为"吸盘",如图 9-23 所示。

2)在操作面板区"布局"选项卡中,用鼠标将工具"Xipan"拖拽到 Smart 组件"吸盘"目录下以使其作为子对象组件加载到组件"吸盘"中,如图 9-24 所示。在"吸盘"窗口的"子对象组件"列表框中右键单击工具"Xipan",在弹出的快捷菜单中选择"设定为 Role"选项使其继承 Smart 组件"吸盘"所有的属性。

3)在 Smart 组件"吸盘"中另外添加一个 Attacher 子对象组件、一个 Detacher 子对象组件、一个 LineSensor 子对象组件和一个 LogicGate 子对象组件,并将 LogicGate 子对象组件设置为非门,添加完子对象组件的"吸盘"Smart 组件如图 9-25 所示。

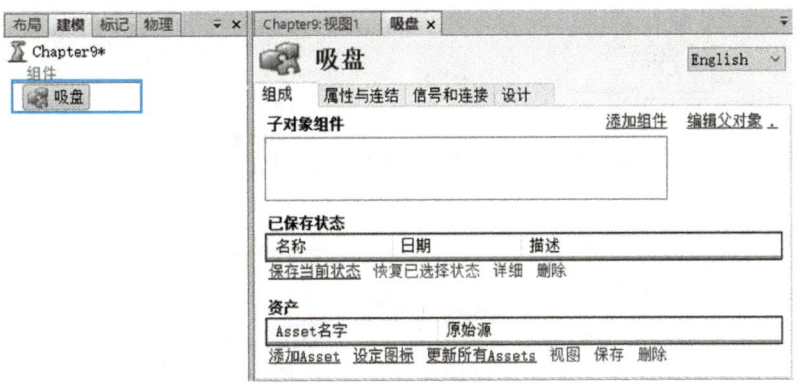

图 9-23　创建 Smart 组件并命名为"吸盘"

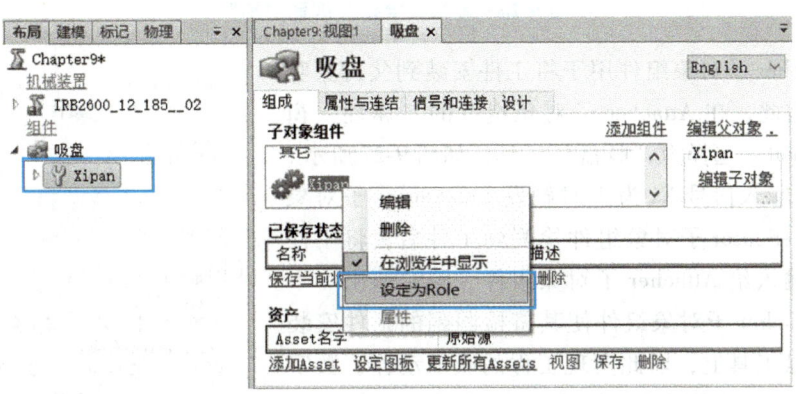

图 9-24　使工具"Xipan"作为子对象组件加载到"吸盘"Smart 组件

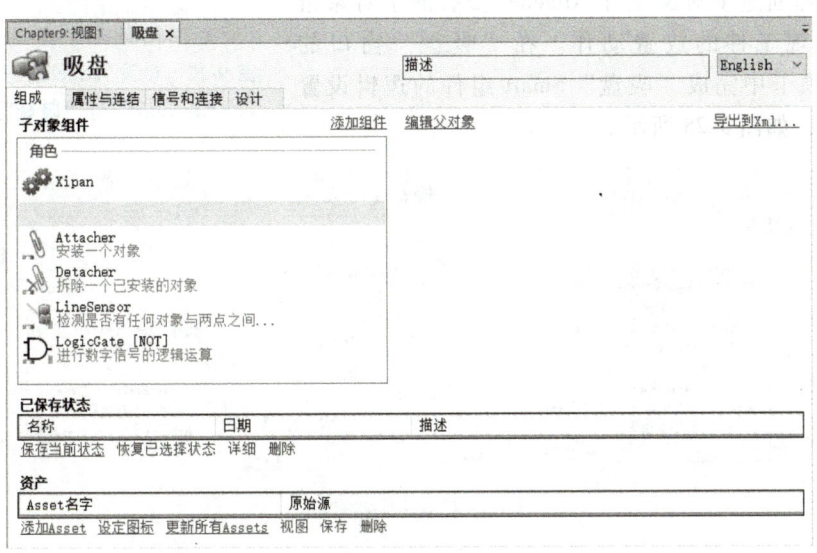

图 9-25　添加完子对象组件的"吸盘"Smart 组件

4）打开"吸盘"组件的"设计"选项卡,单击"输入"控件后的添加按钮,在系统弹出的"添加 I/O Signals"对话框中,将"信号类型"选择为"DigitalInput",将"信号名称"设置为"Xi",单击"确定"按钮完成数字输入信号"Xi"的添加,如图 9-26 所示。

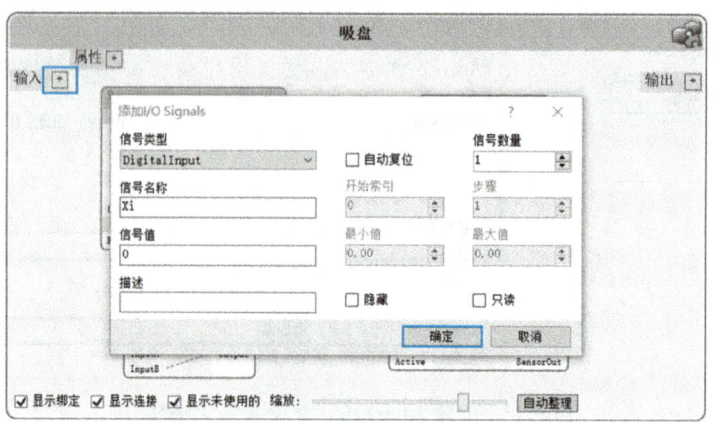

图 9-26 添加数字输入信号"Xi"

5) Attacher 子对象组件用于将工件安装到父对象吸盘工具上,因此,在 Attacher 子对象组件的"属性"窗口中将"Parent"选择为"吸盘"工具,如图 9-27 所示。

6) 数字输入信号 Xi 为 1 时触发 LineSensor 子对象组件;当 LineSensor 子对象组件检测到工件后,将工件作为子对象输入给 Attacher 子对象组件,同时输出一个信号触发 Attacher 子对象组件使其将检测到的工件安装到父对象吸盘工具上,以此实现工件的吸取动作;数字输入信号 Xi 为 0 时通过非门转换为 1,触发 Detacher 子对象组件拆除通过子对象组件 Attacher 安装的子对象组件,以此实现工件的放置动作。在"吸盘"窗口的"设计"选项卡中完成"吸盘"Smart 组件的逻辑设置和信号连接,如图 9-28 所示。

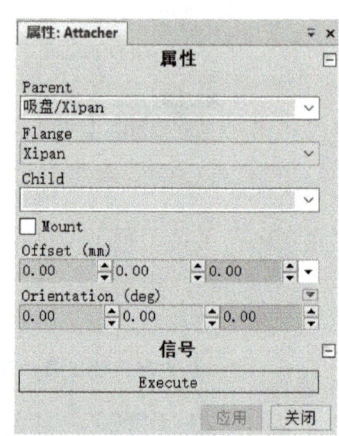

图 9-27 设置 Attacher 子对象组件"Parent"为"吸盘"工具

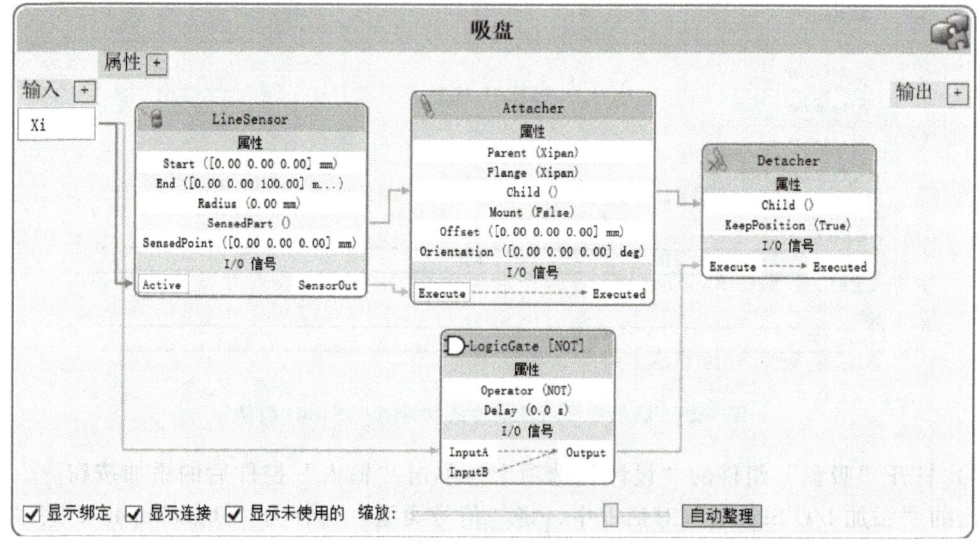

图 9-28 完成逻辑设置和子对象组件连接的"吸盘"Smart 组件

7)打开 LineSensor 子对象组件的"属性"窗口,单击激活"Start"文本框,然后在视图窗口中选择吸盘工具中心点将其坐标设置为线性传感器的起点;单击激活"End"文本框,然后在视图窗口中选择吸盘工具中心点,吸盘工具中心点坐标值自动加载到"End"文本框后,修改第三个文本框的值(Z 轴坐标值)为当前值加 20 以预留传感器长度;将"Radius"设置为 5mm,单击"应用"按钮将 LineSensor 子对象组件安装到吸盘的中心位置上,如图 9-29 所示。

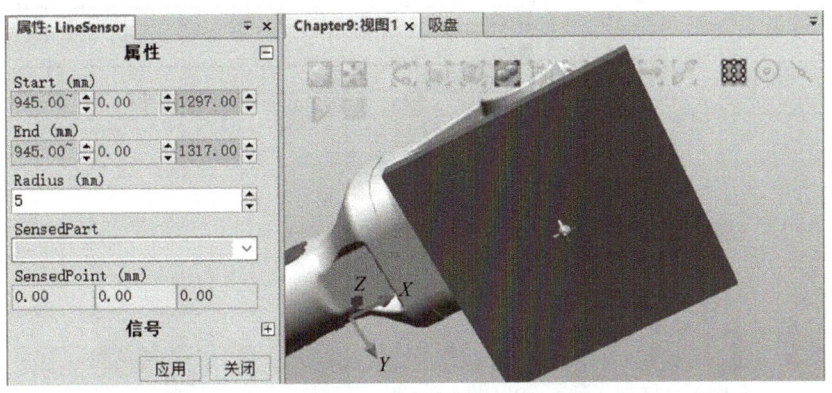

图 9-29 设置 LineSensor 子对象组件属性

8)在操作面板区右键单击"Xipan"工具,在弹出的快捷菜单中取消"可由传感器检测"选项勾选,避免传感器检测到工具而影响对工件的检测,如图 9-30 所示。

9)在操作面板区利用鼠标将组件"吸盘"拖拽到机器人上,在系统弹出的"更新位置"对话框中单击"否"按钮以完成"吸盘"Smart 组件关联到机器人上的安装,如图 9-31 所示。

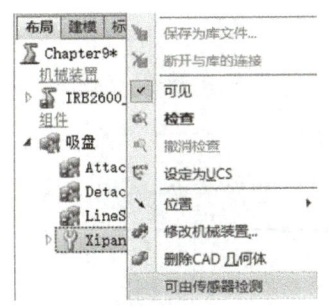

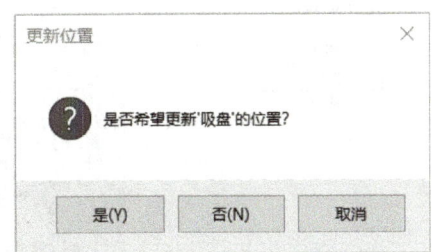

图 9-30 设置工具为不可由传感器检测　　图 9-31 完成"吸盘"Smart 组件关联到机器人上的安装

9.4.2 创建传送带组件

1)在功能区"建模"选项卡单击"Smart 组件"按钮创建一个 Smart 组件,并将其重命名为"传送带",如图 9-32 所示。

2)在功能区"基本"选项卡单击"导入模型库"按钮,并依次选择"设备"→"输送链 Guide"选项添加传送带,如图 9-33 所示,该传送带在操作面板区显示的名称为"400_guide"。

3)在视图窗口中将传送带拖拽到合适位置。在功能区"建模"选项卡单击"固体"按

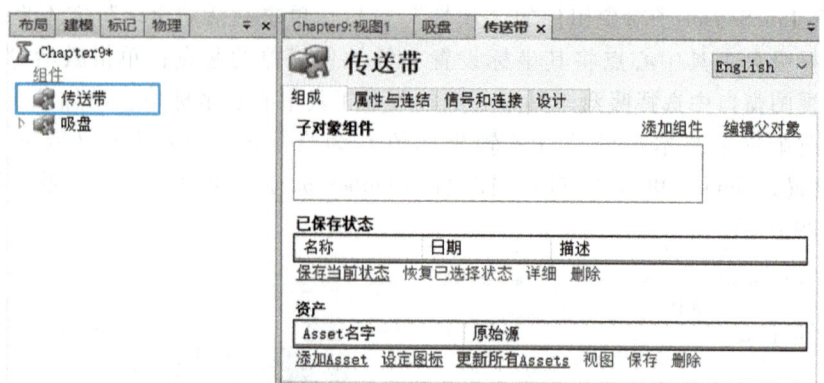

图 9-32 创建 Smart 组件并命名为"传送带"

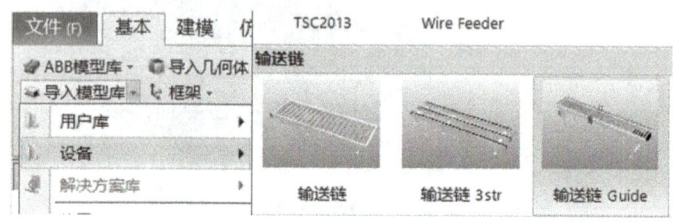

图 9-33 添加传送带

钮并选择"矩形体"选项,利用系统弹出的"创建方体"窗口创建一个长、宽、高分别为 400mm、300mm、100mm 的矩形体,并将其重命名为"工件"。将"工件"放置在传送带末端,并在操作面板区用鼠标将"工件"拖拽到 Smart 组件"传送带"目录下,如图 9-34 所示。

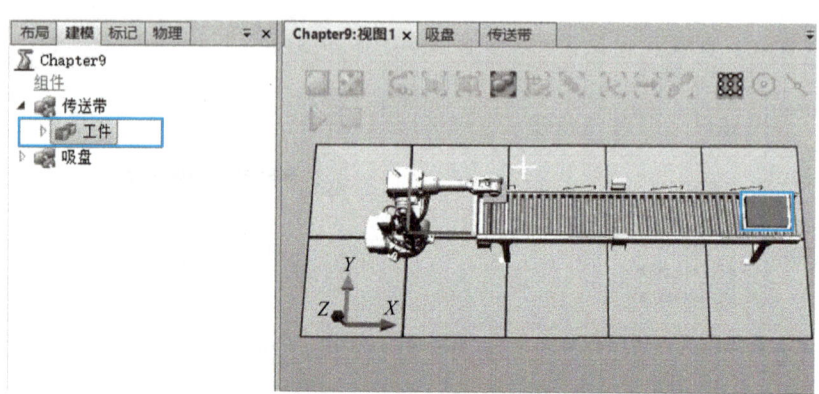

图 9-34 创建矩形体工件

4)在操作面板区右键单击"工件",在弹出的快捷菜单中依次选择"修改"→"设定本地原点"选项,在系统弹出的"设置本地原点"窗口中,将"参考"坐标系选择为"大地坐标",将"位置 X、Y、Z"坐标设置为(0mm,0mm,0mm),单击"应用"按钮完成"工件"的本地原点设置,如图 9-35 所示。

5)在操作面板区右键单击传送带"400_guide",在弹出的快捷菜单中选择"修改"选项,取消"可由传感器检测"选项勾选,以避免传送带在仿真过程中被传感器检测到。在

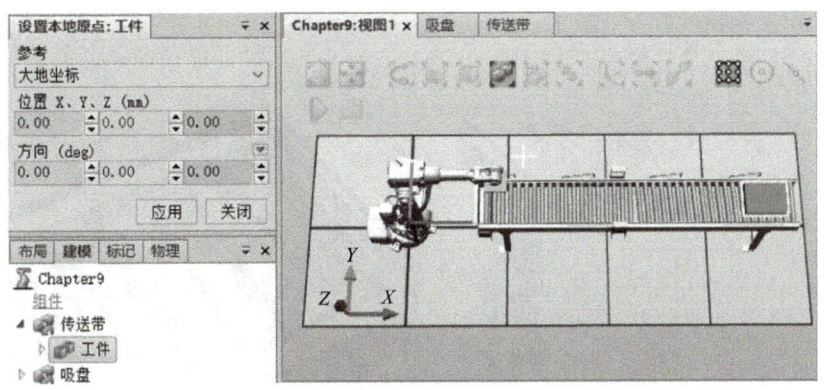

图 9-35 设置"工件"的本地原点

Smart 组件"传送带"中添加一个 Source 子对象组件、一个 Queue 子对象组件、一个 Linear-Mover 子对象组件、一个 PlaneSensor 子对象组件、一个 SimulationEvents 子对象组件和一个 LogicGate 子对象组件,并将 LogicGate 子对象组件设置为非门。

6) 打开 Source 子对象组件的"属性"窗口,将"Source"选择为"传送带/工件"以将工件设置为被复制的对象,单击"应用"按钮完成设置,如图 9-36 所示。

7) 打开 LinearMover 子对象组件的"属性"窗口,将"Object"选择为"传送带/Queue"以将队列中的工件设置为被移动的对象,"Direction"设置为(-1mm, 0mm, 0mm)使工件向大地坐标系的 X 轴负方向移动,"Speed"设置为 800mm/s,"Reference"选择为"Global",单击"应用"按钮完成设置,如图 9-37 所示。

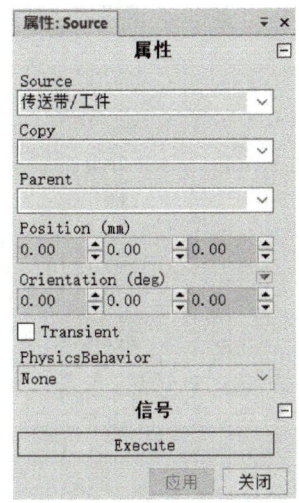

图 9-36 设置"Source"子对象组件属性

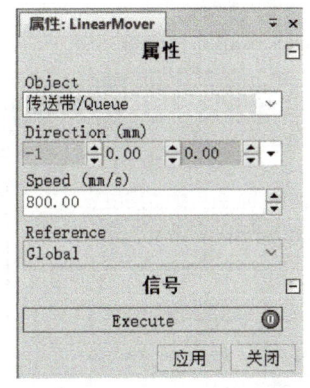

图 9-37 设置 LinearMover 子对象组件属性

8) 打开 PlaneSensor 子对象组件"属性"窗口,单击激活"Origin"文本框,在视图窗口中单击选择传送带末端左下角位置以将该点坐标作为面传感器的起始点坐标,将"Axis1"坐标设置为(0mm, 400mm, 0mm),"Axis2"坐标设置为(0mm, 0mm, 60mm),单击"应用"按钮安装一个长 400mm、宽 60mm 的面传感器在传送带末端左下角位置,如图 9-38 所示。

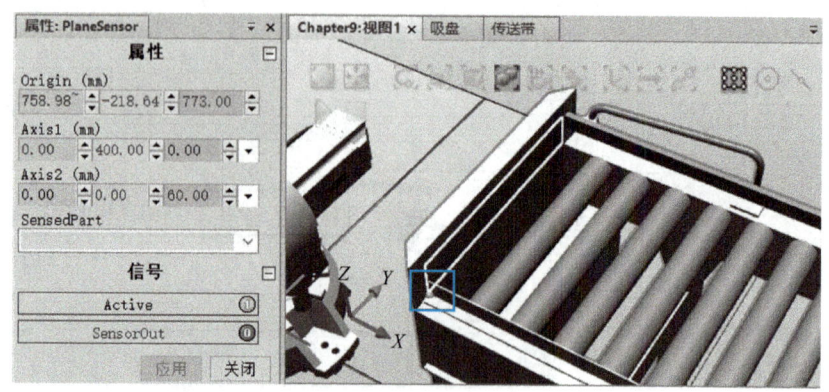

图 9-38 设置 PlaneSensor 子对象组件属性

9）下面进行"传送带"Smart 组件的逻辑设置和子对象组件连接。仿真开始时，SimulationEvents 子对象组件发出脉冲信号，该信号经过 LogicGate 子对象组件后触发 Source 子对象组件进行复制工件操作；Source 子对象组件输出一个信号触发 Queue 子对象组件的 Enqueue 操作，同时将复制的工件传递给 Queue 子对象组件排队等待被吸取；当复制的工件被传送到传送带左端并被 PlaneSensor 子对象组件检测到时，PlaneSensor 子对象组件输出一个信号，该信号经过 LogicGate 子对象组件后停止触发子对象组件 Source 复制工件操作直到该工件被移走，同时 PlaneSensor 子对象组件输出的信号触发 Queue 子对象组件的 Dequeue 操作，也就是将被面传感器检测到的工件从队列中移去，该工件不会再被 LinearMover 子对象组件移动。在"传送带"Smart 组件的"设计"选项卡中进行逻辑设置和信号连接，如图 9-39 所示。

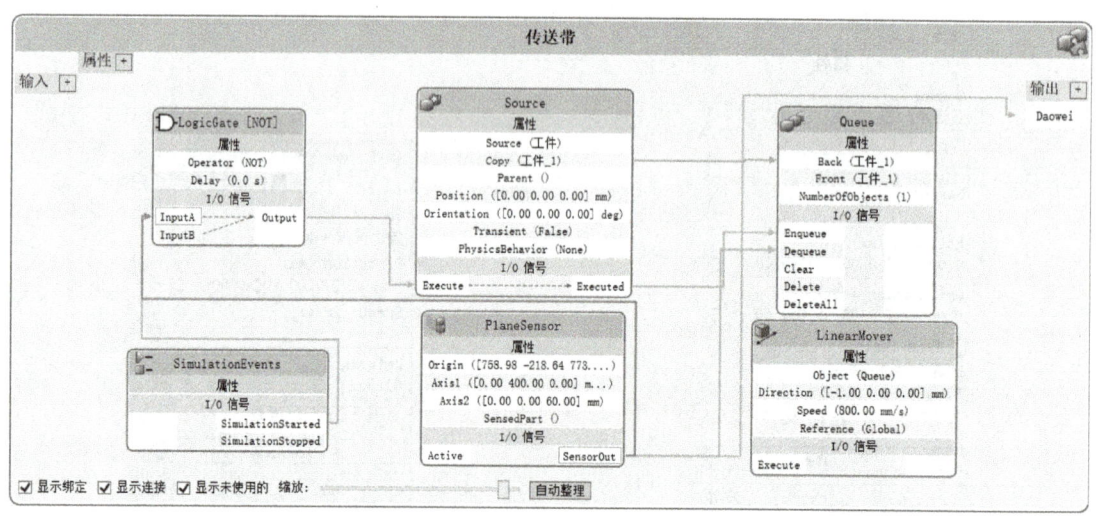

图 9-39 完成逻辑设置和信号连接的"传送带"Smart 组件

10）当有工件被面传感器检测到时，需要 PlaneSensor 子对象组件输出一个到位信号给机器人，该信号控制机器人执行吸取工件操作。打开"传送带"组件的"设计"选项卡，单击"输出"控件后的添加按钮，在系统弹出的"添加 I/O Signals"对话框中，将"信号类型"选择为"DigitalOutput"，"信号名称"设置为"Daowei"，"信号数量"设置为"1"，单击"确定"按钮添加一个数字输出信号，如图 9-40 所示。将 PlaneSensor 子对象组件的输出端连接到"Daowei"信号上,完成逻辑设置和信号连接的"传送带"Smart组件如图9-39所示。

11)完成以上"传送带"组件创建操作后,在功能区"仿真"选项卡单击"播放"按钮开始仿真运行,一个工件被复制并输送到传送带末端,如图9-41所示,在操作面板区将该工件重命名为"示教工件"。

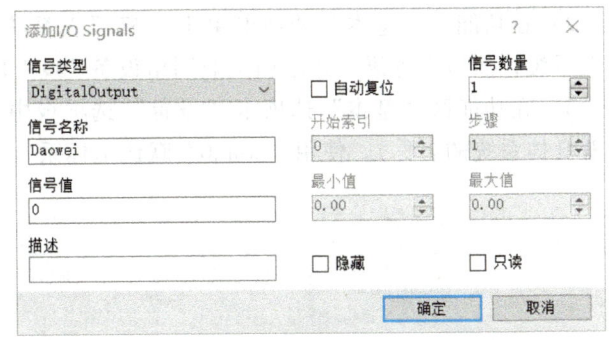

图 9-40 添加数字输出信号"Daowei"

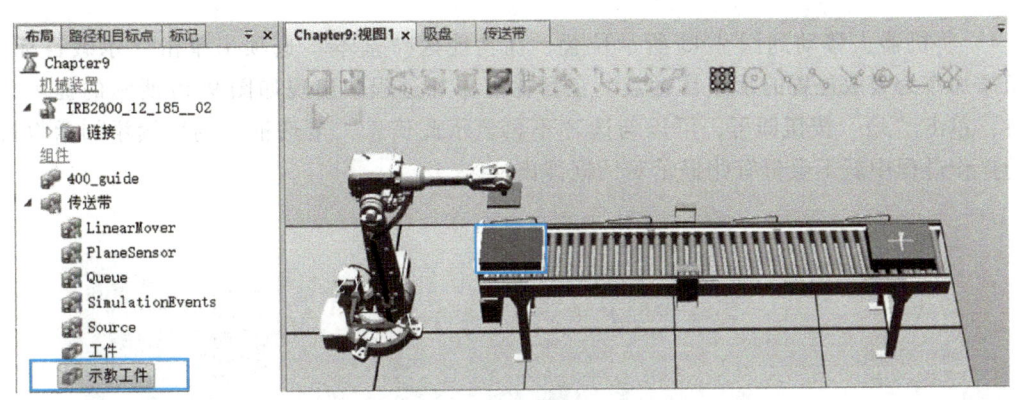

图 9-41 创建"示教工件"

9.5 机器人位置示教

本节对机器人进行目标位置示教,示教位置包括吸取、放置和准备位置,具体操作步骤如下。

1)在功能区"基本"选项卡,单击"导入模型库"按钮并依次选择"设备"→"Euro Pallet"选项添加托盘,如图9-42所示。在视图窗口中将该托盘放置在合适的位置,如图9-43所示。

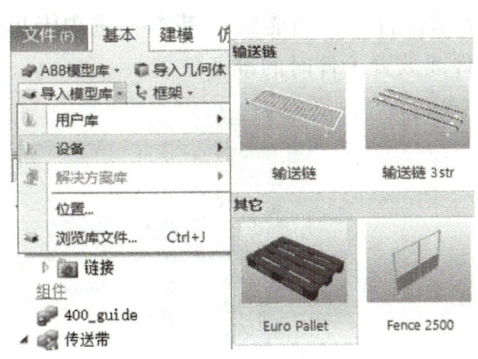

图 9-42 添加托盘

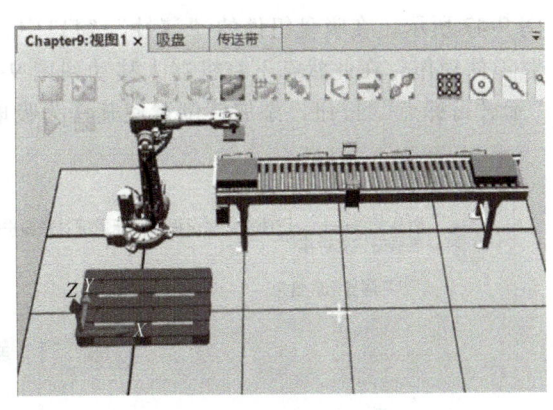

图 9-43 将托盘放置在合适的位置

2）在功能区"基本"选项卡单击"机器人系统"按钮，选择"从布局"选项创建机器人系统，然后设置语言并添加工业网络设备 709-1 DeviceNet。

3）在功能区"基本"选项卡"设置"选项板中，选择"System T_ROB1"任务（这里要看具体系统的名称），使用"wobj0"默认坐标系，选择"Xipan"工具，如图 9-44 所示。

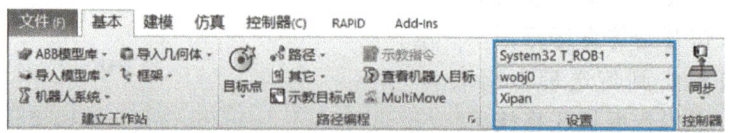

图 9-44　选择"Xipan"工具并设置工件坐标

4）将机器人移动到图 9-45 所示位置，在功能区"基本"选项卡单击"示教目标点"按钮添加作为吸取位置的示教目标点。在目标点添加过程中出现如图 9-46 所示的提示对话框时，单击"是"按钮即可，可以勾选"不再显示此信息"复选框，则后续添加示教目标点的操作过程中就不会再有此提示对话框弹出。

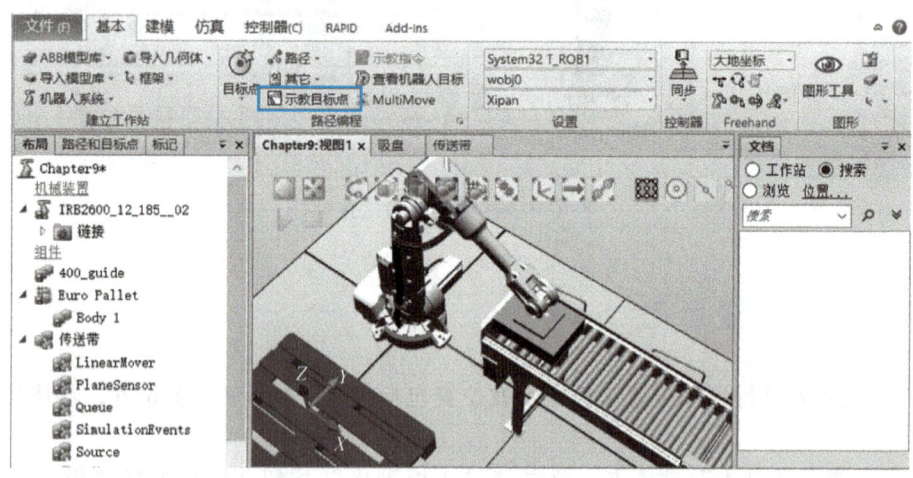

图 9-45　添加作为吸取位置的示教目标点

5）在操作面板区右键单击组件"吸盘"，在弹出的快捷菜单中选择"属性"选项，如图 9-47 所示。在吸盘组件的"属性"窗口中，单击"Xi"按钮使其显示为 1 以触发吸盘吸取工件动作，在此状态下将机器人移动到图 9-48 所示位置，在功能区"基本"选项卡单击"示教目标点"按钮，添加该位置使其作为吸取工件或放置工件时的准备位置。

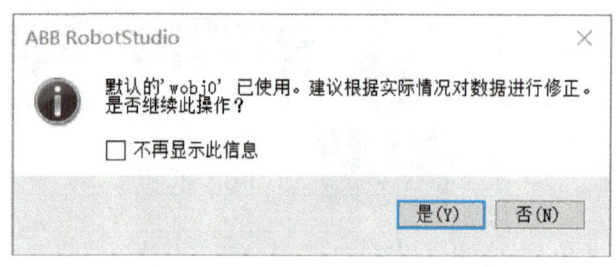

图 9-46　提示对话框

图 9-47　选择"属性"选项

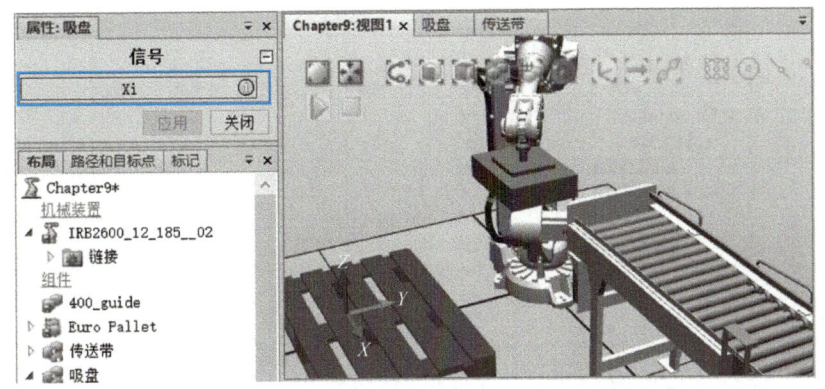

图 9-48 添加作为吸取工件或放置工件时的准备位置的示教目标点

6)将机器人移动至图 9-49 所示位置,在功能区"基本"选项卡单击"示教目标点"按钮,添加该位置使其作为工件的放置位置。在操作面板区"路径和目标点"选项卡中,依次选择"System32"→"T_ROB1"→"工件坐标 & 目标点"→"wobj0_of",选中步骤 4)~6)添加的三个示教目标点,在功能区"基本"选项卡单击"查看机器人目标"按钮,然后在视图窗口中单击某个示教目标点,机器人将移动到相应位置。依次单击各个示教目标点,并根据机器人位置将吸取位置的示教目标点重命名为"Pick",准备位置的示教目标点重命名为"Zhunbei",放置位置的示教目标点重命名为"Place",如图 9-49 所示。

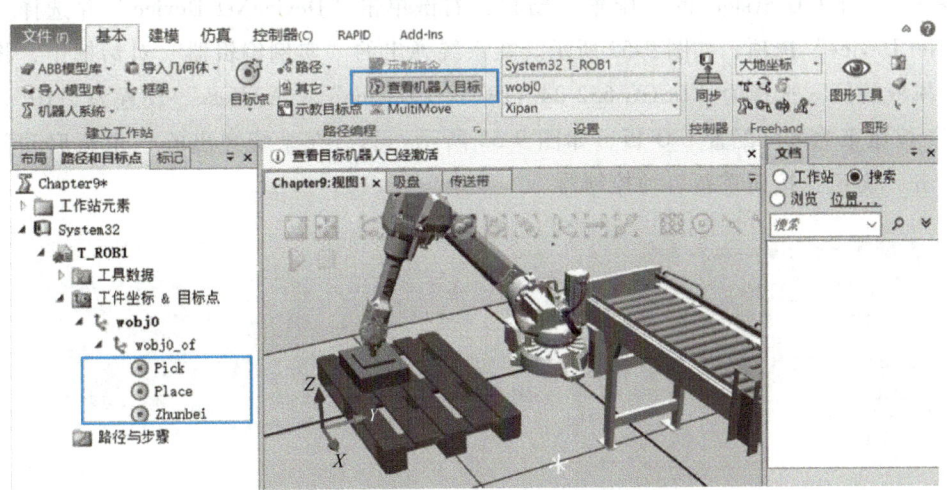

图 9-49 修改示教目标点名称

7)在操作面板区选中"Pick""Zhunbei""Place"三个示教目标点并单击鼠标右键,在弹出的快捷菜单中选择"添加新路径"选项,将三个示教目标点添加到一个新的路径"Path_10"中,如图 9-50 所示。

8)在功能区"基本"选项卡单击"同步"按钮并选择"同步到 RAPID"选项,在系统弹出的"同步到 RAPID"对话框中勾选上所有同步项目后单击"确定"按钮,以将工作站信息同步到 RAPID 程序中而为后续编程做准备,如图 9-51 所示。

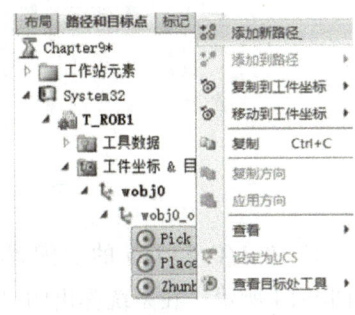

图 9-50 创建新路径"Path_10"

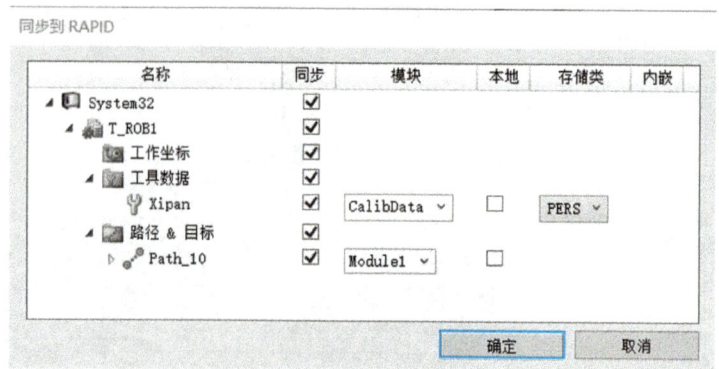

图 9-51　将工作站信息同步到 RAPID 程序中

9.6　程序编写

本节将在 RAPID 程序编辑窗口中对码垛程序进行编写，在编写程序前需要添加 I/O 板和工作站所需信号，具体操作步骤如下。

1）在功能区展开"控制器"选项卡，然后在操作面板区展开"配置"目录，双击"I/O System"打开 I/O System 的"配置"窗口，右键单击"DeviceNet Device"并选择"新建 DeviceNet Device"选项，如图 9-52 所示。在系统弹出的"实例编辑器"对话框中，将"使用来自模板的值"选择为"DSQC 652 24 VDC I/O Device"，"Address"设置为"10"，单击"确定"按钮来为系统配置 I/O 板，如图 9-53 所示。然后在系统弹出的"重新启动"对话框中单击"确定"按钮重新启动控制器。

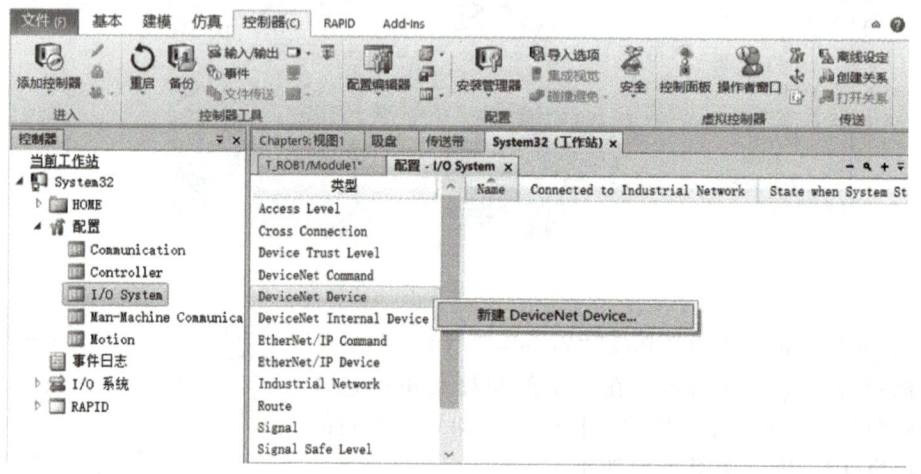

图 9-52　选择"新建 DeviceNet Device"选项

2）在 I/O System 的"配置"窗口中右键单击"Signal"并选择"新建 Signal"选项，如图 9-54 所示，在系统弹出的"实例编辑器"对话框中，将"Name"设置为"doXi"来表示控制吸盘的数字输出信号，"Type of Signal"选择为"Digital Output"，"Assigned to Device"选择为"d652","Device Mapping"设置为"0",单击"确定"按钮并重新启动控制器完成 I/O 信号添加,如图 9-55 所示。

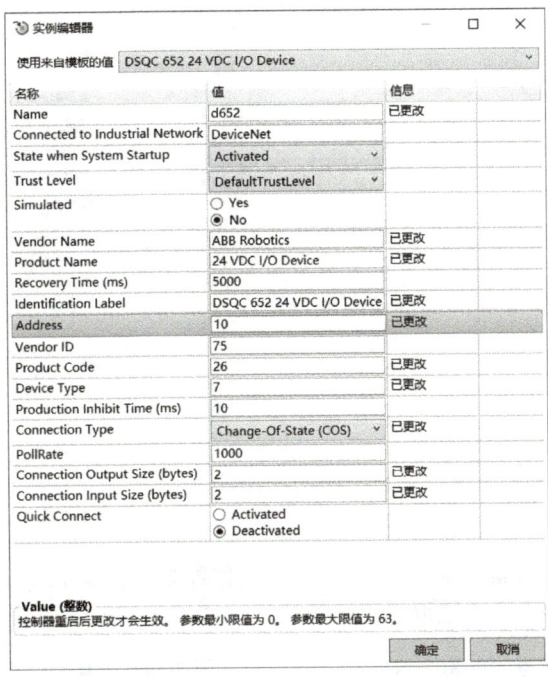

图 9-53　配置 I/O 板

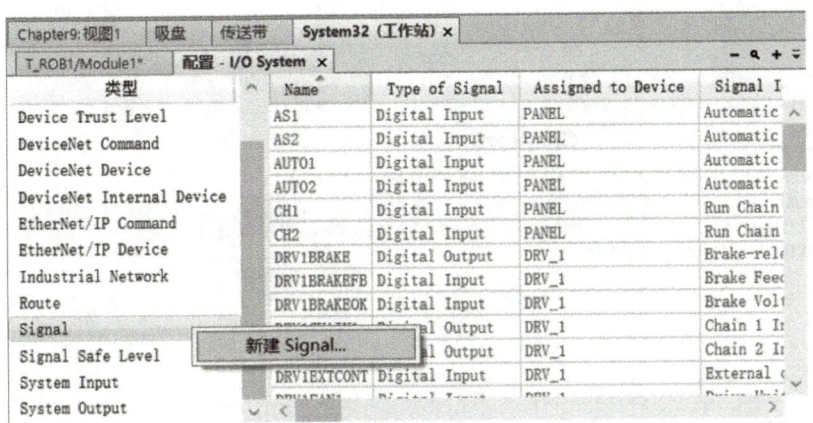

图 9-54　添加 I/O 信号

3)采用与添加 I/O 信号"doXi"相同的方法添加一个到位信号,在"实例编辑器"对话框中,将"Name"设置为"diDaowei"来表示一个从传送带到系统的数字输入信号,"Type of Signal"选择为"Digital Iutput","Assigned to Device"选择为"d652","Device Mapping"设置为"0",单击"确定"按钮并重新启动控制器完成 I/O 信号添加,如图 9-56 所示。

4)在功能区"仿真"选项卡单击"工作站逻辑"按钮进行工作站逻辑设置,传送带输出信号 Daowei 传递给系统输入信号 diDaowei，系统输出信号 doXi 传递给吸盘输入信号 Xi，完成逻辑设置的工作站如图 9-57 所示。

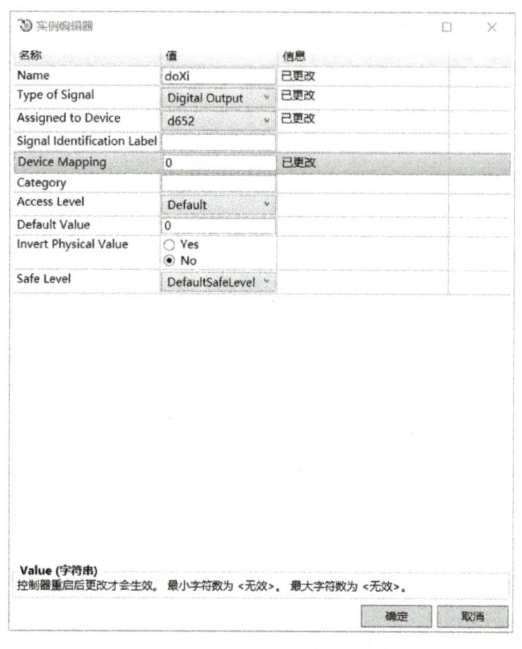

图 9-55　设置 I/O 信号 "doXi" 信息

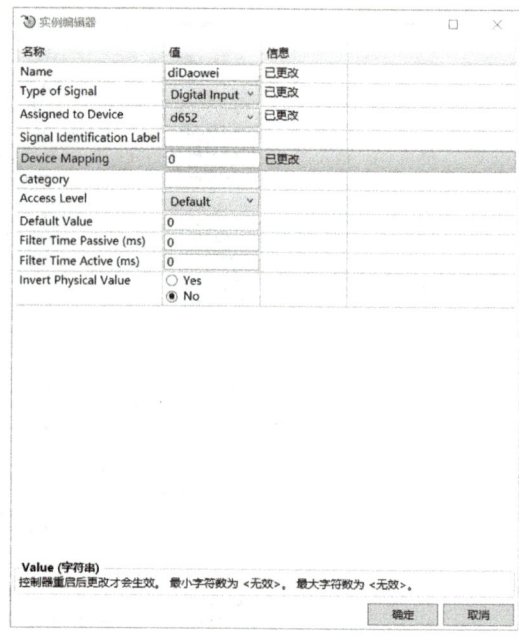

图 9-56　设置 I/O 信号 "diDaowei" 信息

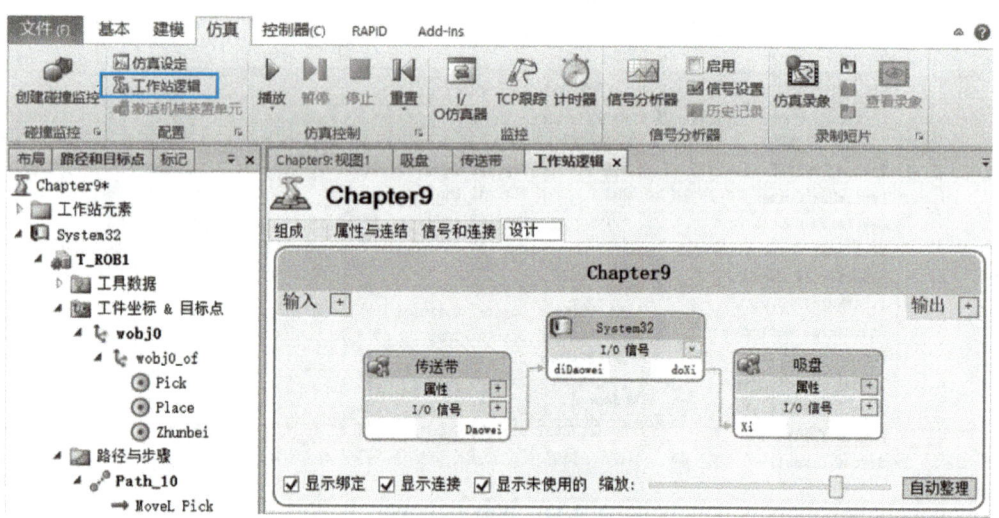

图 9-57　工作站逻辑设置

5）完成 I/O 信号添加和工作站逻辑设置后，在功能区展开 "RAPID" 选项卡，然后在操作面板区的 "控制器" 选项卡依次选择 "System32" → "RAPID" → "T_ROB1" → "Module1"，双击 "main" 打开工作站的 RAPID 程序编辑窗口，如图 9-58 所示。在程序编写过程中可以通过在 "RAPID" 选项卡单击 "应用" 按钮保存对程序的修改，如图 9-59 所示。

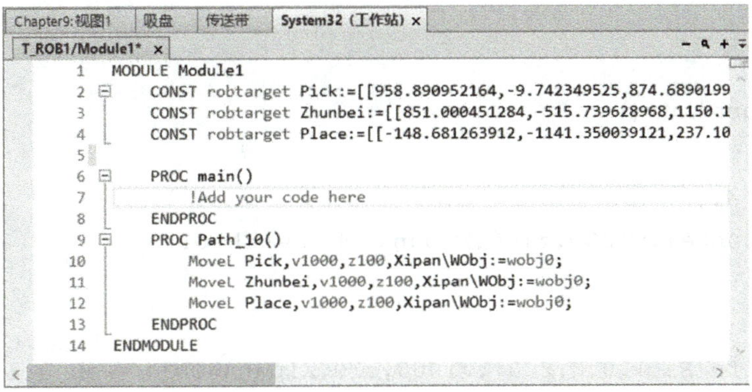

第 9 章 工业机器人码垛编程实例

图 9-58 RAPID 程序编辑窗口

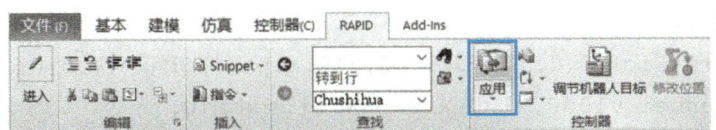

图 9-59 "RAPID"选项卡"应用"按钮

码垛工作站完整的程序代码如下。

```
MODULE Module1
    CONST robtarget Pick:=[[958.890952164,-9.742349525,874.689019955],
[-0.000000085,0,1,0],[-1,-1,-1,0],[9E+09,9E+09,9E+09,9E+09,9E+09,9E+
09]];
    CONST robtarget Zhunbei:=[[851.000451284,-515.739628968,1150.167023869],
[-0.0000001,-0.000000068,1,0.000000006],[-1,-1,-1,0],[9E+09,9E+09,9E
+09,9E+09,9E+09,9E+09]];
    CONST robtarget Place:=[[-148.681263912,-1141.350039121,237.109745972],
[-0.00000011,-0.000000117,1,0.000000021],[-2,-1,-2,0],[9E+09,9E+09,
9E+09,9E+09,9E+09,9E+09]];
    VAR robtarget PlaceC;
    VAR num a:=1;
    PROC main()
        Chushihua;
        WHILE TRUE DO
        WaitDI diDaowei,1;
        Qu;
        Weizhi;
        Fang;
        Bianliang;
```

```
        ENDWHILE
ENDPROC
    PROC Chushihua()
    a:=1;
    Reset doXi;
    MoveJ Zhunbei,v1000,z100,Xipan\WObj:=wobj0;
ENDPROC
PROC Qu()
    MoveJ offs(Pick,0,0,200),v1000,z10,Xipan\WObj:=wobj0;
    MoveL Pick,v300,fine,Xipan\WObj:=wobj0;
    Set doXi;
    WaitTime 1;
    MoveJ offs(Pick,0,0,300),v1000,z10,Xipan\WObj:=wobj0;
    MoveJ Zhunbei,v1000,z100,Xipan\WObj:=wobj0;
ENDPROC
PROC Fang()
    MoveJ offs(PlaceC,0,0,300),v1000,z10,Xipan\WObj:=wobj0;
    MoveL PlaceC,v300,fine,Xipan\WObj:=wobj0;
    Reset doXi;
    WaitTime 1;
    MoveJ offs(PlaceC,0,0,200),v1000,z10,Xipan\WObj:=wobj0;
    MoveJ Zhunbei,v1000,z100,Xipan\WObj:=wobj0;
ENDPROC
PROC Weizhi()
    TEST a
    CASE 1:PlaceC:=Offs(Place,0,0,0);
    CASE 2:PlaceC:=Offs(Place,400,0,0);
    CASE 3:PlaceC:=Offs(Place,0,300,0);
    CASE 4:PlaceC:=Offs(Place,400,300,0);
    CASE 5:PlaceC:=Offs(Place,0,0,100);
    CASE 6:PlaceC:=Offs(Place,400,0,100);
    CASE 7:PlaceC:=Offs(Place,0,300,100);
    CASE 8:PlaceC:=Offs(Place,400,300,100);
    ENDTEST
ENDPROC
PROC Bianliang()
    a:=a+1;
    IF a>8 THEN
```

```
        a:=1;
        Stop;
    ENDIF
  ENDPROC
  PROC Path_10 ()
        MoveL Pick, v1000, z100, Xipan\WObj: =wobj0;
        MoveL Zhunbei, v1000, z100, Xipan\WObj: =wobj0;
        MoveL Place, v1000, z100, Xipan\WObj: =wobj0;
  ENDPROC
ENDMODULE
```

9.7 仿真运行

1）在操作面板区"布局"选项卡分别右键单击部件"工件"和"示教工件"，在弹出的快捷菜单中将"可见"选项取消勾选以将两个部件设置为不可见状态，如图 9-60 所示。

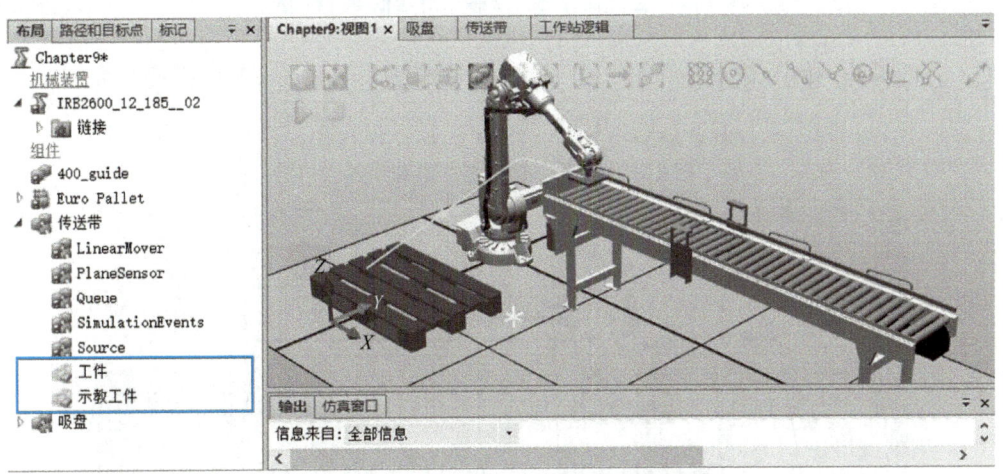

图 9-60 设置部件为不可见状态

2）单击功能区"仿真"选项卡"重置"按钮，然后选择"保存当前状态"选项，如图 9-61 所示，在系统弹出的"保存当前状态"对话框中，将"名称"设置为"Chapter9"，将"数据已保存"列表框中"Chapter9"的"包括"复选框勾选上，单击"确定"按钮保存工作站当前状态，如图 9-62 所示。

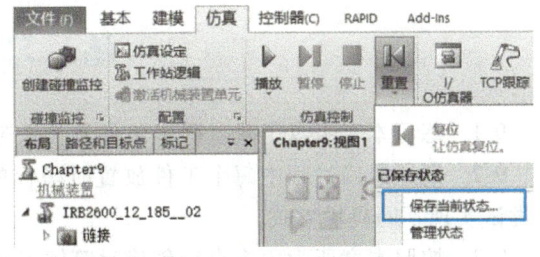

图 9-61 选择"保存当前状态"选项

3）单击功能区"仿真"选项卡"播放"按钮，系统开始机器人码垛的仿真运行，可以在视图窗口观察机器人的仿真运行状态,如图 9-63 所示。仿真结束后,可以单击"仿真"选项卡"重置"按钮将工作站还原到最初保存的 Chapter9 状态。

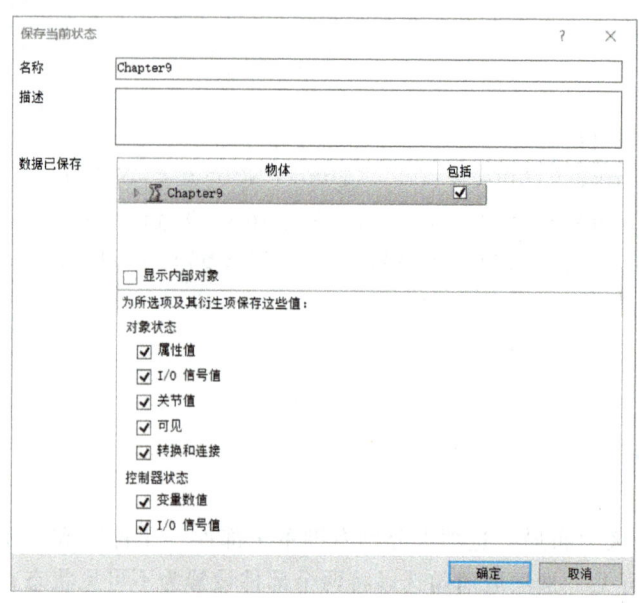

图 9-62 在"保存当前状态"对话框中进行设置

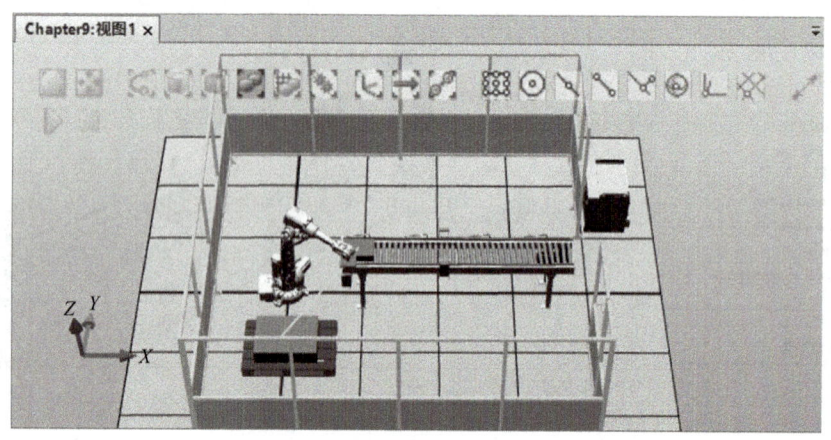

图 9-63 机器人的仿真运行状态

练 习 题

9-1 练习本章吸盘工具、吸盘组件及传送带组件的创建过程。

9-2 阐述码垛过程中每个工件放置时坐标的变化规律及设定方法,通过编程进行验证并尝试实现不同码垛方式。

9-3 按照本章所学内容自行创建对箱体工件码垛的工作站。

附录　工业机器人相关术语和概念

1. 硬件相关术语和概念

硬件即组成工业机器人的硬件结构,包含标准硬件和可选硬件,标准硬件的相关术语和概念见表附表 1,可选硬件的相关术语和概念见附表 2。

附表 1　标准硬件的相关术语和概念

术语和概念	说明
机器人操纵器	ABB 工业机器人
控制模块	控制操纵器动作的主要计算机,包括 RAPID 程序的执行和信号处理模块,一个控制模块可以连接至 1~4 个驱动模块
驱动模块	包含电子设备的模块,这些电子设备可为操纵器的电动机供电。驱动模块最多可以包含九个驱动单元,每个驱动单元控制一个操纵器关节。标准机器人操纵器有六个关节,因此,每个机器人操纵器通常使用一个驱动模块
FlexController	IRC5 机器人的控制器机柜,包含供系统中每个机器人操纵器使用的一个控制模块和一个驱动模块
示教器	与控制模块相连的编程操纵台,在示教器上编程就是在线编程
工具	通常是安装在机器人操纵器上执行抓取、切削、焊接等特定任务的设备,也可作为固定工具而被使用

附表 2　可选硬件的相关术语和概念

术语和概念	说明
定位操纵器	用于放置工件或固定装置的移动平台。如果控制模块可以控制定位操纵器的动作,那么该定位操纵器则被称为"外轴"
跟踪操纵器	使机器人有更大的工作空间并能放置机器人的移动平台。如果控制模块可以控制跟踪操纵器的动作,那么该跟踪操纵器则被称为"跟踪外轴"
FlexPositioner	用作定位操纵器的第二个机器人操纵器。与定位操纵器一样,该操纵器也受控制模块的控制
固定工具	位置固定的设备。机器人操纵器选取工件,然后将其放到该设备上执行粘接、研磨、焊接等特定任务
工件	被加工的产品
固定装置	一种构件,用于在特定位置上放置工件,以便进行重复生产

2. RobotWare 的相关术语和概念

在使用 RobotStudio 时可能用到的 RobotWare 相关术语和概念见附表 3。

附表 3　RobotWare 的相关术语和概念

术语和概念	说明
RobotWare	ABB 机器人专用的操作系统。从概念上讲，RobotWare 是指用于创建 RobotWare 系统的软件和 RobotWare 系统本身
RobotWare DVD	随每个控制模块一起提供的多用途数字光盘。光盘中存储了 RobotWare 的安装程序及其他相关软件，可参阅光盘中的发布说明了解具体内容
RobotWare 安装	在计算机上安装 RobotWare 时，会将特定版本的文件安装在媒体库中，RobotStudio 将会使用这些文件创建 RobotWare 系统。安装 RobotStudio 时一般只安装一个 RobotWare 版本，要仿真特定的 RobotWare 系统则必须在计算机上安装用于此特定 RobotWare 系统的 RobotWare 版本
RobotWare 许可密钥	在新建 RobotWare 系统或升级现有系统时使用。RobotWare 许可密钥可以解除包含在系统中的 RobotWare 选项的锁定，还可以确定构建 RobotWare 系统要使用的 RobotWare 密钥。在 IRC5 系统中，存在以下三种类型的 RobotWare 密钥 1）控制器密钥：用于指定控制器和软件选项 2）驱动密钥：用于指定系统中的机器人。系统为所使用的每个机器人分配了一个驱动密钥 3）附加选项密钥：用于指定附加选项，如变位机外轴。使用虚拟许可密钥时，可以选择任何 RobotWare 选项，但使用虚拟许可密钥创建的 RobotWare 系统只能用于虚拟系统，如 RobotStudio
RobotWare 系统	一组软件文件，这些文件加载到控制器之后，可以启用控制机器人系统的所有功能、配置、数据和程序。RobotWare 系统使用 RobotStudio 创建，可以使用 RobotStudio 或虚拟示教器进行编辑，在计算机和控制模块上都可以保存和存储 RobotWare 系统
RobotWare 版本	每个 RobotWare 版本都有一个主版本号和一个次版本号，两个版本号之间使用一个点进行分隔。例如，支持 IRC5 的 RobotWare 版本是 5.xx，其中，xx 表示次版本号。每当 ABB 发布新型号机器人时，会发布新的 RobotWare 版本为新机器人提供支持
媒体库	媒体库是计算机上的一个文件夹，每个 RobotWare 版本都存储在各自相应的文件夹中。媒体库文件用于创建和实现各种不同的 RobotWare 选项，因此，创建 RobotWare 系统或在虚拟控制器上运行这些系统时，必须在媒体库中安装正确的 RobotWare 版本

3. RAPID 程序的相关术语和概念

在使用 RobotStudio 时可能遇到的 RAPID 程序的相关术语和概念见附表 4，表中概念按照从小到大的顺序排列。

附表 4　RAPID 程序的相关术语和概念

术语和概念	说明
数据声明	用于创建变量或数据类型的实例，如数值或工具数据。数据声明是最基本的概念
指令	执行操作的实际代码命令，如将数据设置为特定值或控制机器人执行某种动作的代码命令。指令只能在例行程序内创建
移动指令	创建机器人动作的代码命令。移动指令中包含对数据声明中指定的目标点的引用以及用来设置动作和过程行为的参数。如果使用内嵌目标，则将在移动指令中声明位置
动作指令	用于执行非移动机器人的操作的代码命令，如设置数据或同步属性的代码命令
例行程序	通常是一个数据声明集，后面紧跟一个实施任务的指令集。例行程序可分为程序、功能和陷阱三类
程序	不返回值的指令集
功能	返回值的指令集
陷阱	中断时触发的指令集
模块	后面紧跟例行程序的数据声明集。模块可以作为文件进行保存、加载和复制，分为程序模块和系统模块两类

(续)

术语和概念	说明
程序模块（.mod）	可在执行期间加载和卸载。程序模块受程序加载的影响
系统模块（.sys）	针对常见机器人所特有的数据和例行程序而形成的系统，如对所有弧焊机器人通用的弧焊件系统模块。系统模块不受程序加载的影响
程序文件（.pgf）	在IRC5中，RAPID程序是模块文件（.mod）和所有参考的模块文件的程序文件（.pgf）的集合。加载程序时，所有旧的程序模块将被程序文件中参考的程序模块所替换

4. 机器人编程的相关术语和概念

在机器人编程过程中会使用到的相关术语和概念见附表5。

附表5 机器人编程的相关术语和概念

术语和概念	说明
在线编程	与控制模块相连时的编程。该术语也指使用机器人创建位置和动作
离线编程	与机器人或控制模块断开连接时的编程
真正离线编程	指ABB Robotics中关于将仿真环境与虚拟控制器相连的概念，它不仅支持程序创建，而且支持程序测试和离线优化
虚拟控制器	一种仿真FlexController的软件，可使控制机器人的同一软件（RobotWare系统）在计算机上运行。该软件可使机器人在离线和在线状态下的行为相同
MultiMove	使用同一个控制模块控制多个机器人操纵器运行
坐标系	用于定义位置和方向。对机器人进行编程时，可以利用不同坐标系更加轻松地确定对象之间的相对位置关系
Frame	坐标系
工作对象校准	如果所有目标点都被定义为工作对象坐标系的相对位置，则只需要在部署离线程序时校准工作对象

参考文献

[1] 国务院. 中国制造 2025 [Z]. 2015.

[2] 工业和信息化部, 国家发展和改革委员会, 科学技术部, 等. "十四五"机器人产业发展规划 [Z]. 2021.

[3] 叶晖. 工业机器人实操与应用技巧 [M]. 2 版. 北京: 机械工业出版社, 2017.

[4] 胡伟. 工业机器人行业应用实训教程 [M]. 北京: 机械工业出版社, 2015.

[5] 叶晖. 工业机器人工程应用虚拟仿真教程 [M]. 北京: 机械工业出版社, 2013.

[6] 叶晖. 工业机器人典型应用案例精析 [M]. 北京: 机械工业出版社, 2013.

[7] 王晓娟, 朱喜安, 王颖. 工业机器人应用对制造业就业的影响效应研究 [J]. 数量经济技术经济研究, 2022 (4): 88-106.

[8] 张峥. 工业机器人的智能化发展探究 [J]. 中国军转民, 2022 (18): 82-83.

[9] 亿欧智库. 2022 中国工业机器人市场研究报告 [J]. 机器人产业, 2022 (4): 83-95.

[10] 冯帅. 智能制造中的工业机器人技术应用及发展 [J]. 电子技术与软件工程, 2022 (14): 76-79.

[11] 柳昕. 工业机器人行业运行情况及发展趋势分析 [J]. 中国国情国力, 2022 (7): 11-15.

[12] 闵晓晨. IRB1200 型工业机器人几何参数标定方法与实验研究 [D]. 烟台: 烟台大学, 2022.

[13] 蒋修来. 工业机器人对制造业就业的影响研究 [D]. 济南: 山东财经大学, 2022.

[14] 路东兴. 智能制造中的工业机器人技术探析 [J]. 新疆有色金属, 2022 (45): 97-98.

[15] 刘隽宏. 浅谈工业机器人的发展趋势 [J]. 新型工业化, 2022 (12): 190-193.

[16] 上海尚工机器人技术有限公司. 2022 年中国工业机器人市场趋势预测 [J]. 中国工业和信息化, 2022 (Z1): 44-47.

[17] 肖潇. 工业机器人的研究现状与发展趋势探讨 [J]. 无线互联技术, 2021 (18): 49-50.

[18] 赵华君, 漆新贵, 罗天洪, 等. 地方高校机器人工程专业新工科人才培养研究 [J]. 西南师范大学学报, 2020, 45 (6): 127-132.

[19] 曹阳, 孙松丽. 应用型本科机器人工程专业课程体系改革与探索 [J]. 高教学刊, 2019 (12): 41-43.

[20] 孙松丽, 温宏愿. 应用型本科机器人工程专业课程体系构建 [J]. 机器人技术与应用, 2020 (1): 44-48.

[21] 范良志, 江珂, 朱海平, 等. 新工科背景下机器人知识体系与课程内容研究 [J]. 高等工程教育研究, 2021 (2): 32-38.

[22] 李骞, 王硕, 史岳鹏, 等. 机器人工程专业在智能制造背景下的人才培养思考: 以河南牧业经济学院为例 [J]. 科技风, 2020 (36): 109-110.

[23] 姚威, 胡顺顺. 美国新兴工科专业形成机理及对我国新工科建设的启示: 以机器人工程专业为例 [J]. 高等工程教育研究, 2019 (5): 48-53.

[24] 马荣琳, 韩耀振, 潘为刚, 等. 应用型地方本科院校机器人工程专业课程体系构建 [J]. 教育现代

化，2018，5（30）：100-101.

[25] 李云，孙明明，王欧阳，等. 信息化教学背景下医学生虚拟仿真实践教学的重要性浅析［J］. 现代职业教育，2021（45）：168-169.

[26] 李亮星，张乐平，吴晨刚，等. 智能制造背景下机器人工程专业人才培养研究与实践［J］. 科教导刊，2020（22）：59-60.

[27] 刘景军，史宝玉，杨长龙. 基于OBE理念工科专业赛课结合教学模式探建［J］. 高分子通报，2021（12）：93-99.

[28] 蒋庆斌，朱平，陈小艳，等. 高职院校工业机器人技术专业课程体系构建的研究［J］. 中国职业技术教育，2016（29）：61-64.

[29] 李媛媛，孙曙光，郭宇超. 互联网+背景下机器人工程专业建设研究与实践［J］. 中国教育技术装备，2020（14）：56-57.

[30] 杨延华. 增材制造（3D打印）分类及研究进展［J］. 航空工程进展，2019（10）：309-318.

[31] 北京机械工业自动化研究所有限公司，中国机械工程学会. 工业机器人技术现状：新兴技术、挑战与重点研究方向（一）［J］. 液压与气动，2022（46）：46，115.

[32] 马永红，孔令凯，林超然，等. 基于异构数据的颠覆性技术识别研究：以智能制造装备领域为例［J］. 现代情报，2022（42）：92-104.

[33] 韩青江. 工业机器人应用与就业结构变迁：效应与机制［J］. 工业技术经济，2022（41）：50-58.

[34] 陈刚，王发珍，陈磊. 襄阳工业机器人产业发展环境分析及其支持对策［J］. 物流技术，2022（41）：9-12.

[35] 黄永刚，王直荣，何建新，等. 工业机器人整机动态稳定性指标分析及测量方法［J］. 计量与测试技术，2022（49）：44-47.

[36] 苏冠领，余金永，李元庆. 工业机器人投料系统在自动化生产线上的应用研究［J］. 科技创新与应用，2022（12）：166-169.

[37] 陈国利. 刍议基于工业机器人的自动化装配线研究［J］. 科技资讯，2022（20）：37-39.

[38] 万蕾，凌中水，姚兆凤，等. 基于工业机器人技术在自动化控制中的实践分析［J］. 电子测试，2022（36）：121-123.

[39] 路东兴. 智能制造中的工业机器人技术探析［J］. 新疆有色金属，2022（45）：97-98.

[40] 刘媛. 智能制造时代工业机器人的应用前景研究［J］. 电脑知识与技术，2022（18）：61-63.

[41] 王宇. 对工业机器人应用与发展的探讨［J］. 中国科技信息，2022（7）：134-136.

[42] 刘飞. 我国工业机器人产业的困境［J］. 中国信息界，2022（2）：78-83.

[43] 张睿萱，陈佳琪. 中国工业机器人产业发展困境与对策研究［J］. 渤海大学学报（哲学社会科学版），2022（44）：55-58.

[44] 余金永，苏冠领，莫中凯. 工业机器人控制系统的研究与应用［J］. 科技创新与应用，2022（12）：163-166.

[45] 胡喜雷，张长青，于航，等. 工业机器人运动学研究进展［J］. 林业和草原机械，2021（2）：9-15.

[46] 冯旭，宋明星，倪笑宇，等. 工业机器人发展概述［J］. 科技创新与应用，2019（24）：52-54.

[47] 王田苗，陶永. 我国工业机器人技术现状与产业化发展战略［J］. 机械工程学报，2014（50）：1-13.

[48] 蔡自兴，郭璠. 中国工业机器人发展的若干问题［J］. 机器人技术与应用，2013（3）：8-12.

[49] 程永伦. 钱江一号焊接机器人运动学研究及仿真分析［D］. 杭州：浙江大学，2008.

[50] 陈恳，杨向东，刘莉. 机器人技术与应用［M］. 北京：清华大学出版社，2006.

[51] 刘松国. 六自由度串联机器人运动优化与轨迹跟踪控制研究［D］. 杭州：浙江大学，2009.

［52］ 徐扬生，阎镜予. 机器人技术的新进展［J］. 集成技术，2012（1）：8-12.
［53］ 刘斐，王伟，王雷，等. 接触轮变形对机器人砂带磨削深度的影响［J］. 机械工程学报，2017（53）：86-91.
［54］ 高峰，郭为忠. 中国机器人的发展战略思考［J］. 机械工程学报，2016（52）：1-5.
［55］ 孟明辉，周传德，陈礼彬，等. 工业机器人的研发及应用综述［J］. 上海交通大学学报，2016（50）：98-101.
［56］ 左国玉，于双悦，龚道雄. 遥操作护理机器人系统的操作者姿态解算方法研究［J］. 自动化学报，2016（42）：1839-1848.
［57］ STEPHAN KD, MICHAEL K, MICHAEL MG, et al. Social implications of technology：the past, the present, and the future［J］. Proceedingsof the IEEE, 2012（100）：1752-1781.
［58］ 谭民，王硕. 机器人技术研究进展［J］. 自动化学报，2013（39）：963-972.
［59］ 李浩，严胜利. ABB 工业机器人雕刻运动仿真与应用［J］. 自动化应用，2022（8）：73-75.